직업교육원론

직업교육,
다시 묻고 새로 쓰다

김환식
지음

RESET_NEW DEAL 3　직업교육원론

직업교육,
다시 묻고 새로 쓰다

대한민국 교육을
완전히 바꾸는 새로운 생각

RESET_새로 쓰는 교육학 시리즈 3
직업이 사라지는 시대의
직업교육이란?

바른북스

Prologue

끝나지 않은 질문, 새로운 시작:
나는 왜 이 책을 쓰는가?

이 책은 단순한 회고를 넘어선 고백이자 비판이며, 미래를 향한 간절한 선언입니다. 저는 이명박 정부 시절 마이스터고, 고졸 취업, 선취업 후진학, 글로벌 현장학습, IP Meister 사업 등을, 박근혜 정부 초기에는 NCS, 산학 일체형 도제학교 등의 정책을 기획하고 실행했던 공직자였습니다. 교육부 과장과 국장으로서 직업교육과 평생교육을 깊이 공부하며, 직업교육의 뿌리 깊은 문제들을 해결하고자 뛰어들었습니다. 때로는 시대의 흐름과 싸웠고, 때로는 제도와 조직의 관성, 정부의 무지에 맞서야 했습니다. 이 책은 그 치열했던 싸움의 기록이자, 우리가 그동안 놓쳐온 길을 다시 찾아 나서는 시도입니다. 인공지능(AI)과 Humanoid, 로봇이 주도할 세상, 직업세계의 파괴적 변화에 대응하여 직업교육의 진정한 의미를 되찾기 위한 여정입니다.

그러나 이 여정을 시작하기 전에 반드시 먼저 지적해야 할 뼈아픈 전제가 있습니다.

대한민국에는 사실상 '진정한 직업교육'이 없었다는 점입니다. 우리는 그동안 '산업교육'이나 '기술교육'을 직업교육으로 오해해 왔고, 그러면서도 정작 직업교육이 직업능력을 제대로 길러주지 못한다고 비판했습니다. 애초에 우리 교육 체계 속 직업교육은 실무 능력 배양을 위한 체계가 아니었음에도, 제도적으로나 인식으로 그러한 기대와 오해가 뒤섞여 있었습니다. NCS 교육이 뒤늦게 도입되며 직무 중심 직업교육이 시작되었지만, 안타깝게도 그 또한 실패의 길을 걷고 있습니다.

더욱이, 직업교육을 이류(二流)교육으로 만든 당사자가 다름 아닌 정부였다는 사실 또한 부인할 수 없습니다. 사농공상 문화가 지배하고 대학 졸업이 지상 목표가 되어버린 이 나라에서, 정부는 고등학교 때부터 사실상 복선형 학제를 운영하면서도(겉으로는 단선형이지만) 졸업하면 무조건 저임금과 열악한 근로조건의 노동시장으로 이동하라고 졸업생들의 등을 떠밀었습니다. 그러면서도 계속 교육의 기회는 제대로 보장하지 않았습니다. 대학생 장학금 지원에는 열심이었지만, 정작 스무 살에 이미 노동시장에서 활동하는 젊은 근로자의 후진학에는 무심했습니다. 대학생 기숙사 문제에는 지자체까지 나서 야단법석이었지만, 정작 고향을 떠나 중소기업에 근무하는 수많은 고졸자와 전문대 졸업자의 주거 문제에는 무감각했습니다. 이러한 총체적인 방임과 편견이 모여 직업교육을 이류교육, 모두가 기피하는 대상으로 만들어 버렸습니다.

김영삼 정부의 5.31 교육개혁 방안에서 '신직업교육체제 구축'이라는 이름으로 직업교육과 직업훈련의 통합 필요성이 언급되기도 했습니다. 이는 유네스코(UNESCO)와 국제노동기구(ILO)가 1999년 '직업기술교육훈련(TVET: Technical and Vocational Education and Training)'이라는 용어를 이야기하기 전의 일입니다. 선진적이었습니다. 이후 「직업교육훈련촉진법」이 제정되었으나, 아쉽게도 실질적인 내용을 담지 못한 껍데기 법에 불과했습니다. 왜 그랬을지는 짐작하실 겁니다. 저는 「제1차 직업교육훈련 5개년 기본계획」을 고용노동부를 설득해 가며 어렵사리 만들어 냈지만, 이후 교육부는 제2차 계획을 수립조차 못 했습니다. 법은 있었으나 정책은 지속되지 못한 채 흐지부지되었고, 직업교육은 제도적으로, 정책적으로 방기(放棄)되었습니다. 현장에서는 실업교육, 산업교육, 기술교육, 전문교육, 직업교육의 개념조차 제대로 구분하지 못한 채 정부 재정지원사업의 방향에 따라 우왕좌왕하며 끌려다니는 구조가 반복되었습니다.

교육부 역시 이러한 문제의 주도적인 해결사가 되지 못했습니다. 마치 주유소 앞에 세워진 바람에 흔들리는 풍선 인형처럼 유행에 따라 움직였습니다. 국가인적자원개발(NHRD)이 강조되면 그 말을 되풀이했고, 사회정책이 대두되면 그 담론을 앵무새처럼 반복했습니다. 스스로 개념을 주도하지 못한 채, 정치권과 외부 담론에 휘둘리며 오히려 그 말을 과장하기까지 했습니다. 교육의 본질에는 충실하지 못한 채, 인적자원개발도 사회정책도 제대로 하지 못하고, 남들이 만든 옷을 맞는지 아닌지도 모른 채 입고 다녔습니다.

이러한 상황 속에서, 저는 이명박 정부 시절 마이스터고와 고졸 취업, 선취업 후진학, 글로벌 현장학습 등을 통해 잠시나마 직업교육의 사회적 가치를 되살리려 시도했습니다. 이러한 노력은 실제로 사회적 주목과 반향을 일으켰습니다. 당시 삼성전자와 현대자동차 사장실을 직접 방문하여 두 기업의 채용과 장학금 약속을 받아냄으로써, 갓 만들어진 마이스터고가 생명력을 얻고 존립 기반을 확보할 수 있도록 했습니다. 금융권 고졸 취업 또한 국민은행 방문과 끈질긴 설득을 통해 IMF 이후 단절되었던 고졸자 취업의 물꼬를 다시 트이게 했습니다. 기업 관계자분들에게 뒤늦게라도 감사를 드립니다.

그러나 박근혜 정부 시절 제가 관여했던 국가직무능력표준(NCS)과 '산학 일체형 도제학교'는 또 다른 국면을 보여주었습니다. 저는 호주에서 직업교육을 공부한 경험을 바탕으로, 산업별 협의체가 존재하고 직무가 명확하며 산업이 성숙한 분야부터 NCS를 적용해야 하고, 범위도 전문대학 수준까지만 한정해야 한다고 주장했습니다. 하지만 정책의 주도권은 교육부가 아닌 고용노동부에 있었고, NCS를 국가자격 체계(NQF)와 혼동하며 무리하게 확장해 나갔습니다. 학계와 연구계는 정부의 입맛에 맞춰 왜곡된 논리를 제공했고, 저는 그 과정에서 '개혁에 반대하는 방해자'로 간주되기도 했습니다. 도제학교 또한 마찬가지였습니다. 저는 국가산업단지를 중심으로 소수의 학교만 시범 운영해야 한다고 보았으나, 조급한 실적주의와 고용보험기금 지원 논리가 개입되며 무리한 확대가 진행되었고, 결과적으로 교육의 질 저하와 기업 피로의 누적으로 이어졌습니다. 이 모든 과정에서 책임 있는 자리에 있던 저 자신 역시 자유로울 수 없다는 것을 잘 압니다. 지금도 그에 대한 유책감(有責感)을 깊이 느끼고 있습니다. 이 책을 쓰는 여러 이유 중 하나도 바로 이 마음의 빚을 갚기 위함입니다.

저는 직업교육을 단순히 '이론'으로만 보지 않습니다. 교육은 사람과 만나는 일이고, 직업교육은 특히 현장과 노동, 그리고 삶의 문제와 깊이 맞닿아 있습니다. 그렇기에 직업교육은 복지의 일부이자, 사회권의 구현 방식이며, 평생학습체제의 핵심 구성 요소로 보아야 합니다. 그러나 한국의 직업교육은 여전히 일반교육, 보통교육의 하위 범주로 취급되고, 정책은 단기성과 위주로 설계되며, 학계와 연구계의 일부는 정부 부처의 요구에 순응하며 때론 적극적으로 '정부가 원하는 보고서'를 만들어 주는 역할을 합니다. 이는 우리나라 전체적으로 지식이 제대로 축적되지 못했고, 저변이 단단하지 못하기 때문입니다. 그들만의 리그가 진행되어도 비판적 목소리가 존재하지 않았고, 심지어는 잘못을 지적하는 저를 상급 기관에서는 '개혁에 반대한다.'라고 몰아붙이기까지 했습니다.

직업교육은 정부, 개인(학습자), 산업, 그리고 학교 이 네 주체의 입장이 서로 다를 수밖에 없습니다. 정부는 국민의 학습권을 보장해야 하며, 동시에 산업이 필요로 하는 인재를 양성해야 하는 이중의 책무를 지닙니다. 산업계는 현장에 즉시 투입 가능한 실질적 인재에 관심이 있고, 개인은 학습권이 보장된 환경에서 자신의 진로와 학업을 스스로 선택할 수 있기를 바랍니다. 상급 학교로 진학하든, 노동시장으로 곧바로 진출하든, 그 선택은 어디까지나 개인의 몫이며, 국가는 그러한 선택이 제약 없이 이루어질 수 있도록 제도적 기반을 마련해야 합니다. 그러나 우리는 과거 '취업 우선주의'에 매몰되어 있었습니다. 자유로운 선택을 보장하기보다는 '산업 역군'이라는 이름 아래 취업하라고 강제했습니다.

복선형 학제를 채택한 많은 나라들은 이러한 다원적 요구와 선택의 다양성을 제도 설계에 반영해 왔습니다. 우리는 겉으로는 단선형 학제이기에 고민이 적어 보일 수 있지만, 실상은 고등학교 단계에서부터 복선형 학제에 가까웠고, 그로 인해 더 깊은 구조적 한계를 안고 있습니다. 그중에서도 가장 본질적인 오해는 학교가 누구의 입장을 대변해야 하는가에 대한 혼란입니다. 일반고는 일반교육을 충실히 수행하면 되고, 마찬가지로 직업고는 직업교육을 충실히 수행하면 됩니다. 문제는, 직업교육의 본질을 외면한 채 '학습자의 희망'이라는 명분 아래 직업고가 대학준비교육에 몰입하면서 본래의 구조가 무너졌다는 데 있습니다. 직업고는 본래 그 자체로 완결된 교육체제로 설계된 학교입니다. 해당 학교 단계에서 제공해야 할 직업교육을 성실히 수행하는 것이 가장 중요하며, 이후의 진로는 학습자와 국가 제도가 함께 풀어가야 할 과제이지, 학교가 미리 가늠하고 설계할 영역은 아닙니다. 직업고의 본령은 직업교육에 있으며, 학교는 그 교육을 통해 학생이 변화하는 직업세계에서 살아갈 수 있는 역량을 최대한 키워주는 데 전념해야 합니다. 그 외의 역할은 오히려 직업교육의 본질을 흐리게 만들고, 결과적으로 교육의 왜곡을 초래하게 됩니다.

세상은 급변하고 있으며, 대한민국은 저출생 고령화로 인해 불확실성이 날로 증폭되고 있습니다. '지금이 코리아 피크(Korea Peak)'이며, '이생망(이번 생은 망했다)'이라는 우려 섞인 자조(自嘲)가 터져 나옵니다. 그래서 저는 이제 근본적인 질문을 던지고자 합니다.

- 우리는 직업교육을 무엇이라 생각해 왔는가?
- 직업교육은 여전히 이류(二流)교육인가?
- 직업교육은 정말 직무능력을 위한 교육만을 의미하는가?
- 직업고나 전문대학은 직업교육답게 운영되고 있는가?
- 진로(進路)란 직업뿐만 아니라, 학업과 생애 전반의 경력 개발까지 포괄하는 개념임에도 불구하고, 우리는 왜 진로교육을 직업 중심으로만 가두려 했는가?
- 역량 교육은 어떤 철학도 없이 왜 무차별적으로 쓰이고 있는가?
- 전문성 개발, 고등교육, 평생교육은 왜 하나의 틀에서 논의되지 못하는가?
- AI 기술이 산업과 노동시장을 파괴적으로 바꾸고 있는 지금, 그리고 저출생 고령화의 충격이 장기화되는 이 시대에 직업교육의 진정한 역할은 무엇인가?

이 질문이야말로 우리가 직업교육의 본질을 다시 묻고 새롭게 정의해야 할 이유입니다.

이 책은 이러한 질문에 대한 응답이며, 동시에 제가 본 것, 제가 만들었고, 제가 후회했으며, 제가 여전히 믿고 있는 것들에 대한 기록입니다. 그리고 앞으로 만들어 가야 할 직업교육의 미래 이야기이기도 합니다.

무엇보다, 이제 우리는 '진짜 직업교육'이 무엇인지를 명확히 정의해야 합니다. 기술교육이나 산업교육, 전문성교육, 그리고 직업훈련을 포괄하고, 평생학습과 생애 경력 개발의 관점에서 직업교육을 새롭게 정의해야 합니다. 그리고 그 정의에 맞게 법제화가 이루어져야 합니다. 이것이야말로 재정지원사업에 의존하는 것이 아닌, 구조와 철학을 바꾸는 진정한 의미의 직업교육 개혁입니다.

저는 최근에 『끊어진 사다리: 각자도생하는 평생·직업교육·훈련』이라는 책을 펴낸 바 있습니다. 그 책에서 저는 말했습니다. "진로는 단절되고, 경력은 축적되지 않으며, 학습의 경험들은 서로 연결되지 않는다. 학령기와 성인기의 교육은 서로 다른 세계처럼 운영되고, 결국 생애를 관통하는 학습 경로는 설계되지 않았다."라고. 이 책은 그 단절에 대한 대안의 서사입니다. 이제 저는 직업교육을 '직업세계에서 살아갈 역량을 배우는 교육'으로 정의합니다. 그리고 그 역량을 '포괄적 역량(holistic competency)'이라는 새로운 용어로 설명합니다. 직업교육의 범위도 대학 교육 이상으로까지 확장합니다.

그리고 저는 '학습이동의 격자(Learning Grid)'를 복원하고자 합니다. 단선적 사다리가 아니라, 수직과 수평, 그리고 대각선으로도 이동 가능한 열린 학습 경로를 설계하고자 합니다. 더 나아가, 개별 역량이 고립되지 않고 서로 연결되고 축적되도록, '학습 격자구조(Learning Lattice)'를 함께 설명합니다. 이동성과 연결성을 모두 보장하는 역량 기반 사회, 누구나 자신에게 필요한 사다리를 스스로 만들 수 있는 생애학습체제를 저는 이야기하려 합니다.

미리 밝혀두고 싶은 점은, 이 책이 일반적인 대학 교재나 엄격한 학술서적과는 다르다는 것입니다. 필자의 경험과 숙고, 그리고 공부가 결합하여 나온

책이며, 엄밀한 조사와 연구, 정밀한 자료에 근거하기보다는 필자의 통찰을 담았습니다. 출처 인용은 필요한 최소한의 정도에서 이루어졌습니다. 혹 비슷한 부분이 있다면 그것은 우연히 같은 생각을 했기 때문이라 여겨주시길 부탁드립니다.

직업교육은 더 이상 교육의 변두리에 머물러서는 안 됩니다. 왜냐하면 직업교육이야말로 앞으로 우리가 살아갈 세상, 노동이 사라지고 기술이 지배하는 세계에서, 그리고 직업의 소멸이 예상되는 세계에서, '역설적으로' 인간의 삶을 지키는 가장 중요한 교육이 될 것이기 때문입니다. 직업교육은 일반교육, 학문교육과 같은 당당한 교육의 한 축입니다. 위와 아래가 없으며, 각자의 몫이 있을 따름입니다. 지금까지 우리는 사농공상의 계급을 따지듯, 교육에도 위와 아래를 따졌습니다. 다 잘못된 생각이고, 사라져야 할 관념입니다. 교육은 평등합니다.

직업교육, 이제 다시 묻고, 새로 써야 합니다.
여러분들의 동참을 희망합니다.

직업교육, 이제 교육의 중심이 되어야 합니다.
새출발합시다.

어쩌면 가장 시원한 여름일지도 모르는
2025년 8월
40도 가까운 불볕더위를 느끼지 못하는
구립 이문동 청소년독서실에서

CONTENTS

Prologue: 끝나지 않은 질문, 새로운 시작: 나는 왜 이 책을 쓰는가?

PART 1.
다시 묻다:
파괴적 변화 속에 효용성을 잃어가는 직업교육

제1장. 직업세계는 정말 파괴적으로 변화하고 있는가? ·················· 28

1. 인공지능 시대, 산업과 노동시장이 근본적으로 바뀌고 있다

   가. 산업구조의 재편: 지능화된 생산과 서비스

   나. 노동시장의 변화: 자동화와 직무 재구조화

   다. 학위의 가치 하락과 초급 일자리 시장의 취약화

2. 노동의 공급 구조도 심각한 변화를 겪고 있다

   가. 저출생·고령사회의 등장: 공급의 양이 줄어든다

   나. 직업 가치관의 변화: 노동 공급의 질적 성격이 바뀐다

   다. 가족 해체와 도시화: 교육의 사회적 기반 약화

   라. 외국인 근로자 중심의 노동시장: 일자리 생태계와 숙련의 붕괴

3. 직업세계의 구조적 붕괴, 직업교육의 총체적 재설계를 요구하다

   가. 직무, 직업, 직업 간의 협업 관계가 흔들리고 있다

   나. 러다이트 운동과 낙관의 종말

   다. 화이트칼라마저 위협받는 시대

   라. 직업 없는 시대에 직업교육은 가능한가?

4. 교육의 전환: 단절된 학습이 아닌, 생애 기반의 전환학습 체계로

   가. 구조적 전환: 교육이 바뀌어야 할 다섯 가지 이유

   나. 구체적 실천: 교육의 변화가 만들어야 할 여섯 가지 모습

5. 맺으며: 교육은 이제 살아갈 수 있는 역량을 설계하는 체계이어야 한다

제2장. 직업교육의 효용성은 왜 사라지고 있는가? ········ 55

    1. 모호한 직업교육 철학과 산학연계의 미흡

    2. 교육의 질 관리 및 책임 체계의 부재

    3. NCS, 실패한 직무 중심 교육

    4. 직업교육 체계의 다층적 분절과 연계 단절

    5. 성인 및 근로자를 위한 직업교육의 구조적 공백

    6. 사회적 인식과 정책의 무관심

    7. 결론: 존재하지만 작동하지 않는 체제

제3장. 누가 직업교육을 이류교육으로 만들었을까? ········ 69

    1. 산업 필요 기능인 양성이라는 낡은 유산

    2. 이류교육 낙인 심화: 명칭 변경의 정치성과 이중화된 노동시장

    3. 직업교육의 질 저하: 이류교육의 악순환

    4. 종국교육 논쟁과 학교의 책임

    5. 공업교육 패러다임, 그 견고함과 위험성

제4장. 왜 기존의 개념으로는 미래를 담을 수 없는가? ········ 96

    1. 산업교육, 직업교육 그리고 직업훈련 용어의 변천과 그 한계

        가. 산업교육의 모호한 확장과 역설

        나. 직업교육훈련 용어의 혼란

        다. 고용노동부 직업훈련 개념의 지속적 확장과 남겨진 과제

    2. 법령의 개념 정의 변화에 대한 비판적 평가: 혼란과 부재의 그림자

        가. 산업교육과 직업교육 관계의 모호성

        나. 기술교육과 직업교육의 관계 모호성: 직업교육의 실질적 부재

        다. 직업훈련 개념 확장과 타 부처와의 관계 정립 미흡

        라. 직업훈련 명칭 변화의 허구성

        마. 직업교육훈련 용어 사용과 개념의 분절적 사고

3. 학습자 중심의 설계로: 권리로서의 직업교육

4. 결론: 법률 간 통합·연계와 직업교육의 재개념화가 시급하다

PART 2.
새로 정의하다:
직업교육, 평생의 삶을 위한 개념 재구성

제1장. 직업교육, 무엇을 가르쳐야 하는가? 120

가. 기능(skill, technique)을 넘어서야 한다

나. 직무(Job)에 갇히지 않아야 한다

다. 기술도 응용적(applied) 관점이 핵심이다

라. 지식도 살아있는 지식이어야 한다

마. 직업교육은 충실한 보통교육 위에서 이루어져야 한다

바. 전인적 성장과 진로 전환의 기틀을 마련해야 한다

사. 전공의 깊이와 융합의 폭을 동시에 추구해야 한다

아. 직업세계에 대한 통합적 이해가 요구된다

자. Lifelong & Lifewide 교육의 관점에서 직업교육을 재구성해야 한다

차. 직업윤리도 소중하다

제2장. 미래 인재의 역량은 무엇인가? 129

1. 직업교육에서 길러야 할 핵심 역량

2. 역량 교육의 방향: Holistic Competency

3. 비교 개념: 전이 가능한 역량(Transferable Skills)

4. 범용 기반의 실제: Multi-field Education

5. 유연한 역량 구성: Multi-skilling

6. 논의의 종합: 정글짐(Jungle Gym) 모델

제3장. 직업교육이란? · · · · · · · 141

1. 직업교육 개념은 통일되어 있지 않다

2. 직업교육의 핵심 개념 재정립: 역량과 그 너머

가. Competency와 Competence의 미묘한 차이: 요구와 발현의 구분

나. Holistic Competency: 직업세계에서의 주체적 삶을 위한 포괄적 역량

다. Underpinning Capability: Holistic Competency의 기저를 이루는 잠재력

라. 광의의 직업교육과 교육 시스템 전반의 개혁

3. Holistic Competency와 교육과정

4. Holistic Competency 개념이 유의미한 이유

가. 직업교육이 살아남고 적응하는 능력을 키우는 교육이 된다

나. 다양한 제도와 연계가 가능하다

다. 이류교육이라는 낙인을 해소할 수 있다

라. 일반교육과 직업교육은 대등하며 서로 중요한 교육이 된다

5. CBT와 광의의 직업교육과의 비교

제4장. 유사 개념들과의 비교를 통해 본 직업교육의 정체성 · · · · · · · 164

1. 일반교육(General Education)과의 비교

2. 고등교육(대학교육)과의 비교

3. 직업훈련(Vocational Training)과의 비교

4. 기술교육과의 비교

5. 산업교육과의 비교

6. 진로교육과의 비교

7. 입직 이전(Initial)과 입직 이후(Continuing)의 관계

가. UNESCO-UNEVOC의 정의

나. Initial 단계(Professional Education, Research Training 등 전문 인력 양성과의 관계)

다. Continuing 단계

8. 실업교육, 전문교육의 본질적 의미

    가. 실(實): 직업교육의 기원은 현실에 있다

    나. 전(專): 실용의 깊이, 전문성의 완성

    다. 직(職): 직업교육의 사회적 책임과 인간적 정체성

    라. 통합: 실용성과 전문성의 결합, 그리고 책무성의 철학

제5장. 직업교육이란 무엇인가? 196

    가. 직업교육의 본질: '직업세계에서 살아갈 역량'을 기르는 교육

    나. 직업교육의 철학: Holistic Competency 기반의 생애 역량 교육

    다. 직업교육의 범위: 광의의 직업교육 개념

    라. 직업교육의 원리: 실용과 이론, 이론과 실천의 연계

    마. 직업교육의 진로 기능: 직업선택을 넘어 직업인으로서의 삶 설계

    바. 직업교육의 진화: 평생직업교육으로의 확장

    사. 직업교육의 사회적 역할: 이동성과 기회의 통로

    아. 결론

PART 3.

새로 쓰다:
직업교육, 어떻게 이루어지는가?

제1장. 역량 교육이란? 204

    1. 역량 교육에 대한 이해

        가. 사회(세상)의 요구와 학습자의 현재 사이의 불일치

        나. 해석과 전환: 삶의 필요역량을 교육과정으로 바꾸는 두 단계

        다. 학교는 이 불일치를 해소하는 매개자

라. 학교 내부의 구조: 과정전달평가의 정합성

마. 학생이 가진 것: 보유역량(Competency), 자격(Qualification), 그리고 앎(Knowledge)

바. 자격의 기능: 평가의 연장선이자 사회적 인증 메커니즘

사. 교육-고용 연계 흐름도 설명 가능

2. 교육과정 맥락에서 역량 교육의 의미

가. 역량기반 교육과정 설계의 핵심 원칙

나. 총론각론수업평가 간 정합성 확보 가이드

다. 정합성 설계를 위한 종합 매트릭스

라. 정합성 구성 요소 및 설계 원리

제2장. 변화의 감지: 직업세계의 변화를 읽는 일 ········· 227

가. 직업세계 변화를 알기 위해서 고려해야 할 세 가지 차원

나. 해석의 방법

다. CEDEFOP과 유럽의 다양한 조사 및 정보 생산 시스템

제3장. 지식의 전환: 변화를 교육과정으로 옮기는 일 ········· 259

가. 전환 시 고려해야 할 세 가지 관점

나. 해석의 방법: 어떤 방식으로 전환할 것인가?

제4장. 산업세계→직업세계→교육세계로 이어지는 전환 과정 ········· 271

1. 전환 과정의 의미

2. 산업세계에서 교육세계로 바로 연결될 때 발생하는 문제

3. 우리나라의 현실과 교육의 과제

제5장. 학습의 전달: 교육과정을 평생에 걸쳐 구현하는 일 ········· 280

1. Curriculum Delivery & Learning은 어떻게 되나?

가. 학습 환경 및 방식의 다양화

나. 교육과정 전달 및 학습의 주요 주체

2. 산학협력교육의 포괄적 의미

3. 다양한 In-company Training

    가. 도제와 학교기반도제

    나. 현장실습 (work placement, internship)

4. 소결

제6장. 학습성과의 측정: 평생의 학습 결과를 평가하고 검증하는 일 ······ 303

1. 평가 (Assessment) 일반

    가. 평가의 목적

    나. 평가의 주체

    다. 평가의 유형

    라. 평가의 활용 (Utilization of Assessment)

2. 평가의 대상: 학습성과와 역량

    가. 평가의 전환: 지식 암기에서 역량 발휘로

    나. 실현된 학습(Realized Learning): 진짜로 배우게 된 것은 무엇인가?

    다. 정합성(Alignment): 설계전달성과 간의 일관성

    라. 평생학습 시대의 평가: 과정 중심, 유연한 인정 시스템이 필요하다

제7장. 자격과 환류: 역량을 인정하고 순환하는 일 ······ 315

1. 자격 부여와 평가 결과의 환류

    가. 실현된 학습의 자격화: 학습은 사회적으로 인정되어야 한다

    나. Competency Gap과 Learning Gap: 차이를 읽는 것이 환류의 출발점

    다. 자격과 평가의 환류 시스템: '측정 → 개선 → 재설계'의 순환

    라. 자격 시스템의 유연화: 생애 경로를 따라가는 인증 구조

2. 자격 (Qualification)

    가. 자격의 개념과 의미

    나. 자격의 목적

다. 자격의 유형 및 특징

라. 자격의 수여 주체(Qualification Awarding Body)

마. 자격의 활용 (Utilization of Qualification)

3. 평가와 자격의 연계성 및 미래 방향

PART 4.
새로 그리다:
새로운 직업교육 시스템의 구현 방안

제1장. 직업교육, 삶을 위한 학습으로 ········ 350

제2장. 생애 단계별 직업교육체제의 구축 ········ 352

제3장. 고등학교 직업교육의 재설계, 새로운 미래를 그리다 ········ 358

1. 고등학교 직업교육의 기본 방향

2. 직업고의 교육과정

  가. 직업세계 관련 과목의 필수과목화

  나. 직업고 교육과정의 교과 구분의 재개념화

  다. 직업고 교육과정의 개편

  라. 직업고의 학점제

제4장. 대학, '직업교육 중심 대학'으로 거듭 태어나다 ········ 387

1. 대학교육의 방향

  가. 교육 중심 대학은 곧 직업교육 중심 대학이어야 한다

  나. 전문대학과 기능대학: 초급 기술교육에서 고숙련 중심 허브로

  다. 일반 4년제 대학: 학문과 직업의 경계를 넘어서다

  라. 수직적 연계, 수평적 이동이 가능한 대학 구조 만들기

2. 전문대학과 폴리텍대학

　가. 전문대학과 폴리텍대학의 역사

　나. 전문대학, 폴리텍대학에 대한 비판적 재평가

　다. 전문대학, 폴리텍대학의 미래

　라. 전문대학과 폴리텍대학의 통합/연계의 가능성과 그 의미

3. 한국기술교육대학교

제5장. 노동시장과 은퇴 이후의 직업교육: 평생학습의 바다로 나아가다 ····· 421

1. 학습의 세 단계의 의미

2. 성인교육과 노인교육이 갖는 특징

3. 우리나라의 실태

제6장. 누가 이 거대한 변화를 이끌 것인가? 정부와 주체들의 역할 ········ 435

1. 정부의 5대 역할: 규제자가 아니라, 시스템 설계자로

2. 교수자의 역할

　가. 호주 VET Trainer나 Assessor의 자격 요건

　나. 호주 VET trainer 자격 시스템의 벤치마킹

　다. 학교급별 '교수자' 역할의 본질과 차이점 (교사-교수-교관)

　라. 교사 시스템의 전면 개편

　마. Holistic Competency 관점에서 직업훈련 교사(Trainer)의 역할 재정의

　바. 대학 교수의 직업교육 역량 강화: CTL의 기능 대폭 강화

3. 대교협과 전문대교협의 기능 개편:
　정부사업 위탁기관에서 대학학사정책 중심기관으로

4. 학회와 정부출연연구기관의 기능 재정립

제7장. 직업교육의 마지막 공백: 직업윤리와 창직·창업교육 ············ 471

1. 직업윤리

2. 창직 · 창업교육

제8장. 직업교육 대전환을 위한 조건들 480

1. NQF 구축

2. 학점은행제의 개편

3. RPL의 체계화

4. 계좌제의 활성화

5. 학습휴가의 권리화

6. 재정지원 시스템의 개편

7. 대학입시제도의 근본적 개편

8. 직업교육 관련 법령의 통합 정비

Epilogue: 나의 여정, 직업교육의 미래를 향하다

[부록 1]   국가 주도형 Gap Year 모델과 대학입시: 경력이 먼저다

[부록 2]   생애기반 직업교육체제를 위한 정부조직 재구성:
         '평생직업능력부(가칭)'의 창설을 중심으로

표 목차

〈표 1〉 직업훈련 개념의 변화 · 102

〈표 2〉 다양한 Knowledge 개념 비교 · 128

〈표 3〉 포괄적 역량(Holistic Competency) 개념의 의미 · 150

〈표 4〉 Holistic Competency 요소와 교육과정과의 관계 · 151

〈표 5〉 Holistic Competency의 구성 요소와 Bloom과 SOLO 목표 기반 재구성 · · · · · · · · · 152

〈표 6〉 Holistic Competency의 구성 요소의 의미 · 153

〈표 7〉 역량 성장 흐름: Holistic Competency 축적 · 153

〈표 8〉 Holistic Competency의 제도적 연계 전략 · 155

〈표 9〉 교육의 질 관리 기준 · 216

〈표 10〉 해석의 방법 · 232

〈표 11〉 기술 중심 교육과 기능 중심 교육의 차이 · 262

〈표 12〉 교육과정으로 전환하는 방법론(예) · 264

〈표 13〉 직업세계를 해석하여 교육의 세계로 전환하는 방법 · · · · · · · · · · · · · · · · · 265

〈표 14〉 EQF, France, Germany의 Level 7 자격 비교 · 340

〈표 15〉 직업고 교육과정의 교과 층위 · 367

〈표 16〉 대학교육에서의 교육과정의 층위 · 392

〈표 17〉 전문대학의 변천 과정 · 398

〈표 18〉 TAE40116 Certificate Ⅳ in Training and Assessment의 Units · · · · · · · · · · · · 443

〈표 19〉 VET trainer가 되기 위한 Skill Set · 445

〈표 20〉 직업윤리와 인성교육, SEL, 시민교육, 글로벌 시민교육의 관계 · · · · · · · · · · · · · · · 475

그림 목차

[그림 1] I-P-O 모델로 본 공업, 상업, 농업의 차이 · 80
[그림 2] 역량 교육과정 · 206
[그림 3] 직업세계의 변화를 아는 방법 · 229
[그림 4] 직업세계의 변화를 교육세계에서 수용하는 방법 · · · · · · · · · · · · · · · · 260
[그림 5] DACUM & SCID Process Flow Chart · 270
[그림 6] 산업세계 → 직업세계 → 교육세계로의 전환의 의미 · · · · · · · · · · · · 271
[그림 7] 산학협력의 구조: 목적, 관계 수준, 도구, 내용에 따른 체계도 · · · · · 286
[그림 8] 생애단계별 직업교육체제 · 357
[그림 9] 학습의 3단계와 그 의미 · 423

보론 목차

[보론 1] 호주의 AQF와 VET 시스템을 비교 대상으로 하는 이유 · 67

[보론 2] 산업구조에 따른 직업교육의 차별성: I-P-O 구조와 전문성 개념을 중심으로 · · · · · · 80

[보론 3] 상업 · 서비스업은 왜 직업교육의 독자적 접근이 필요한가?

　　　　기술이 아닌 관계로 이루어진 산업, 감정노동과 복합역량의 세계 · · · · · · · · · · 83

[보론 4] 농업은 왜 직업교육의 특수영역이어야 하는가? 공업교육 패러다임을 넘어서 · · · · · · 87

[보론 5] 마이스터형 농업인 양성을 위한 최소 10년의 성장 경로 구축 방안 · · · · · · · · · · · · · 93

[보론 6] Vocationalism, New Vocationalism, 그리고 Vocationalization의 비교 · · · · · · · · · · 112

[보론 7] Knowledge itself, Contextualizing Knowledge, Underpinning Knowledge &

　　　　Embedded Knowledge란? · 127

[보론 8] Skill과 관련된 주요 용어 정의 · 245

[보론 9] 국내 직업교육 · 인력 양성 정보생태계의 구조적 문제:

　　　　CEDEFOP의 skill intelligence와의 비교를 통해 본 비판적 진단 · · · · · · · · · · · · · · · 247

[보론 10] 산업세계의 변화가 직업세계로 전환되지 못하는 구조적 병목 · · · · · · · · · · · · · · · · 251

[보론 11] 직업세계 관점에서 산업기술 보고서를 작성하는 방법 안내서 · · · · · · · · · · · · · · · · 254

[보론 12] ADDIE 모형 · 266

[보론 13] DACUM과 SCID의 Process Flow Chart · 268

[보론 14] "기업이 원하는 것을 가르치는 것이 직업교육이다."에 대한 비판 · · · · · · · · · · · · · · 278

[보론 15] 산학협력교육이 잘 작동되기 어려운 구조적 이유: 계약 가능성과 이익 공유의 한계 · · 290

[보론 16] 선행학습경험평가인정(RPL: Recognition of Prior Learning) · · · · · · · · · · · · · · · · 313

[보론 17] Qualification과 관련된 몇 가지 용어 설명 · 330

[보론 18] Microcredential · 335

[보론 19] EQF, NQF, SQF, OQF의 개념과 차이점 · 339

[보론 20] EQF, NQF, SQF/OQF 연계 논의의 본질적 물음: "왜 이러한 연계가 필요한가?" · · · 344

[보론 21] 구조화된 교육과정 체계의 의미 · 377

[보론 22] 한국기술교육대학의 역할: 통합 시스템 내 최고 수준 허브 · · · · · · · · · · · · · · · · · · 419

직업교육, 다시 묻고 새로 쓰다

Part 1.

다시 묻다:

파괴적 변화 속에
효용성을 잃어가는 직업교육

제1장

직업세계는
정말 파괴적으로 변화하고 있는가?

오늘날 직업세계는 그 어느 때보다 급격하고 파괴적인 변화를 겪고 있다. 이 변화의 중심에는 '기술'과 '인구', 즉 노동시장의 수요와 공급을 뒤흔드는 두 축이 있다.

우선, 노동의 수요 구조가 바뀌고 있다. 생성형 AI를 비롯한 첨단 기술의 도입은 산업의 경계를 허물고, 전통적인 직무 구조를 재편하고 있다. 이 변화는 특정 기술 강국에만 국한된 것이 아니라, 전 세계 산업 전반에 걸쳐 전방위적으로 확산되고 있다. 특히 기술문명이 고도화된 산업국가에서는 이미 일상적 현상으로 자리 잡았다.

AI는 단순 반복 업무를 대체하는 수준을 넘어, 인지적 판단과 창의적 산출이 요구되던 고숙련 직무영역까지 깊숙이 침투하고 있다. 그 결과 전통적 직무 분류와 직업 체계는 더 이상 유효하지 않게 되었으며, 직무 자체가 '사라지거나 바뀌는' 현상이 가속화되고 있다. 세계 유수의 IT 기업에서 기술자 감원이나 정리해고가 일상이 되었고, 대학교 졸업자 수준의 인력이 갈 자리조차 사라지고 있는 현실이 이를 방증한다.

동시에, 노동의 공급 구조에도 균열이 생기고 있다. 저출생과 고령화는 이제 단순한 인구통계학적 문제가 아니라, 사회 전체의 생산 가능성과 교육·고용 정책의 근간을 뒤흔드는 구조적 위기이다. 생산가능인구는 빠른 속도로 줄어들고 있으며, 특히 청년층은 이전 세대와 전혀 다른 노동 가치관을 지닌다.

공동체성과 책임감보다 개인주의와 자아실현을 우선시하는 태도는 조직 중심의 노동환경과 충돌하고 있으며, 이로 인해 조직에 대한 헌신은 점점 낮아지고 있다. 한편, 이 인력 공백을 메우기 위해 다수의 산업현장에서는 외국인 근로자에 대한 의존도가 빠르게 높아지고 있다. 이는 단순히 국제 노동력 유입의 문제가 아니라, 한국 사회 내부의 직업정체성, 교육 체계, 공동체 구성 방식 전반을 다시 묻는 질문으로 이어진다.

결국 지금 우리가 마주한 현실은 단순한 기술의 도입이나 인구변동의 문제가 아니라, 산업과 노동, 직업과 교육의 기본 틀을 해체하고 재구성할 것을 요구하는 구조적 전환의 시대이다. 그리고 그 중심에는 다음과 같은 근본 질문들이 놓여 있다:

"인간은 이제 무엇을 할 수 있는가?"
"그렇다면 우리는 지금 무엇을 해야 하는가?"
"앞으로는 어떻게 학습하고 일해야 하는가?"

1. 인공지능 시대, 산업과 노동시장이 근본적으로 바뀌고 있다

가. 산업구조의 재편: 지능화된 생산과 서비스

AI 기술의 등장은 단순한 기술적 진보에 그치지 않는다. 이는 산업구조 전반을 지능화된 산업사회로 재구성하는 동력이다. 과거의 변화가 자동화와 기계화 중심이었다면, 이제는 '판단', '예측', '설계' 등 인간 고유의 사고 기능까지 인공지능(AI)이 점유하며, 산업의 역할 분담 구조와 부가가치 창출 방식 자체가 변화하고 있다. 심지어 '감정'과 '창의성'의 영역에도 AI가 영역을 넓혀가고 있다.

제조업에서는 예측 정비(predictive maintenance), 품질 분석, 공급망 최적화 등의 영역에서 AI가 빠르게 적용되고 있다. 이제는 단순한 반복 작업의 자동화를 넘어, AI는 데이터를 분석해 최적의 생산 계획을 수립하고, 실제 공정까지 스스로 조정하는 '자기 조직화한 생산 시스템'이 가능해질 것이다. 이에 따라 단순 제조 업무는 로봇으로 대체되고, 데이터 해석, 시스템 운영,

유지보수, 프로세스 통제 등 고차원의 기술과 판단이 요구되는 직무가 살아남을 것이다.

회계사는 단순한 장부 정리에서 벗어나, 데이터를 분석하고 전략을 기획하는 역할까지 요구받고 있다. 기계공도 이제 디지털 공정 시스템에 익숙해야 하며, 요리사는 고객의 데이터 기반 맞춤 식단을 설계하는 서비스를 제공하기도 한다. 서비스 산업에서는 AI 챗봇, 개인화 마케팅, 추천 시스템, 자동화된 고객 응대, 금융 거래 분석 등에서 이미 인간 노동을 대체하거나 보완하고 있다.

플랫폼 기반 서비스업에서는 AI가 사용자 경험 자체를 설계하는 수준까지 도달하고 있으며, 이는 서비스 제공 방식뿐 아니라 고객 관계, 상품의 정의, 시장 경쟁 구조마저 바꾸고 있다. 라면과 커피를 로봇이 끓이는 풍경은 더 이상 낯설지 않다. 중국의 어떤 도시는 자율주행 택시와 버스가 운행된다. 이제 '직업'이라는 단어 자체가 더 이상 고정된 틀로 존재하지 않으며, 이는 직업교육의 설계 철학에 근본적인 질문을 던진다.

이러한 변화는 산업 간 경계의 해체와 새로운 산업 영역의 창출로 이어지고 있다. 기술은 더 이상 도구가 아니다. 그것은 인간의 삶과 노동의 질서를 근본적으로 재구성하는 시스템이다. '4차 산업혁명'이라는 이름 아래 등장한 AI, 로봇, Humanoid, 사물인터넷(IoT), 빅데이터, 클라우드 기술 등은 산업의 경계뿐 아니라 직업과 직무의 정의 자체를 무력화시키고 있다. 과거에는 특정 직업군이 특정 산업에 고정되어 있었지만, 이제는 산업과 산업, 직무와 직무 사이의 융합이 빠르게 이루어지고 있다. 예컨대 'AI + 의료', 'AI + 농업', 'AI + 제조'와 같은 융합 산업은 전통 산업 내부에서의 진화라기보다는, AI를 중심으로 산업이 재조직화(reorganization)되는 것으로 보는 것이 적절하다.

기술 변화는 노동시장 구조만 바꾸는 것이 아니다. 속도 역시 문제이다. 기술 변화의 속도는 인간의 적응 속도를 앞질렀고, 새로운 기술이 등장하는 주기는 점점 짧아지고 있다. 특이점(singularity)의 시기가 다가오고 있고, 범용 인공지능(AGI)도 등장할 것 같다. 이로 인해 기존 직업군은 빠르게 소멸되거나 재정의되며, 직무는 더 이상 단일 기능이 아니라 복합적·통합적 역량을 요구하는 '작업 묶음(Job Bundle)'으로 변하고 있다. 단순한 분업 구조는 무너지고, 협업 기반의 문제해결능력이 새로운 핵심 가치가 되고 있다.

이러한 변화는 한마디로
"직업세계에 대지진이 발생하고 있다"라고 말할 수 있다.

나. 노동시장의 변화: 자동화와 직무 재구조화

AI 기술은 노동시장에 이중적 충격을 준다. 하나는 일자리의 대체와 소멸이고, 다른 하나는 새로운 직무와 역량의 등장이다. 우선, 반복 가능하고 정형화된 업무는 빠르게 자동화되고 있다. 단순 사무직, 생산직, 경비 및 점검 업무, 고객 응대 업무 등은 AI 알고리즘과 로봇 기술의 결합을 통해 대체 가능성이 높아지고 있다. 이에 따라 전체 일자리의 총량이 변화하고 있고, 일자리의 구성이 급격히 재편되고 있다. 노동시장은 양적·질적으로 재편되고 있다.

과거에는 새로운 기술이 결과적으로 일자리를 늘리는 방향으로 움직였지만, 생성형 AI 시대에는 양론(兩論)이 존재한다. 일자리의 증감에 대한 평가가 엇갈린다. 노동이 창출되기보다 대체되는 양상이 지금은 더 도드라지고 있다.

두 번째 충격은 '직무의 해체와 재구성'이다. 기존에는 하나의 직무가 여러 가지 세부 기능으로 구성되어 있었다면, AI의 도입은 이러한 기능 중 일부를 대체하거나 강화함으로써 직무 자체를 재정의하게 만든다. 예를 들어, 회계사는 단순 장부 처리 대신 분석, 해석, 조언의 역할로, 교사는 단순 지식 전달자가 아닌 학습 설계자·촉진자로 전환될 것을 요구받는다.

세 번째 충격은 '인간의 협업 구조의 변화'이다. 오늘날 많은 조직은 인간 사이의 수평적, 수직적 협업을 전제로 작동한다. 예컨대 병원은 의사, 간호사, 임상병리사, 방사선사, 행정직, 사회복지사, 간병인 등 수많은 직종 간의 다층적 협업을 통해 운영된다. 이는 마치 고도로 정렬된 제조업의 컨베이어 시스템처럼, 각자의 전문성과 역할이 시간과 공간 속에서 정밀하게 조율된 구조이다. 그러나 AI가 일상 업무의 의사결정과 실행을 대체하거나 보조하게 되면, 이 구조는 본질적으로 재편되거나 해체될 가능성이 있다. 일부 업무는 자동화되고, 일부 직종은 사라지며, 협업의 방식 자체가 인간-기계 간의 하이브리드 협력(Human-AI Collaboration)으로 전환되기 때문이다. 병원 외에도 이러한 변화는 다양한 분야에서 감지되고 있다.

- 교육 현장: 교사, 보건교사, 상담교사, 행정직, 교장, 전문상담인력 등이 팀을 이뤄 한 학생을 지원하는 구조에서, AI 튜터·상담 봇·학생 성향 분석 시스템이 개입되면 기존 역할 분담이 해체되거나 재조정된다.
- 법률 서비스: 변호사, 사무장, 로펌 행정직 사이의 협업 구조는 AI 리

걸(legal) 리서치, 판례 분석 도구, 계약서 자동 작성 서비스의 등장으로 구조적으로 압축되고 있다.
- 미디어 제작: 기획자, 작가, 디자이너, 영상 편집자, 음향 감독, 마케터 등이 모여 콘텐츠를 제작하던 방식이, AI 콘텐츠 생성기와 자동 편집 툴로 인해 개인화된 1인 창작 구조로 바뀌고 있다.
- 공공행정: 민원 접수 – 검토 – 결재 – 집행 – 문서 보관 등 다단계로 이뤄진 공공행정의 협업 체계는, 챗봇 민원 처리, 자동심사 시스템, AI 예산 시뮬레이터 등을 통해 중간단계의 대폭 축소가 일어나는 중이다.

이처럼 AI가 인간의 협업 구조를 대체하거나 재구성하면서 나타나는 변화는 단순한 기술적 진보가 아니다. 그것은 결국 '인간 사이의 일'이 갖고 있던 '상호 의존성, 책임 분산, 학습의 기회, 사회적 관계의 형성'이라는 교육적·사회적 의미까지 흔드는 문제이다.

따라서 우리는 단지 '어떤 직업이 사라질 것인가?'만 아니라, '일은 인간의 관계와 사회 구조를 앞으로 어떻게 매개할 것인가?'라는 질문도 함께 던져야 한다. 그리고 그 해답은 기존 직무 설계나 협업 체계를 넘어, 사람과 기계가 어떻게 함께 일할지를 교육이 먼저 고민해야 한다는 데 있다.

결국, 노동시장은 '사람이 더 잘할 수 있는 일'과 '기계가 더 잘할 수 있는 일'로 나뉘며, 나머지는 '사람과 기계가 협업해야 하는 일'이 된다. 이런 상황에서 인간 노동은 점점 더 창의력, 비판적 사고, 문제해결, 협업, 감정 조절 능력과 같은 고차원 역량에 집중되게 된다. 이른바 '비자동화 가능성'이 낮은 직무만이 살아남거나 확장되는 것이다. 그러나 실상 이마저도 낙관할 수 없다. AI가 장착된 Humanoid가 일상화되는 미래를 떠올려 보면, 인간 고유의 직무라 여겨지던 영역도 대체 가능성에서 완전히 벗어나 있다고 보기 어렵다.

여기에 더해, 플랫폼 기반 노동, 원격근무, 프로젝트 단위 일거리 기반의 고용 형태는 전통적인 장기 고용 기반의 고정된 노동관계를 해체하며, 유동적이고 유연한 노동시장을 형성하고 있다. 이러한 변화는 노동자에게 기술 습득을 넘어서, 끊임없는 학습과 이직, 전직, 전환을 일상화하는 비정형 경력 생애를 요구한다. 단순히 한 직장을 오래 다니는 것이 아니라, 다양한 직무를 넘나들며 역량을 확장하고, 경력을 스스로 설계할 수 있는 생애 전략이 필수 역량으로 떠오르고 있다.

다. 학위의 가치 하락과 초급 일자리 시장의 취약화

AI 기술의 확산은 노동시장에 단순한 자동화를 넘어, 고용 구조 자체의 재편을 촉진하고 있다. 이 중 하나의 흐름은 학위(degree)의 상징적 가치 약화와 초급 직무 시장의 침식이다. 과거에는 '대학 졸업장'이 곧 취업 자격을 상징했으며, 정규직 채용의 출발점이 학위 취득 여부였다. 그러나 오늘날의 채용 시장은 학위보다는 '실제 수행 능력'과 '경력' 중심으로 이동하고 있다. 이는 AI가 가져온 직무 성과의 계량화, 온라인 포트폴리오의 대중화, 비정규 프로젝트 기반 노동의 증가 등과 맞물려 있다. 그 결과, 다음과 같은 변화가 가속화되고 있다:

- 초급직(Entry-level Job)의 붕괴: 많은 기업들은 초급 직무를 인턴이나 계약직, 아웃소싱으로 대체하거나, 아예 AI 기반 솔루션으로 대체하고 있다. 이로 인해 막 사회에 진입한 청년들이 경험을 쌓을 수 있는 장이 사

라지는 현상이 벌어지고 있다.
- 경력직 중심의 채용: 신입 채용을 통한 장기 육성보다는 즉시 투입 가능한 실무 인력에 대한 수요가 높아지고 있으며, 이로 인해 학위는 채용에서 '기초 요건' 정도로 간주될 뿐, 경력의 유무와 역량의 보유 정도가 결정적인 변수가 되고 있다.
- 비정형 경력 전개 경로의 일상화: 더 이상 동일 업종, 동일 조직에서의 수직적 경력 개발이 아니라, 다양한 프로젝트, 프리랜서, 직무 전환을 통해 경력 그 자체가 일종의 자산으로 거래되는 노동시장으로 변모하고 있다.

이러한 변화는 대학 교육에 치명적인 충격을 주고 있다. 학위만으로는 노동시장 진입이 보장되지 않는 현실은 대학이 제공해야 할 가치를 근본적으로 다시 묻게 만든다. 지금 대학은 단순히 전공 지식을 전달하는 것이 아니라, 현장 경험, 문제해결력, 실무 포트폴리오, 융합 역량 등을 교육과정 내에서 얼마나 구현할 수 있는가가 핵심이 되고 있다.

이 충격은 전문대학, 마이스터고, 특성화고 등 직업계 고등교육 전체에도 동시다발적으로 영향을 미치고 있다. 기능 업무나 반복 업무와 같이 전통적으로 고등학교 단계에서 양성해 온 직종이 AI로 대체될 가능성이 높기 때문이다. 반면, 대학교 수준의 고급 일자리조차 AI의 대체 가능성에 직면하고 있으며, 경력직 중심의 채용 관행은 일반대학 졸업자에게도 심각한 진입장벽이 되고 있다.

**우리는 '직업고, 전문대학, 대학을 졸업해도
직업을 갖기 어려운 시대'를 맞고 있다.**

2. 노동의 공급 구조도 심각한 변화를 겪고 있다

가. 저출생·고령사회의 등장: 공급의 양이 줄어든다

출생률은 역사상 유례없이 낮은 수준을 지속하고 있으며, 동시에 고령 인구는 빠르게 증가하고 있다. 저출생 고령화 추세는 세계에서 가장 빠르게 진전되고 있는 나라가 되고 있다. 이는 단순한 인구통계학적 변화가 아니라, 국가의 생산 가능성과 노동시장 운영의 전제가 붕괴하는 중이라는 신호이다. '생산가능인구'라는 용어 자체가 점차 현실과의 괴리를 드러내고 있다. 나아가 피라미드형 인구구조를 전제로 했던 사회 시스템의 붕괴도 조금씩 나타나고 있다. 사회보험의 구조조정, 교육훈련기관의 구조조정은 이러한 흐름에서 비롯되는 것이다. 이러한 인구구조의 전환된 모습을 '장독형 사회의 도래'라는 은유로 표현할 수 있다. 과거에는 인구가 아래에서부터 넓게 지탱되는 사다리꼴 구조였다면, 이후 마름모꼴을 거쳐 지금은 윗부분이 불룩한 항아리형, 즉 '장독형' 인구구조로 변해가고 있다.

이러한 구조 전환은 단지 인구의 연령 분포의 변화만을 의미하지 않는다. 산업 인력의 기반이 약화되고 있으며, 많은 지역에서 학교 통폐합, 병원의 축소, 공장 인력 부족이 현실화되고 있다. 이처럼 노동력의 공급이 줄어드는 사회에서는 직업교육도 단순한 기능훈련, 직무훈련을 넘어서야 한다. 이제는 노동 자체의 존재 방식과 의미를 재정의해야 한다. 따라서 직업교육도 단순히 '일할 사람을 키우는 교육'이 아니라 '누가 어떻게 살아갈 수 있는지를 설계하는 교육'으로 전환되어야 한다.

나. 직업 가치관의 변화: 노동 공급의 질적 성격이 바뀐다

인구의 절대적 감소와 더불어, 새로운 세대의 등장은 노동 공급의 질적 성격을 크게 바꾸고 있다. 오늘날의 청년 세대는 과거와는 전혀 다른 정체성과 가치관을 가지고 있다. 조직에 헌신하고 오랜 기간 몸담는 '평생직장'의 개념은 설득력을 잃었으며, 대신 자율성, 유연성, 자아실현을 중시하는 태도가 주류가 되고 있다. 이들은 자신을 조직의 부속품이 아닌 자기 삶의 기획자이자 주체로 인식하며, 노동을 생존의 수단이 아니라 자기 정체성의 표현이자 삶의 일부로 바라본다.

이는 곧 전통적인 '조직 중심의 노동' 모델과 갈등을 일으키는 구조적 긴장으로 이어진다. 수직적 조직문화, 장기근속을 전제로 한 인사관리, 집단주의적 근로 방식 등은 더 이상 새로운 세대의 기대와 가치관에 부합하지 않는다.

결과적으로, 고용주들은 전례 없는 적응을 요구받고 있다. 고용 안정성을 전제로 한 경력관리, 집단주의적 직무수행 방식, 수직적 조직문화는 더 이상 새로운 세대의 기대와 부합하지 않는다. 개인의 가치관과 생애 전략을 반영할 수 있는 새로운 노동관계와 직무 설계 방식이 요구되고 있다. 이러한 노동 공급 주체의 심리적·문화적 전환은 단순한 고용 기피 현상을 넘어, 노동 자체의 의미와 조건에 대한 총체적 재설계를 요구하고 있다. 실제로, 많은 청년이 어렵게 취업하고도 조직에 적응하지 못하고 곧바로 퇴사하거나, 아예 YouTube, SNS 기반의 자기 주도형 직업 경로를 선택하는 사례가 늘고 있다. 직업에 대한 관점이 '생계를 위한 선택'에서 '나를 표현하는 도구'로 전환되는 것이다. 이는 단순한 세대 차이를 넘어, 직업교육이 어떤 정체성과 가치를 중심으로 설계되어야 하는가에 대한 본질적 질문을 던진다.

다. 가족 해체와 도시화: 교육의 사회적 기반 약화

과거에는 지역 공동체와 대가족 중심의 사회구조가 청소년의 진로 결정과 직업교육에 자연스러운 영향을 미치는 환경을 형성하고 있었다. 지역의 어른들은 직업인으로서의 경험을 전수해 주었고, 가족 내 조력자들은 진로 선택의 조언자이자, 일의 의미를 가르치는 스승이었다. 마을과 가족은 학교이자 일터였다. 그러나 지금은 상황이 완전히 달라졌다. 1인 가구가 급증하고, 가족의 형태가 단절되면서 청소년은 진로 문제를 스스로 결정해야 하는 '고립된 존재'가 되어가고 있다. 진로 선택에 있어 사회적 조언자도, 실질적 모델도 찾기가 어렵다.

부모들은 자녀가 힘든 일, 손에 기름 묻는 일을 하지 않기를 바라며, 자녀 또한 육체노동에 대한 사회적 편견을 내면화한다. 이런 사회에서 우리가 아는 직업교육은 더 이상 선택받기 어려운 교육이 된다. 하지만 이는 직업교육의 위상이 낮은 이유도 있지만, 사회 전반의 인식과 연결망이 붕괴되었기 때문이다. 다시 말해, 직업교육이 설 자리를 잃은 것은 교육 내부의 문제도 있지만, 사회적 연결망의 약화로 인한 외부 구조의 문제도 무시할 수 없다. 직업교육이 다시 살아나기 위해서는 단순한 커리큘럼 개편이나 교육 방식의 혁신만으로는 부족하다. 교육과 사회 환경 사이의 끊어진 연결고리, 즉 일과 삶, 진로와 공동체 사이의 관계 회복이 함께 이루어져야 한다.

라. 외국인 근로자 중심의 노동시장: 일자리 생태계와 숙련의 붕괴

우리 산업의 주요 영역인 농업, 어업, 제조업, 건설, 저부가가치 서비스업 등은 지금 대부분 외국인 근로자에 의존하고 있다. 그런데 이들은 단기 체류 또는 순환 고용이 원칙이며, 장기 정착을 전제로 하지 않는다. 정부 정책도 정주(定住)보다는 '순환 활용'에 초점을 두고 있다.

이로 인해 심각한 문제가 발생한다. 기존의 장인적 숙련이 전수되지 않고, 축적되지 않는다. 과거에는 한 현장에서 오랜 기간 일한 숙련자가 신입을 가르치고, 시간이 지나면서 노하우가 쌓였다. 그러나 지금은 '임시 고용-단기 교체'가 일상화되면서 기술의 계보가 사라지고 있다. 직업교육은 원래 이러한 숙련을 제도화하고 체계화하기 위해 존재해 왔다. 그러나 지금은 제도 안에서조차 숙련을 길러내고 유지하는 시스템이 작동하지 않는다. 이는 한국 노동시장의 질적 붕괴와 직업교육 체계의 붕괴를 동시에 야기한다.

그 결과, 다수의 산업 영역에서는 국내 인력 공급의 공백을 외국인 노동자에 의해 메우는 구조로 이동하고 있다. 제조업, 건설업, 농축산업, 식당, 돌봄 서비스와 같은 기초 생활 인프라 영역은 이미 외국인 노동자 없이는 운영이 불가능한 지경에 이르렀다. 이는 단지 외국인 근로자의 비중 문제에 그치지 않는다. 한국 사회는 지금, '자국민에게 매력 없는 직업'을 다수 보유한 나라가 되어가고 있으며, 그에 따라 직업의 위상, 교육의 목적, 공동체 구성 방식까지 모두 근본적인 질문을 다시 던져야 하는 지점에 도달한 것이다.

3. 직업세계의 구조적 붕괴, 직업교육의 총체적 재설계를 요구하다

직업교육이 오늘날 위기에 처해 있다는 말은 그 자체로 새로운 주장은 아니다. 그러나 이 위기의 본질은 '직업교육' 내부의 문제를 넘어, '직업'이라는 개념 자체의 불안정성과 무력화에서 비롯된 것이라는 점에서, 이전과는 질적으로 다르다. 특히 디지털 기술의 발전과 노동시장 구조의 급변은 직업의 존재 방식, 가치, 그리고 미래 가능성을 근본적으로 재구성하고 있으며, 이러한 상황은 교육의 존재 이유와 방식에도 영향을 미치고 있다.

가. 직무, 직업, 직업 간의 협업 관계가 흔들리고 있다

산업사회에서는 직업이 곧 정체성이었다. "당신은 어떤 일을 하십니까?"라는 질문은 곧 "당신은 누구십니까?"라는 질문과도 같았다. 교사, 간호사, 기술자, 공무원이라는 호칭은 그 사람의 삶의 방식과 사회적 지위를 동시에 설명해 주었다. 그러나 지금은 어떠한가?

특히 청년층에게 직업은 '삶의 의미'가 아니라 '불안정한 생존 수단'으로 인식된다. 좋은 직장을 찾는 것이 아니라 '나쁜 직업만은 피하자.'라는 생존 전략이 우선한다. 그리고 이러한 인식은 단순한 개인의 불안감이 아니라 노동시장의 구조적 현실에서 비롯된 경험적 감각이다. 정규직이 줄고, 계약직·프리랜서·플랫폼노동이 확산되며, 한 직장에서 평생을 일하는 경로는 더 이상 기대할 수 없게 되었다. 이러한 조건에서 직업교육이 '정해진 직무에 대한 적응 교육'으로 설계될 경우, 그것은 더 이상 유효하지 않은 미래에 대한 준비가 될 수밖에 없다. 직업을 구성하는 직무도 사라지거나 기계와 함께 하거나, 조직 내외에서 직업인의 협업으로 구성되던 업무수행방식도 단절되거나 변형되고 있다. 그 사이 어딘가에 AI machine이 존재한다.

나. 러다이트 운동과 낙관의 종말

19세기 초 영국에서 시작된 러다이트(Luddite) 운동은 직조공들이 기계 도입에 반대하여 이를 파괴하며 저항한 사건이었다. 이들은 기계화가 자신의 일자리를 빼앗고 생존을 위협한다고 느꼈다. 당시에는 기술 발전에 따른 일자리 위협이라는 문제가 생소했기 때문에 강한 저항이 있었던 것이다.

그러나 이후 역사는 기술 발전이 오히려 더 많은 일자리를 만들 수 있다는 점을 보여주었다. 과거에는 기계가 인간을 대체하는 만큼, 새로운 영역의 직업도 함께 탄생했다. 이로 인해 "기술 혁신은 위기를 동반하지만, 결국 더 나은 일자리를 만들어 낸다."라는 일종의 낙관적 신념이 정책과 교육의 기저에 자리 잡았다.

하지만 지금은 상황이 다르다. 인공지능, 자동화, 알고리즘 기반 서비스는 단지 생산성을 높이는 도구가 아니라 인간이 수행하던 일 자체를 없애고 있다. 더구나 이번에는 새로 생겨나는 일자리가 예전보다 적고, 일자리를 잃는 사람과 새 직무를 수행할 수 있는 사람 간의 격차가 너무 크다는 문제가 존재한다. 다시 말해, 직업이 사라지는 속도보다 교육이 새로운 일을 준비하는 속도가 따라가지 못하고 있다.

다. 화이트칼라마저 위협받는 시대

과거 기술 발전은 주로 '블루칼라', 즉 육체노동자와 생산직 근로자의 일자리에 타격을 주었다. 반면 '화이트칼라'라고 불리는 사무직, 전문직, 지식 기반 직무는 상대적으로 기술 변화의 수혜자로 여겨졌다.

예를 들어, 컴퓨터와 정보 시스템의 도입은 회계, 법무, 데이터 분석 등에서 오히려 효율성을 높이고 새로운 전문영역을 창출했다. 그러나 지금은 이마저도 흔들리고 있다. 생성형 AI는 문서 작성, 자료 요약, 번역, 코드 생성, 심지어 창작까지 수행할 수 있으며, 많은 기업이 신입사원보다 AI를 먼저 도입하는 경향을 보이고 있다.

실제로 "챗GPT에 일자리 빼앗겼다… 신입 개발자들 눈물"이라는 보도(한국경제, 2025.6.13)는 단지 자극적인 제목이 아니라, 청년 취업 현실의 한 단면을 보여준다. 이는 단지 특정 산업의 문제가 아니라, 직업교육이 겨냥해 온 '신규 노동시장 진입자'라는 집단 자체가 사라질 위험에 처했다는 사실을 의미한다.

라. 직업 없는 시대에 직업교육은 가능한가?

이제 우리는 묻게 된다.

- **이처럼 직업이 불안정한 시대에 직업교육은 유효한가?**
- **자녀가 한두 명뿐인 가정에서 부모는 직업교육을 선택할 수 있을까?**

- **기존 직업교육을 받은 이들이 종사하던 직무가 사라지는 시대에, 새로운 직업교육의 방향은 어디로 가야 하는가?**

이러한 질문은 단지 직업교육의 정책 방향을 결정하는 수준의 것이 아니다. 그것은 직업교육의 존재 근거를 묻는 질문이며, 동시에 교육 전반의 목적과 구조를 다시 성찰하라는 요구이기도 하다.

직업은 단지 경제적 생존의 수단이 아니다. 그것은 인간의 자기 정체성, 사회적 관계, 생애 경로 전반에 영향을 주는 핵심 요소이다. 따라서 직업이 불안정하고 단절될 때, 교육도 방향을 잃는다. 지금의 위기는 단순한 일자리 부족이 아니다. 그것은 직업이라는 개념의 붕괴와 교육 시스템의 미(未)적응이 함께 맞물린 구조적 위기이다. 그리고 이 위기를 정면으로 마주 보지 않는 한, 아무리 정교한 교육과정을 개발해도, 직업교육은 제자리를 맴도는 실패한 정책으로 남게 될 것이다.

정리해 보자. 노동 공급의 위기는 단지 '일한 사람이 부족하다.'라는 문제를 넘어서고 있다. 지금 필요한 것은 '얼마나 많은 사람이 존재하는가?'가 아니라, '인간이 할 수 있는 일이 무엇인가?', '그 일을 어떤 가치로 수행할 것이며, 그 일을 위해 AI machine 등 기계와 기술과의 협력은 어떻게 할 것인가?', '그리고 그 일을 어떻게 학습할 것인가?'에 대한 총체적 재설계이다.

이 문제는 단순한 인구 대체나 이민 확대만으로는 문제를 해결할 수 없다. 이는 '노동력 부족'이라는 단순한 문제를 넘어 '누가 어떤 일을 할 수 있느냐?'라는 자격 체계의 유효성, 교육의 적시성과 효과성, 학습자의 생애 전환 설계와 같은 구조적 문제로 확장된다.

이러한 변화의 총체적 결과는 무엇인가? 바로 기존 직업교육 체계가 더 이상 현재와 미래의 직업세계를 설명하거나 준비시킬 수 없다는 점이다. 과거의 직업교육은 정태적·수직적 설계에 기반을 두고 기능 인력 양성 주로 양성하는 데 초점이 맞춰져 있었다. 그러나 오늘날의 직업세계는 유연하고 순환 가능한 학습 구조, 고정된 직무 단위가 아닌 역량 단위의 설계, 그리고 '경험 기반 교육'으로의 전환을 요구하고 있다.

또한 이제 '노동을 통한 소득 창출'이라는 전제가 흔들리고 있다. 생산가능인구가 다수인 사회를 전제로 했던 사회복지 시스템도 붕괴하고 있다. 일을 기반으로 한 권리 보장 구조도 위태로워지고 있다. 바야흐로 우리는 '노동이 가능한 사회' 자체의 조건을 다시 묻고, 노동과 교육, 삶의 전제가 근본적으로 전환되어야 함을 받아들여야 하는 시기에 직면해 있다.

정리하면, 기능 업무와 반복 업무가 AI에 의해 대체된다면, 전통적으로 이러한 직업인을 양성해 온 직업고와 그보다 한 단계 위지만 고급 기술과 지식을 충분히 담아내지 못한 전문대의 직업교육은 직접적인 충격을 받을 수밖에 없다. 그렇다고 해서 대학교 수준의 직업도 안전하지 않다. 생성형 AI는 이미 중간 수준의 전문직 일자리를 대체하고 있고, 기업은 경력직 채용을 일상화하며 신입을 기피하고 있다. 결국, 대학을 졸업해도 직업을 갖기 어려운 시대가 되고 있으며, 이는 곧 대학교육의 상징적 가치마저 붕괴되는 전조이다.

지금 우리가 목도(目睹)하는 이러한 변화는 일시적 충격이 아니라, 지속적이고 점점 더 가속화되는 구조적 전환이다. 배우고 또 배우고, 직업을 갖고 또 새로운 직업으로 이동하고, 경력을 쌓고 또다시 설계해야 하는 삶. 그것이 오늘날 우리가 살아가는 노동 세계의 전형적 모습으로 변하고 있다. 그나마 희망적인 시나리오는, 새로운 직업이 계속 만들어지고, 소멸되는 직업과 비슷하거나 더 많아지는 경우일 것이다. 그러나 이 경우에도 지속 가능한 삶의 조건은 '학습'이다. 평생학습사회가 되어야 한다는 주장의 이면에는 이러한 희망이 담겨 있다. 그런데 만약 새로운 일자리조차 충분히 생기지 않는다면? 그때야말로 우리는 교육의 역할, 학습의 의미, 인간의 성장이라는 문제를 다시 근본부터 성찰해야 할 것이다.

4. 교육의 전환: 단절된 학습이 아닌, 생애 기반의 전환학습 체계로

AI 기술이 산업과 노동을 이렇게 바꾸고 있는 이상, 교육도 단지 새로운 기술을 교육 내용에 포함시키는 차원을 넘어 학습의 구조와 방식 자체를 재구성해야 한다. 이제 우리는 다음과 같은 질문 앞에 서 있다.

"직업이 사라지는 시대에 직업교육은 무엇을 가르쳐야 하는가?"

이 질문은 곧 다음과 같은 전환을 요구한다. 이제는 특정 직무를 수행하는 능력을 넘어서, 기계와 함께 일하거나, 기술의 변화를 이해하고 적용하는 역량이 중심이 되어야 한다. 직업교육도 기능교육에서 '직무 이해와 기술의 재구성'으로 무게 중심을 옮겨야 할 때이다.

가. 구조적 전환: 교육이 바뀌어야 할 다섯 가지 이유

(1) 교육의 목표 전환: 지식 제공에서 문제해결 주체로

전통적으로 교육은 '지식을 제공하는 것'에 중심을 두었으나, AI 시대에는 '스스로 문제를 정의하고 해결하는 사람'을 기르는 것이 핵심이다. 이는 단지 창의성의 강조를 넘어서, 문제 인식과 탐색, 자료 해석, 협업 설계, 감정 조율 등의 포괄적 역량(holistic competency) 강조하는 방향이다. 특히 이러한 역량은 한 번의 교육과정에서 형성되지 않으며, 생애 전반에 걸쳐 구성되고 갱신되어야 한다.

(2) 교육의 형식과 시간의 전환: 단절에서 통합으로

학교 교육과 노동시장을 단절된 영역으로 구분하는 방식은 더 이상 유효하지 않다. AI 기술이 노동을 실시간으로 변화시키고 있기 때문에, 교육 역시 생애 경력과 통합된 방식으로 존재해야 한다. 이때 핵심은 단기 교육이나 자격 취득이 아니라, 지속 가능한 학습 이력 구축과 전환 학습이다. 이른바 '전환 가능한 학습역량'은 분야를 바꾸거나 기술이 바뀌더라도 개인이 적응할 수 있도록 돕는 장기적 자산이다. 그리고 이러한 전환을 돕는 상담 시스템이 요구된다.

(3) AI 기반 학습 혁신: 기술이 아니라 '역할의 전환'

AI는 교육을 혁신할 수 있는 기술이지만, 교육의 본질을 대체해서는 안 된다. AI 기반 학습 분석(Learning Analytics), 개인화 추천 및 자동 첨삭, 대화형

튜터, 적응형[1] 콘텐츠 제공 등은 학습자 중심 교육을 구현할 수 있는 기술이다. 하지만 중요한 것은 AI가 교사의 역할을 확장하거나 학습자의 주도권을 강화하는 방향으로 쓰일 때 진정한 혁신이 가능하다는 점이다. 이는 학교교육과 교육과정에 대한 시각의 근본적 전환을 요구하는 문제이다. 어쨌든 아직 기본 역량이 부족한 연령대에 대해서는 신중한 통제와 보완책은 반드시 필요하다.

(4) 교육-고용 관계의 재구성: 고용의 유동화와 교육의 자립화

고용이 유동화되는 상황에서 교육은 더 이상 특정 기업이나 산업에 봉사하는 것이 아니라, 개인의 삶의 설계와 생애 안정성 확보를 위한 핵심 사회 제도가 되어야 한다. 이를 위해 직업교육 체계는 산업구조에 100% 맞춘 설계에서 벗어나, 분산적이고 유연한 모듈형 학습과 개별 경로 기반의 교육 체계로 전환되어야 한다. 학습 이력 분석과 상담, 이를 바탕으로 한 새로운 전환학습 기회가 부여되어야 한다.

(5) 학위 중심에서 경력 중심으로: 증거 기반 학습성과 전환

학위와 경력이 단절되어 있는 기존 구조로는 초급 노동시장 붕괴를 감당할 수 없다. 따라서 재학 중 인턴십, 현장학습, 캡스톤 프로젝트, 직무기반 과목 등 경력 연결형 교육 설계가 필수적이다. 그리고 학습 결과의 증거화(Evidence-based Credential)가 필요해진다. 학위보다 중요한 것은 무엇을 할 수 있는지를 보여주는 결과물이다. 포트폴리오, 과제 산출물, 자율 프로젝트, 디지털 배지 등 수행 중심 역량의 가시화가 중요해진다. 또한, 성인 학습자

---

[1] AI가 과거 정보기술과 다른 점은 반응형이 아니라 생성형이라는 특징이다. 그러나 학교교육 현장에서는(개인의 사교육이 아닌) 공교육과 교육과정의 특성과 한계 때문에 생성형 AI 적용은 쉽지 않다. AI 디지털 교과서가 갖는 한계에 대해서는 필자의 『대중요법으로 망가지는 대한민국 교육』을 읽어보길 바란다.

의 재경력화(Re-credentialing) 체계 구축이 긴요하다. 초급 직무 없이 노동시장에 진입했던 학습자들은 이후 전환 경로를 찾기 어려워진다. 따라서 비정규 학습 이력, 파편적 경험을 연결해 주는 재(再)경력화 시스템이 필요하다. 이는 학점은행제나 RPL(경험인정 학습제도) 같은 제도의 확장적 활용과도 관련된다. 마지막으로 경력 설계 중심의 평생학습 체제 구축이 필요하다. '일생동안 하나의 직무, 하나의 자격'이란 공식이 더 이상 유효하지 않기에, 학위 중심 교육 체계에서 역량 중심 평생학습체계로의 전환이 필요하다. 이는 교육과정의 유연화, 모듈화, 직무경로 기반 설계와 함께 추진되어야 한다.

나. 구체적 실천: 교육의 변화가 만들어야 할 여섯 가지 모습

(1) Multiskilling 교육의 일반화: 한 사람이 여러 역할을 감당해야 한다

인구가 줄고, 조직이 슬림화되며, 한 직무에만 특화된 인력은 유지가 어렵다. 특히 지역 소기업, 비영리 조직, 1인 창업 등에서는 기획-운영-홍보-재무까지 한 사람이 수행해야 하는 경우가 많아진다. 따라서 교육은 한 가지 기술(skill)을 익히는 것이 아니라, 여러 기능을 수평적으로 묶는 Multiskilling 구조로 설계되어야 한다. 고등학교, 전문대, 평생교육기관은 수직적 자격 체계뿐만 아니라 수평적 역량 묶음(bundle)으로 전환도 필요하다.

구분	수직적 자격체계	수평적 역량 묶음
적용 대상	전통 산업, 규제 직무	신직업, 융합직무
핵심 기능	숙련도 증명, 안전 보장	역량 구성의 유연성, 이직 용이
연결 방식	NQF, 학위제도 기반	Skills Cluster / Micro-credential

심지어 하나의 자격 안에 역량 묶음의 구조를 포함할 수도 있다. 기능사 자격 안에 '안전 관리 + 기기 조작 + 커뮤니케이션'이라는 3개 역량이 bundle로 묶이는 것이다.

(2) 이민자·외국인 노동자의 직업능력개발 체계화

외국인 노동자의 수가 증가하면서, 그들을 단순 대체 인력으로서가 아니라 숙련 인력으로의 성장 경로 보장이 중요해진다. 단기 체류형 외국인 중심의 현재 정책은 생산성과 안전성 모두 낮다. 교육은 다국어 기반의 NCS 활용, 직업윤리 및 안전교육, 문화 융합형 리더십 훈련 등으로 다문화 교육 기반을 강화해야 한다. 외국인을 위한 직업교육이 아닌, 다문화사회 전체를 위한 교육 시스템 구축이라는 관점이 필요하다.

(3) 신직업(新職業)에 대응하는 교육훈련의 혁신

디지털 전환, 플랫폼 경제, 감정노동, 데이터 기반 일 등 기존 자격분류 체계로는 포착되지 않는 경계 없는 직무들이 확산되고 있다. 예를 들면, 콘텐츠 운영자, 커뮤니티 매니저, ESG 평가사, 디지털 큐레이터, 브랜드 퍼실리테이터 등이다. 이들 직업은 다기능 복합형이며, 결과물보다 과정 관리 능력이 핵심이다. 직무/직업 중심 교육은 산업계가 중심이 되어야 하지만, 동시에 일의 본질과 핵심 역량 기반도 고려해야 한다. 자격보다 포트폴리오와 맥락 중심 평가 도입도 필요하다. 따라서 교육계의 참여와 정부의 기획·조정이 강조되어야 한다.

(4) 직업윤리와 공동체 의식 교육의 강화

개인주의와 유연노동의 확산에도 불구하고 대다수의 노동은 여전히 조직 기반의 협업을 전제로 유지될 것이다. 특히 AI 활용, 원격근무, 팀 프로젝트 확대 등에서 윤리의식, 타인 존중, 공동체 책임감이 더 중요해진다. 단순한 인성교육이 아닌, 실제 직무 상황 기반의 윤리 딜레마 교육, communication 훈련, 협상 시뮬레이션 등으로 교육과정 내에 통합되어야 한다.

(5) 세대 간 이해 및 다세대 협업 교육의 필요성

고령 인구의 노동시장 잔존과 청년 인력의 진입이 한 조직 내에 혼재된다. 세대 간 직업 가치관, 언어, 소통 방식의 충돌은 생산성뿐 아니라 조직문화 전체를 위협할 수 있다. 교육과정에서 세대 간 차이를 다루는 '직무문화 교육', 연령 다양성(aging diversity) 훈련도 필요하다. 그리고 다세대 협업 프로젝트가 의도적으로 설계되어야 한다.

(6) 정책설계자·교육자에 대한 메타 교육 강화

위의 전환들을 구현하려면, 가장 먼저 바뀌어야 할 집단은 직업교육 정책을 설계하는 공무원과 교육을 기획·운영하는 교사 및 교수들이다. 그러나 이들은 여전히 산업 분류, 자격 체계, 기능 숙련 중심의 전근대적 교육 철학에 머물러 있는 경우가 많다. 교수자 양성 단계에서부터 다분야 융합적 시각, 노동시장 구조 이해, 교육과 복지의 통합 사고를 반영한 전문성 재구조화가 필요하다.

5. 맺으며: 교육은 이제 살아갈 수 있는 역량을 설계하는 체계이어야 한다

우리는 지금 단순히 '교육의 방식'을 바꿀 것인가를 논의할 단계에 머물러 있지 않다.
이제는 더 근본적인 질문,

"교육은 무엇을 준비시켜야 하는가?"를 다시 물어야 할 시점이다.

세상은 바뀌었다. 인구는 줄고, 직무는 빠르게 재편되며, 세대는 달라졌고, 사회는 다문화적 공존을 요구한다. 이러한 환경 속에서 교육은 더 이상 하나의 정해진 직무를 위한 준비 과정이 될 수 없다. 오늘날의 교육은 단선적 진로 경로를 설계하는 훈련에서 벗어나, 다양한 가능성과 유동적인 경력 전환, 그리고 협업 기반의 복합적 삶을 준비하는 체계로 전환되어야 한다.

이는 단지 커리큘럼을 개편하는 문제가 아니라, 교육이라는 사회 시스템 자체를 생애 설계의 플랫폼으로 전환하는 문제이다. 교육의 새로운 과제는 곧 역량을 키우고, 경력을 만들어 주는 교육이다. 교육과 경력개발은 이제 별개의 단계가 아니라, 학습의 결과가 곧 실천과 연결되는 구조로 통합되어야 한다. 생애 기반의 전환학습 체계, 지속 가능한 학습이력 관리, 역량 중심의 경력 설계, 사회 전체를 아우르는 통합적 교육 구조, 이러한 요소들이 미래 교육의 새로운 기본 단위가 되어야 한다.

분명히 AI는 우리보다 더 빠르고 정확하게 많은 문제를 해결할 수 있다.

하지만 그것은 '정의된 문제'를 풀 때의 이야기다. 우리가 직면한 현실의 문제들은 대부분 정의되지 않은 문제들이다. 그 해결의 열쇠는 여전히 가치 판단, 공감 능력, 사회적 책임, 상상력과 창의성 등, 인간만이 가진 고유한 역량에 달려 있다. 따라서 교육은 AI 시대에 맞춰 인간을 더욱 도구적으로 훈련시키는 것이 아니라, 인간다움을 회복하고 확장하는 방향으로 나아가야 한다. 정보와 기술은 점점 더 쉽게 손에 넣을 수 있게 되겠지만, 사유와 선택, 성찰과 협력, 책임과 관계는 여전히 교육이 책임져야 할 핵심 가치로 남아 있다.

그렇다고 해서, 교육이 인간다움만을 이야기할 수는 없다. AI와 로봇, Humanoid가 일상화된 일의 공간에서 기계와 함께 일할 수 있는 협업 역량은 더없이 중요해진다.
기술과 공존할 수 있는 인간, 기계를 능숙히 활용하되 인간 중심의 가치를 잃지 않는 존재가 되어야 한다.

결국, 우리에게 필요한 것은 단순한 기술혁신이 아니라, 학습의 재구성을 통한 사회 전체의 방향 전환이다. 그리고 그 출발점은 "무엇을 가르칠 것인가?"가 아니라, "누구를, 어떤 존재로 기를 것인가?"라는 교육의 가장 원초적인 질문에 다시 응답하는 데 있다.

물론 이 길은 쉽지 않다. 인간다움을 찾는 교육도 어렵지만, 기계와 공존할 수 있는 능력을 키우는 교육 역시 만만치 않다. 우리는 어쩌면 미래에, 로마 시대 귀족처럼 노동으로부터 완전히 해방된 사회를 마주할지도 모른다. 그것이 진보일지 퇴보일지는, 지금으로써는 단정할 수 없다. 만약 인간이 수행하던 거의 모든 직업이 사라진다면? 직업교육, 나아가 교육 자체는 어떤 의미를 가질 수 있을까? 존재의 이유는 남을 수 있을까? 그러나 그렇기에, 우리는 더더욱 손을 놓아서는 안 된다. 미래가 불확실하다고 해서 오늘의 교육을 포기할 수는 없다.

세상이 변하더라도 계속 살아갈 수 있도록.
어떤 일이든, 누군가는 해낼 수 있도록.
그 가능성을 여는 것이 바로 교육의 사명이다.

이제 교육은 역량을 키우고, 경력을 만들어줄 수 있어야 한다.
인간다움을 지키면서 기계와 함께 일할 수 있는 협업 역량을 키워줘야 한다.

제2장

직업교육의 효용성은 왜 사라지고 있는가?

"직업교육은 필요하다. 하지만 지금의 직업교육으로는 어렵다."

이 이율배반적인 문장은 오늘날 대한민국 직업교육의 현실을 가장 간결하게 드러낸다.

직업교육이라는 제도와 기관은 존재하지만,

- 실제 산업현장과의 연결은 느슨하고,
- 학습자에게는 실질적인 성장 경로를 제시하지 못하며,
- 사회적으로도 신뢰받는 교육으로 기능하지 못하고 있다.

더욱이 우리는 직업교육을 전문대학 이하의 교육으로 축소하여 인식한다. 그 이상의 교육, 예컨대 공학교육이나 전문직 교육조차도 사실상 직업교육임에도 불구하고, '직업교육'이 아닌 다른 이름으로 포장된다. 결국 직업교육은 제도적으로 존재하지만, 사회적으로는 외면되고, 기능적으로는 작동하지 않는 체제가 되어버렸다.

1. 모호한 직업교육 철학과 산학연계의 미흡

직업교육의 내용과 방식은 여전히 기술과 기능이 혼재되어 있고 체계성이 미흡하다. 그마저도 이론 중심의 기술교육이 강하다. 왜 그 지식과 기술을 배우는지, 그 직업에서 요구하는 지식과 기술은 무엇인지, 그 직무수행에 필요한 지식과 기술은 무엇인지 설명이 어렵다. 교과서와 교수의 강의 자료가 모든 것을 좌우한다. 기능교육도 반복 숙달 중심에 머물러 있다. 교육과정은 교육 철학이 바탕이 되어야 하나, 우리의 직업교육은 그러하지 못하다. 나아가 산업현장의 요구와는 점점 더 괴리되는 방식이다. 오늘날 산업은 복합적 문제해결력, 창의력, 디지털 활용 능력, 팀 기반 협업 능력 등을 요구하지만, 직업고와 전문대학은 여전히 단편적 기능 중심의 교육, 이론 중심의 기술교육에 치중하고 있다.

전문대학은 이론과 실무를 병행한다고 하나, 실상은 전통적인 학위 중심 대학 체제를 따르고 있으며, 교수 채용도 실무능력보다는 학위나 논문 중심으로 이뤄지고 있다. 폴리텍대학은 상대적으로 현장성을 유지하고 있으나,

교육과정은 여전히 고용노동부 직업훈련 중심의 틀에서 벗어나지 못하고 있어, 교육적 자율성과 다양성이 미흡하다.

직업교육이 산업현장과 동떨어져 있다는 점은 학습자에게도 명백하게 인식된다. 고등학교 단계의 현장실습은 교육의 일환이라기보다는 조기 취업이나 일시적 노동 제공 수단으로 전락했으며, 실습 과정에서의 안전사고 문제, 기업의 책임 회피, 교사의 산업 경험 부족 등으로 인해 산업계는 실습생 수용에 소극적이다. 결과적으로, 학생들은 실무를 배우기보다는 '노동의 실망'을 경험하고 돌아오는 경우가 많다. 전문대학은 직업고보다도 현장실습이 부족하다. 이는 학교의 문제이기도 하지만, 현장실습을 포함한 산학연계 교육 시스템이 학교 또는 교수(교사)에게 의존하기 때문이다. 직업고는 그나마 「직업교육훈련촉진법」 제7조의 3에 의한 취업지원센터를 통해서 산학연계교육의 지원이 가능하나, 전문대학에는 이러한 지원도 없다. 이는 교육부가 직업고와 전문대학을 유기적 연계 체계로 보지 않기 때문이며, 직업교육을 고등교육체제 안에서 어떻게 볼 것인가에 대한 철학 부재의 결과이다.

2. 교육의 질 관리 및 책임 체계의 부재

우리나라 직업교육은 '자율성'이라는 이름으로 실질적인 질 관리를 방기하고 있다. 교육청, 대학, 고용부, 산업계가 각자의 방식으로 제도를 운영하고 있지만, 질적 통제나 공공적 기준은 부재하다. 이는 결국 학습자의 교육 경험이 소속 학교, 담당 교사, 위치한 지역에 따라 극단적으로 달라지는 결과를 초래한다. 교사의 역량은 균질하지 않으며, 현장 경험이 없는 교사들도 직업교육을 담당하고 있다. 교과서, 장비, 실습실, 산업 협력 등 전반적인 인프라도 지역과 학교 간 격차가 크다. 직업고는 그나마 교육청에서 지원과 관리를 하고 있지만, 전문대학은 결국 대학의 책임, 교수의 책임으로 방기되어 있다. 전문대학교육협의회 역시 이 문제를 총괄하거나 개선하기 위한 실질적 역할을 수행하지 못하고 있다. 직업교육의 질은 결국 학습자의 신뢰로 귀결되나, 현재의 시스템은 이를 확보하지 못하고 있다.

3. NCS, 실패한 직무 중심 교육

국가직무능력표준(NCS)는 한국 직업교육에 중대한 전환점을 제공할 수 있는 기회였다. 기술과 이론 중심의 교육에서 직무 중심 교육을 강화하는 중요한 계기였다. 산업현장에서 요구되는 실제 직무능력을 체계화하고, 이를 기반으로 교육과정, 훈련과정, 자격, 평가를 연계하겠다는 야심 찬 시도였다. 그러나 NCS는 그 가능성을 충분히 실현하지 못한 채, 형식과 관료적 절차의 틀 안에 갇혀버렸다. 그 결과 직무 중심 교육은 구조화되지 못했고, 오히려 직업교육의 현장은 이론과 실무의 괴리를 더욱 체감하게 되었다. 이러한 실패는 단순한 운영상의 문제가 아니라 우리나라가 구축한 NCS의 제도적 한계에서 비롯된 것이다.

① 고용 중심 제도인지 직업교육 제도인지에 대한 혼란이 있었다. 한국의 NCS는 고용노동부가 주도한 '훈련-고용' 연계 시스템 안에서 작동했

으며, 이는 본래 교육제도 안에서 작동하는 호주의 VET 기반 NCS와 근본적으로 다른 출발점을 가진다. 원래 NCS는 직업교육과 훈련이라는 공적 교육제도 안에서 학습자의 능력개발을 체계화하기 위한 교육적 표준(standards)이어야 한다. 그래서 교육부가 담당하는 것이 옳았다.

② 고용노동부 주도의 고용 연계 정책의 일환으로 NCS가 도입됨으로써 이를 기업의 훈련과 인사관리까지 사실상 강제함으로써 실제 현장성과의 괴리뿐만 아니라 기업의 자율성과 효율성도 침해받고 있다. 이는 기업의 교육훈련 설계에 참고할 수 있는 지침(guideline) 정도이어야지, 표준(standard)으로 강제되어서는 안 된다. 나아가 이를 공정과 투명성이라는 이름하에 채용과 인사관리 기준으로까지 확대하고 있는 것 역시 기업의 채용 자율성, 직무 설계권, 역동성까지 저해한다. 나아가 학습자의 학습을 잘못 유도하는 폐해도 낳고 있다. 또한 사교육비의 한 원인이 되고 있다. NCS 이수 기록은 기업의 인사관리에서 그저 괜찮은 참고자료(reference)로 사용되면 족하다.

③ 정부 주도 vs. 산업계 주도의 차이이다. NCS의 설계와 개정 과정에서 실제 산업의 변화나 기업의 수요가 제대로 반영되지 않았으며, 산업계는 형식적 참여자에 머물렀다. 개발 자체를 정부가 주도했고, 실제 개발은 연구비에 의해 급조된 연구팀에 의해서 진행되었다. 이는 호주처럼 산업별 협회가 훈련패키지와 유닛(unit)을 설계하는 구조와 대조적이다.

④ 직무 분석 방법론의 한계이다. DACUM에 대한 의존이 지나치게 높아 다양한 Job & Work Analysis 방법론(예: Functional Analysis, Hybrid Models 등)의 활용이 부진했다. 이로 인해 직무를 너무 좁고 단기적으로 정의하는 오류가 발생하였다. 새로운 산업분야나 기술 분야 등이 수용되기 어려운 상황이다. 정부출연연구소와 학계는 다양한 방법론을 매뉴얼화하고 이를 보급하는 역할을 했어야 했다. NCS 개발은 산업계 주도로 하

도록 하고. 그런데 우리는 연구소와 학계가 지식을 확충하기보다는 사업에 치중했다.

⑤ 고용직업분류(KECO) 기반 분류의 한계이다. KECO는 직업 중심의 분류체계임에도 불구하고, NCS는 이를 과도하게 준거 삼아 개발되었다. 문제는 이 분류가 실제 산업현장에서의 직무 변화, 기술 융합, 서비스 다양화 등을 충분히 반영하지 못한다는 점이다. 특히 산업 기반 접근이 아닌, 직업/직무 기반 접근에 치우치면서, 직업 간의 연계성이나 산업 변화에 따른 직무 통합성이 간과되기 쉽다. 반면, 호주는 산업 분류(ANZSIC)와 직무 기능을 병행 고려하여 훈련 패키지를 설계함으로써, 실제 산업과 교육의 연계를 강화하고 있다. 그렇기 때문에 다른 자격을 구성하는 unit에서 빌려오는 imported unit라는 관점이 존재할 수 있는 것이다.

⑥ NCS 수준(Level)과 NQF 수준(Level)의 혼동이다. 직무 수준이 교육 수준과 일대일로 정합되지 않음에도 불구하고 이를 인위적으로 맞추려는 시도가 교육과정 정합성을 훼손하였다. 박사 수준까지 NCS 기반 교육이 가능하다고 설계를 했다. 반면 호주의 AQF는 훈련패키지 기반 VET 자격과 고등교육 자격(대학 중심)의 위계를 일률적으로 분리하지 않고, 일정 수준에서는 상호 연결성과 중첩이 가능하도록 설계되어 있다. 예컨대 Diploma나 Advanced Diploma는 VET 체계에 포함되지만, 일부 대학의 학위과정(Associate Degree, Bachelor 등)과의 학습 인정(credit transfer)이 가능하며, 자격 수준도 AQF 상에서 병렬적으로 위치해 있다. 이는 곧 직업교육과 고등교육의 경계를 넘나드는 학습 경로를 허용하면서도, 훈련패키지는 여전히 산업역량기반 설계를 유지함으로써 직업훈련의 특수성을 보장하고 있다. 물론 AQF 내에서 석사 전 단계까지만 NCS가 적용되도록 조율하고 있다.

⑦ 지속적 갱신 체계의 부재이다. NCS는 제정 이후 업데이트가 수년 단위로 지연되거나 형식적으로 이뤄지는 경우가 많았으며, 이는 급변하는 산업현장과 괴리되었다. 우리는 개발팀이 연구비에 의해서 구성되어야 하는 임시조직 구조이기 때문이다. 호주는 Continuous Improvement 기반의 주기적 업데이트 체계를 운영하며, 산업계가 중심이 되어 내용의 최신성을 유지한다.

⑧ 교육과정 – 전달 – 평가의 정합성 부재이다. NCS 기반 교육이 실제 교수설계(Delivery)나 평가 설계와 정합성을 갖추지 못했고, 이는 학습자의 체계적 역량 개발을 가로막는 요인으로 작동했다. 호주 훈련패키지는 이 세 영역 간 정합성(Alignment)을 훈련 설계의 핵심으로 간주한다.

결국 한국의 NCS는 단순한 직무능력 중심의 교육을 벗어나 Holistic Competency 관점에서 지식(knowledge)과 기술(skill), 그리고 직무능력(job competency)을 통합적으로 기를 수 있는 기회가 만들어졌으나, 이를 스스로 포기해 버렸다. NCS는 일부 개선으로는 문제를 해결할 수 없으며, 폐지 또는 전면적 재설계를 통해야만 한다는 주장이 설득력을 얻고 있다.

4. 직업교육 체계의 다층적 분절과 연계 단절

우리나라의 직업교육은 중등 단계의 특성화고 · 마이스터고 · 일반고 직업계열에서 시작되어, 이후 전문대학과 폴리텍대학으로 이어지는 구조를 갖는다. 그러나 이 구조는 외형만 연계되어 있을 뿐, 실질적으로는 단절된 시스템이다. 예컨대 고등학교에서는 NCS 기반 직업교육을 실시하지만, 전문대학에서는 이를 전혀 활용하지 않는다. 폴리텍대학은 일정 부분 NCS를 활용하지만, 이는 고용노동부의 운영체계와 관련된 특수성에서 기인한 것이지, 교육 전반의 체계적 연계로 보기 어렵다. 이로 인해 학습자의 경험과 이력은 고등학교에서 전문대학으로, 전문대학에서 산업현장이나 고등교육기관으로 이어지지 못하고 단절된다.

대학 단계의 직업교육기관인 전문대학과 폴리텍대학 역시 기능과 정체성에 있어 명확한 분화를 이루지 못하고 있다. 전문대학은 명목상 직업교육기관이지만, 교육과정은 4년제 대학과의 차별성이 거의 없으며, 고등교육이라는 외피 속에 실무역량보다는 학위 취득이 강조되는 경향이 강하다. 반면 폴리텍대학은 보다 현장 중심적이긴 하나, 성인 및 재직자 중심 운영이 일반적이며, 중등 직업교육과의 수직적 연계 역시 체계화되어 있지 않다.

이러한 구조는 직업교육기관 간의 연계뿐 아니라, 직업교육과 일반교육 간 이동성까지도 심각하게 저해한다. 고등학교에서 직업계에 입학한 학생은 이후 4년제 대학 진학이나 경력 재설계에 있어 일과 학업의 병행 어려움 등의 이유로 실질적 장벽에 부딪히며, 전문대학 졸업생이 일반대학으로 이동하는 편입 제도 역시 제한적이고 단절적이다. 지금의 교육 경로는 '선택'이 아니라 '낙인'이 되는 구조이다.

이러한 문제와 연관되어 지적될 내용은 직업고와 전문대학 사이의 연계 부재이다. 형식적으로는 상위 교육기관과 하위 교육기관이지만, 실질적으로는 전공, 교육 내용, 교수법, 평가체계 등에서 서로 완전히 다른 언어를 사용하고 있다.

NCS는 직업고에서는 강제적으로 사용되나, 전문대학에서는 사실상 외면

되고 있다. 이로 인해 내용적 수직 연계가 불가능하며, 고등학교 교육과 전문대학 교육은 서로를 무시한 채 독립적으로 운영된다. 이 단절은 학습자의 교육 경로 설계를 형식화시킨다. 고등학교에서의 경험이 전문대학에서 인정을 받지 못하고, 전문대학의 학습도 다시 다른 교육기관이나 노동시장에서는 효력을 가지지 못한다.

나아가 학점제 도입이나 RPL(Recognition of Prior Learning) 도입의 제도적 취지를 제약하는 요소로 작용한다. 동일한 학습을 반복하고, 학습자의 이전 경험이 무효화되며, 학습 이력의 누적이 불가능하다. 이는 장기적으로 NQF(National Qualifications Framework) 체제 구축의 걸림돌이 된다. 교육, 훈련, 자격이 서로 통합되지 못하고 각각의 영역에서 제각기 작동하기 때문이다.

결과적으로 산업계는 '역량'보다는 여전히 '간판'을 중심으로 인재를 채용하게 되며, 직업교육은 실제 능력 발휘보다는 학력과 학위에 종속된 경로로 왜곡된다. 전문대학도 직업교육기관으로서의 정체성을 명확히 하지 못한 채, 일반대학과 유사한 운영 방식에 머물고 있다. 이는 직업교육의 정체성과 체계성을 심각하게 훼손하는 결과를 낳는다.

5. 성인 및 근로자를 위한 직업교육의 구조적 공백

오늘날 직업교육이 당면한 또 하나의 심각한 문제는 바로 성인과 재직자 대상의 직업교육이 제도적으로 단절되어 있다는 점이다. 이 문제는 두 가지 구조적 병목에서 발생한다. 하나는 고용노동부의 '직업능력개발사업'이 자체 시스템 중심으로 폐쇄적으로 운영되고 있다는 점이고, 다른 하나는 대학이 여전히 학령기 학생 중심의 정규 학위 과정에만 몰두하고 있다는 점이다.

고용노동부는 직업능력개발사업, 고용보험 기반 훈련 지원 등 막대한 재원을 바탕으로 훈련시장을 장악하고 있으나, 이 시스템은 대부분 단기 훈련, 고용노동부가 평가·인정한 민간 직업훈련기관 중심으로 구성되어 있다. 대학 등 교육기관과의 연계는 매우 제한적이며, 학위과정이나 심화된 경력 설계를 지원하는 구조와는 거리가 멀다. 이는 고용부가 훈련기관 지원과 고용정책 중심의 행정 운영에 익숙한 나머지, 교육과 학습을 기반으로 한 학습자 중심의 '직업역량의 축적'에는 관심이 부족하기 때문이다. 단기 훈련, 직업 훈련 기관 주도, 정부 설계라는 초창기 직업훈련의 사고가 시대가 변했음에도 불구하고 지금에도 여전히 잔존하고 있기 때문이다.

한편, 대학은 평생학습사회를 표방하는 시대적 요구에도 불구하고, 여전히 학령기 학생 중심의 정규 학위과정 운영에 집중하고 있다. 성인학습자를 위한 유연한 시간표, 모듈형 과정, 과거 경험의 학점 인정(RPL), 직무 기반 커리큘럼 등은 여전히 미흡하다. 심지어 직업교육의 주요 주체가 되어야 할 전문대학조차도 성인 대상 교육과정에 있어 체계적 설계나 충분한 투자를 보여주지 못하고 있다. 두 대학교육협의회도 학사 시스템에 대한 지적(知的)인 조직으로 기능하지 못하고 있다. 교육부는 말할 것도 없다.

결과적으로, 고용노동부의 '헤게모니'와 대학의 '학생 중심 시스템'이 맞물리면서 성인과 재직자를 위한 직업교육은 제도적으로 고립되고 있다. 이는 우리 사회가 강조하는 lifelong learning, 재교육, 전직지원이라는 가치들이 제도 속에서 구현되지 못하고 있음을 방증한다. 성인 직업교육은 일시적 정책 사업이나 재정지원사업의 구조가 아니라, 정규교육체제 내로 흡수되고 재편되어야 한다.

6. 사회적 인식과 정책의 무관심

직업교육은 교육계, 산업계, 그리고 사회 전반에서 여전히 '열등한 선택'이라는 인식 아래에 놓여 있다. 학생, 학부모, 대학 모두 4년제 일반대학을 우선시하고, 직업교육은 성적이 낮거나 다른 경로가 없는 학생들이 택하는 경로로 인식된다. 이러한 인식은 곧 직업교육기관의 위상, 재정, 인력 확보에도 부정적인 영향을 미친다. 정부는 직업교육을 고용노동부와 교육부의 경계선에 세워 놓고, 종합적인 투자보다는 단기적인 시책에 의존하고 있다. 특히 고용노동부는 이 시장을 직업훈련 중심의 단기 교육시장으로 바라보며, 대학과의 협력에는 소극적이다.

7. 결론: 존재하지만 작동하지 않는 체제

요컨대, 대한민국의 직업교육 체계는 제도적으로는 존재하지만, 실질적으로는 작동하지 않는다. 고등학교, 전문대학, 폴리텍대학, 4년제 대학, 성인 대상 직업훈련기관 등 '직업교육'이라는 이름을 가진 기관들은 분명 존재한다. 그러나 이들은 상호 연계되지 않고, 교육과정은 분절적이며, 학습자의 경력설계는 어디에서도 일관되게 설계되지 않는다.

현장의 수요와 교육의 공급은 구조적으로 불일치하고, 학습자의 경험은 제도 내 어디에서도 통합적으로 관리되기 어렵다. 직업교육은 여전히 사회적으로 반드시 필요한 교육 영역이다. 하지만 지금의 직업교육은 산업과 유리되어 있고, 학습자 중심적이지 않으며, 구조적으로도 경직되어 있다.

그 결과 직업교육은 이름만 남은 시스템, 혹은 사회 전체가 외면하고 방치한 '사각지대'가 되고 있다. 앞으로의 직업교육은 다음과 같은 방향으로 근본적 체제 전환이 필요하다.

- 학습자 중심의 학습과 경력 경로 설계 체계 마련
- 실무능력 배양과 산업계와의 실질적 연계 강화
- 학교 간, 제도 간 유연한 학습 이동 경로 구축
- 교육의 질을 책임지는 공공적 거버넌스 체계 수립

그리고 그 출발점은 '교육'이 아니라 '직업세계에 대한 본질적 이해'로부터 시작되어야 한다.

[보론 1]
호주의 AQF와 VET 시스템을 비교 대상으로 하는 이유

직업교육-훈련-고등교육의 일관된 연결구조에 대한 모범 사례로서 호주는 호주자격 체계(AQF: Australian Qualification Framework)라는 국가자격 체계 안에 학교교육, 직업교육훈련(VET)과 고등교육(HE)을 수직적·수평적으로 연계시켜 두고 있으며, RPL, credit transfer, training package, unit of competency 등의 개념이 정합성 있게 설계되어 있다. 반면, 우리나라는 NCS, 학점은행제, 자격, 학교교육, 직업교육과 훈련, 평생교육이 서로 따로 놀며 제도 간 불일치와 중복, 비효율이 크다. 호주는 제도 통합을 통해 학습자 중심의 진로 설계가 가능한 국가로, 그 구조 자체가 중요한 비교 대상이다.

산업계 주도성과 정부 역할 간 균형 모델로서 호주는 직업교육의 운영은 산업 주도, 품질 관리와 정책 방향은 정부가 맡는 구조이다. 한국은 정부 주도, 특히 고용노동부 중심의 일방적 제도 설계가 문제이다. 직업교육의 본질은 산업현장의 역량 요구를 반영하는 것이라는 관점에서 보면 산업계 주도의 훈련패키지와 교육 운영 시스템을 가진 호주는 주목할 만한 가치가 있다.

포트폴리오식 경력 인정, 성인학습자 중심, Recurrent Learning의 기반 국가로서 학습자의 생애경로 설계와 경력 개발이 가능한 평생학습 시스템, 성인학습자에 친화적인 교육 시스템이 필요하다. 호주는 성인학습자 친화성, RPL 제도, skill-set 과정 운영, AQF의 수준 다양성 등에서 실질적 성과를 보이고 있어, '미래형 직업교육체제'의 실험장으로 적절한 비교 모델이다.

우리가 차용한 NCS라는 용어는 호주 직업교육훈련(VET: Vocational Education and Training)의 용어이다. 한국의 NCS는 직무능력 중심 교육을 표방했지만, 실제로는 과잉 형식화, 산업 부적합, 교육과 평가 간 비정합 등으로 어려움이 있다. 이에 비해 호주는 NCS 유사 체계를 오랜 기간 운용하면서도 산업계와 연계된 실제 교육훈련 체계로 유지해 오고 있다.

제3장

누가 직업교육을
이류교육으로 만들었을까?

　직업교육은 전통적으로 '사농공상(士農工商)'의 위계적 문화 속에서 이류(二流) 혹은 삼류(三流)교육으로 취급되어 왔다. 일하는 사람보다 책상에서 공부하는 사람을 높이 평가하는 사회문화는 직업교육을 열등한 교육으로 낙인찍었고, 이는 곧 제도 설계와 재정 배분, 정책 우선순위에 그대로 반영되었다.

　현실적으로도 진학을 중시하는 교육기관, 단기 취업률에 집착하는 정부, 기능 인력의 빠른 충원만을 기대하는 산업계의 이해가 혼재된 결과, 정작 학습자의 관점은 교육정책에서 배제되었다. 교육을 통해 자신의 역량을 개발하고자 하는 개인은 시스템 안에서 '부수적인 존재'로 밀려나며, 직업교육은 자아실현의 수단이 아니라, 국가가 설계한 산업인력 공급 수단으로 기능하게 되었다.

　"직업교육은 국가에겐 꼭 필요했다.
　하지만 개인에겐 피하고 싶은 교육이었다."

　이 모순된 정체성은 대한민국 직업교육의 오랜 슬픈 역사를 반영한다. 직업교육은 한때 산업화를 이끈 핵심 교육으로 찬사를 받았지만, 오늘날 그것은 '공부 못하는 아이들이 가는 길'이라는 인식으로 변질되었다. 왜 이렇게 되었을까? 단지 사회적 편견 때문일까? 아니면 제도 설계 자체가 그러한 낙인을 강화해 온 것일까?

1. 산업 필요 기능인 양성이라는 낡은 유산

직업교육의 첫 번째 그림자는 '실업교육'이라는 낡은 유산에서 비롯된다. 일제강점기, 실업학교라는 이름 아래 만들어진 교육기관은 농업·공업·상업 분야의 보조 인력을 양성하는 데 목적을 두었다. 여기서의 '실업(實業)'은 주자학적 이상주의를 비판하고 실용적 기술을 강조한 '실학(實學)'의 맥락과 통한다고 볼 수도 있지만, 실제 식민지 정책 안에서는 생산현장의 하급 인력을 조직화하기 위한 통제 수단에 불과했다. 이는 직업교육에 '종속적 기능인 양성'이라는 태생적 한계를 부여했다.

이후 해방과 산업화를 거치며 실업교육은 '산업교육'이라는 이름으로 포장되었다. 1960~70년대 고도성장기, 정부는 산업 인력 양성을 국가 목표로 설정하고, 공업고등학교·상업고등학교·농업고등학교를 중심으로 대규모 기능 인력을 배출했다. 그러나 이 교육은 어디까지나 '산업에 종사할 수 있는' 기능인의 공급 체계를 전제로 한 것이었지, 학습자의 자아실현이나 진로 선택을 진정으로 고려한 교육은 아니었다. 교육은 국가의 산업발전을 위한 수단이었을 뿐, 학습자를 위한 것이 아니었다.

그다음 그림자는 '직업교육'이라는 용어이다. 유네스코(UNESCO), OECD 등 국제기구의 영향으로 'Vocational Education and Training'이라는 개념이 들어오면서, 한국도 '직업교육'이라는 표현을 쓰기 시작했다. 그러나 용어만 세련되었을 뿐, 실상은 여전히 산업 중심의 기능훈련에 머물렀다. 정책의 초점은 자아실현이나 경력 개발이 아니라 '고졸 취업률'이라는 단기적 지표에 맞춰져 있었다. '직업교육'은 더 나은 삶을 위한 교육이 아니라 '대안이 없을 때 선택하는 교육'으로 자리를 잡았다.

2. 이류교육 낙인 심화: 명칭 변경의 정치성과 이중화된 노동시장

정부는 직업계 학교의 명칭을 실업계고 → 전문계고 → 특성화고로 순차적으로 바꿨지만, 그 실체는 거의 달라진 것이 없었다. '전문', '특성화'라는 단어는 그 의미가 불분명했고, 오히려 대안학교까지 같은 범주에 포함되면서 용어의 정체성은 더욱 모호해졌다. 학교의 이름은 달라졌지만, 학부모와 학생들의 인식은 변하지 않았다. "공부 못하면 특성화고 간다."라는 말은 사라지지 않았다. '특성화'라는 표현은 마치 교육의 차별성을 인정하고 존중하는 것처럼 보이지만, 실제로는 일반고와의 위계적 관계를 은폐하는 용어에 가깝다. 모든 학교는 특성화되어야 한다. 그러나 직업고와 대안학교만을 따로 '특성화'라는 말로 구분할 경우, 이는 '정상 교육'과 '변칙 교육'을 구분 짓는 또 다른 방식의 상징 조작(symbolic manipulation)일 뿐이다.

이런 일련의 흐름은 국가의 정책이 겉만 바꾸고 속은 그대로인 '정치적 언어 게임'이었다는 점을 여실히 보여준다. 실질적 구조 개혁 없이 이름만 바꾸는 방식은 낙인을 없애기는커녕 오히려 새로운 이름에 새로운 낙인을 덧씌웠다. 결국 정책은 외면적으로는 '선택의 다양성'을 말하면서, 실질적으로는 '진로의 위계질서'를 공고히 만든 셈이다.

이러한 점은 전문대학 명칭에서도 동일하게 나타난다. '전문직업인 양성'이라는 교육목표를 내세웠지만, 대한민국 그 누구도 전문대학이 전문직업인을 양성한다고 보지 않는다. 이게 현실이다. '전문'이라는 표현은 이론보다 실천을 강조하는 의미일 수 있으나, 한국 사회에서는 '전문 = 비전문'이라는 역설적 평가로 작동해 왔다. 이는 명칭이 실제 내용과 괴리될 때 발생하는 사회적 불신과 낮은 위상을 단적으로 보여준다. 대학교육의 정상 모델이 일반 4년제 대학으로 설정된 상황에서 전문대학은 이류교육기관으로 인식되며 학문성도 취업률도 제대로 인정받지 못하고 있다.

이류교육으로서 직업교육의 낙인은 이중화된 노동시장 구조와도 깊이 연결된다. 대기업과 중소기업의 격차, 정규직과 비정규직의 위계, 그리고 학력 중심의 채용 관행이 여전히 강력하게 작동하는 사회에서, 직업교육은 '덜 좋은 삶'으로 가는 관문처럼 여겨지기 쉽다. 따라서 직업교육의 회복은 교육만으로는 불가능하며, 노동시장 구조 개혁과 병행되지 않으면 실질적 전환은 일어나기 어렵다.

3. 직업교육의 질 저하: 이류교육의 악순환

직업교육이 '이류'로 취급받고, 국가 정책이 혼란스러웠던 결과는 직업교육 자체의 질 저하로 이어졌다. 직업교육은 내용의 표준화, 질의 보장, 자격체계와의 연계 등이 매우 중요한 영역임에도 불구하고, 한국에서는 이를 뒷받침할 교육과정과 품질 관리 체계가 심각하게 미흡했다.

① 직업교육 신뢰 저하의 악순환: 직업교육에 대한 사회적 신뢰가 낮아지면서, 이는 곧 상대적으로 성적이 낮은 학생들이 직업계 학교에 입학하는 현상으로 이어졌다. 이러한 학생 구성은 다시 직업교육의 전반적인 학습 분위기와 교육성과에 부정적인 영향을 미치며, 결과적으로 직업교육의 질을 더욱 떨어뜨리는 악순환으로 작용했다. '공부 못하는 아이들이 가는 곳'이라는 낙인이 현실화되면서, 우수 학생 유치는 더욱 어려워지고 교육의 질적 향상은 요원해지는 구조가 고착화된 것이다. 일부 직업고는 교육기관이 아니라 학생 생활 지도하는 기관이나 보호기관이 되어버렸다.

② 부실한 교육 인프라 및 환경: '이류'라는 인식은 곧 투자 저하로 이어졌다. 낙후된 실습 장비, 부족한 교원 전문성 개발 기회, 산업현장과의 형식적인 연계 등은 학생들이 실제 직무에 필요한 최신 기술과 지식을 습득하기 어렵게 만들었다. 열악한 교육 환경은 학생들의 학습 의욕을 저하시키고, 교육의 성과를 기대하기 어렵게 했다. 보통교육에 익숙한 사람들의 시각에는 직업교육은 그저 '돈 먹는 하마'와 같았다.

③ 교원의 전문성 부족 및 비전 부재: 직업고 교원은 종종 산업현장 경험이 부족하거나, 급변하는 기술 변화에 대한 재교육 기회가 충분치 않았

다. 이는 학생들에게 실제 산업계에서 요구하는 살아있는 지식과 실무 역량을 전달하는 데 한계를 가져왔고, 직업교육의 미래 비전을 제시하기 어렵게 만들었다.

④ NCS 활용의 실질적 한계: 국가직무능력표준(NCS)이 도입되었음에도 불구하고, NCS의 개발 자체에 많은 문제가 있다. 결과적으로 NCS를 통한 교육의 결과가 산업계에서 필요로 하는 교육인지가 불분명했다. 학교가 NCS를 기반으로 교육과정을 운영하더라도, 산업계가 요구하는 역량과의 불일치(competency mismatch)가 발생할 수밖에 없다. 이는 직업교육의 실질적 효용성에 대한 의문을 제기하며, 교육의 질적 성과를 체감하기 어렵게 만들었다.

⑤ 산업현장과의 괴리: 형식적인 산학협력은 학교 교육과 실제 산업현장 간의 괴리(gap)를 심화시켰다. 학생들은 학교에서 배운 내용이 실제 직무에서 얼마나 유용하게 적용될지 확신하기 어려웠고, 기업 역시 학교 졸업생의 실무 능력에 대해 회의적인 시각을 가졌다. 이는 '배움 따로, 일 따로'라는 인식을 강화하고, 직업교육의 신뢰도를 떨어뜨리는 주요 원인이 되었다.

⑥ 자격 체계의 비연계성과 낮은 이동성/누적성: 직업교육의 핵심적인 성과는 자격 취득으로 이어져야 하지만, 한국의 자격 체계는 학습성과의 이동성(transferability)과 누적성(stackability)이 현저히 낮다. 중등 직업교육(특성화고, 마이스터고)과 전문대학 교육, 직업능력개발훈련은 서로 다른 제도적 궤도 위에 놓여 있으며, 이들 사이의 이음매와 상호 인정 체계도 불완전하다. 그 결과, 학습자가 하나의 직업교육 경로를 이수한 이후에도 그것이 다음 단계의 교육이나 직업으로 자연스럽게 연결되지 않고, 다시 처음부터 이수해야 하는 경우가 많았다. 이는 결국 중복 투자, 학습자의 피로감, 제도의 비효율성으로 이어져 교육의 질적 향상을 가로막는다.

4. 종국교육 논쟁과 학교의 책임

고등학교 단계 직업교육의 논쟁 중에 종국교육(terminal education)이라는 단어가 있다. 이는 '직업고를 졸업하면 무조건 취업해야 한다.'라는 인식이 강했던 시기에, 더 이상의 교육은 없다는 의미로 사용되며, 상급 학교 진학이나 지속적인 학습의 가능성을 의도적으로 제한하고 부정하는 뉘앙스를 가졌다. 이는 결과적으로 직업고의 위상을 낮추고 학생들의 선택권을 침해하는 결과를 낳았다. 직업고를 졸업하면 '끝'이라는 인식이 있었고, 학생의 미래 경로를 과도하게 제약했다.

놀라운 점은 이러한 인식이 김영삼 정부 시절 '신직업교육체제 구축 방안'을 발표하고 직업교육의 축을 전문대학으로 이동하고, 계속교육과 평생직업교육체제의 구축을 강조하였음에도 불구하고 여전히 존재했다는 사실이다. 이는 정책의 이상과 사회적 현실과의 괴리를 여실히 보여준다.

하지만, 직업교육을 이류로 만든 것은 학교 자체의 책임도 무시할 수 없다. 일부 직업고는 직업교육의 본질적 목표보다는 학생들의 대학 진학을 위한 '우회로'로 학교를 운영하는 경우가 왕왕 존재했다. 즉, 직업고 스스로가 직업교육의 질적 강화보다는 대학입시 성과에 매몰되어 학교를 운영함으로써, 직업교육의 정체성을 스스로 약화시킨 측면이 있다. 학생 유치가 중요한 사립학교라는 특징이 그 근저에 존재했다. 직업교육을 사립에 맡겨놓은 나라였기 때문이다. 전문대학은 사실상 전부 사립이다. 이 웃지 못할 상황이 대한민국 직업교육의 현실이다.

한마디로 대한민국의 직업교육은 공공성이 아니라 사립에 의존하는 구조이다.

5. 공업교육 패러다임, 그 견고함과 위험성

대한민국 직업교육의 실패를 논할 때, 우리는 자주 표층의 제도 개편이나 정책 미비에 주목한다. 하지만 보다 근본적인 원인은 그보다 깊숙한 곳에 있다. 바로 직업교육의 인식과 설계가 '공업교육 패러다임'에 갇혀 있다는 구조적 한계이다. 공업교육 패러다임[2]이란, 주로 공업 및 제조업 분야의 직무 특성과 생산방식에 기반을 두고 설계된 직업교육 모델을 말한다. 이 패러다임은 다음과 같은 요소들을 중심으로 구성된다.

① 기술 중심적 직무 체계: 작업이 공정(process) 단위로 세분화되고, 기술 습득이 반복을 통해 표준화된다. 매뉴얼 워커(manual worker)부터 테크니션(technician), 테크놀로지스트(technologist), 엔지니어(engineer)까지 기능의 위계적 분화가 존재한다.
② 표준화된 자격 체계: 기능사, 산업기사, 기사, 기술사 등으로 이어지는 국가자격의 위계화가 존재하고, 교육훈련도 이에 맞춰 구조화되어 있다.
③ 생산-소비의 분리 가능성: 제품은 생산현장을 떠난 뒤 소비자에게 전달된다. 사용자의 만족이나 평가는 생산자의 인격이나 관계와 무관하

---

2   원래 존재하는 용어는 아니다. 필자의 생각을 바탕으로 만들어진 조어(造語)이다.

게 이루어질 수 있다. 이는 노동자의 소외(疏外)를 가능하게 만드는 구조이기도 하다.
④ 인간적·자연적 요소의 통제 가능성: 공정은 기계화 및 자동화가 가능하며, 변수 통제가 상대적으로 쉽다. 감정, 윤리, 돌봄, 상호 작용 등은 교육 설계의 변수가 되지 않는다.

이러한 특징은 공업 분야에서는 효과적이고 필요한 설계일 수 있다. 그러나 문제는 이 구조가 다른 산업이나 직업에도 무비판적으로 전이되어 왔다는 데 있다. 공업교육 패러다임이 의료, 복지, 서비스, 문화예술, 교육, IT, 플랫폼 산업 등 비(非)제조 분야에까지 확장되면, 그 자체가 교육 왜곡을 유발하게 된다. 그 이유는 다음과 같다:

- 직무가 공정(process)이 아닌 상황(context)에 따라 정의되는 산업에서는, 표준화와 위계화보다 융합성, 창의성, 인간관계 기술이 더 중요하다.
- 소비자와의 직접 상호 작용이 필수적인 직업에서는, 생산자(제공자)의 태도, 공감 능력, 실시간 의사 결정력이 핵심 역량이다.
- 교육, 상담, 간호, 돌봄, 예술, 스포츠, 관광 등에서는 제품의 완성도가 아니라 관계의 질, 경험의 진정성이 직무수행의 본질이다.

하지만 공업교육 패러다임은 이를 고려하지 않는다. 대신 모든 산업과 직무를 분절된 기능, 표준화된 자격, 기술적 훈련, 평가 가능한 결과물(output)로 환원하려 한다. 그 결과, 다음과 같은 현상이 발생한다.

- 학교는 기능인을 양산하려 하고, 학습자는 기계처럼 정해진 기술을 외우는 데 집중하며, 산업체는 정서적·상황적 능력을 요구하지만 시스

템은 이를 지원하지 않는다.
- 서비스직, 돌봄직, 창의직무에 종사할 인력을 교육하면서도, 마치 기계 생산 라인을 돌릴 사람을 교육하듯 훈련한다.
- 직업세계의 다양성은 사라지고, 모든 일이 자격으로 규정되고 자격으로만 평가되는 획일화된 구조가 반복된다.

한국 직업교육이 진정한 의미의 교육으로 기능하기 위해서는, 이제 공업교육 패러다임의 보편성과 무비판적 적용을 중단해야 한다. 그 대신 다음과 같은 방향으로 전환이 필요하다:

- 직업의 본질은 기술이 아니라 인간의 삶과 만나는 방식이다. 직업교육은 '기술 습득'도 중요하나, '일을 통한 삶의 성찰'을 가르쳐야 한다. 직업교육은 인본주의적이어야 한다.
- 모든 직업은 고유한 맥락(context)을 가진다. 표준화도 중요하지만, 상황 대응력, 인간 이해력, 협업 능력이 중요할 수 있다. 산업과 직업의 특성에 맞는 교육이 이뤄져야 한다.
- 직업교육은 취업도 중요하지만 학습자의 성장과 자아실현이 바탕이 되어야 한다. 단기 생산성만이 아닌 전이 가능한 역량, 즉 Holistic Competency를 길러야 한다.

[보론 2]

산업구조에 따른 직업교육의 차별성:
I-P-O 구조와 전문성 개념을 중심으로

농업·공업·상업교육의 차이를 Input-Process-Output(I-P-O) 구조로 설명할 수 있다. 이 구조는 각 산업이 가진 프로세스에 대한 통제 가능성, 결과 예측성, 전문성의 형성 방식이 산업 영역에 따라 전혀 다르게 작동하며, 이러한 차이가 직업교육의 내용과 형식을 결정짓는 핵심 변수임을 보여준다.

[그림1] I-P-O 모델로 본 공업, 상업, 농업의 차이

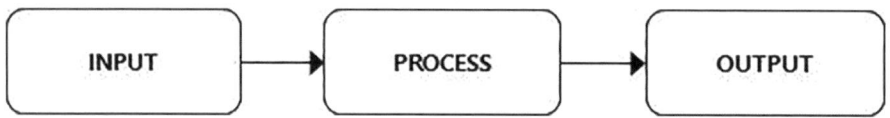

- 공업은 Process의 통제가 가능하다. 즉, error control이 된다. 그렇기에 Input은 Output으로 전환될 수 있다.
- 상업은 Process의 통제 가능성은 있으나, Input이 있다고 해서 Output이 나온다고 보기는 어렵다. 왜냐하면 이 과정에 사람이 개입하거나 사람의 판단/감정이 중요하기 때문이다.
- 농업은 Process 자체의 통제 가능성이 없을 수 있다. 이 Process가 자연력에 의해서 좌우될 가능성이 있기 때문이다. 설혹 통제된다고 하더라도 100% 통제가

쉽지 않으며, 그렇기에 Input이 있다고 해서 Output이 나온다고 보기 어렵다.

▣ 공업/제조업: 통제 가능한 구조, 선형적 경로

공업 분야에서의 I-P-O 구조는 높은 통제 가능성과 예측성을 갖는다. 공정은 대부분 표준화되어 있고, 기계와 도구를 활용한 error control이 가능하다. 따라서 동일한 input(예: 재료, 설계도, 조작법)이 주어지면, 거의 동일한 output(제품)이 나온다. 이러한 구조는 직무의 분화, 전문성의 위계화, 자격의 체계화로 이어진다. 전문성 경로도 manual worker → technician → technologist → engineer 등으로 비교적 선형적인 발전 경로를 따르며, 학습은 기능의 습득과 자동화를 중심으로 설계된다. 기술자격이 기능사 → 산업기사 → 기사 → 기술사로 구분되는 것도 같은 맥락이다. 교육 역시 기술 전수, 반복 훈련, 표준 평가가 중심이며, 결과 중심의 교육 설계가 가능하다.

▣ 상업/서비스업: 사람을 대상으로 하는 예측 불가능한 구조

상업과 서비스업은 사람과의 상호 작용이 핵심인 직종이다. 여기서 I-P-O 구조는 가장 복잡하고, 통제 불가능성이 높다. Input이 일정해도, 사람의 판단에 따라 output은 달라진다. 예컨대 고객의 반응, 구매 결정, 만족도는 모두 심리, 맥락, 관계로 결정된다. 이러한 구조에서는 기술보다 사람에 대한 이해, 설득력, 공감 능력, 감정 조절 능력이 전문성의 핵심이 된다. 전문성은 경험과 내면화를 통해 형성되며, 표준화된 직무 분화나 자격화가 어렵다. 경력 경로는 비정형적이며, 실적 기반의 이동이 일반적이다. 직무 경계도 흐릿하고, 복합 업무가 일상화되어 있다. 교육은 기술 전수보다 역량 중심, 정서적 훈련, 포트폴리오 식 인정체계가 적절하다.

▣ 농업: 자연 의존 구조, 복합형 전문가 요구

농업 분야는 I-P-O 구조의 적용이 어렵다. Input(씨앗, 노동력)이 일정하더라도 자연 조건이라는 통제 불가능한 요인이 작동하므로, process는 불확실하며 output은 예측

이 어렵다. 설령 process를 통제한다고 해도, output이 안정적으로 확보된다고 보기 힘들다.

이로 인해 농업 분야의 전문성은 표준화된 기능보다는 복합적 이해와 통합적 판단에 의존한다. 예를 들어 작물 재배, 토양 관리, 기후 예측, 유통 전략 등 다양한 역량이 동시에 요구된다. 따라서 자격 구조나 직무의 경계도 흐릿하며, 교육은 문제해결력, 지속 가능성, 융합형 사고를 강조하는 방향으로 구성되어야 한다.

결론: 직업교육의 설계는 산업별 구조적 차이에 기초해야 한다.

공업, 농업, 상업·서비스업은 각기 다른 I-P-O 구조와 전문성 형성 논리를 갖고 있기에 직업교육 방향도 달라져야 한다. 공업은 기술 기반의 결과 중심 교육, 농업은 맥락 기반의 융합형 문제해결 교육, 상업·서비스업은 감정노동과 설득 중심의 역량 기반 교육이 요구된다. 그런데도 한국의 직업교육은 공업교육 패러다임에 지배되고 있다. 직업교육이 산업의 다양성을 반영하는 진정한 의미의 교육이 되기 위해서는, 산업별로 직업세계의 구조적 차이를 전제로 한 설계가 필요하다.

[보론 3]

상업·서비스업은 왜 직업교육의 독자적 접근이 필요한가?
기술이 아닌 관계로 이루어진 산업, 감정노동과 복합역량의 세계

직업교육의 설계를 좌우하는 핵심 프레임 중 하나는 산업구조의 이해이다. 흔히 우리는 'Input이 있으면 Output이 있다.'라는 선형 모델, 즉 I-P-O 구조를 통해 직업교육을 설계하고 평가하려 한다. 그러나 이 모델은 산업별로 전혀 다르게 작동하며, 특히 상업과 서비스업은 그 예외성이 두드러지는 분야다. 상업·서비스 분야는 사람을 대상으로 한 비정형적 상호 작용이 중심이기에, 전통적 공업교육 패러다임으로는 그 복잡성과 특수성을 담아낼 수 없다.

■ 예측 불가능한 Output, 감정적·관계적 변수에 의존하는 구조

상업 및 서비스업에서 Output은 단순한 판매 실적이나 고객 수에 그치지 않는다. 고객의 만족, 재방문율, 브랜드 충성도, 입소문 등의 형태로 나타나며, 이는 고객의 감정, 관계의 질, 심리적 반응 등 수많은 비물질적 요소에 좌우된다. 동일한 제품이나 서비스라도, 응대 방식, 미묘한 표정, 말투, 분위기, 심지어 고객의 하루 컨디션에 따라 전혀 다른 결과가 도출된다. 미용실에서 미용사와 고객이 나누는 대화가 서비스의 질을 좌우할 수 있는 것이다. 이는 곧 Input이 일정해도 Output은 예측이 불가능하다는 것을 의미한다. 인간의 감정과 인지, 관계성이 개입되는 '심리 기반 생산 시스템'인 셈이다. 그래서 상업이나 서비스업에서는 단골이 형성될 수 있다. 이러한 불확실성과 통제 불가능성은 직업교육의 표준화된 훈련 모델을 무력화시킨다. 단순 기능이나 정해진

절차를 익히는 것으로는 충분하지 않으며, 오히려 상황을 읽고, 즉흥적으로 대응하며, 관계를 유지하는 고차원적 역량이 요구된다.

◼ 직무 구조의 흐릿함과 다기능성 요구

상업·서비스 분야의 또 다른 특성은 직무 경계가 모호하다는 점이다. 예를 들어, 카페의 매니저는 단순한 관리자가 아니라, 고객 응대, 마케팅 기획, 재고 관리, 매출 분석, 직원 교육까지 수행해야 할 수 있다. 병원 접수 직원도 행정 처리 외에 환자 감정 케어, 응급 대응, 의료정보 설명 등 다양한 역할을 감당한다. 한 명의 노동자가 수많은 역할을 동시에 수행하며, 업무의 분화보다 통합이 강조되는 구조이다.

이로 인해 자격 구조 역시 명확히 분화되기 어렵다. 예를 들어 'CS 자격', '고객관리 자격'과 같은 이름은 존재하나, 실제 직무의 유효성과 일치하는 체계적 구조는 찾기 어렵다. 무엇보다도 이 영역에서는 실적과 경험, 평판이 더 큰 신뢰를 얻는 경우가 많다. 또한, 숙련과 경험이 중시된다. 음식에서 '손맛', '장맛'이라고 표현되는 그 경지가 존재한다. 그래서 기계 장인도 존재하지만, 수공업이나 서비스업에서의 장인이 더 일반적인 것이다. 대한민국 명장도 기계, 재료, 전기, 통신, 조선, 항공 등의 산업 분야와 금속, 도자기, 목칠 등의 공예 부분으로 구분되는 이유이기도 하다.

◼ 전문성은 감정적 내면화와 관계 속에서 형성

공업이나 농업이 비교적 기술적이거나 경험 기반의 전문성을 중시한다면, 상업과 서비스업은 '감정적 내면화'가 핵심이다. 고객을 대하는 태도, 신뢰를 쌓는 언어, 분노한 고객을 진정시키는 말투, 관계를 지속시키는 정서적 민감성 등은 학습보다는 체화가 중요한 영역이다. 이런 전문성은 시험을 통해 측정하기 어렵고, 오히려 장기적인 경험과 관계의 반복, 자아성찰과 타자 이해를 통해 형성된다.

감정노동(emotional labor)은 단순히 힘든 노동이 아니라 고도의 전문성이 요구되는 노동이며, 이는 체계적 교육 없이 숙련될 수 없다. 그러나 현재 한국의 직업교육 체계는 이를 정서 훈련이 아닌 '매뉴얼 숙지' 수준으로 다루고 있다. 감정을 관리하는 능력이 길러지지 않은 채 일을 하게 될 경우, 감정의 상처를 받게 될 우려도 크다. 이것이야말로 상업·서비스업 교육이 독자적 전환이 필요한 이유이다. 학교에서 교사가 상처받는 이유도 본질은 양성과정과 이후 연수과정에서 정서 훈련을 받지 못하기 때문이다.

◉ 역량 기반 교육이 필요하다: 성과보다는 과정 중심

상업·서비스업 교육은 기술 전수가 아닌 '역량 기반 교육'이 중심이 되어야 한다. 여기서 말하는 역량이란 지식, 기능뿐 아니라 태도, 정서, 관계 기술, 상황 대응력 등 복합적인 요소를 포함한다. 따라서 전통적인 일회성 평가, 자격시험보다는 포트폴리오 평가, 시뮬레이션, 역할극, 실제 고객 응대 기반의 현장 평가 등이 더 적합하다. 고객 불만을 해결하는 과정, 팀원과의 협업을 이끄는 방식, 다양한 유형의 고객을 이해하고 대처하는 전략 등이 역량의 실질적 표현이기 때문이다.

또한, 실적 중심의 이동 경로가 일반적이므로, 경력 개발은 평판 기반, 네트워크 기반, 자기 브랜드화 전략이 강조되어야 한다. 이는 '보이지 않는 자격'이라 할 수 있는 사회적 신뢰, 정서적 지능, 관계적 안정감 등으로 구성된 전문성이다.

◉ 상업·서비스업 교육은 인간 이해와 감정의 철학을 필요로 한다

결국 상업·서비스업 교육은 '사람을 이해하는 교육'이 되어야 한다. 인간 행동의 다양성, 감정의 논리, 사회적 관계의 역동성에 대한 통찰 없이는 이 산업을 이해할 수 없고, 교육할 수도 없다. 이는 단순한 서비스 정신이나 고객 중심주의를 넘어서, 인간 존재 자체에 대한 철학적 이해를 전제로 한다.

또한, 이 산업은 한 사람이 고객, 동료, 관리자, 멘토, 심리상담가 등의 역할을 동시에 수행하게 만들며, 인간의 전면적 역량이 시험대에 오르는 곳이다. 따라서 상업·서비스업 교육은 심리학, 커뮤니케이션, 윤리, 리더십, 공감 능력, 회복 탄력성 등 인문적·정서적 영역과의 접목을 통해 확장되어야 한다.

정리하면, 상업·서비스업은 공업이나 농업과는 전혀 다른 직업세계의 구조를 가지고 있다. 이 영역은 통제 가능한 기술이나 반복 가능한 기능이 아니라, 예측 불가능성과 감정, 관계의 세계이다. 따라서 교육도 기술 전수가 아닌 인간 중심의 복합적 역량 개발 체계로 설계되어야 한다. 상업·서비스업은 단지 노동집약적인 산업이 아니라, 감정과 신뢰, 그리고 설득과 공감이 핵심 자원인 산업이며, 그만큼 교육 패러다임의 전환이 시급하다. 지금까지의 공업 중심 기술교육 위주 패러다임에서 벗어나, 상업·서비스업만의 직업철학과 교육론을 새롭게 구성해야 할 때이다.

[보론 4]

농업은 왜 직업교육의 특수영역이어야 하는가?
공업교육 패러다임을 넘어서

직업교육을 설계할 때, 우리는 흔히 '투입이 있으면 산출이 있다.'라는 기계적 모델(I-P-O)을 상정한다. 이 I-P-O 구조는 학습을 설계하고 결과를 평가하는 데 매우 유용한 틀처럼 보인다. 하지만 이 구조는 산업별로 다르게 작동하며, 그 산업이 가지는 생산 방식과 통제 가능성, 직무의 성격과 전문성 형성 경로에 따라 직업교육의 접근 방식도 완전히 달라져야 한다. 농업은 이러한 도식에 가장 어울리지 않는 산업 중의 하나이다. 그 이유는 농업의 직무 구조와 생산 시스템, 그리고 전문성 형성 방식이 지속해서 예외를 생성하기 때문이다. 과거의 농업은 '육체적으로 힘든 일'이었지만, 신체만 건강하면 누구나 할 수 있다고 여겨졌다. 그러나 오늘날의 농업은 더 이상 그런 단순한 노동이 아니다. 6차 산업, 장치 산업, 자본투자 산업, 스마트 농업 등으로 확장된 현대 농업은 복잡한 시스템 이해, 기술 조작 능력, 시장 대응 역량, 생명 과학적 식견을 요구하는 고(高)난이도의 복합 산업으로 변화하였다.

■ 예측 불가능한 산출, 통제 불가능한 환경

농업은 인간의 계획과 노동이 산출로 곧바로 연결되지 않는다. 수확량, 품질, 생산 시기는 기후, 병해충, 강우량, 기온 등의 자연조건에 거의 절대적으로 의존한다. 이러한 조건은 인간이 통제하거나 계획하기가 어렵기에, 농업은 그 자체로 불확실성의 산업이다. 즉, 아무리 투입(input: 종자, 비료, 노동력 등)이 최적화되더라도, 산출(output)이

기대대로 나오지 않는 것이 농업의 본질이다. 이로 인해 농업은 다른 산업에 비해 결과 예측 가능성이 매우 낮고, 교육 설계에 있어도 정형화된 기준을 설정하기 어렵다.

◼ 직무 구조의 비표준성과 세분화의 한계

공업 분야에서는 하나의 생산 라인에 여러 직무가 분화되어 있다. 그러나 농업에서는 직무의 세분화 자체가 어렵다. 파종, 재배, 수확, 저장, 판매까지를 한 사람이 통합적으로 수행하는 경우가 많다. 표준화된 공정도 마련하기 어렵다. 농업은 토양, 작물, 계절에 따라 매번 달라지는 작업으로 이루어진다. 직무 간 경계가 불명확하다.

따라서 자격 기준이나 직무별 훈련 체계도 만들기 어렵다. 이는 교육적으로 보았을 때 분과 기반 훈련이 무의미하며, 융합적 역량 개발이 요구된다는 것을 의미한다.

◼ 높은 진입장벽과 불투명한 경력설계

농업은 흔히 저(低)숙련 저임금의 직업으로 인식되지만, 실제로는 매우 높은 자본장벽을 가진 산업이다. 토지가 없으면 진입 불가할 수 있으며, 대체로 막대한 초기 자본이 요구된다. 우사(牛舍)나 돈사(豚舍)는 물론이고, 비닐하우스도 엄청난 투자비가 든다. 여기에 유리온실이나 스마트팜(smart farm)까지 생각하면 한 개인(청년)이 부담하기에는 자본 투자가 많이 요구된다.

또한, 농업기술은 현장 기반의 오랜 경험을 통해 체화되는 경우가 많아, 전문가로 성장하는 데에도 긴 시간이 소요된다. 설령 한 분야에서 전문가가 되더라도, 다른 품목이나 방식으로 전환하기는 어렵다. 농업의 전문성은 다른 분야로의 이식성(portability)이 낮기 때문이다. 소를 잘 기른다고 해서 돼지를 잘 기른다고 말하기 어렵고, 벼농사(수도작)를 잘한다고 해서, 밭작물(전작)을 잘할 수 있다고 말하기도 어렵다.

또한 대부분의 농업 종사자는 다기능을 수행해야 하므로, 자신의 역량을 특정한 직무 수준으로 나누어 경력개발경로를 설계하는 것이 쉽지 않다. 즉, 국가기술자격 체계나 기능인-기술자-엔지니어의 선형 경로는 농업에는 적용될 수 없다.

◾ Input에서 Output으로 전환되는 데에도 장시간이 소요

공업이나 제조업과 달리, 농업은 재료를 투입한 후 산출물이 나오기까지 상당한 시간이 소요된다. 예를 들어, 벼나 밀과 같은 곡물은 파종부터 수확까지 최소 수개월이 필요하며, 밭작물도 재배 기간에 따라 계절을 넘나든다. 가축의 경우에도 생후 일정 시점까지 사육해야 하며, 번식과 성장 과정을 고려하면 생산주기는 더욱 길어진다. 특히 과수나 화훼, 임업과 같은 분야는 최소 몇 년에서 수십 년의 시간이 요구되며, 그 사이에 기후 변화, 병해충, 토양 변화 등 다양한 변수의 영향을 받게 된다.

이처럼 농업은 '즉시성'보다는 '지연된 반응'의 속성을 가지며, 투입과 산출 사이에 상당한 시간 간극이 존재한다. 이는 곧 계획의 주기성과 관찰력, 인내심, 그리고 변화에 대한 정밀한 모니터링 능력이 핵심 역량으로 작동함을 의미한다. 산업화된 제조공정에서는 자동화 시스템과 공정 관리로 변수를 통제할 수 있지만, 농업에서는 자연조건과 생물학적 주기에 대한 이해와 지속적 대응이 필수적이다. 따라서 농업교육과 정책의 설계에 있어서 단기적 성과 지표만으로 평가하거나 지원을 판단해서는 안 되며, 시간의 흐름 속에서 점진적 성장을 전제로 한 중장기적 접근이 요구된다. 변화의 과정 자체를 학습하고, 그 과정을 관리하는 능력 또한 농업 역량의 핵심임을 잊어서는 안 된다. 그래서 농업교육에서는 매일 매일의 생육 상황을 관찰하고 기록하는 작업이 매우 중요하다. 농업교육의 기본이다. 이걸 배우지 않고서는 제대로 된 농업인으로 성장하기 곤란하다.

◾ 농업의 산업화가 가져온 변화: 학습량은 증가, 진입장벽은 고착

산업화·과학화된 농업은 학습량 자체가 방대하다. 재배기술만이 아니라 토양학,

병해충, 기후, 생물학, 기계 조작, 자동화, ICT 등 다양한 분야의 융합적 지식이 요구된다. 여기에 6차 산업의 관점까지 고려한다면 유통, 회계, 마케팅, 농산물가공, 정부의 정책과 제도에 대한 이해도 필요하다.

공업은 순차적 숙련축적이 가능하지만, 농업은 처음부터 많은 역량을 요구한다. 공업은 하위 직무에서 상위 직무로의 전이가 가능하며, 실수의 여지도 관리할 수 있다. 반면 농업은 실패의 비용이 많이 들고 회복도 쉽지 않다. 특히 생명을 다루는 산업이기에, 시행착오가 학습으로 이어지지 않고 손실로 귀결될 우려도 크다.

▣ 농업 내 직종의 이질성도 큰 상황

농업 내 직종의 이질성도 매우 크다. 전작/수도작/원예/임업/축산/양봉/버섯/스마트팜/유기농 등은 모두 다른 기술 체계를 갖고 있으며, 전문가 간 전이도 거의 불가능하다. 심지어 소와 돼지, 닭과 염소처럼 같은 축종(畜種) 내에서도 운영 방식과 역량 구조는 완전히 다르다. 물론 공업에서도 비슷한 면이 존재하지만, I-P-O 관점에서 볼 때 공업이 농업보다 명료하기에 그 이질성이 조금은 상쇄되는 면이 있다.

▣ 농업 전문성은 단기간에 형성될 수 없다: 장기교육 체계의 필요성

이처럼 농업은 하나의 지식을 배운다고 끝나는 산업이 아니라, 장기적이고 반복적인 현장 경험을 통해 '전체 그림'을 이해할 수 있는 복합형 전문가가 요구된다. 학교교육은 기초 지식과 이론 체계를 제공해야 하고, 현장 실습은 감각과 판단력을 체화하는 역할을 해야 하며, 실무 훈련은 운영과 경제성, 실패관리 능력까지 통합해 주는 구조로 설계되어야 한다. 하지만 현재 한국의 영농조합이나 교육훈련기관은 이러한 다층적 교육을 감당할 수 있는 체계를, 역량을 갖추고 있는지 의문이다. 단기 기술교육, 성인 재교육 위주의 일회성 연수, 산업 연계 없이 운영되는 학교 교육, 이러한 구조로는 진입장벽을 낮출 수도, 농업 전문성을 형성할 수도 없다. 이는 텃밭 농사꾼에

게는 적합할지는 몰라도, 농업의 산업화, 과학화, 전문화 그리고 세계화에는 어울리지 않는다.

이처럼 농업은 공업교육 패러다임과 전혀 다른 속성을 갖는다. 따라서 농업교육은 다음과 같은 원리를 기반으로 설계되어야 한다.

- 자연과의 관계 맺기: 생태, 기후, 지속 가능성에 대한 이해를 포함한 교육
- 문제해결 목적의 프로젝트 기반 학습(Project-Based Learning)
- 융합형 커리큘럼 구성: 기술, 경영, 유통, 디지털 농업 등을 통합
- 장기 경력 추적 시스템 필요: 학습 경로는 느리지만 깊이 있게 설계되어야
- 경험 기반 포트폴리오 인정체계: 학습자는 자격시험보다, 실제 농장 운영, 품질, 유통성과 등으로 능력을 증명해야

특히, 영농조합의 교육 기능 강화 없이는 농업인 양성은 불가능하다. 지금의 영농조합은 행정조직이나 마을 단위 공동체로 운영되는 경우가 많고, 교육 및 훈련 기능은 매우 미약하다. 농업인 양성을 위해서는 영농조합을 단순한 협업 단위가 아니라, 교육·실습·창업·컨설팅을 수행하는 농업교육복합체(agricultural learning hub)로 전환할 필요가 있다. 그 모습은 다음과 같다.

- 학교 + 현장 + 컨설팅 + 멘토링의 연계 구조가 필요하다.
- 외부 전문가, 선도 농가, 농기계 업체, 기술연구소 등이 참여하는 네트워크 기반 교육 인프라를 만들어야 한다.
- 장기적으로는 지역 농업고·대학과의 연계를 통해 지역기반 농업교육생태계를 구축해야 한다.

지금 농림부가 하는 농업마이스터 사업이 과연 그러한지를 비판적으로 따져봐야 한다.

정리하면, 농업은 단순히 '산업 중 하나'가 아니라, 직업교육 체계에서 특별한 구조적 전제를 요구하는 영역이다. 공업의 언어로는 농업을 해석할 수 없으며, 따라서 공업 중심의 패러다임으로는 농업교육의 효과성을 기대할 수 없다. 농업은 복합적 사고와 지속 가능한 선택, 그리고 자연과 인간 사이의 관계에 대한 이해를 중심으로 설계되어야 한다. 이는 단지 교육 내용의 차이를 뜻하는 것이 아니라, 직업교육이 지향해야 할 철학과 방식의 근본적 전환을 요구한다. 만약 국가가 산업화·과학화·세계화된 농업을 원한다면, 적어도 10년 이상의 꾸준한 경력 개발과 관리가 가능한 교육 시스템이 구축되어야 한다. 그리고 이를 뒷받침하는 재정지원과 산업정책이 수반되어야 한다. 텃밭 농사꾼 양성은 대책이 아니다.

여기에 Africa, Asia, South America 등의 넓은 토지를 산업화된, 과학화된, 기계화된 영농으로까지 발전시켜 가야 한다고 생각하면 농업의 미래는 무한하며, 우리가 만들어 가야 할 책임이기도 하다.

[보론 5]

마이스터형 농업인 양성을 위한
최소 10년의 성장 경로 구축 방안[3]

    대한민국의 농업은 이제 '손쉬운 진입'이 가능한 직업이 아니다. 텃밭 농사나 소규모 영농은 누구나 경험할 수 있지만, 그것만으로는 지속 가능한 농업경영 주체가 되기 어렵다. 현대 농업은 자산운용, 농업 기술경영, 생태와 자연 이해, 마케팅과 시장 대응이라는 4개의 축을 모두 다루어야 하는 복합 산업이자 전문영역이다. 하지만 현재 농업정책의 진입 모델은 지나치게 단기적이고 소규모 실습 중심이다. '텃밭 농사꾼 양성' 수준의 교육으로는 농업의 본질적 복잡성을 감당할 수 없다. 농업이 6차 산업으로 확장되고 스마트화, 기계화가 일상이 된 지금, 오히려 농업인은 처음부터 고도의 복합적 지식과 현장 경험을 요구받는 존재가 되었다. 이러한 문제의식에서 출발한 것이 바로 농업계 마이스터 고등학교부터 시작하는 10년 단위 성장 경로 기반의 농업 마이스터 양성 체계이다. 직업으로서 농업에 진입하려는 이들을 위해서는 최소 10년에 걸친 단계적 성장 경로 설계가 필요하다.

---

[3] 이 방안은 저자가 교육부 과장 시절, 농업 마이스터고를 지정할 때 농림부에 협조를 요청했던 사항의 근간이다. 기억을 되살려서 새로 만들었다. 우리나라 농업의 선진화, 과학화, 산업화, 세계화를 위해서는 이 정도 수준의 전략이 요구된다고 본다. 물론 이 전략은 비(非)전문가 입장에서 만들었기에 수정·보완될 여지는 있겠지만 장기 경력개발과 관리가 필요하다는 본질은 변하지 않을 것이다. 물론 당시 농림부는 저자의 이와 같은 방안을 수용하지 않았다. 지금도 아쉬운 대목이다.

◼ 1단계 (입문기, 0~2년): 문턱을 넘는 '입문' 단계

농업은 외부에서 보기에는 단순해 보여도, 막상 진입하려 하면 '어디서부터 시작해야 할지 막막한' 산업이다. 이 단계에서는 농업계 마이스터고, 특성화고, 귀농 교육, 입문학교 등을 통해 전작·수도작, 축산, 원예 등 분야별 기초 개념을 익히고, 농기계, 농약, 비료 등에 대한 기초 안전 교육과 단기 실습이 병행되어야 한다. 매일매일 실습 일지 작성과 농장관리를 하면서 농업에 대해 이해의 폭을 넓혀가야 한다.

◼ 2단계 (현장 적응기, 2~3년): 몸에 익히는 '체화' 단계

학교나 입문 교육만으로는 실제 농업을 알 수 없다. 이 단계에서는 가족농장이나 영농법인 등에서의 유급(수당) 근로 실습을 통해 작물 생육, 농장 운영, 경작 설계 등 몸으로 배우는 학습이 중요하다. 이후 산업 맞춤형 전문대 진학, 단기 교육과정, 학점은행제를 활용한 제도적 병행도 가능하다.

◼ 3단계 (전문화 형성기, 4~7년): 나만의 방향을 설정하는 '결정' 단계

이 시점에서는 특정 분야(예: 스마트 과채, 기능성 작물, 유기농, 대(大)가축, 소(小)가축 등)로의 전문화 방향 설정이 요구된다. 농업기술센터나 농업대학에서 특화된 실무교육을 병행하고, 유통, 가공, ICT 등도 공부하고 접목해 보는 시기이다. 2년제, 4년제 대학에서 해야 할 역할은 분야별 심화 능력이어야 한다.

◼ 4단계 (복합 경영기, 7~9년): 경영자로 성장하는 '사업' 단계

이 단계에 들어서면 단순 생산자에서 농장 설계자, 소규모 경영주, 팀장급 기획자로 역할이 전환된다. 스마트팜 기술 운영, 농산물 가공 및 유통을 통합적으로 설계하는 능력이 요구되며, 소액의 정책융자나 소규모 기술창업 지원 대상자로서의 공식적인 자격도 준비되는 시기이다. 비로소 경영의 관점이 도입되는 시기이다.

▪ 5단계 (마이스터화, 10년 이상): 종합전략가이자 지역 농업 지도자로 성장

마이스터 단계에서는 단지 농사를 짓는 것을 넘어, 복합농장 운영(생산 + 체험 + 가공 + 교육)을 이끌고, 후진을 양성하고, 지역 농업조직(영농조합·마을기업 등)을 선도하는 중추 인력으로 성장한다. 이 시점에서는 농업 마이스터 인증제, 고급 자격, 멘토 자격, 컨설턴트 활동이 가능하다. 이때는 단순 생산자가 아니라, 생태 + 기술 + 경영을 종합하는 농업 전략가로 성장하게 된다. 그리고 10년 정도 경력개발과 관리가 이뤄지면 국가가 이들에게 토지와 자본의 무상 대부 추진도 검토할 필요가 있다.

공업 분야는 기능직으로 입직한 후, 점차 기술자와 관리자 단계로 성장할 수 있는 선형적 경력 설계가 가능하다. 하지만 농업은 토지나 자본 없이 진입할 수 없고, 지식과 판단력이 없이는 어려우며, 한 분야의 전문가가 되더라도 다른 분야로의 전환이 어렵다. 그렇기에 농업은 입문부터 장기적 성장 경로로 설계하지 않으면 안 되는 산업이다. 농업 마이스터고는 10년 경로의 출발점으로서 기획되었다.

제4장

왜 기존의 개념으로는
미래를 담을 수 없는가?

우리 사회에서 '직업교육'이라는 말은 자주 등장하지만, 정작 그 의미에 대해서 깊이 고민하거나 개념적으로 정립하려는 시도는 찾아보기 어렵다. 용어는 오·남용되고, 해석은 제각각이다. 정부의 정책 문서에서도, 학계의 연구보고서에서도, 언론의 보도에서도 '직업교육'이라는 용어는 기술교육, 산업교육, 직업훈련, 인적자원개발 등과 자주 혼용되곤 한다. 이처럼 개념적 정리가 부재한 상황에서는 교육정책의 설계와 법·제도 체계, 평가와 질 관리 모두 혼선을 빚을 수밖에 없다.

따라서 대한민국의 직업교육을 설명하려면, 용어의 덫부터 풀어야 한다. 산업교육, 직업교육, 직업훈련, 평생직업능력개발, 인적자원개발(HRD), 산학협력교육, 기술교육, 고등직업교육 등 그 이름들은 제각각이지만, 실제 제도와 정책은 서로 얽히고 겹치고 중복된다. 이는 단순한 언어의 혼란이 아니다. 정책 설계의 불일치, 법적 책임의 부재, 행정적 효율성 저하로 이어지는 구조적 파편화의 명백한 결과이다. 구체적인 개념 설명은 후술한다.

대표적인 사례는 교육부와 고용노동부의 이원적 구조이다. 교육부는 「산업교육진흥 및 산학협력촉진에 관한 법률」(이하 산학협력법)에 근거하여 산업교육을 추진하고, 고용노동부는 「국민 평생 직업능력 개발법」(이하 평생직업능력법)을 중심으로 직업훈련을 주도한다. 한쪽은 학교를, 다른 한쪽은 기업과 훈련기관을 관장한다. 이름은 다르지만 실질적으로 '직업을 위한 교육'이라는 같은 영역을 다룬다. 그러나 두 부처는 서로 본질적인 협력은 게을리한다. 제도는 병렬로 존재하고, 학습자는 어느 쪽에 기대야 할지조차 알 수 없다. 과거에 이 혼란을 해소하기 위한 시도가 없었던 것도 아니다. 1997년 「직업교육훈련촉진법」이 제정되며 직업교육과 직업훈련을 하나의 법 틀로 묶고자 했지만, 이는 법률용어의 외피만 공유한 채, 실제 정책과 예산, 책임은 여전히 각 부처가 나누어 가졌다. 결국 '직업교육훈련'이라는 용어는 정책적 수사에 불과했고, 통합이 아니라 병존·병행이라는 이중구조를 고착화했다.

이런 혼란 속에 교육부에 인적자원개발 업무가 추가된다. 「인적자원개발기본법」은 인적자원개발을 '국가·지방자치단체·교육기관·연구기관·기업 등이 인적자원을 양성·배분·활용하고, 이와 관련되는 사회적 규범과 네트워크를 형성하기 위한 각종 활동'이라고 정의한다. 이때 인적자원이란 '국민 개개인·사회 및 국가의 발전에 필요한 지식·기술·태도 등 인간이 지니는 능력과 품성'을 말한다. 내용상 직업교육을 포함하고 있는 것처럼 보이지만 그 관계는 설명되지 않고 있다. 다만, 법 제7조에 의하면 직업교육 및 직업훈련 정책을 국가인적자원위원회의 여러 심의 사항 중의 하나로 규정하고 있을 뿐이다. 여전히 인적자원개발과 직업교육의 관계는 모호하다.

더 큰 문제는 이러한 파편화된 개념들이 현장의 혼란으로 직결된다는 점이다. 직업고, 전문대학, 평생교육기관, 기업훈련기관은 각기 다른 법의 적용을 받으며 운영된다. 한때 인적자원개발은 직업교육을 약화시키는 역할을 하기도 했다. 학습자는 자신의 학습 경로가 어떤 법령 체계에서 인정되는지도 모른다. 자격제도 역시 「고등교육법」, 「자격기본법」, 「국가기술자격법」, 「학점인정 등에 관한 법률」 등 다른 체계로 존재하며, 학점은행제, 국가기술자격, 고등교육법상 학위과정은 상호 연계되지 않는다. 이는 학습성과의 이동성과 누적성을 심각하게 저해하는 요인이 된다.

게다가 법률에서 '직업교육과 훈련'이 의미하는 바도 다르다. 「산학협력법」에서는 산업에 필요한 지식과 기술을 가르치는 교육이라 정의하고, 「평생직업능력법」에서는 직무수행 능력의 습득과 향상이라 말한다. 교육부의 「평생교육법」에서는 '직업능력 향상 교육'이라는 이름으로 또 다른 의미를 부여한다. 이처럼 하나의 교육 실체를 세 개의 법이 세 가지 이름으로 규정하고 있다는 사실 자체가 우리 교육 체계의 근본적 혼란을 상징한다.

왜 이런 일이 벌어지는가? 답은 간단하다. 부처 간 기득권과 정책 영역의 경계 다툼 때문이다. 산업계, 학계, 시민사회가 요구하는 수요는 명확한데, 공급자인 정부는 자기 제도를 지키기에 바쁘다. 이로 인해 학습자의 생애 전체를 관통하는 통합적 경로 설계는 실종되고, 개별 제도는 자기 설명에만 골몰한다.[4]

---

4 관심 있는 독자는 필자의 「끊어진 사다리: 각자도생하는 평생 · 직업교육 · 훈련」 책을 읽어보길 바란다.

1. 산업교육, 직업교육 그리고 직업훈련 용어의 변천과 그 한계

우리나라 직업교육 관련 용어는 법률 제·개정에 따라 변화해 왔지만, 그 본질적인 혼란은 여전하다.

가. 산업교육의 모호한 확장과 역설

「산학협력법」에서 산업교육은 "산업교육기관이 학생에게 산업에 종사하거나 창업하는 데에 필요한 지식과 기술 등을 습득시키고 기업가 정신을 함양시키기 위하여 하는 교육"으로 정의된다. 이때 '산업교육기관'의 범위는 다음과 같다.

- 초·중등 단계: 마이스터고, 특성화고, 산업수요 맞춤형 학과 설치 일반고, 고등기술학교, 직업·진로와 직업교육과정을 운영하는 특수학교.
- 고등교육 단계: 일반대학, 기능대학, 국방대학교, 사관학교, 경찰대학,

과학기술원(KAIST, GIST, DGIST, UNIST), 평생교육시설 중 전문대학 졸업자와 동등한 학력·학위 인정 기관.

이처럼 산업교육기관의 정의에 연구 중심 대학, 기술 중심 대학, 심지어 군사학교, 경찰대학까지 포함되어 있다는 점은 산업교육과 직업교육의 범위가 어디까지인지 애매모호하게 만든다. 산업교육의 본래 목적은 '산업에 종사하거나 창업하는 데 필요한 지식과 기술' 습득이지만, 연구 중심 대학은 기초 과학 연구를, 군사/경찰대학은 특정 직업군 양성을 목적으로 하므로 일반적인 산업과는 거리가 있다. 이러한 기관들을 산업교육기관으로 포괄하는 것은 개념의 확장을 넘어 개념적 혼란을 야기하고, 각 기관의 고유한 설립 목적과 역할을 흐리게 한다. 이는 곧 정부가 직업교육 및 인력 양성 정책의 명확한 지향점을 제시하지 못하고 있음을 반증하며, 자원 배분의 비효율성과 정책 추진의 혼선으로 이어진다.

하지만 역설적으로, 교육부의 산업교육 정의를 긍정적으로 해석하면, 이는 교육의 내용적 성격이나 교육방식보다는 '산업과의 관련성'이라는 외적 기준으로 범주화된 개념의 특징이 있다. 이는 학문 중심 교육이 아닌 그 나머지를 모두 의미한다고도 볼 수 있다. 즉, 교육부는 산업교육을 단지 직업고 수준의 기능 교육으로만 한정하지 않고, 오히려 고등교육 전반에서 이루어지는 '응용기술교육(applied technology education)'을 포함하는 매우 확장된 개념으로 인식했다고 볼 수 있다. 다시 말해, 산업교육은 우리나라 고등교육 체계에서 일반대학이 수행하던 학문 중심의 교육(academic education)에 대응하여, 실용성과 산업 연계를 앞세운 응용 교육(applied education)의 틀을 구성하는 장치로 작동했다고 이해할 수도 있다. 특히 산업대학, 전문대학, 특성화 대학 등은 모두 산업교육의 핵심 축으로 이해되었으며, 그 교육 목표 역시 '산업 수요에 맞는 인재 양성'이었다. 이러한 광범위한 접근 방식은 필자가 새로 생각하는 직업교육 개념, 즉 'Holistic Competency'와 '준비와 기반'을 강조하는 '완결 교육' 개념에 가장 부합하는 측면도 가지고 있다.

나. 직업교육훈련 용어의 혼란

김영삼 정부 시절 고용노동부와 공동으로 제정된 「직업교육훈련촉진법」(1997년 당시 「산업교육진흥법」을 포함)은 '직업교육훈련'이라는 용어를 사용했다. 이는 "「산학협력법」및 「평생직업능력법」과 그 밖의 다른 법령에 따라 학생과 근로자 등에게 취업 또는 직무수행에 필요한 지식·기술 및 태도를 습득·향상시키기 위하여 실시하는 직업교육 및 직업훈련"을 말한다. 그러나 이 통합은 법률용어의 외피만 공유한 채, 실제 정책과 예산, 책임은 여전히 각 부처가 나누어 가졌다.

다. 고용노동부 직업훈련 개념의 지속적 확장과 남겨진 과제

고용노동부 소관의 법률 명칭과 훈련 용어는 지난 30년간 여러 차례 변경되었다. 노동부의 직업훈련 정의 변화를 보면, 노동부 정책의 변화를 짐작해 볼 수 있다. 근로자의 기능훈련에서부터 직무수행 능력으로, 다시 지능정보화 및 포괄적 직업·직무기초능력까지로 내용이 확장되었고, 그 대상도 근로자에서 모든 국민으로, 동시에 '평생에 걸쳐'가 추가됨으로써 평생직업훈련이라는 의미가 강조되었다.

하지만 이처럼 용어와 대상, 범위가 확장되었음에도 변화하지 않은 핵심이 있다. 바로 '직업훈련은 직업에 필요한 직무수행과 관련되며', '습득'과 '향상'이라는 용어이다. 이는 직업훈련은 직무 중심이며, 양성훈련과 향상훈련이라는 직업훈련의 본질은 변화하지 않는다는 것을 의미한다. 즉, 정규 교육은 아니지만 근로자를 양성하고, 입직 이후의 직업능력 향상을 위한 훈련이 곧 직업훈련이라는 기조는 유지되고 있다(〈표 1〉 참조).

〈표1〉 직업훈련 개념의 변화

법률 명칭	직업훈련기본법	근로자직업훈련 촉진법	근로자 직업능력 개발법	국민 평생직업 능력 개발법
연도	1997.4.1.	1997.12.24.	2004.12.31.	2021.8.17.
훈련 용어	직업훈련	직업능력개발훈련	직업능력개발훈련	직업능력개발훈련
정의	근로자에게 직업에 필요한 직무수행능력을 습득·향상하게 하기 위하여 실시하는 훈련*	근로자에게 직업에 필요한 직무수행능력을 습득·향상하게 하기 위하여 실시하는 훈련	근로자에게 직업에 필요한 직무수행능력을 습득·향상하게 하기 위하여 실시하는 훈련	모든 국민에게 평생에 걸쳐 직업에 필요한 직무수행능력(지능 정보화 및 포괄적 직업·직무기초능력을 포함한다)을 습득·향상시키기 위하여 실시하는 훈련
대상	근로자	근로자	근로자	모든 국민

* 직업훈련기본법 제정 당시(1977.1.1.)에는 근로자에게 직업에 필요한 기능을 습득 향상시키기 위하여실시하는 훈련을 의미했다.

2. 법령의 개념 정의 변화에 대한 비판적 평가: 혼란과 부재의 그림자

법률 명칭, 용어, 그리고 정의가 일부 바뀐 것처럼 보이지만, 그 속에 숨어 있는 문제점은 매우 크다.

가. 산업교육과 직업교육 관계의 모호성

「산학협력법」의 '산업교육' 개념과 「직업교육훈련법」의 '직업교육' 개념이 같은 것인지, 다른 것인지 여전히 불분명하다.

① 계층 구조의 부재: 「직업교육훈련법」이 '직업교육'을 「산학협력법」에 따른 교육을 포함한다고 명시하고 있지만, 이는 '산업교육'이 '직업교육'의 한 종류인지, 아니면 '직업교육'이 '산업교육'을 포괄하는 더 큰 개념인지에 대한 명확한 관계는 제시하지 않는다.

② 정의의 중첩 및 혼동: 초기 「산학협력법」의 '산업교육' 정의는 특정 학교 유형에서 '산업에 종사하는 데 필요한 지식/기술/태도 습득'을 목적으로 한다고 규정했다. 반면 「직업교육훈련법」의 '직업교육'은 '취업 또는 직무수행에 필요한 지식/기술/태도 습득/향상'을 목표로 한다. 목적과 내용 면에서 유사성이 많지만, 그 관계가 명확하지 않아 개념적 혼란이 심화된다.

③ 용어 사용의 일관성 부족: 결과적으로 법률마다 유사한 개념에 다른 용어를 사용하거나, 상위 개념과 하위 개념의 관계를 명확히 하지 않아 정책 입안자나 현장 실무자, 일반 국민 모두에게 혼란을 주고, 이는 결

국 학습자의 학습 경로 선택을 더욱 어렵게 만든다.

나. 기술교육과 직업교육의 관계 모호성: 직업교육의 실질적 부재

산업교육이 기술교육을 포함한다고 설명했지만, 이러한 정의는 일반적으로 통용되는 '직업교육(vocational education)'의 개념과는 명백히 다르다. 일반적으로 직업교육은 특정 직무를 수행하기 위한 실천적 지식, 기능, 태도 등을 단계적으로 개발하고, 이를 통해 학습자의 고용 가능성을 높이며, 사회적 생산 참여를 가능하게 하는 교육을 의미한다. 이는 단지 기술을 배우는 것을 넘어, 직무수행 역량을 구조화된 교육 체계를 통해 함양하는 것이며, 그 과정은 명확한 커리큘럼과 평가 체계를 전제로 한다. 즉, 직업교육은 '일을 수행할 수 있는 사람을 키우는 교육'인 것이다.

이러한 일반적 개념에 비추어 볼 때, 한국은 제도적으로 진정한 의미의 직업교육을 가져본 적이 없다고 볼 수도 있다. 우리가 지금까지 직업교육이라고 불러온 대부분은 실상 '기술교육(technical education)'에 가까웠고, 그마저도 명확한 교육 목표나 체계적 설계 없이 산업기술 발전에 종속된 응용기술 중심의 교육이 주를 이루었다. 더 나아가 한국의 기술계 교육은 공학 기초 교육과 기능 숙련을 혼합한 형태로 발전했기 때문에, 정작 직무수행에 필요한 '일 기반의 학습(work-based learning)'이나 '모듈형 훈련 체계'는 거의 실현되지 못했다.

직업교육이 의미하는 바가 무엇인지 명확히 정의된 바도 없다. 단지 '고등학교의 특성화 교육' 혹은 '전문대학의 기술계 교육'을 직업교육이라 간주해

왔을 뿐이며, 기능경기대회나 훈련기관 중심의 기술·기능 습득도 직업교육의 일부로 인식되어 왔다. 그러나 이러한 인식은 일반적으로 통용되는 직업교육 개념과는 상당한 괴리가 있다. 그리고 그 괴리의 배경에는 우리 사회에서 직업교육이 제도적으로는 부재했고, 대신 산업교육이라는 포괄적이고 모호한 개념이 과잉으로 기능해 온 구조적 문제가 존재한다.

그 결과, 직업교육은 제도 교육 체계 밖의 사교육, 기업 내 훈련, 민간 훈련원, 학원 등 비공식 영역에 의해 대체되거나 왜곡되었다. 기능경기대회와 같은 엘리트 기능인의 선발 시스템이 직업교육의 전부처럼 여겨졌고, 취업 준비는 학교가 아닌 훈련원이나 민간 학원에서 이루어졌다. 학교는 직업을 가르치지 않았고, 국가도 직업교육을 체계화하지 않았다. 그리고 그 책임은 종종 '산업의 변화 속도'나 '학생의 흥미 부족'으로 전가되었다.

이제 우리는 이러한 구조를 정면으로 마주해야 한다. 한국의 산업교육은 기술자 양성과 산업적 실용성을 강조하면서도, 교육이 갖추어야 할 교육성과와 학습자 중심, 고용 연계성, 생애 학습 체계와의 통합이라는 관점에서는 오히려 직업교육의 본질과 거리가 있었다. 이는 산업교육의 과잉 속에서 직업교육이 실질적으로 부재했던 역사였다고 요약할 수 있다.

다. 직업훈련 개념 확장과 타 부처와의 관계 정립 미흡

고용노동부의 '직업훈련' 개념이 '직업능력개발훈련'으로 확장되고, 대상이 '근로자'에서 '모든 국민'으로, 범위가 '평생에 걸쳐'로 변화하며 시대적 흐름을 수용하는 것처럼 보인다. 하지만 교육부의 직업교육, 평생교육과의 관계를 명확히 정립하지 않은 채 추진되고 있다.

① 영역 침범 및 중복 투자의 가능성: 고용노동부의 직업훈련이 '모든 국민'을 대상으로 '평생에 걸쳐' 직무수행 능력 습득/향상을 목표로 한다면, 이는 교육부 소관의 정규 직업교육 및 평생교육의 영역과 상당 부분 중첩될 수밖에 없다. 이는 정책의 중복 투자, 비효율성, 그리고 학습자 및 근로자의 혼란을 초래할 수 있다. 물론 교육부는 교육, 노동부는 훈련이라는 각자의 역할을 주장할 수 있지만, 학습자의 입장에서는 혼란스럽다. 교육부나 고용노동부는 양자는 서로 다르다고 주장하겠지만, 직업세계에서 살아갈 능력개발이라는 점에서 양자는 동일하다.

② 총괄적 거버넌스 부재: 이러한 문제는 직업교육과 직업훈련, 평생교육이라는 거대한 영역을 아우르는 총괄적인 국가 거버넌스 체계가 부재하여 각 부처가 독립적으로 정책을 추진함으로써 발생하는 구조적인 문제로 해석될 수 있다. 각각의 법률에 규정된 위원회도, 국무총리실도, 국회도 이러한 종합적인 거버넌스를 만들지 않았다.

③ '평생' 책임 전가의 우려: 「평생직업능력법」으로 개정되면서 '모든 국민에게 평생에 걸쳐'라는 문구가 추가된 것은 매우 긍정적이지만, 과연 국가가 '모든 국민의 평생' 직업능력 개발을 실질적으로 책임질 수 있는지에 대한 의문이 남는다. 자칫하면 국민내일배움카드제와 같이 개인에게 직업능력 개발의 책임을 전가하는 기제가 될 수도 있다는 비판도 가능하다. 즉, 국가는 학습자의 선택을 존중하고 지원했으니 결과에 대한 책임도 학습비를 쓴 국민이 져야 한다는 논리가 설립될 수 있기 때문이다.

라. 직업훈련 명칭 변화의 허구성

「직업훈련기본법」부터 「평생직업능력법」에 이르기까지 법률 명칭과 훈련 용어가 여러 차례 변경되었다. '직업훈련'에서 '직업능력개발훈련'으로, 그리고 법률 명칭이 바뀐 것은 '대상 확장(근로자 → 모든 국민)', '범위 확장(노동시장 → 평생)', '내용 확장(기능훈련 → 직무수행 능력 → 포괄적 직무기초능력)'이라는 긍정적인 의미를 담고 있다. 그러나 정작 '습득'과 '향상'이라는 직업훈련의 본질적인 용어는 변하지 않았다. 이는 개념의 본질적인 혁신이나 패러다임 전환보다는, 기존의 틀 안에서 대상을 확장하거나 용어를 포괄적으로 바꾼 것에 불과하다는 비판이 가능하다. 이러한 잦은 용어 변경이 실제적인 정책 방향의 큰 변화를 수반하기보다는, 특정 정부의 교육/노동 정책 방향성을 강조하거나 시대적 흐름에 부응하는 것처럼 보이기 위한 정치적 수사(rhetoric) 또는 시장 선점을 위한 부처의 전략적 선택이었을 가능성도 배제할 수 없다.

마. 직업교육훈련 용어 사용과 개념의 분절적 사고

「직업교육훈련법」에서 직업교육훈련이라는 용어를 사용하며 「산학협력법」과 「평생직업능력법」을 포괄하는 것처럼 보이지만, 실제로는 직업교육과 직업훈련을 분리하여 사고하고 각각의 영역을 보호하고 있다. 교육부 소관의 산업교육과 고용노동부 소관의 직업능력개발훈련은 대상, 목적, 기관 등에서 차이를 보이며, 직업교육훈련이라는 통합 용어가 실제로는 각기 다른 영역의 개념을 단순히 나열한 것에 불과할 수 있음을 시사한다. 통합된 용어를 사용하면서도 실제 정책 추진에 있어 부처 간의 유기적인 연계나 통합적인 관점보다는 각자의 영역에 집중하는 경향이 강해, 효율적인 직업교육훈련

체계 구축에 걸림돌이 된다.

3. 학습자 중심의 설계로: 권리로서의 직업교육

지금까지 한국의 직업교육은 정부 중심, 학교 중심, 교사 중심으로 설계되어 왔다. 그러나 이제는 '학습자 중심'이 되어야 한다. 이는 단순히 학습자의 만족도를 높이거나 서비스를 개선하자는 말이 아니다. '학습자 중심'이란 다음을 의미한다.

- 직업교육은 '선택'이 아니라 '권리'로 제공되어야 한다.
- 교육과 훈련은 학습자의 생애 설계에 따라 맞춤형으로 제공되어야 하며, 공공정책은 그 선택을 실질적으로 보장할 수 있어야 한다.
- 지역 간, 계층 간, 연령 간, 세대 간 격차를 해소할 수 있도록 교육 인프라와 정책 자원이 차등 지원되어야 한다.
- 학습결과는 누적되고, 활용되고, 새로운 학습을 위한 디딤돌이 되어야 한다.

이는 단지 직업교육을 개선하는 일이 아니라, '학습복지'라는 새로운 사회권의 확립이라는 의미를 갖는다. 직업교육은 더 이상 경제 논리에 따른 인력 공급의 도구가 아니라, 사회적 약자를 위한 역량 강화의 수단이며, 모두가 평등하게 삶을 준비할 수 있는 조건이 되어야 한다. 학습복지(Learnfare)란, 생계보장 중심의 복지(Welfare)나 노동 연계형 복지(Workfare)를 넘어, 학습 기회를 보장함으로써 사회참여와 자립을 가능하게 하는 새로운 복지의 원리이다.

직업교육은 지금까지 사회가 가장 적게 투자하면서 가장 많은 효과를 기대해 온 영역이었다. 그러나 이제는 그 반대로 가야 한다. 더 많이 고민하고, 더 정교하게 설계하며, 더 확실하게 투자해야 한다. 이를 위해서는,

- 직업교육의 철학을 바꾸고,
- 생애를 아우르는 설계로 확장하며,
- 제도 간의 연결고리를 만들고,
- 학습자를 정책의 중심에 세우는 일이 선행되어야 한다.

그렇게 할 때 비로소 직업교육은 위기의 영역이 아닌, 미래 사회의 핵심 인프라로 자리매김할 수 있다.

4. 결론: 법률 간 통합·연계와 직업교육의 재개념화가 시급하다

현재 여러 법률(「산학협력법」, 「직업교육훈련법」, 「평생직업능력법」)이 각기 다른 목적과 정의를 가지고 직업교육 및 훈련을 다루고 있으며, 「인적자원개발 기본법」과 「평생교육법」이 이러한 혼란을 가중시키고 있다. 직업교육과 직업훈련이라는 국가적이고 거시적인 아젠다를 하나의 통합된 법률이나 최소한 유기적으로 연계된 법률 체계로 다루기보다는, 부처별로 개별적인 법률을 통해

관리하는 이 방식은 총체적인 관점과 일관된 정책 방향성을 결여하게 만든다. 교육기관, 기업, 그리고 학습자(국민)의 입장에서는 어떤 법률을 기준으로 직업교육훈련에 참여해야 하는지, 그리고 어떤 혜택을 받을 수 있는지에 대한 명확한 법적 준거가 혼란스럽다. 학습자 입장에서 생애 단계별로 무엇을 할 수 있는지, 또 무슨 지원과 도움을 받을 수 있는지, 나의 현재의 역량의 수준은 어느 정도인지, 앞으로 개발해야 할 역량은 무엇인지를 어렵지 않게 생각하고 설계할 수 있어야 한다. 부처를 넘어서서. 결론적으로, 대한민국에는 법령에 기반을 둔 '직업교육'의 명확한 개념 정의가 부재하며, 사람들이 막연히 또는 관행적으로 직업교육이라고 생각하는 활동들만 파편적으로 존재한다.

이 책 제1장에서 설명했듯 급변하는 직업 세계에 부합하는 직업교육을 지금처럼 모호한 정의, 분리된 법률, 양립된 부처의 환경 속에서 실현할 수 있을까? 의구심은 분명하다. 직업교육이 산업화 시대의 '실업교육', '산업교육'의 틀을 벗어나지 않는 한, 이 시스템은 미래의 변화를 담지 못한다. 법과 제도, 개념과 정책이 분절되어 있고, 교육과 노동, 복지와 평생학습이 따로 작동하는 한, 어떤 혁신도 일관된 실행으로 이어질 수 없다. 이제 직업교육은 용어의 혼란을 넘어, 시스템 전체를 재설계하는 프레임워크가 되어야 한다. 새로운 '직업화(vocationalization)'의 흐름을 적극적으로 수용해야 한다. 이를 극복하기 위해서는 다음과 같은 논의가 시급하다.

① 개념 재정립의 필요성: 미래 사회의 변화에 발맞춰 직업교육과 직업훈련의 개념을 어떻게 통합적이고 유기적으로 재정립할 것인지에 대한 심도 깊은 논의가 필요하다.
② 수요자 중심의 관점: 복잡하고 모호한 개념 정의가 궁극적으로 학습자

와 근로자에게 어떤 혼란을 주는지, 그리고 이들의 학습 및 경력 개발에 어떤 영향을 미치는지에 대한 수요자 중심의 분석이 기반이 되어야 한다.

③ 법률 체계의 정비: 현재의 파편화된 법률 체계를 어떻게 통합하거나 유기적으로 연계하여 직업교육훈련의 효율성을 높일 수 있을지 논의해야 한다. 새로운 통합 법률의 제정 또한 적극적으로 고려해야 할 것이다.

④ 범부처 거버넌스 구축: 교육부와 고용노동부 등 관련 부처 간의 효율적인 협력 및 정책 조율을 위한 강력한 범부처 거버넌스 구축이 필수적이다.

⑤ 재정지원 시스템의 정비: 성인학습자의 걸림돌 두 가지는 결국 시간과 돈이다. 학령기까지는 국가의 지원이 굉장히 많으나, 노동시장에 진입한 이후, 그리고 노동시장에서 은퇴한 이후의 능력개발은 철저히 개인의 책임이다. 이를 넘어서야 한다. 공공성이 강화되어야 한다.

⑥ 학습권 보장과 학습복지 중심의 제도와 인프라 정비: 시간의 확보를 위해서는 휴가제도의 개편이 필요하고, 학습결과를 누적할 수 있는 시스템도 필요하다. 이외에도 다양한 제도 개편이 수반되어야 한다.

[보론 6]

Vocationalism, New Vocationalism, 그리고 Vocationalization의 비교

　직업교육은 오랜 시간 동안 교육의 주변부에 놓여 있었다. 지적인 활동과 정신적 교양을 중시하는 교육 전통 속에서, 손을 쓰고 기술을 다루는 일은 '덜 고귀한 것'으로 여겨졌기 때문이다. 그러나 직업세계의 변화, 노동시장 구조의 재편, 그리고 인간다움에 대한 새로운 사유는 교육의 구조를 전면적으로 재해석하도록 요구하고 있다. 이러한 맥락에서 우리는 직업교육을 바라보는 세 가지 서로 다른 사유의 틀 vocationalism, new vocationalism, 그리고 vocationalization 을 비교하고, 이를 통해 오늘날 우리가 직업교육을 어떻게 다시 정의할 수 있을지를 모색해 본다.

　◩ Vocationalism(직업주의): 산업화 시대의 기능주의적 교육관
　Vocationalism은 20세기 초, 대량생산과 공장제 산업구조가 확산되던 시기에 등장한 개념이다. 이 시기의 교육은 명백히 직무수행 능력(task-specific skills)을 중심으로 조직되었으며, 교육의 목적은 특정한 직업에 바로 투입 가능한 기능인을 양성하는 것이었다. 미국의 산업교육운동이나 테일러주의, 독일의 이원제 직업교육체제에서 볼 수 있듯이, 이 시기의 직업교육은 직무 지시의 정확한 수행, 반복 가능한 기술 숙련, 생산성 향상이라는 목표에 집중되었다. 이러한 관점에서 직업교육은 단순화되고, 교육은 기능 습득의 도구로 전락했다. 교육은 인간의 전인적 성장을 위한 것이 아니라, 효율적 산업 운영을 위한 하위 시스템으로 위치 지어졌다. 따라서 vocationalism은 본

질적으로 도구주의 교육관, 위계적 교육구조, 이분법적 교육 체계를 내포하고 있다. 직업교육은 곧 '손의 교육'이고, 일반교육은 '머리의 교육'이라는 구분이 이 시기에 굳어졌다. 직업교육 하면 떠오르는 이미지에 가깝다.

▣ New Vocationalism: '일을 위한 교육'에서 '일을 통한 교육'으로

1980년대에 이르러, 산업구조의 전환과 포스트포디즘의 도래는 기존의 직업교육관을 뒤흔들었다. 반복과 숙련 중심의 기능인보다도, 문제해결력과 적응력을 갖춘 융합형 인재가 요구되기 시작한 것이다. 이때 등장한 것이 New Vocationalism이다. 이 개념은 단순히 직업에 필요한 기술을 가르치는 것이 아니라, 일을 매개로 삶을 이해하고, 사회와 소통하며, 자기 정체성을 형성하는 과정으로서의 교육을 지향한다.

New vocationalism은 따라서 '일을 위한 교육(education for work)'에서 '일을 통한 교육(education through work)'으로의 전환을 핵심으로 삼는다. 이는 곧 직업교육과 인문교육의 통합적 지향으로 연결된다. 인문학적 사고와 시민성, 문제해결력, 자기주도성, 협업능력 등 이른바 핵심 역량(core competencies)이 직업교육 안으로 유입되기 시작했고, 반대로 일반교육에서도 실천적 지향과 직업세계에 대한 이해가 요구되었다.

▣ Vocationalization(직업화): 경계를 넘어서는 통합의 교육 패러다임

기존의 직업교육 담론은 두 가지 경향을 보여 왔다. 하나는 Vocationalism으로, 산업화 시기의 기능주의적 직업교육 관점이다. 다른 하나는 New Vocationalism으로, 교육과 노동의 통합을 지향했지만 결국 시장 논리에 종속되며 교육의 본질을 흐리는 한계를 드러냈다. 이들 모두 직업교육과 인문교육을 이분법적으로 구분하거나, 기능적 필요에만 교육을 종속시키는 경향에서 자유롭지 못했다.

이러한 한계를 넘어, 필자는 새로운 개념으로서 Vocationalization을 제안한다.[5] 이 개념은 단지 직업교육을 강화하는 것이 아니라, 직업교육의 철학을 일반교육과 인문교육으로 확장하는 통합적 관점을 지닌다. 나아가 인문교육 자체도 직업교육화 되어야 한다는 역발상을 제시한다. 이는 모든 인간이 '일할 수 있는 존재'로 살아가기 위한 기반이 교육에 내재되어야 한다는 주장이다. 여기서 '일'이란 단순한 기능노동이나 산업 직무에 한정되지 않는다. 세상의 모든 '책임 있는 역할'과 실천의 영역이 직업의 범주에 포함되어야 한다. 진정한 직업교육은 이러한 일의 넓은 스펙트럼을 수용할 때 비로소 본질을 드러낼 수 있다.

Vocationalization은 교육을 단지 기술과 기능의 전달 체계로 환원하는 것을 거부하며, 그 대신 교육의 전 과정을 경력 설계, 삶의 전환, 사회적 실천, 그리고 인간다움의 회복이라는 관점에서 재구성한다. 이 관점 아래에서 교육은 더 이상 '직업에 적응하는 훈련'이 아니라, 직업세계에서 자기를 실현하고 사회와 상호 작용할 수 있는 힘을 기르는 여정이 된다.

그 핵심은 Holistic Competency로, 단순한 직무수행 능력(competency)을 넘어서, 기초적이고 전이 가능한 능력(capability)과 창의적이고 전환 가능한 역량(transferable potential)까지 포괄하는 생애 전반의 역량 설계 체계로 정리된다.

- 직업교육은 직업세계에서 살아갈 역량을 기르는 교육이고,
- 보통교육은 자연과 사회 속에서 살아갈 역량을 개발하는 교육이며,
- 학문교육은 학문의 세계에서 살아갈 역량을 기르는 교육이다.

---

[5] 이러한 필자의 생각은 비판적 직업교육이라고 할 수 있는 인문주의적 관점과 상통하는 면이 있다. 인문주의적 관점에서 보면, 보통교과 교육은 직업교육의 본질을 협소한 직무 준비 교육에서 포괄적이고 심화된 전인적 역량 개발로 전환하게 된다. 이러한 구분에 대해서는 직능연의 윤형한 박사팀이 국가교육위의 2025년 연구과제로 진행한 『미래지향적 직업고 교육과정 개선 방향 탐색 연구』를 참조했다.

이 셋은 우열이 아닌 상호 보완의 관계이며, 모두 각자의 고유한 의미와 가치를 지닌다. 이러한 평등한 교육 철학이 자리 잡을 때 비로소 직업교육은 '이류교육'이라는 낙인을 넘어설 수 있다.

또한 Vocationalization은 특정 제도나 기관의 테두리에 갇히지 않는다. 초·중등학교의 교양교육, 대학교의 전공교육, 성인학습자의 전환 학습, 그리고 노년기 삶의 재구성까지, 전 생애의 모든 교육 장면을 직업세계와 유기적으로 연결하는 과정이다. 이는 단순한 교육과정 차원을 넘어, 국가 정책 설계, 교육제도 개편, 교사 양성 체계, 직업윤리 교육 등 모든 교육 요소의 재구성을 요구한다. 이처럼 Vocationalization은 직업교육과 일반교육, 실천과 사유, 존재와 역할을 연결하는 통합적 패러다임으로 기능할 수 있다.

■ 결론: Vocationalization은 교육 설계의 새로운 패러다임이다

직업교육은 더 이상 단순히 어떤 일을 하는 수단으로 머물 수 없다. vocationalism이 기능주의로, new vocationalism이 적응주의로 제한되었던 한계를 넘어, Vocationalization은 인간의 생애, 사회적 관계, 자아실현을 아우르는 교육 설계의 새로운 패러다임이 될 수 있다. 그리고 그 전환의 핵심은 교육에 묻는 질문을 바꾸는 데 있다.

"무엇을 가르칠 것인가?"에서 "어떤 존재로 살아가게 할 것인가?"로. 그리하여 교육은 '살아갈 수 있는 역량'을 설계하는 체계로 재정의되어야 하며, 그 중심에 직업세계의 실천성과 인문세계의 사유가 만나는 '전환 교육'의 시공간, 즉 Vocationalization이 자리해야 한다.

필자는 기존의 '직업주의(vocationalism)'와 '신직업주의(new vocationalism)'를 넘어서는 새로운 개념으로서 '직업화(vocationalization)'를 제안했다. 이는 우리가 산

업화, 민주화라고 하는 의미와 같은 맥락이다. 이는 단순한 직업교육의 확대가 아닌, 교육 전반에 직업세계의 철학과 실천성을 통합하려는 전환적 접근이다. 직업화(vocationalization)란 교육 일반에 직업교육의 철학과 실천적 요소가 내면화되는 과정을 의미하며, 이는 직업교육과 인문교육의 경계를 해체하고, 모든 교육이 인간의 '일'과 '삶'을 연결 짓는 실천적 기반 위에 재구성되어야 한다는 관점이다. 여기서 '직업(occupation, vocation)'은 단순한 기능 수행이나 고용을 의미하지 않으며, 사회 속에서 개인이 수행하는 의미 있는 역할과 책임의 총체를 지칭한다. 따라서 직업화는 직업교육의 확장이 아니라, 교육의 목적과 방식 전반이 '일을 통한 자기실현'과 '사회적 기여'를 지향하도록 전환되는 것을 뜻한다.

직업이 사라지는 시대에 인간다움을 지켜나가는 길은 역설적으로 직업화 흐름을 수용하는 데에 있다.

직업교육, 다시 묻고 새로 쓰다

Part 2.

새로 정의하다:

직업교육,
평생의 삶을 위한 개념 재구성

제1장

직업교육, 무엇을 가르쳐야 하는가?

직업교육을 새롭게 설계하려면, 먼저 그것이 '무엇을 가르쳐야 하는가?'에 대한 철학적 질문부터 시작해야 한다. 직업교육은 단순히 특정 기능(skill)을 습득하는 훈련의 공간이 아니다. 기능을 익히는 것은 직업교육의 일부일 뿐이며, 그것은 전체 그림에서 '하나의 수단'에 불과하다. 직업교육의 본질은 개인이 변화하는 직업세계 속에서 스스로의 길을 설계하고, 대응하고, 성장할 수 있는 역량(capability), 그리고 실제 일을 할 수 있는 역량(competency)을 기르는 데 있다. 이 교육은 지식(knowledge), 기술(technology/skill), 태도(attitude)의 통합적 조화 속에서 이루어져야 한다. 그러나 한국의 직업교육은 오랫동안 이 셋 중 기능 중심의 '기술'에만 치우쳤고, '지식'은 이론 시험 준비용으로, '태도'는 교육과 평가에서 제외되어 왔다. 이는 교육이라고 보기 어렵다.

이미 제1부에서 직업세계가 격변하고 있다고 설명했다. 직업과 직무의 붕괴가 진행 중이다. AI를 잘 사용하는 사람과 그렇지 못한 사람으로 노동시장이 양극화될 가능성도 존재한다고 했다. 이런 상황에서 현대의 직업은 더 이상 단일한 작업 수행이 아니다. 심지어는 AI machine과 함께 일할 수도 있다. 다양한 이해관계자와 협업하고, 문제를 해결하며, 디지털 환경을 활용하는 고차원적 역량이 요구된다. 직업교육이 가르쳐야 할 것은 단지 '할 수 있는 일'을 늘리는 것이 아니라, '배우는 법을 배우는 것', 곧 학습 민첩성(Learning Agility)이 중요해진다. 이는 산업 변화의 속도가 개인의 학습 속도를 압도하는 시대에, 새로운 상황에서 빠르게 배우고, 기존 지식을 적용하며, 변화에 적응하는 능력을 말한다. 자신의 능력을 지속해서 갱신할 수 있는 힘이다. 구체적으로 살펴보면 다음과 같다.

가. 기능(skill, technique)을 넘어서야 한다

전통적인 직업교육은 특정 작업을 빠르고 정확하게 수행하는 기능 중심 교육이었다. 그러나 오늘날의 노동시장은 단순 기능의 반복만으로 생존할 수 있는 공간이 아니다. 기술과 산업은 융합되고 있으며, 단순한 작업은 기계에 의해 대체되고 있다. 따라서 직업교육은 이제 skill이나 technique 교육도 필요하지만, 기술(technology)을 이해하고 이를 조합해 문제를 해결할 수 있는 능력을 기르는 방향으로 재편되어야 한다. 기술과 지식을 아우르는 통합적 역량, 즉 실천적 지성과 문제해결력이 중심이 되어야 한다.

나. 직무(Job)에 갇히지 않아야 한다

직업교육은 오랫동안 특정 직무(job)를 중심으로 설계되어 왔다. 그러나 AI와 자동화 기술의 확산은 직무 자체의 구조를 빠르게 변화시키고 있으며, 일부 직무는 소멸하거나 재구성되고 있다. 고정된 직무에 대한 숙련만으로는 미래를 대비하기 어렵다. 직무 중심 교육은 여전히 중요하지만, 그것만으로는 충분하지 않다. 이제는 직무 간 전이를 가능케 하는 범용 역량, 맥락 변화에 적응할 수 있는 유연한 사고력, 그리고 새로운 역할을 창출할 수 있는 창의성이 강조되어야 한다. 직업교육은 더 이상 하나의 직무에 특화된 사람이 아니라, 다양한 직무를 넘나들며 경로를 개척할 수 있는 사람을 길러야 한다.

다. 기술도 응용적(applied) 관점이 핵심이다

기술은 그 자체로 존재하는 것이 아니라, 특정한 목적과 맥락 속에서 의미를 갖는다. 직업교육에서 기술은 단지 익히는 대상이 아니라, 주어진 문제를 해결하거나 새로운 상황에 창의적으로 응용하기 위한 수단이다. 따라서 기술교육은 단순 숙련의 반복이 아니라, 상황을 분석하고 기술을 변형·적용하는 과정을 포함해야 한다. 이는 학습자가 기술의 원리를 이해하고 이를 다양한 실제 상황에 맞게 활용하는 능력을 키우도록 설계되어야 함을 의미한다. 아울러, 기술의 활용에 따른 지적 재산권이나 혁신에 대한 교육도 병행되어야 한다.

라. 지식도 살아있는 지식이어야 한다

직업교육에서 지식은 '지식 그 자체(knowledge itself)'로만 머물러서는 안 된다. 중요한 것은 실천과 결합된 지식이다. 기술의 원리를 설명하는 개념적 기반인 contextualizing knowledge, underpinning knowledge, 그리고 현장에서 경험을 통해 체화된 embedded knowledge가 그것이다. 이러한 지식은 단순한 암기나 이해를 넘어, 실제 행위 속에서 의미를 갖고 재구성되며, 직무 상황에 따라 재(再)적용된다. 직업교육은 이처럼 살아 있는 지식을 중심으로 구성되어야 한다. 앎과 실천이 단절되지 않도록 구성되어야 한다. 프로젝트 기반 학습(PBL), 시뮬레이션, 현장 경험 등의 교수·학습이 적극 활용되어야 한다.

마. 직업교육은 충실한 보통교육 위에서 이루어져야 한다

직업교육이 전문성과 실천성을 강조한다고 해서 보통교육의 중요성이 줄어드는 것은 아니다. 오히려 모든 직업교육은 기초학력, 문해력, 수리력, 디지털 리터러시, 시민성과 같은 보통교육의 기반 위에 서야 한다. 이러한 보통교과는 단지 일반 상식을 가르치는 것이 아니라, 모든 직무와 진로 전환의 기반이 되는 핵심 역량이다. 특히 변화하는 직업세계에서 학습자는 다양한 진로를 모색하게 되므로, 보통교육은 '직업 선택의 자유'와 '직업 전환의 가능성'을 열어주는 핵심 기초가 된다.

바. 전인적 성장과 진로 전환의 기틀을 마련해야 한다

직업교육은 노동시장 진입을 위한 수단이자, 동시에 개인의 자아실현과 사회적 참여를 위한 교육이다. 따라서 직업교육은 지식과 기술뿐 아니라 심리적 안정, 윤리적 감수성, 대인관계 능력, 협업 능력 등 전인적 요소를 포함해야 한다. 또한 하나의 직업에서 평생을 살아가기 어려운 시대에, 직업교육은 직무의 전환뿐 아니라 생애 경로의 전환까지 고려하는 교육으로 확장되어야 한다. 진로 전환의 기회를 열어주는 직업교육만이 지속 가능한 삶을 가능하게 한다.

사. 전공의 깊이와 융합의 폭을 동시에 추구해야 한다

직업교육은 특정 분야에 대한 깊은 이해와 숙련을 요구한다. 이는 전공역량의 튼튼한 토대를 마련해 주는 것이며, 산업현장에서 즉시 활용 가능한 전문성을 의미한다. 그러나 오늘날은 단일 기술이나 전공만으로 복합적인 문제를 해결할 수 없다. 융합적 사고, 다양한 분야와의 협업 능력, 그리고 새로운 지식과 기술을 받아들이는 유연성도 필요하다. 따라서 직업교육은 전공의 깊이와 융합의 폭을 동시에 갖추도록 설계되어야 하며, 이는 교육과정, 수업방식, 학습평가 전반에 반영되어야 한다.

아. 직업세계에 대한 통합적 이해가 요구된다.

직업교육은 기술과 지식을 가르치는 데 그쳐서는 안 된다. 학습자가 자신이 진입하게 될 직업세계에 대해 포괄적으로 이해할 수 있도록 해야 한다. 이는 산업구조의 흐름, 기업의 조직문화와 경영방식, 노사관계의 작동원리, 산업안전과 노동환경, 고용형태와 임금구조 등 다양한 요소를 포함한다. 직업세계는 단지 기술이 적용되는 현장이 아니라, 다양한 이해관계자와 제도가 작동하는 복합적 공간이다. 이러한 이해를 바탕으로 해야 학습자는 직무를 넘어 현장을 파악하고, 자신의 진로를 능동적으로 설계할 수 있다.

자. Lifelong & Lifewide 교육의 관점에서 직업교육을 재구성해야 한다

직업교육은 특정 시기, 특정 연령층에만 국한되어서는 안 된다. 학습자들은 생애 전 주기에 걸쳐 새로운 기술을 습득하고, 필요에 따라 재교육을 받으며, 삶의 다양한 맥락에서 학습을 계속해 나가야 한다. 직업교육은 학령기(the First Phase of Learning)에서 시작되어, 노동시장 활동기(the Second Phase), 은퇴 이후(the Third Phase)까지 생애 전체를 아우르는 교육(Lifelong Learning)이어야 한다. 동시에 직업교육은 '학교'라는 공간을 넘어, 일터, 지역사회, 디지털 환경 등 삶의 모든 영역(Lifewide Learning)에서 이루어질 수 있어야 한다.

차. 직업윤리도 소중하다

앞으로의 직업교육은 단순한 기술 습득을 넘어, 직업윤리 교육이 필수적이다. AI와 자동화가 일의 방식을 바꾸는 시대에, 인간만이 갖는 책임감, 신뢰, 판단력은 더욱 중요해진다. 기술은 도구일 뿐, 그것을 어떻게, 왜, 누구를 위해 사용할 것인가는 윤리의 문제다. 직업은 사회적 역할이며, 그 역할을 수행하는 데에는 도덕적 성찰과 타인에 대한 책임이 뒤따른다. 따라서 앞으로의 직업교육은 직무 역량과 함께 윤리적 성숙을 병행해서 길러야 하며, 이는 전문직뿐만 아니라 모든 직업인에게 요구되는 보편 역량이 되어야 한다.

직업교육은 더 이상 단순한 기술 습득의 과정이 아니라, 변화하는 삶과 사회를 준비하는 총체적 교육이어야 한다. 우리는 무엇을 가르쳐야 하는가? 그것은 기술과 지식을 넘어서, 인간의 삶을 위한 교육, 미래를 열어가는 교육이어야 한다. 변화하는 기술의 세계, 생성 소멸하는 산업과 직업의 구조,

파편화되거나 융·복합화 되어가는 직무 세계에서 생존하고 전이될 수 있는 그런 역량을 길러야 한다.

[보론 7]

Knowledge itself, Contextualizing Knowledge, Underpinning Knowledge & Embedded Knowledge란?

Knowledge itself[6] 개념이 중요한 이유는 기존 지식 분류(contextualizing vs. underpinning vs. embedded) 체계에 비판적으로 개입하기 때문이다. 기술교육에서의 contextualizing knowledge(기술 원리), underpinning knowledge(실용 이론), 실무교육에서의 embedded knowledge(암묵지)는 기능 중심 지식 구분에 가깝다. 반면, 일반 고등교육이나 학문 중심 교육에서는 이러한 구분조차 없이 '지식 그 자체'로 존재하는 지식이 많다. 이를 명확히 'Knowledge itself'라고 이름 붙임으로써 차별화에 초점을 두고 있다. 직업교육에서의 학문편향(academic drift)을 비판하는 프레임이다. "무엇을 위해 배우는가?"라는 질문 없이 존재하는 지식, '지식이 실천과 어떻게 연결되는가?'를 고려하지 않는 교육을 비판할 수 있는 개념적 도구이다.

---

[6] Knowledge itself와 Contextualizing Knowledge는 Underpinning Knowledge, Embedded Knowledge와 차이를 드러내기 위해 만든 필자의 조어(造語)이다. 필자는 Underpinning Knowledge와 Embedded Knowledge를 호주 교육을 공부하면서 깨달았다.

〈표2〉 다양한 Knowledge 개념 비교

Knowledge itself는 기술교육이나 실무교육에서 실질적인 직무수행에 직결되는 지식이 아닌, 이론과 개념을 중심으로 전개되지만 실천적 전환이 어려운 지식을 지칭한다. 교육 내용의 실용성보다 형식적 정합성과 추상적 이해를 중시하는 교육환경에서 주로 나타난다. 즉, 실용성과 전이 가능성 없이 자기 완결적 지식에 머무는 추상적 교육 내용을 의미한다. 비교 개념으로는 Contextualizing Knowledge, Underpinning Knowledge, Embedded Knowledge가 있다.

- Contextualizing Knowledge: 학문과 실무를 연결하는 중간 지식(전공 기초, 전공 요양). 고등교육과 직업교육을 연결하는 지렛대 역할을 한다.
- Underpinning Knowledge: 기술교육에서 특정 기술을 뒷받침하는 이론적 지식 (예: 전기기술 실습을 위한 전자기 이론)
- Embedded Knowledge: 실무 수행 과정에서 경험적으로 체득된 지식, 암묵지 (예: 서비스업 현장에서의 고객 응대 감각, 협업 루틴 등)

Knowledge itself는 위의 두 개념과 달리, 실천적 맥락과 단절된 채 지식 그 자체를 위한 지식에 머무는 경향이 있다. 이는 직업교육이 지나치게 academic drift(학문화 편향)에 빠질 경우, 교육 내용이 'Knowledge itself'에 머무를 수 있으며, 이는 학습자의 직업세계 적응력을 저해하는 요인으로 작용할 수 있음을 우려해야 한다.

제2장

미래 인재의 역량은 무엇인가?

기술과 산업의 변화는 이제 선형적 예측을 불가능하게 만들 만큼 빠르게 진행되고 있다. 과거처럼 한 번의 교육으로 평생을 살아갈 수 있는 시대는 끝났다. 직업은 더 이상 고정된 것이 아니며, 직무 자체가 변화하거나 사라지는 경우도 비일비재하다. 이런 변화의 흐름 속에서 오늘날의 인재는 단 하나의 직무나 영역에 충실한 전문가가 아니라, 수많은 변화 속에서 자신의 길을 다시 설계하고, 새로운 상황에 능동적으로 적응할 수 있는 사람이어야 한다. 미래 사회는 학습과 직업, 삶이 하나로 얽힌 경로 속에서, 전이 가능한 역량(transferable competencies)을 갖춘 인재를 요구한다.

직업교육의 출발점은 전통적으로 직업과 직무의 수행 능력(competency)이었다. 이는 일정한 과업을 충실히 수행할 수 있는 능력을 의미하며, 그동안 직업교육이 직무 훈련 중심으로 운영되어 온 이유이기도 하다. 그러나 이제 단순히 직무를 수행할 수 있는 능력만으로는 부족하다. 직무와 산업이 빠르게 재편되고, 기술의 융합이 보편화되면서 AI, 디지털 도구, 데이터 기반 의사결정 능력과 같은 새로운 요소들이 직업의 핵심 조건으로 부상하고 있다. 따라서 직업교육도 이에 맞춰 구조적으로 전환되어야 한다.

1. 직업교육에서 길러야 할 핵심 역량

무엇보다도 중요한 역량은 '학습 민첩성(Learning Agility)'이다. 이는 배우는 능력이 아니라 새롭게 배우는 법을 익히고, 이전의 학습을 유연하게 전환할 수 있는 능력을 말한다. 오늘 배운 기술이 몇 년 안에 무의미해질 수 있는 시대에는, 무엇을 배웠는지가 아니라, 얼마만큼 다시 배울 준비가 되어 있는지가 더 본질적인 문제가 된다. 학습 민첩성이 뛰어난 사람은 변화 자체를 두려워하지 않는다. 직무가 바뀌더라도, 산업이 재편되더라도 그 속에서 다시 배우고, 성장하고, 전환할 수 있는 힘을 가진다.

두 번째는 문제해결력과 창의성이다. 오늘날의 직무는 정해진 규칙대로 행동하는 것이 아니라, 새로운 문제를 정의하고 그 해결책을 찾아내는 능력을 요구한다. 이는 기능의 반복 훈련으로는 길러질 수 없다. 다양한 정보를 해석하고 본질을 파악하는 능력, 서로 다른 사람들과 협업하며 복잡한 문제를 해결하는 힘, 비판적 사고력과 융합적 창의성이 핵심이 된다. 직업교육은 더 이상 정답을 가르치는 교육이 아니라, 질문하는 힘을 길러주는 교육이어야 한다.

세 번째는 소통과 협력의 역량이다. 산업과 직무의 경계가 무너지면서, 다양한 배경과 경험을 가진 사람들과 협업하는 능력이 무엇보다 중요해졌다. 이제 혼자서 모든 것을 해결하는 시대는 지나갔다. 서로 다른 가치관과 언어, 문화적 배경을 가진 동료들과 함께 일하는 법, 디지털 플랫폼을 활용한 비대면 협업, 복잡한 조직 내에서의 역할 조정 능력까지 포함하는 보다 확장된 소통 역량이 요구된다. 이는 단순한 '팀워크' 훈련을 넘어서, 다양성을 이해하고 포용하며 함께 일하는 경험을 교육적으로 설계해야 함을 의미한다.

네 번째는 디지털 리터러시와 데이터 활용 능력이다. 이는 단지 컴퓨터를 다룰 줄 안다는 수준을 넘어서, 기술을 비판적으로 이해하고, 디지털 도구와 데이터를 통해 문제를 해결하며 의사결정을 내릴 수 있는 종합적 역량이다. AI를 비롯한 다양한 디지털 기술은 더 이상 특정 IT 직무에만 필요한 것이 아니라, 모든 직업인의 기본 문해력으로 자리 잡고 있다. 따라서 디지털 기술에 대한 기초적 이해와 메타인지적 활용 능력은 모든 교육과정의 필수 요소가 되어야 한다.

2. 역량 교육의 방향: Holistic Competency[7]

이러한 역량들은 각각 독립적으로 작동하는 것이 아니라, 상호 연계되어 학습자에게 통합적인 역량 구조를 형성하게 한다. 따라서 직업교육은 지식(Knowledge), 기술(Skill), 태도(Attitude)의 분절된 전달을 넘어, 이들을 통합하는 역량 중심 교육, 더 나아가 Holistic Competency 중심으로 설계되어야 한다. Holistic Competency는 단지 특정 직무를 수행할 수 있는 능력이 아니라, 변화에 능동적으로 대응하고 전이 가능한 능력을 포함하는 포괄적 개념이다. 이는 다음 세 가지 구성 요소로 이해할 수 있다. 첫째, 직업능력(core competency), 둘째, 기초적·보편적 역량(capability), 셋째, 다양한 상황에 전이 가능한 통합적 요소(transferable potential)이다.

3. 비교 개념: 전이 가능한 역량(Transferable Skills)

이와 관련하여 검토되어야 할 용어가 있다. 바로 '전이 가능한 기술 및 역량(transferable skills and competences)'이다. 유럽연합 산하 직업교육연구소인 CEDEFOP의 Glossary[8]에서는 transferable skills and competences를 다

---

7 Holistic Competency라는 용어는 필자의 조어(造語)이다. 전인교육의 전인(全人)을 영어로는 whole person, all-rounded person, holistic person으로 번역된다. 이 중에서 holistic을 차용했다. 이는 holistic이란 단어 속에는 한 사람을 이루는 모든 요소들을 총체적으로 바라봐야 한다는 시각이 담겨있다는 점을 고려했다. 즉, holistic competency도 이러한 전체적, 종합적으로 인간의 역량을 바라볼 필요가 있음을 의미한다.

8 https://www.cedefop.europa.eu/en/tools/vet-glossary/glossary. 이하 CEDEFOP Glossary의 출처는 동일하다.

음과 같이 정의하고 있다.

 개인이 직업 간, 그리고 자신의 경력 및 교육·훈련 경로 전반에서 활용할 수 있는 지식, 노하우, 능력, 태도 등을 의미한다. 전이 가능한 기술 및 역량은 다음과 같은 항목을 포함할 수 있다.

- 횡단적(가로지르는) 기술 및 역량 (transversal skills and competences)
- 핵심 기술 및 역량 (core skills and competences)
- 사고 기술 및 역량 (thinking skills and competences)
- 자기관리 기술 및 역량 (self-management skills and competences)
- 사회적 및 의사소통 기술 및 역량 (social and communication skills and competences)
- 신체적 및 수작업 기술 및 역량 (physical and manual skills and competences)
- 생활 기술 및 역량 (life skills and competences)
- 특정 직무 관련 기술 및 역량 (specific, job-related skills and competences)

 이와 같은 CEDEFOP의 설명은 holistic competency와 많이 흡사하다는 것을 느낄 수 있다. 하지만, CEDEFOP의 설명은 망라하고, 나열적이다. 위계성도 없고, 교육과의 연계도 모호하다. 이에 비해 holistic competency는 명확한 교육 설계와 연동된 구조화된 틀을 제공한다는 점에서 직업교육에 더욱 적합하다.

4. 범용 기반의 실제: Multi-field Education

또 함께 검토해야 할 용어가 있다. Multi-field Education이다. 호주의 직업교육훈련 용어이다. 이는 특정 학문 분야 내에 포함되는 한 범주를 의미하며, 이는 다음과 같은 과정들을 포함한다.[9] 우리가 이해하는 inter-disciplinary education과 유사하다.

- 제2외국어로서의 영어(ESL) 과정
- 직업생활에 필요한 기본적인 읽기, 쓰기, 계산 능력(Functional literacy and numeracy) 과정
- 직업 준비/취업 전 훈련 과정 (Pre-vocational/pre-employment courses)
- 일반 기술 개발 (General skills development) 과정

이 용어는 특정 직업이나 전공 분야에 직접적으로 연관되지 않지만, 다양한 직업 활동과 삶에 필요한 기본적인 소양과 역량을 제공하는 교육을 지칭한다고 볼 수 있다. 즉, 어떤 분야에서든 활동하기 전에 갖춰야 할 기초적인 언어, 수리, 직업 소양 및 일반적인 기술을 다루는 교육 범주이다. 이는 주로 학습자의 기본적인 역량을 향상시키고, 특정 직업 분야로 진입하기 위한 준비 단계의 교육을 의미한다. 이와 같은 Multi-field education은 우리나라의 교과 중심 교육의 한계를 극복하고, 기초/공통 역량 교육을 강화하며, 융합적 사고의 기반을 마련할 수 있는 가능성을 보여준다. 특히 '직업화(vocationalization)' 관점에서는 더없이 중요한 용어이다.

---

9   https://www.voced.edu.au/vet-knowledge-bank-glossary-vet (25.07.25.검색)

이는 하나의 전공 또는 자격에 국한되지 않고, 동일 산업 또는 학문 분야 내 여러 직무, 전공, 응용영역에 공통으로 적용되는 개념과 원리를 교육하는 체계를 설계할 수 있기 때문이다. 구성 요소 및 특징을 정리하면 다음과 같다.

- 범용성: 다양한 세부전공이나 자격과정에 공통 적용되는 이론 및 기초 지식 중심
- 산업 기반 확장성: 한 분야의 다양한 직무·역할군을 엮는 산업 단위의 교육 프레임워크
- 전공 간 통합성: 학문적 분과가 아닌 문제해결 단위의 융합 교육 기반 (예: 디지털 농업 = 농업 + ICT + 데이터)
- 교육 단계 간 연계성: 고교 – 전문대 – 대학 – 대학원에 걸쳐 수직적 연계가 가능한 공통 기반 영역

필자가 호주 보통교육에서 쓰이던 개념인 'capability'나 VET에서의 'multi-field education'을 직업교육에 도입한 이유는 바로 이러한 무비판적 융합 담론의 한계를 넘어서기 위함이다. 그 핵심에는 다음과 같은 세 가지 구조적 목적이 자리한다.

① 직무 중심 교육의 협소함을 넘어서는 역량 교육으로의 전환
기존의 직업교육은 지나치게 직무(job, task) 중심으로 구성되어 있어, 학습자가 습득한 역량을 새로운 직무나 변화된 산업구조에 전이시키기 어렵고, 교육과정이 산업의 구조적 변화에 뒤처지며, 결국 '쓸모 있는 교육'이라는 명분에도 불구하고 실질적 진로 전환이나 자기 주도적 성장에는 제한적이었다. 그래서 기초적·보편적 역량(capability), 즉 기초학력 + 시민성 + 비판적 사고 + 학습의 전이력을 기반으로 한 교육 설

계가 반드시 필요하며, 이는 호주의 보통교육 체계에서 이미 정교하게 실험된 모델을 벤치마킹한 것이다.

② 직업전환 시대를 대비하는 유연한 학습구조의 확보

오늘날 하나의 직업을 평생 수행하는 시대는 끝났으며, 학습자는 반복적이고 예측 불가능한 전환 상황에 직면하게 된다. 이때 필요한 것은 단일 직무수행 능력이 아니라, 다양한 직업군과 영역에 적응할 수 있는 다층적·융합적 사고력이다. 이를 가능케 하는 것이 바로 multi-field education으로, 동일 산업군 또는 기술 체계 내 복수의 전공이나 자격 과정을 포괄하는 공통 개념 및 기술 원리를 다루는 교육이다. 이는 전공 간 '벽을 허물자'라는 선언이 아니라, 벽 너머를 볼 수 있는 창을 구조화하는 일이다.

③ 융합적 사고능력은 구호가 아니라 설계된 구조에서 길러진다

융합(Convergence)은 선언이 아니라 구조이며, 구조는 역량기반 교육과정 설계 원리에 의해 형성된다. 전공 간 벽을 허물기 이전에, 각 전공이 어떤 역량을 지향하는지에 대한 정의와 설계가 먼저 필요하며, 그 역량들 간의 공통 기반(capability)과 응용 가능성(transferable potential)을 명시적으로 연결해 주는 중간지대의 교육 설계(Multi-field zone)가 요구된다. 결국 융합은 무질서한 섞음(mixing)이 아니라, 역량의 구조적 조합(mapping)이어야 한다.

결론적으로, 구조 없는 유연성은 혼란일 뿐이며, 전공 간 융합은 capability와 holistic competency의 기반 위에서만 유의미해진다. 교육과정의 철학과 구조 없이 외치는 "전공 간 경계 해체"는 학문의 전문성과 직업세계와의 연결을 모두 약화시킬 수 있다. 반면, 보통교육의 기초 역량 개념과 multi-field education을 직업교육에 도입한 시도는, 실질적으로 융합적 사고력과

전이 가능한 학습 역량을 키우는 구조화된 해결책이다. 필자의 이러한 관점은 무비판적 융합 담론에 대한 비판이자, 교육의 설계 원리 자체를 전환하자는 제안이다. 이를 통해 직업교육을 재정의하고 고등교육을 재구성하고자 한다.

5. 유연한 역량 구성: Multi-skilling

이러한 역량 기반 교육의 실현을 위해, Multi-skilling 개념도 주목할 필요가 있다. Multi-skilling은 단일 기술이나 직무가 아니라, 수평적 또는 수직적으로 다양한 기술과 역할을 수행할 수 있는 능력을 의미한다. 수평적 Multi-skilling은 동일 숙련 수준 내에서(horizontal) 다양한 직무를 수행하는 능력으로, 예컨대 농업 분야에서 재배, 기계, 데이터 업무를 동시에 수행하는 역량을 의미한다. 학습자/노동자가 다양한 기능과 역할을 교차 수행하면서 직무 융합적 사고력을 키우게 된다. 이런 면에서 폴리텍대학의 다기능기술자 과정의 의미가 부각된다. 수직적 Multi-skilling은 하나의 분야에서 기초 → 중급 → 고급까지 종단적으로(vertical) 심화해 가는 능력을 뜻한다. 이는 노동자가 단일한 직무에 머무르지 않고, 전문직 수준까지 성장할 수 있는 가능성을 열어준다.

6. 논의의 종합: 정글짐(Jungle Gym) 모델

결국 이러한 논의를 종합하면, 미래의 직업교육은 정형화된 경력 사다리(ladder) 모델을 넘어서야 한다. 필자는 이를 정글짐(Jungle Gym) 모델로 비유하고자 한다. 정글짐은 다양한 방향으로 오를 수 있고, 중간 단계에서 멈추거나 다른 방향으로 전환할 수 있으며, 개인의 상황과 목표에 따라 경로를 자유롭게 설계할 수 있는 구조다. 이는 전통적인 단선형 NCS 체계나 표준화된 진로 모델이 갖지 못한 유연성과 이동성을 제공한다. 이러한 관점에서 직업교육의 설계도는, 단절된 사다리를 넘어선 새로운 격자 구조를 필요로 한다. 이 모델의 특징은 다음과 같다.

- 다방향성: 직무 간 전환, 직무 내 심화, 산업 간 이행이 모두 가능
- 중간 발판 존재: 특정 지점에서 머무르거나, 다른 방향으로 전환 가능한 중간 역량 단계
- 전이 가능성: 기능 중심 교육에서 역량 기반 교육으로 전환하면서 생기는 연결성
- 비정형성: 표준화된 경력경로가 아닌, 개인화된 경로설계 가능성 확보

'끊어진 사다리'[10]란 단지 위로 올라가지 못하는 구조가 아니라, 경로가 정해진 채 이동의 자유가 차단된 사다리 게임의 구조를 뜻한다. 수평 연계는 있는 듯 보이나 제한적이고, 수직 상승은 통제되어 있으며, 학습자의 선택과 삶의 궤적은 임의적으로 분기되거나 단절된다. 결국 학습자는 스스로 방

---

10 필자의 책 『끊어진 사다리: 각자도생하는 평생·직업교육·훈련』에서 차용했다.

향을 바꾸거나, 격자를 건너뛰는 주체적 역량을 발휘할 기회를 갖지 못한다. 직업교육은 '끊어진 사다리'를 완전 새롭게 재복원해야 한다.

이러한 교육체제는 '학습 이동'과 '역량 연결'이라는 두 가지 차원을 구조적으로 구현해야 한다. 이를 설명하기 위해 우리는 먼저 2차원의 학습 이동 격자(Learning Grid) 개념을 도입할 수 있다. 이 격자의 수직 축은 학습 수준(level), 예를 들어 NQF(National Qualifications Framework)의 단계처럼 고등학교 → 전문대 → 대학 → 대학원으로 이어지는 교육 수준을 의미한다. 수평 축은 산업 또는 직업군을 뜻하며, 다양한 분야 간의 횡단 이동을 나타낸다. 이 격자는 학습자가 "어디서 어디로 이동할 수 있는가?"를 보여주는 지도와 같은 기능을 하며, 시간적·제도적 학습 경로를 시각화한다.

하지만 이것만으로는 부족하다. 왜냐하면 동일한 산업과 교육 수준 안에서도 직무의 다변화와 역량의 심화가 일어나기 때문이다. 따라서 여기에 하나의 축이 더 필요하다. 그것이 바로 직무(task/domain)를 제3의 좌표로 포함한 3차원의 학습 역량 격자(Learning Lattice)이다. 이 lattice는 수직적 심화(기초 → 중급 → 전문), 수평적 융합(분야 간 연결), 그리고 대각선적 이동(수준 + 산업 + 직무의 조합)을 모두 가능하게 하는 구조이다. 이처럼 Lattice는 단순한 경로가 아니라, 역량 간의 연결과 축적, 학습성과의 구조화, 모듈식 설계를 설명하는 구조적 은유이다. 정해진 길을 따르는 것이 아니라, 스스로 방향을 설계할 수 있는 유연한 학습 환경을 전제한다. Cube를 생각하면 이해가 쉬울 것이다.

예를 들어 한 학습자가 고등학교(수직 Level 2)에서 보건 산업군(수평 영역 B)에 진입했다고 하자. 이때 그는 진료보조 직무(Task A)에서 출발해, 이후 중간 관리(Manager Task B)로 이동할 수도 있고, 보건-IT 융합 영역(C)으로 수평 이동할 수도 있다. 이런 다차원적 이동은 단순히 학력 상승이나 자격 전환을 넘어 '역량의 방향성과 구조'를 설계하는 과정이다. 정글짐을 앞에서만 보지 않고, 옆에서 바라보면 그 깊이와 다양성이 느껴질 것이다.

이러한 교육체제는 한 줄로 줄 세우는 경쟁의 구조가 아니라, 다양한 역량의 조합과 연결을 통해 학습자의 경로를 설계하고 지원하는 시스템이다. 결국 직업교육은 지식의 전달을 넘어서, 미래 사회의 변화에 주체적으로 대응할 수 있는 역량을 설계하고 실행하는 일이다. 그리고 그 중심에는 Holistic Competency, Multi-field Education, Multi-skilling, 그리고 Jungle Gym과 같은 새로운 구조적 상상력이 자리 잡아야 한다. 이런 면에서 대학교육에서 흔히 등장하는 "전공의 벽을 허물자.", "융합 교육을 강화하자."라는 담론은 일견 진보적으로 보일 수 있다. 하지만 이러한 구호가 명확한 교육 목적, 학습자 역량 체계, 교육과정 구조에 대한 논의 없이 제시될 경우, 오히려 학문의 정체성과 직업세계와의 연결을 동시에 약화시키는 부작용을 낳을 수 있다. 융합은 선언이 아니라 구조이다. 구조는 capability와 holistic competency의 연결 위에 성립한다.

제3장

직업교육이란?

1. 직업교육 개념은 통일되어 있지 않다

직업교육 개념의 혼란은 한국만의 문제가 아니다. 국제적으로도 유네스코(UNESCO), 국제노동기구(ILO), 경제협력개발기구(OECD), 유럽직업교육훈련센터(CEDEFOP) 등 주요 기구들이 직업교육과 관련된 용어를 제각기 사용하고 있으며, 그 범위와 적용 수준 또한 통일되어 있지 않다.

예를 들어 유네스코의 ISCED 2011은 중등교육 단계에서 'vocational education'을 분류하고, 고등교육에서는 'professional education'이나 'tertiary education'이라는 용어를 사용한다. 직업교육과 고등교육의 경계를 개념적으로 나누려는 시도이지만, 실제 각국 제도와는 일치하지 않는다. 특히 평생학습 체제나 이행 경로의 유연성이 강조되는 국가에서는 이 구분이 점점 흐려지고 있다(물론 UNESCO ISCED 2011 본문에서는 대학 단계에서도 advanced vocational education이 존재함을 기술하고 있다.)

호주의 AQF(Australian Qualifications Framework)는 VET(Vocational Education and Training)을 명확한 수준 체계 속에 통합한 대표적인 사례다. AQF에서는 일반적으로 Level 1~6까지를 VET 영역으로 보며, 일부 Bachelor 수준(Level 7)도 응용 중심 학위(Applied Degree)로서 직업교육에 포함된다. 더 나아가 Training Package에 기반을 둔 Graduate Certificate 및 Graduate Diploma(Level 8) 자격도 존재하지만, 이는 일반적으로 initial education 이후 일정한 직업경험을 전제로 하는 further education으로 간주된다. 즉, 호주에서는 First Phase of Learning(초기 교육기)에는 Certificate~Bachelor 수준까지 VET이 포함되고, Second Phase(직업 생애기)에는 고등수준의 자격까지도 직업교육의 일부로 포괄되는 구조다. 이는 직업교육이 단순한 하위단계 교육이 아니라, 경력개발 경로 전반을 포괄하는 교육 체계로 확장되고 있다는 것을 보여준다.

유럽의 EQF(European Qualifications Framework)도 Level 1부터 8까지의 자격 수준을 정의하지만, VET이 적용되는 범위와 수준은 각국 제도 설계에 따라 상이하다. 예컨대 독일과 오스트리아는 응용과학대학(Fachhochschule)에서 직업지향적 학사 및 석사 학위를 제공하며, 이를 VET의 고등단계(Level 6~7)로 인정한다. 그러나 박사 수준(Level 8)은 여전히 전통 학문 중심의 대학(Universität)의 고유 영역으로 남아 있다. 반면 프랑스, 이탈리아, 스페인 등 비(非)독일권 국가는 VET을 중등·준고등 수준(Level 3~5)에 주로 한정하고, 고등직업교육은 공식 고등교육과는 분리된 제도로 운영한다. EQF는 VET에 대한 개방적인 참조 틀(reference framework)을 제공하지만, 실제 적용은 국가별 철학, 제도 역사, 고등교육과 직업교육의 위상에 따라 매우 다르게 나타나고 있는 것이다.

2. 직업교육의 핵심 개념 재정립: 역량과 그 너머

대한민국 직업교육은 오랜 기간 학벌주의와 이분법적 사고(학문 vs. 실용, 이론 vs. 기술) 속에서 그 위상을 제대로 정립하지 못했다. 특히 '직업교육'이라는 개념 자체가 법령상 명확히 정의되지 못한 채, 정부 부처 간의 '시장 선점' 경쟁 속에서 파편화되고 모호해지는 경향을 보였다. 이러한 문제의식 속에서, 직업교육의 본질적 가치를 회복하고 미래 사회에 필요한 교육 체계를 구축하기 위해서는 '역량'에 대한 심도 깊은 이해와 새로운 개념 정립이 필수적이다.

가. Competency와 Competence의 미묘한 차이: 요구와 발현의 구분

직업교육 분야에서 흔히 사용되는 '역량'을 지칭하는 영어 용어인 'competency'와 'competence'는 종종 혼용되지만, 그 뉘앙스에는 중요한 차이가 존재한다. 학자마다, 국가마다, 기관마다 동일한 맥락에서 사용하지 않다 보니 용어 이해에 혼란이 존재한다.[11] 지금부터는 필자의 이해를 바탕

---

11 예를 들면, 유럽연합(EU)의 직업교육훈련 연구소인 CEDEFOP에서는 Competence를 'Demonstrated ability to use knowledge, know-how, experience, and - job related, personal, social or methodological - skills, in work or study situations and in professional and personal development'라고 정의한다(출처: 『Terminology of European education and training policy』, third edition, 2024). 그러나 Competency 정의는 없다. 반면, ILO는 Competency를 'An individual demonstrated ability to undertake tasks and duties to the standard expected in a job or in an occupation'으로 정의한다. 반면 Competence는 'the ability, encompassing knowledge, skills and attitudes, of an individual to perform adequately in a job'으로 정의한다(출처: ILO, 『Glossary of Key Terms on Learning and Training for Work』, 2006). 호주의 직업교육훈련 연구소인 NCVER은 Competency 정의는 있으나, Competence는 없다. 'The consistent application of knowledge and skill to the standard of performance required in the workplace. It embodies the ability to transfer and apply skills and knowledge to new situations and environments.'와 같이 정의하고 있다(NCVER, 『Glossary of VET』, 2024).

으로 정리한다.

- Competency: 이는 주로 특정 직무나 역할 수행을 위해 '요구되는 (required)' 역량의 집합을 의미한다. 호주 NCS(National Training Packages)의 사례처럼, 특정 직업 분야(vocational field) 내에서 표준화되고 명시된 형태로 제시되는 경향이 강하다. 즉, '이 일을 하려면 이러한 역량들을 갖춰야 한다.'라는 설계적, 규범적, 또는 요구 조건으로서의 능력에 가깝다.
- Competence: 이는 개인이 특정 상황에서 그 'Competency'가 발현되어(demonstrated) '어떠한 성과(performance)를 만들어 냈을 때' 비로소 그 사람에게 갖춰졌다고 말할 수 있는 개념이다. 즉, 단순히 요구되는 능력을 보유하는 것을 넘어, 실제 상황에서 그 능력을 효과적으로 활용하고 발휘하여 결과물을 창출하는 능력을 의미한다. 이러한 'Competence'는 때로는 특정 직업 영역을 넘어선(beyond vocational area) 더 넓은 적용 가능성이나 잠재력을 내포하기도 한다.

이러한 구분은 한국의 NCS 기반 교육이 'competency(직무역량)'를 육성하는 데 중점을 두지만, 이것이 곧바로 현장에서의 실질적인 'competence'로 이어지지 않을 수 있다는 현실을 이해하는 데 중요한 틀을 제공한다. 그리고 교육을 통한 역량 개발과 개별 기업에서의 역량 개발이 동일하지 않을 수 있음을 의미한다. 따라서 NCS는 교육의 이야기이기에 standard가 될 수는 있지만(마치 국가교육과정처럼), 기업 입장에서는 reference나 guideline 이상이 되기는 현실적으로 어렵다. 기업마다 상황이 다 다르다.

나. Holistic Competency: 직업세계에서의 주체적 삶을 위한 포괄적 역량

필자의 직업교육 개념에서도 역량이라는 단어를 사용한다. 그렇다면 이 역량은 Competency와는 어떠한 차이가 있는가? 기존의 'competency(직무역량)' 개념이 가지는 한계와 대한민국 직업교육의 나아갈 방향을 제시하기 위해, 필자는 'Holistic Competency(포괄적 역량)' 개념을 제시한다.

Holistic Competency는 단순히 특정 직무수행 능력에 한정되지 않고, 개인이 자신의 잠재력과 적성을 지속적으로 발견하며, 확장하고, 평생에 걸쳐 변화하는 직업세계에서 주체적으로 살아갈 수 있는 모든 역량을 의미한다. 이는 지식, 기술, 태도, 소양 등은 물론, 비판적 사고, 문제해결능력, 의사소통능력, 시민성, 디지털 리터러시, 자기 주도 학습 능력, 적응력, 창의성 등 개인의 전인적 성장과 행복 추구에 기여하는 모든 요소를 아우른다.

이러한 Holistic Competency는 현재와 미래의 유연하고 비정형적인 '일'의 형태(프리랜서, 프로젝트 기반 노동, 플랫폼 노동 등)까지 포괄하는 확장된 '직업세계'를 전제로 하며, 정규 학교교육을 넘어 비정규 교육, 사내 교육, 평생학습 등 모든 맥락에서의 다양한 학습을 포함한다.

다. Underpinning Capability: Holistic Competency의 기저를 이루는 잠재력

Holistic Competency의 핵심 속성 중 하나는 그 바탕에 'underpinning

capability(기저의 잠재력/역량)[12]가 존재한다는 점이다. 이는 단순히 현재의 관찰 가능한 수행 능력(competency)만을 의미하는 것이 아니라, 그 수행을 가능하게 하고, 나아가 새로운 상황에 적응하며, 미지의 문제를 해결하고, 끊임없이 학습하며 발전해 나갈 수 있는 심층적인 '잠재력' 또는 '기반 역량'을 의미한다. 'underpinning capability'는 학습자가 변화에 직면했을 때 기존의 지식과 기술을 재구성하고, 새로운 것을 습득하며, 불확실성에 대처하는 능동적인 힘을 부여한다. 이는 직업교육이 단순히 '무엇을 할 수 있는지'를 넘어 '어떤 사람이 되어야 하는가?'라는 본질적인 질문에 답하는 근거가 된다.

라. 광의의 직업교육과 교육 시스템 전반의 개혁

Holistic Competency를 지향하는 광의의 직업교육은 기존의 협의적 직업교육(전통적인 직무-기술교육)을 넘어, 대한민국 교육 시스템 전반의 개혁을 요구한다.

광의의 직업교육은 '사회와 자연환경 속에서 살아갈 역량'을 기르는 일반교육, 그리고 '학문의 세계 속에서 역량을 기르는' 학문적 교육과 대등한 가치를 가진다. '직업세계에서 살아갈 역량'은 초등단계부터 함양되어야 하는 필수적인 요소이며,[13] 특정 교육이 다른 교육보다 '이류'라는 인식은 불식되어야 한다.

---

12 Underpinning capability는 호주의 VET 시스템의 Underpinning knowledge에서 착안했다. 호주는 CBT로 유명하다. Unit of competency를 가르치면서 그 직무수행을 위해 필요한 지식을 공부한다. 지식 그 자체를 공부하는 것이 아니다. 이를 표현하는 용어가 Underpinning knowledge이다. 때로는 Embedded knowledge를 사용하기도 한다.

13 이런 관점에서 대한민국 교육과정 개발 기관에서는 학문/지식/역량 중심 교육과정의 틀 속에 초등학교 때부터 직업교육 요소를 반드시 포함해야만 할 것이다.

- 직업교육(vocational education)은 '평생에 걸쳐 직업세계에서 살아갈 역량을 길러주는 교육'으로서 직업훈련과 기술교육, 전문가 교육 등을 다 포괄한다.
- 일반교육(general education)은 '사회와 자연환경 속에서 살아갈 역량을 기르는 교육'이 되며,
- 학문교육(academic education)은 '학문의 세계 속에서 살아갈 역량을 기르는 교육'이 된다.

이렇게 정의함으로써 일반교육과 직업교육은 각자의 독립된 영역을 가지게 된다. 지금까지 존재했던 교육학계의 시각을 완벽히 극복된다. 지금까지는 일반교육의 틀을 전제하고 그 틀 내에서 직업교육을 부가적인 활동으로 치부해 왔다. 유럽에서는 이러한 움직임이 복선형 학제(dual ladder system)로 나타났고, 단선형 학제(unitary system)에서는 직업교육은 이류교육이라는 현상으로 나타났다.

대학 교육의 개혁 방향도 '직업교육적 성격'을 어느 정도 가미하는 것에 있다. '교육 중심 대학'은 실용을 전제로 한 직업교육적 성격이 강하게 담긴 교육기관이 되어야 하며, 이는 대학의 교양교육과 전공교육 전반에 걸쳐 직업세계 이해를 통합하는 것을 의미한다. 의대 교육, 법학전문대학원, 연구 훈련, 공학교육 등 고도의 전문 교육 또한 그 자체의 직업교육적 속성을 인정하고 강화해야 한다.

일반적으로 사람들이 생각하는 직업교육을 필자는 협의의 직업교육이라고 부른다.

전통적인 직업교육 개념으로, 주로 특정 직업이나 직무와 관련된 지식, 기

술, 태도 교육에 초점을 맞춘다. 주로 실무 기능 습득과 특정 직무로의 빠른 투입을 목표로 하며, 과거의 특성화고, 전문대학의 특정 학과, 직업훈련기관의 훈련 프로그램 등이 여기에 해당할 수 있다. UNESCO-UNEVOC의 'Initial training'이나 NCS 기반 교육의 협의적 해석과 유사하다.

하지만, 필자의 직업교육 정의는 이를 크게 넘어선다. 이를 광의의 직업교육이라고 해도 무방하다. 필자의 정의는 다음과 같다.

직업교육이란, 개인이 자신의 잠재력과 적성을 발견하고, 평생에 걸쳐 변화하는 직업세계에서 주체적으로 살아갈 수 있는 역량(지식, 기술, 태도, 소양 등)을 습득하고 발전시키기 위해 이루어지는 모든 교육 활동을 의미한다. 이때, 직업교육은 다음과 같은 특성을 가지며, 정부는 이러한 교육의 생태계 조성을 위한 다면적인 역할을 수행해야 한다.

① 인본주의적 개인 중심 교육: 직업교육은 철저히 학습자 개인의 성장과 행복 추구에 기여해야 하며, 국가의 인적자원개발이나 산업인력 양성 목표는 학습자 개인의 자유로운 선택과 자발성을 존중하는 틀 내에서 추진되어야 한다. 학습자의 직업 선택을 강제하거나 특정 노동시장 진출을 반강제하는 방식은 지양되어야 한다.
② 포괄적 역량 함양: 단순한 직무수행 능력이나 특정 기술 습득을 넘어, 지능정보화 시대 및 급변하는 직업 환경에 유연하게 적응하고 미래를 개척할 수 있는 광범위한 직업세계 역량을 포함한다. 이는 초등단계부터 평생단계에 이르기까지 전 생애주기에 걸쳐 이루어질 수 있으며, 직업훈련과 고도의 기술교육(공학, 과학 등 전문 학문 분야 포함)까지 그 범주에 포괄한다.

③ 일반교육 및 학문교육과의 독립적 가치: 직업교육은 '사회와 자연환경 속에서 살아갈 역량'을 기르는 일반교육, 그리고 '학문의 세계 속에서 역량을 기르는' 학문적 교육과 대등한 가치를 가지는 독자적인 영역이다. 직업교육은 일반교육의 부속물이거나 이류교육이 아니며, 각 교육 영역은 고유한 목적과 역할을 가진다.

④ 유연하고 비정형적인 '일'의 수용: 현재 발생하고 있거나 앞으로 나타날 수 있는 유연하고 비정형적인 '일'의 형태, 즉 프리랜서, 프로젝트 기반 노동, 플랫폼 노동 등 다양한 고용형태를 변화하는 직업세계 속에 녹여낼 수 있다. 즉, 직업교육에서의 직업이라는 개념이 과거의 고정된 형태를 넘어 확장하고 있음을 의미한다.

⑤ 다양한 학습을 포괄: 정규 학교교육뿐만 아니라 비정규 교육, 사내 교육, 평생학습 등 다양한 학습의 형태를 포괄하며, 이는 '일'이 발생하는 모든 맥락에서의 학습을 의미한다.

결론적으로, '광의의 직업교육'은 'competency'와 'competence'에 대한 통찰을 바탕으로 'Holistic Competency'와 그 'underpinning capability'를 강조함으로써, 한국 직업교육이 단순한 인력 양성 도구를 넘어 개인의 삶과 행복에 기여하고, 변화하는 미래 사회에 능동적으로 대처할 수 있는 인본주의적 교육의 총체로 거듭나야 한다는 강력한 비전을 제시한다. 이러한 철학은 대한민국 교육과정 전체의 근본적인 틀을 바꾸는 중요한 이정표가 될 것이다.

또한 직무와 직업을 넘는 통합적 요소이자 전이 가능한 potential(자기주도성, 창의성, 직무 범주를 넘나드는 적용 능력, 문제해결 중심의 통합 능력 등)도 holistic competency의 중요한 한 요소로 인정한다.

⟨표3⟩ 포괄적 역량(Holistic Competency) 개념의 의미

Holistic Competency는 단순한 직무수행 능력(job competency)을 넘어서, 인간의 학습과 직업세계 적응을 가능하게 하는 다층적 역량을 아우르는 개념이다. 기존 직업교육이 Job Competency, skilling에만 집중되었다면, Holistic Competency는 이를 넘어서 삶 전체를 지탱할 수 있는 '직업세계에서의 생존력'의 개념으로 재구성된다. 이는 다음 세 가지 구성 요소로 정의된다.

- Core Competency: 특정 직무나 작업을 수행하는 데 필요한 실무 능력(예: NCS 기반 직무수행 능력, 실습교육, 기능습득 등)
- Capability: 모든 직업에 공통으로 필요한 기초적이고 보편적인 역량(예: 비판적 사고력, 의사소통, 문제해결력, 문해력, 수리력 등)
- Transferable Potential: : 변화하는 상황에 유연하게 대응하거나, 전이 가능한 예측 불가능한 잠재적 요소(예: 창의성, 감정지능, 디지털 감수성, 경계 넘는 사고력 등)

3. Holistic Competency와 교육과정

필자의 개념 정의에는 직업화(vocationalization) 사고가 바탕이 되고 있다. 따라서 직업교육은 특별한 자를 대상으로 특정 직무 기술을 가르치는 것을 넘어, 모든 학생이 직업 세계에서 살아갈 수 있는 필수적인 소양과 역량을 함양할 수 있도록 지원하는 교육이 되어야 한다. 어차피 모든 사람은 노동시장이나 직업세계에서 살아갈 수밖에 없는 숙명을 갖고 있기 때문에 직업교육을 모든 학생이 배우는 것은 필수가 되어야 한다. 따라서 holistic competency는 교육과정 설계에 유용한 도구가 되어야 한다.

〈표4〉 Holistic Competency 요소와 교육과정과의 관계

요소	정의	교육과정 설계에서의 기능
Competency	직무 수행에 필요한 지식 · 기술 · 태도	NCS 등에서 쓰이는 기초 프레임
Capability	기초 문해력, 디지털 활용력, 협업 능력 등 보편 역량	보통교과 기반에서 기초역량 설계
Transferable Potential	전이 가능하며 맥락적 판단, 창의, 윤리, 문제 재구조화 역량	고차원 통합설계 가능(캡스톤, 프로젝트 기반, IP Meister 사업 등)

이를 Bloom's Taxonomy(인지적 영역)[14]와 SOLO Taxonomy(학습 복잡성)[15]을 기반으로 Capability와 Potential 의미를 정리해 볼 수도 있다(〈표 5〉 참조).

정리하면, 직업교육은 단순히 특정 직무능력만을 길러주는 것을 넘어서, 학습자가 직업세계에서 지속 가능한 삶을 살아갈 수 있는 전인적 역량(Holistic Competency)을 기르는 것을 목표로 해야 한다. 이를 위해 역량은 다음의 세 가지 요소로 구성된다.

① 직무와 직업 중심의 competency
② 기초적이며 전 분야에 적용 가능한 capability (기초학력, 소양, 시민성, 비판성 등),
③ 직무와 직업을 넘는 통합적 요소이자 전이 가능한 potential (자기주도성,

---

[14] Bloom 모델은 인지적 영역을 기억(remembering), 이해(understanding), 적용(applying), 분석(analyzing), 평가(evaluating), 창조(creating)의 6단계로 분류하며, 각 단계는 사고의 복잡성이 증가하는 위계적 구조를 갖고 있다.

[15] SOLO(Structure of the Observed Learning Outcome)는 학습성과 수준을 구조적 복잡성에 따라 5단계로 구분하여 학습과정을 분석하고 평가한다. ⅰ) 이해가 부족한 사전 구조적(Pre-structural), ⅱ) 한 가지 측면만 이해하는 단일 구조적(Uni-structural), ⅲ) 여러 측면을 이해하는 다면 구조적(multi-structural), ⅳ) 여러 측면들의 관계성과 전체 맥락을 이해하는 관계적(relational), ⅴ) 새로운 맥락, 새로운 아이디어와 관련된 확장적 추상화(extended abstract)로 구분된다.

창의성, 직무 범주를 넘나드는 적용 능력, 문제해결 중심의 통합 능력 등).

〈표5〉 Holistic Competency의 구성 요소와 Bloom과 SOLO 목표 기반 재구성

단계	명칭	Bloom 기반	SOLO 기반	주요 특성	통합적 역량
1단계	이해·습득	기억, 이해	Pre-structural / Uni-structural	절차·기술·직무 개념의 기초 이해 및 수행	Competency(주), Capability(보)
2단계	적용	적용	Multi-structural	학습 내용을 실제 상황에 맞게 조정하고 실행	Capability(주), Competency(보)
3단계	분석·비판	분석, 평가	Relational	요소 간 관계를 파악하고 비판적 판단	Potential(주), Capability(보)
4단계	전이·통합·창발	창조	Extended abstract	새로운 맥락에 적용, 새로운 구조로 재해석	Potential

이를 좀 더 쉬운 내용을 설명하면 다음과 같다. 즉, competency는 주어진 일을 잘 할 수 있느냐? 라고 한다면, capability는 주어진 일이 아닌 색다른 문제를 해결할 능력이 있느냐? 의 의미이며, Potential는 이 역량을 전혀 다른 상황이나 직무 또는 삶의 영역으로 전이시켜서 해결해 나갈 수 있느냐? 의 질문이라고 보면 이해가 쉬울 것이다. 앞으로의 직업교육은 이 세 가지 역량을 모두 기를 수 있도록 해야 한다(〈표 6〉 참조).

〈표6〉 Holistic Competency의 구성 요소의 의미

요소	간단 정의	핵심 질문
Competency	특정 직무, 과업, 일 등을 수행할 수 있는 기술·지식·태도	이 일을 잘할 수 있는가?
Capability	직무와 관계없이 다양한 상황에서 문제를 인식하고 대응할 수 있는 기초역량	낯선 문제를 스스로 해결할 수 있는가?
Potential	다른 맥락으로 전이 가능한, 통합적이고 확장적인 잠재역량 요소	이 역량을 다른 상황·직무·삶의 영역으로 전이시킬 수 있는가?

이 속에는 전통적으로 KSA로 분류되는 지식, 기술과 태도가 모두 어우러져 있다. 이러한 개념은 고등학교 교육과정에만 머무는 것이 아니라, 대학교, 대학원, 전문직 교육 전반에 이식되어야 할 구조적 원리이다(〈표 7〉 참조).

〈표7〉 역량 성장 흐름: Holistic Competency 축적

교육 단계	주요 역량 축적 내용
고등학교	기초능력, 기초기술, 기초직무, 진로탐색
전문대/대학	전공기초지식, 이론적 심화, 실무능력 고도화
대학원	고급 분석력, 창의적 문제해결, 전문연구/설계능력

4. Holistic Competency 개념이 유의미한 이유

가. 직업교육이 살아남고 적응하는 능력을 키우는 교육이 된다

Holistic Competency 개념이 유의미한 이유는 다음과 같다. 이는, 기존 competency 개념의 한계를 넘는다. 기존의 '직무능력(competency)' 중심 접근은 산업(직업) 맞춤형이지만, 과도하게 분절되고 특정 직무나 직업에만 고정될 수 있다. 이로 인해 전이 가능한 능력, 경로 전환을 위한 유연성이 배제된다. 그렇기에 capability와 potential을 덧붙인 구조는 현실을 반영한다. Capability는 노벨경제학자인 Sen의 자유(capability approach)와도 연결되며, 삶의 주도성과 기초적 힘을 의미한다. Potential은 AI 시대, 예측 불가능한 직업 변화, 감성지능·창의성 등 측정 불가능한, 하지만 결정적인 요소를 포함하는 영역이다. 즉, 이는 직업교육이 단순한 '준비'가 아니라 '살아남고 적응하는 능력'을 키우는 교육이 되어야 한다는 관점을 바탕으로 하고 있다.

나. 다양한 제도와 연계가 가능하다

Holistic Competency를 교육체제 내에서 실질적으로 구현하기 위해서는, 교육과정, 학점, 입시제도 등 다양한 제도적 장치들이 유기적으로 연결되어야 한다. 특히 고등학교에서부터 대학원에 이르기까지, 학습자의 성장 경로가 단절되지 않고 이어질 수 있도록 하는 다층적 설계가 필요하다. 이를 위한 주요 정책 방향과 구체적 방안은 다음과 같다〈표 8〉 참조).

〈표8〉 Holistic Competency의 제도적 연계 전략

정책 방향	세부 방안
교육과정 수직 연계	고교-전문대-대학-대학원 간 교육과정 사다리 체계화, 전공군 기준 설정
학점 인정 체계	고교 전공실무 ↔ 전문대 실습 ↔ 대학 실무과목 간 RPL 기반 학점연계 제도화
교육과정 공동 개발	산학연 협의체 기반의 통합 교육과정 프레임워크 구축 (전공별 roadmap 포함)
교사-교수 연계	고교 교사와 대학교 교수 간의 공동 수업개발 및 연수 시스템 구축
역량 기반 입시 전환	학력중심 선발에서 역량기반 + RPL 기반 선발모형 도입 검토 (예: 포트폴리오 기반 입시)

① 교육과정의 수직적 연계가 필요하다. 고등학교, 전문대학, 일반대학, 대학원 간의 교육과정이 서로 단절된 구조로 운영될 경우, 학습자의 학습 경로는 단속적이고 비효율적으로 작동할 수밖에 없다. 따라서 각 단계 간 교육과정이 자연스럽게 이어질 수 있도록 '사다리형 체계(ladder-type structure)'를 구축해야 하며, 이를 위해 전공군 단위의 공통 기준을 마련하는 것이 선행되어야 한다.

② 학점 인정 체계의 유연화가 필요하다. 특히 고등학교에서 운영되는 전공실무 과목과 전문대학의 실습과목, 일반대학의 실무 중심 교과 간의 학습성과 연계가 제도적으로 가능해야 한다. 이를 위해서는 기존의 획일적인 학점 인정 방식을 넘어, 경험과 학습결과에 근거한 RPL(Recognition of Prior Learning) 제도를 기반으로 한 학점 연계 시스템이 마련되어야 한다. 이는 수직 이동뿐 아니라, 수평 전환에서도 학습자의 노력이 정당하게 인정받을 수 있는 경로를 열어준다.

③ 교육과정의 공동 개발 체계가 요구된다. 이는 단순한 학교 내부의 개발이 아니라, 산업계, 학계, 연구계가 함께 참여하는 산학연 협의체 기반

의 통합 교육과정 프레임워크를 의미한다. 특히 각 전공 분야별로 학습자의 성장 경로를 명확히 제시하는 로드맵(roadmap)이 포함되어야 하며, 이를 통해 교육-훈련-고용 간의 불일치를 해소할 수 있다.

④ 교원 간의 연계와 협업 구조도 강화되어야 한다. 고등학교의 교사와 대학교의 교수 간에 공동 수업 개발 및 연수 체계를 구축함으로써, 교육의 흐름과 철학이 단절되지 않고 이어지도록 해야 한다. 이는 단지 협업의 의미를 넘어, 교육의 질과 연속성을 보장하는 핵심 기반이 된다.

⑤ 마지막으로, 입시 제도의 전환이 요구된다. 지금까지의 학력 중심 선발 방식은 학습자의 실제 역량과 잠재력을 충분히 반영하지 못했다. 따라서 Holistic Competency 구현을 위해서는 역량 중심 선발 모델로의 전환이 필요하며, 특히 RPL 기반의 선발 체계, 예를 들어 포트폴리오 기반 입시 모델 도입 등을 적극 검토해야 한다. 이는 학습자가 학교 밖에서 쌓은 경험과 성취 역시 교육 경로 안에서 정당하게 평가받을 수 있는 가능성을 열어준다.

결국 이러한 제도적 연계 전략은 단순한 행정적 조정이 아니라, 학습자의 생애 전체에 걸친 성장 경로를 설계하고 보장하는 구조적 기반이다. Holistic Competency는 이러한 구조 속에서만 실질적 의미를 갖고 작동할 수 있으며, 그 구현을 위한 제도적 전환은 더 이상 선택이 아니라 필수적 과제이다.

다. 이류교육이라는 낙인을 해소할 수 있다

이는 동시에 직업교육은 이류교육이라는 낙인을 해소할 수 있는 방법이기도 하다. 직업교육이 기술직이나 육체노동에 종사하는 특정 계층의 교육이라는 인식을 바꾸기 위해서는, 직업 세계에 대한 이해와 준비가 모든 학생에게 필요한 보편적인 교육이라는 인식을 심어주는 것이 중요하다. 만약 일반고 학생도 이러한 과목들을 필수로 이수한다면, 직업교육이 더 이상 특정 학생들만을 위한 교육이 아닌, 모두가 거쳐야 할 필수적인 성장 과정이라는 사회적 공감대가 형성될 수 있다. 이는 이류교육이라는 위계 인식을 근본적으로 허물기 위한 강력한 장치가 된다.

라. 일반교육과 직업교육은 대등하며 서로 중요한 교육이 된다

또한 '일반교육과 직업교육의 대등한 가치' 실현이 가능해진다. '일반교육도 직업교육도 모두 각자의 몫이 존재한다.'라고 한 것처럼 아래에서 설명하는 직업 관련 과목의 필수 과목으로의 인정은 일반교육과정 내에서 '직업세계'라는 새로운 영역의 중요성을 공식적으로 인정하는 행위이기 때문이다. 국어, 영어, 수학처럼 '직업세계 이해' 또한 모든 시민이 갖춰야 할 기본적인 역량으로 자리매김함으로써, 일반교육과 직업교육이 '다른 세계를 논하는' 하지만 대등한 위치에 있는 교육이 되는 것이다.

이와 같은 'vocationalization' 관점, 즉 '진로와 직업', '성공적인 직업생활' 등의 과목을 모든 고등학생의 필수 이수 과목으로 지정해야 한다는 주장은 한국 교육의 본질적인 변화를 위한 강력한 제안이자 실질적인 실천 방안이 될 수 있다. 이는 직업교육의 위상 제고를 넘어, 우리 사회가 직업과 노동에 대해 가진 편향된 인식을 바로잡고, 모든 학생이 자신의 삶과 직업 세계를 주체적으로 설계할 수 있도록 돕는 인본주의적 교육 철학의 발현이라고 평가할 수 있다. 이러한 정책이 성공적으로 도입된다면, 단순히 특정 학교 유형의 교육 내용이 바뀌는 것을 넘어, 대한민국 사회 전체가 '직업'에 대한 인식을 근본적으로 재정립하는 중요한 계기가 될 것이다.

5. CBT와 광의의 직업교육과의 비교

Holistic Competency를 기르기 위한 직업교육은 역량기반교육훈련(CBT: Competency-based Training)과 역량 교육이라는 관점에 유사한 면이 있다. UNESCO-UNEVOC[16]의 정의에 따르면, Competency-based training(CBT)는 직업교육훈련(Vocational Education and Training)에 대한 '접근 방식(an approach)'이다. 이는 CBT가 직업교육훈련이라는 큰 틀 안에 포함되는, 특정 교육 방법론이나 철학이라는 점을 의미한다. CBT는 Vocational Education이 추구하는 목표(개인이 직업 세계에서 역량을 발휘하도록 돕는 것)를 달성하기 위한 구체적인 방법론 중 하나이다. 직업교육이 '무엇을 가르칠 것인가(내용)'와 '누구를 가르칠 것인가(대상)'에 대한 광범위한 영역이라면, CBT는 '어떻게 가르치고 평가할 것인가(방법론)'에 대한 질문에 답한다.

CBT의 주요 특징은 다음과 같다.

① 직무수행 능력 강조: "a person can do in the workplace as a result

---

16   https://unevoc.unesco.org/home/TVETipedia+Glossary. (25.7.5. 검색)

of completing a program of training." 즉, 훈련 프로그램을 이수한 후 개인이 직장에서 무엇을 할 수 있는지에 중점을 둔다.

② 모듈화 및 학습성과: 훈련 프로그램은 종종 '모듈(modules)'로 구성되고, 각 모듈은 다시 학습성과(learning outcomes)로 나뉜다.

③ 산업 표준 기반: 이러한 학습성과는 산업계가 정한 표준(standards)에 기반을 둔다.

④ 성과 기반 평가: 평가는 각 학생이 모듈에서 요구하는 모든 성과(기술과 지식)를 달성했는지 확인하도록 설계된다.

⑤ 시간 기반이 아닌 역량 기반 진행: 이상적으로는 프로그램 내 진행이 시간에 기반하지 않는다. 즉, 역량을 습득하는 데 필요한 시간은 개인마다 다를 수 있다는 유연성을 의미한다. 명목 시간(nominal hour)은 평균적인 학습자가 이수하는데 걸리는 일반적인 시간을 의미할 따름이다.

⑥ 평가 구성: 일부 CBT 모듈은 현장(On-the-job) 평가와 현장 외(Off-the-job) 평가의 두 가지 평가 요소를 가진다.

CBT를 평가하면 다음과 같다. 먼저 긍정적인 측면은 다음과 같다.

① 성과 중심: '무엇을 할 수 있는지'에 초점을 맞추는 CBT는 학습자가 실질적인 직무 역량을 갖추도록 돕는다는 점에서 실용적이다. 이는 '직업 세계에서 살아갈 역량' 함양에 기여할 수 있다.

② 유연한 진행: 시간에 기반을 두지 않는 진행 방식은 학습자 개인의 속도와 필요를 존중한다는 점에서 개인적이고 인본주의적 교육 철학과 맥을 같이 한다.

③ 현장성 강조: '산업계가 정한 표준' 및 '현장(On-the-job)' 평가 요소는 직업교육의 현장성을 강화하고 산업계 요구를 반영한다는 점에서 긍정적

이다.

하지만 비판할 그리고 고민할 측면도 있다.

① 산업 표준의 한계와 개인의 성장: CBT는 '산업계가 정한 표준'에 기반을 둔다고 명시되어 있는데, 이 표준이 너무 협소하거나 빠르게 변화하는 산업 환경을 제대로 반영하지 못한다면, 학습자가 '평생에 걸쳐 직업세계에서 살아갈 역량'을 기르는 데 한계가 있을 수 있다. 산업계의 요구는 단기적인 직무 능률에 초점을 맞출 수 있는 반면, 개인의 진정한 성장과 유연한 적응 능력 함양은 더 넓은 관점을 요구한다.
② 지식과 이해의 깊이: skills and knowledge를 언급하지만, '무엇을 할 수 있는지'에 방점을 둔다면, 근본적인 과학적/이론적 지식이나 원리 이해보다는 특정 과업 수행 능력에만 치중할 위험이 있다. 학교급에 따라서 지식에 대한 생각이 달라져야 한다.
③ 이류교육 담론: CBT가 지나치게 '무엇을 할 수 있는지'에만 집중하고, 그 배경이 되는 '왜'와 '어떻게'에 대한 심도 깊은 탐구를 등한시한다면, 이는 자칫 직업교육을 '주어진 일을 수행하는 기술'에 한정시키는 이류교육 담론을 강화할 우려가 있다.
④ 정부의 역할과 통제: 산업 표준이 정부나 특정 기관에 의해 설정될 경우, 이는 직업교육 시장에 대한 정부의 규제자 또는 시장 설계자로서의 강력한 영향력을 의미한다. '땅따먹기'나 '헤게모니 싸움'의 도구가 될 가능성도 내포한다.

그럼 CBT와 필자의 직업교육(Education for Holistic Competency)를 비교해 보자. CBT(Competency-Based Training)는 education for holistic competency의 하

위 범주, 즉 one of them으로 볼 수 있다. CBT는 부분적이고 실행적이며 실천 중심인 반면, holistic competency 기반 교육은 보다 포괄적이고 구조적이며 통합적 설계를 지향한다는 점에서 범주와 지향의 깊이에 차이가 있다.

- ① CBT (Competency-Based Training): 직무수행에 필요한 명확한 competency를 기준으로 교육·훈련을 설계하는 방식. 보통 산업현장에서 정의한 직무 기준(NCS 등)을 기반으로 구성됨.
- ② Education for Holistic Competency: 직무능력뿐만 아니라, 기초적 능력(capability), 전이 가능한 통합 역량(alpha competency)까지 아우르는 광의의 직업교육 철학 및 설계 원리.

CBT는 Holistic Competency Education의 하위 전략 중 하나이며, 특정 조건에서 효과적인 실행 도구로 활용될 수 있다. 즉, CBT는 Holistic Competency의 "job competency" 영역을 체계적으로 구현하는 방식이며, 그 자체로는 capability나 potential 요소까지 포괄하지 못한다는 한계가 있다. 예를 들어 CBT는 정해진 작업(task)을 잘 수행하는 능력을 키우는 데 탁월하지만, 문제해결력, 전이력, 창의성, 학습 민첩성 등을 포함하지는 않는다.

정리하면 앞으로의 직업교육은 직무 중심도 필요하지만 그 이상이어야 하는 것이다. NCS가 'How to do?(어떻게 그 일을 하지?)'와 'What to do?(무슨 일을 해야 하지?)'에 집중한다면, 필자의 직업교육 개념은 여기에 'Why to do?(왜 그 일을 해야 하지?)', 'Who am I?(나의 소질과 적성은 뭐지?)', 그리고 'What to be?(도대체 어떤 사람이 되려고 하는 거지?)'를 포함한다. 이는 단순한 직무수행 능력을 넘어선 기초 소양, 전인적 성장, 진로 전환의 기반, 학문 분야별 기술교육의 깊이, 그리고 평생학습을 통한 재숙련 및 상향 숙련까지 아우르는 개념인 것이다. CBT는 holistic competency 개발을 위한 효과적인 방법론 중의 하나인 것이다.

이러한 사고를 필자의 정글짐 모델과 연결시켜서 생각해 보면 다음과 같은 설명이 가능하다.

① Why to do? (왜 그 일을 해야 하지?): 이 질문은 특정 직업/산업을 선택하고 그 안에서 특정 직무를 수행하는 목표 의식과 동기에 해당한다. '왜 나는 IT 분야에 관심을 가지는가?', '왜 나는 데이터 과학자가 되려는가?'와 같은 질문들을 통해 학습자는 자신의 가치관, 흥미, 그리고 사회적 기여 가능성 등을 탐색하게 된다. 이는 정글짐의 특정 '방향'이나 '목표 지점'을 설정하는 과정과 같다.

② Who am I? (나의 소질과 적성은 뭐지?): 이 질문은 현재 나의 NQF 학습 레벨과 보유역량을 파악하는 데 중점을 둔다. '나는 어떤 능력을 가지고 있는가?', '어떤 분야에 강점이 있는가?'를 탐색함으로써 학습자는 자신의 현재 위치를 정확히 인지하고, 앞으로 어떤 역량을 더 개발해야 할지 파악할 수 있다. 정글짐에서 '현재 내가 어느 막대에 서 있는지'를 아는 것과 같다.

③ What to be? (어떤 사람이 되려고 하는 거지?): 이 질문은 최종적인 경력 목표 또는 개인의 비전을 설정하는 것이다. '나는 미래에 어떤 전문가로 성장하고 싶은가?', '어떤 영향을 미치는 사람이 되고 싶은가?'와 같은 질문을 통해 학습자는 장기적인 목표를 구체화한다. 이는 정글짐에서 '가장 높은 곳으로 올라가서 무엇을 보고 싶은지' 또는 '새로운 구조물로 넘어가 어떤 새로운 경험을 하고 싶은지'를 꿈꾸는 것과 비슷하다.

이 세 가지 질문은 정글짐 모델을 통해 학습자가 자기 주도적으로 경력 경로를 탐색하고 설계하는 과정을 안내하는 핵심적인 질문이 될 수 있다.

- Why to do?를 통해 방향성을 잡고,
- Who am I?를 통해 자신의 현재 상태와 잠재력을 인식하며,
- What to be?를 통해 최종적인 비전을 설정하는 것이다.

이러한 질문들은 단순한 모델의 구성 요소를 넘어, 학습자가 자신의 경력과 삶을 성찰하고 발전시키는 데 필요한 깊이 있는 사고를 유도하는 훌륭한 가이드가 될 수 있다.

제4장

유사 개념들과의 비교를 통해 본 직업교육의 정체성

　제3장에서 시도했던 광의의 직업교육 개념, holistic competency의 의미를 명확히 하기 위해서는 그동안 직업교육계에서 논의되어 왔던 몇 가지 주요 개념과의 관계를 살펴볼 필요가 있다.

1. 일반교육(General Education)과의 비교

학교교육 단계에서의 직업교육은 일반교육과 비교해서 이해해야 한다. UNESCO ISCED 2011은 일반교육을 다음과 같이 정의한다. 일반교육이란, 학습자의 일반적 지식, 기능, 역량, 그리고 문해력(literacy)과 수리력(numeracy)을 함양하기 위해 설계된 교육 프로그램을 말한다. 이는 동일하거나 더 높은 ISCED 수준의 상위 교육과정으로의 진학을 준비하게 하며, 평생학습의 기초를 형성하는 데 목적이 있다. 일반교육 프로그램은 보통 학교 기반으로 운영된다. 여기에는 직업교육 진입을 위한 준비 교육과정도 포함될 수 있으나, 특정 직업, 숙련직, 또는 직업군과 숙련직군에 바로 진입할 수 있도록 준비하거나, 노동시장과 직접적으로 연결된 자격(qualification)을 부여하지는 않는다. 이런 관점에서 볼 때 우리가 과거에 인문계 고등학교, 일반계 고등학교라고 불렀던 학교는 일반고등학교라고 부르는 것이 올바르고, 직업교육을 제공하는 학교는 직업고등학교라고 부르는 것이 타당하다. 일반교육과 직업교육을 병행하는 학교는 그래서 종합고등학교(comprehensive high school)가 되는 것이다. 다만, 과거 우리의 종합고등학교는 입학 당시부터 복선형으로 운영한 관계로 엄밀한 의미의 종합고등학교로 보기는 어려웠다.

관련하여 단선형 학제와 복선형 학제도 함께 이해할 필요가 있다. 단선형 학제는 직업교육 track이 구분되어 있지 않는 학제이고, 복선형 학제는 일반교육과 직업교육 track이 구분되어 있는 학제이다. 유럽에서의 복선형 학제는 한때 아주 엄격해서 일반교육으로의 이전이 불가능했다. 사실 완전히 다른 교육이었다. 지금은 아니다. EQF 사고도 이러한 일반교육과 직업교육의 차별을 거부한다.

이와 같은 일반교육의 개념 정의는 필자의 직업교육 개념과는 많이 다르며, 조금은 고루한 느낌이다.

① 교육 목적의 이원화에 대한 비판: ISCED는 일반교육과 직업교육을 별도의 경로로 구분하며, 일반교육은 진학, 직업교육은 취업을 전제로 한다는 이분법적 전제를 유지하고 있다. 그러나 필자의 직업교육은 "직업을 위한 교육"이 아니라 "직업세계에서 살아갈 역량"을 기르는 교육이므로, 진학 준비 교육 역시 넓은 의미의 직업교육으로 포함된다. 예를 들면, 일반고의 수학·과학·언어 교육이 의사나 법조인을 준비하는 과정이라면, 이는 분명 직업교육적 성격을 지니고 있음에도 ISCED 체계에서는 일반교육으로 분류된다.

② 진학과 직업의 연결성 부정: ISCED는 "직업세계로의 직접 진입 또는 자격 부여"가 없는 교육을 일반교육으로 보지만, 현대사회에서는 대부분의 일반교육이 장기적으로 특정 전문직이나 산업군 진입을 위한 준비 과정으로 기능한다. 즉, 일반교육도 직업세계에 간접적으로 깊이 연계되어 있다. 이를 무시하고 자격이 없다는 이유만으로 비직업적이라 보는 것은 시대착오적일 수 있다.

③ 평생학습의 기초를 일반교육에만 부여하는 협소성: ISCED는 평생학

습의 기초를 일반교육에만 위치시키고 있지만(명확하지는 않다), 직업교육도 평생학습의 중요한 출발점이자 구성 요소이다. 기초 역량, 학습 민첩성, 전이 가능한 능력은 직업교육의 중요한 목표이자 수단이다. 예를 들면, 직업고 학생이 갖는 '문해력·수리력·정보활용력'은 직무수행뿐 아니라 시민성과 진로 전환에도 기여한다.

④ 일반교육의 '직업준비 교육 포함 가능' 표현의 모호성: ISCED는 일반교육 안에 "직업교육 진입을 위한 준비 교육과정"이 포함될 수 있다고 밝히고 있지만, 그 기준과 위계가 모호하다. 이는 전공기초(common core)나 교양교육(general studies)이 직업교육인지 아닌지 혼란을 유발할 수 있다. 광의의 직업교육 관점에서는 '준비 교육'도 직업교육의 일부로 적극적으로 포섭한다.

2. 고등교육(대학교육)과의 비교

우리는 고등교육(higher education)이란 용어에 익숙하다. 법도 「고등교육법」이다. 하지만 가장 중요한 고등교육의 정의에 대해선 무감(無感)하다. 교육관계법에서 고등교육의 정의를 찾아볼 수 없다. 이러한 무심(無心)함이 「평생교육법」, 「고등교육법」, 그리고 「학점인정법」등 대학 관련 법률의 혼선을 초래하는 근본 원인 중의 하나이다.

UNESCO의 ISCED 2011은 고등교육이란 용어가 없다. Level 4는

'Post-secondary non-tertiary education(확장 고등학교교육)[17]', Level 5는 'Short-cycle tertiary education(단기 대학교육[18])', Level 6은 'Bachelor's or equivalent level', Level 7은 'Master's or equivalent level', Level 8은 'Doctoral or equivalent level'이다.

일반적으로 우리가 대학교육이라고 하는 것은 크게 보아 다음 세 가지로 구분될 수 있다. 이러한 용어 사용의 이면(裏面)에는 직업교육의 확대와 가치의 증대 현상과 관련되어 있으며, 평생교육의 흐름이 존재한다.

① Higher education(고등교육); 학문을 하는 교육(academic education)이라고 이해하면 된다. 이 과정을 이수하며 학술학위(academic degree)를 받게 된다. 가장 오래된 개념이다.
② Tertiary education(제3차 교육 또는 대학교육[19]): 학문을 하는 교육뿐만 아니라 고급 직업교육(advanced vocational education)과 전문 교육(advanced professional education)을 포함한다. 이 과정을 이수하면 전문학위

---

17 기계적으로 '중등 이후 비고등교육'으로 번역할 수는 있으나, 그 의미를 파악하기 어렵다. 따라서 필자는 이를 '확장 고등학교교육'으로 번역한다. 이는 UNESCO ISCED의 Level 4 해석에 충실한 번역이다. UNESCO의 설명은 다음과 같다. "중등 이후 비대학교육(Post-secondary non-tertiary education)은 중등교육을 바탕으로 한 학습 경험을 제공하며, 노동시장 진입 또는 고등교육 진학을 준비할 수 있도록 한다. 이 교육은 일반적으로 고등학교교육(ISCED 3단계)을 마친 학습자를 대상으로 하지만, 노동시장 진입 기회를 넓히거나 대학교육으로의 진학 가능성을 높이고자 하는 이들에게 적합하다. 이러한 교육과정은 고등학교교육보다 현저히 높은 수준은 아니며, 지식과 기술, 역량을 심화(deepen)하기보다는 확장(broaden)하는 데 중점을 둔다. 따라서 이 교육은 대학교육에서 요구되는 높은 수준의 복잡성보다는 상대적으로 낮은 수준의 학습을 목표로 한다."

18 일반적으로 2년 정도의 교육기간을 필요로 하는 학위를 수여하는 교육을 의미한다. UNESCO 설명에 의하면, 이 과정은 주로 노동시장에 진출하고자 하는 학생들을 위한 practically-based, occupationally-specific이지만, 다른 대학교육으로의 이전이나 academic education도 포함한다고 한다. 우리로 말하면 주로 전문대학에서의 교육이라고 이해하면 된다.

19 제3차 교육이라고 번역했지만, 일반적으로는 고등교육으로 번역한다. 이 경우 전통적인 고등교육(higher education)은 협의의 고등교육이 된다. 만약 tertiary education을 고등교육으로 부른다면, higher education은 고등학술교육 또는 학문 중심 대학교육으로 불러야 옳다. 만약 tertiary education을 대학교육으로 번역한다면, higher education은 고등교육이 될 것이다.

(professional degree)를 취득하게 된다.[20]

③ Post-secondary education(중등 이후 교육): 가장 광의의 개념이다. 중등 이후 교육이다. 여기에는 tertiary education은 물론이고, tertiary education에 포함되지 못하는 교육도 포함한다. 그래서 UNESCO ISCED 2011의 Level 4 교육을 'Post-secondary non-tertiary eduction'으로 한 이유이기도 하다.

이러한 정의에 비춰볼 때 직업교육은 대학교육의 하위 집합도, 별개의 체제도 아니다. 직업교육은 고등직업교육(Higher Vocational Education)의 틀 안에서, 전문대학, 기능대학, 4년제 대학까지 다양한 수준에서 제공되어야 한다. 그러나 현재 한국의 고등교육은 '학문 중심 교육'이라는 전통에 묶여 직업교육과의 수직적 위계를 형성하고 있다. 이는 학문은 고귀하고, 직업은 천하다는 문화적 편견과도 연결된다. 그러나 현대 사회에서는 전문직, 고급기술직, 실무형 석사 모두 직업교육의 연장선에 있다.

UNESCO의 입장은 모호하다. UNESCO ISCED에서는 고등학교 교육을 general education과 vocational education으로 구분한다. 대학교육은 다시 academic education과 professional education으로 구분한다. 그런데 직업교육에 대한 정의는 다르다. 직업교육이란 학습자가 특정 직업이나 직업군(class of occupations), 숙련직(trades)[21]이나 숙련직군(class of trades)에 특화된 지식, 기능(skills), 역량(competencies)을 습득할 수 있도록 설계된 교육 프로

20　UNESCO ISCED 2011는 Tertiary education를 ISCED 레벨 5~8 교육으로 보고 있다. 중등 교육을 기반으로 하며, 전문화된 교육 분야에서 학습 활동을 제공한다. 이는 높은 수준의 복잡성과 전문성을 갖춘 학습을 목표로 한다. 고등 교육은 일반적으로 학술 교육으로 이해되는 내용을 포함할 뿐만 아니라 고급 직업 또는 전문 교육도 포함한다.

21　직업교육 관련 글을 읽다 보면 trades가 종종 등장한다. 핵심은 '손기술'과 관련된 기능공, 숙련공을 염두에 두면 된다. 주로 전기공, 배관공, 용접공, 목수 등을 의미한다.

그램을 말한다. 직업교육은 일 기반 학습 요소(work-based components)를 포함할 수 있으며, 예를 들어 도제식 교육이나 이원화 교육제도(dual system) 같은 형태로 운영되기도 한다. 이러한 프로그램을 성공적으로 이수하면, 노동시장과 연계된 직업 자격(vocational qualification)을 취득하게 되며, 이는 해당 국가의 권한 있는 기관 또는 노동시장 자체로부터 직업 지향적(occupationally-oriented) 교육으로 인정받는다. 하지만 UNESCO의 tertiary education의 정의에서도 알 수 있듯이 tertiary education의 범주에 advanced vocational education을 포함하고 있어 UNESCO도 혼선을 보이고 있다.

3. 직업훈련(Vocational Training)과의 비교

교육학의 관점에서 보면, 훈련(training)은 교육(education)의 하위 범주로 이해된다. 따라서 직업훈련은 개념적으로 직업교육에 포함되는 것이 자연스럽다. 그러나 우리나라에서는 제도적·행정적 이유로 두 개념이 마치 별개처럼 인식되어 왔다. 특히 직업훈련이 고용노동부 소관으로, 직업교육은 교육부 소관으로 이원화되면서, 그 경계가 인위적으로 강조되었다.

우리나라에서 직업훈련이 상대적으로 부각되어 온 배경에는 세 가지 요인이 복합적으로 작용했다. 첫째, 교육 시스템이 충분히 성장하지 못해 전통적 교육 경로 밖에 놓인 이들에게 대안적 경로가 필요했다. 둘째, 기존 직업교육이 기능(skill) 중심보다는 이론 중심의 기술(technology)이나 지식(knowledge) 중심에 치우쳐 있었고, 셋째, 산업현장에서는 수년간의 정규 교육이 아니라 단기 훈련을 통해 즉시 투입 가능한 실무 인력을 원했다. 이러한 맥락에서 직업훈련은 학교 밖 청소년이나 성인에게 두 번째 교육기회를 제공하는 'second chance education'의 성격을 띠었다. 따라서 초기의 직업훈련은 입직 이전의 양성훈련에 중점을 두었고, 입직 이후의 향상훈련(upskilling)은 상대적으로 뒷전이었다.

직업훈련은 일반적으로 단기적이며 기능 중심적이며, 입직 직전의 실무 능력 습득을 목적으로 한다. 반면 직업교육은 특정 기술에 국한되지 않고, 직무와 직업세계에 대한 이해와 설계 능력을 포함하는 보다 포괄적이고 통합적인 교육을 지향한다. 훈련은 '어떻게(how)'를 가르치는 데 집중하지만, 교육은 '왜(why)' 그 능력이 필요하며, 어떠한 맥락에서 활용되는지를 성찰하게 한다. 이처럼 직업교육은 직업훈련을 포괄하지만, 훈련에 환원되지 않으며, 그 교육적 목표와 인식의 지평이 보다 넓다.

오늘날 우리가 마주하는 고용노동부의 직업훈련은 더 이상 초창기의 기능 인력 양성을 목표로 한 양성훈련에 머물지 않는다. 산업과 경제가 고도화되면서 재직자 대상의 향상훈련과 실업자를 위한 재취업 훈련의 중요성이 높아졌고, 최근에는 근로자와 실업자뿐 아니라 모든 성인을 대상으로 한 평생 직업능력개발로 그 범위가 확장되고 있다. 이러한 확장의 결과, 직업훈련은 때로는 직업교육과 구분되는 독립 영역처럼 보이기에 직업교육과의 개념적 혼란을 불러일으킬 수 있다.

하지만 평생학습사회에서는 직업교육과 직업훈련이 분리될 수 없다. 두 영역은 학습자의 생애 경로상에서 유기적으로 연결되어야 하며, 직업훈련은 직업교육 체계 안에서, 보다 넓은 교육적 맥락 속에서 설계되고 운영되어야 한다. 특히 성인 학습자 관점에서 보면, 어떤 제도나 부처가 주관하느냐 보다, 학습 내용이 자신의 경력 전환, 역량 확장, 삶의 재설계에 얼마나 실질적으로 기여하는가가 더 중요하다. 직업교육과 직업훈련의 이원적 구분은 이제 학습자 중심 교육체제 구축을 위해 재조정되어야 하며, 두 영역의 통합적 재설계는 필연적인 과제가 되었다.

4. 기술교육과의 비교

기술교육(technical education)은 기계, 전기, 정보통신 등 기술적 수단과 공정을 중심으로 한다. 그러나 기술교육이 직업교육이 되기 위해서는 그 기술이 특정 직무나 직업과 연결되어야 한다. 기술은 수단이지만, 직업은 목적이다. 기술이 고도화될수록 직업교육은 기술 + 사람 + 사회적 관계를 함께 가르쳐야 한다. 그래서 우리는 단순한 기술이 아니라, 기술을 매개로 삶을 설계하는 법을 가르쳐야 한다.

하지만 기술교육은 단순히 technique을 가르치는 교육을 넘어선다. technology education도, engineering education도 같은 선상에서 이해해야 한다.

① 기술교육 (Technical Education): 특정 직업 분야에서 필요한 실용적인 지식과 기술 습득에 중점을 둔다. 주로 technician 양성을 목표로 하며, 응용과학 및 현대 기술을 활용한 직무수행 능력을 강조한다.

② 기술교육 (Technology Education)[22]: 기술의 전반적인 이해, 즉 기술이 어떻게 작동하고, 설계되고, 활용되는지에 대한 지식과 문제해결능력을 함양하는 데 초점을 맞춘다. 건설, 운송, 통신, 제조 등 다양한 기술 분야에 대한 폭넓은 이해를 제공한다. technologist 양성이 핵심이다.

③ 공학교육 (Engineering Education): 과학 및 수학적 원리를 기반으로 복잡한 공학적 문제를 해결하고, 새로운 시스템이나 제품을 설계, 개발하는 전문 공학인(엔지니어)을 양성하는 교육이다. 이론적이고 개념적인 학습과 함께 창의적 문제해결능력을 중요하게 다룬다.

오늘날 우리가 직업교육을 논의할 때, 그 출발점은 종종 국가기술자격제도가 된다. 한국의 경우, '기능사 – 산업기사 – 기사 – 기술사'로 이어지는 구조는 명확한 직무 난이도와 책임 수준의 위계를 전제로 설계되어 있다. 기능사는 숙련 기능 중심, 산업기사는 중간 기술수준, 기사는 설계와 응용 능력 중심, 기술사는 최고 수준의 전문성과 법적 책임이 부여된 기술자다.

이러한 자격 구조는 교육 체계와 연결되며, 특히 공학교육 분야에서는 국내의 공학교육인증제도(예: ABEEK)가 그 자격을 뒷받침하는 교육과정의 질을 보장한다. 그러나 이러한 인증이 국제적으로 통용되려면, 단순한 국가 제도를 넘어서야 하며, 이에 따라 등장한 것이 국제공학교육인증 협약들이다.

국제적으로는 Washington Accord[23], Sydney Accord, Dublin Accord[24]

---

22 기술을 영어로 번역하면 technical, technology, skill, technique 등 다양하다. 맥락에 따라 이해하지 않으면 안 된다.

23 우리나라 한국공학교육인증원(www.abeek.or.kr)에 의하면, Washington Accord는 4년제 공과대학 졸업자의 학력의 상호 인정을 목표로 설립된 회원국 인증기관 간 다자간 국제협의체로서 1989년 설립. 정회원국 23개국, 준회원국 7개국이라고 소개하고 있다.

24 역시 공학인증원에 의하면, Sydney Accord, Dublin Accord는 전문대학 공학 분야 졸업자의 학력의 상호 인정을 목표로 설립된 회원국 인증기구 간 다자간 협의체. 정회원국 11개국. 준회원국 2개국이라고 소개하고 있다.

가 대표적인 공학교육 인증 협약이다. 각각은 Professional Engineer, Engineering Technologist, Engineering Technician을 대상으로 한다. 이 협약들은 UN 산하의 정부 간 공식 협정이 아니라, 각국의 전문 인증기관 간의 상호 인정 협약으로, 법적 구속력은 없지만 실질적인 국제적 효력을 가지는 다자간 신뢰체계이다. 예를 들어, Washington Accord는 4년 이상의 공학 학사 수준을 기준으로 하며, 해당 인증기관의 인증을 받은 교육과정 졸업자는 타국에서도 '기본 자격 요건을 충족한 자'로 인정받을 수 있다. 그러나 이 효력은 인증을 받은 프로그램에만 적용되며, 국가 전체에는 자동적으로 적용되지 않는다. 이러한 공학교육 구조와 자격 분화는, 더 근본적으로는 기술과 지식의 위계적 구조에 기반한다.

즉, Technique → Technology → Engineering → Science로 이어지는 흐름이다.

기술(technique)은 도구나 행위로서의 기능적 숙련이고, 기술학(technology)은 그것의 체계화이며, 공학(engineering)은 기술을 사회적 문제해결에 적용하는 실천적 설계 지식이다. 그리고 과학(science)은 자연과 현상의 이론적 탐구를 통해 지식의 원리를 체계화한다.

이러한 지식 위계는 직능 구조에도 반영된다. Technician은 기술을 숙련·운용하는 실천자이며, Technologist는 응용적 설계와 시스템 운영을 담당하는 중간 전문가, Engineer는 복잡한 문제를 정의하고 분석하며 설계할 수 있는 고차 전문인이다. 이들은 단순한 직무 구분이 아니라, 교육수준, 책임 수준, 법적 권한의 차이를 내포한다.

그렇다면 '기술사'는 이 구조 속에서 어디에 위치하는가?

국제적 협약에 명시된 공식 분류는 아니지만, Licensed Professional Engineer 혹은 Chartered Engineer와 유사한 지위로 해석할 수 있다. 이들은 대부분 국가별 법제도에 따라 별도의 시험과 경력 요건을 충족해야 하며, 그 자격은 단순한 교육을 넘어 법적으로 특정 직무를 수행할 수 있는 권한과 책임을 부여받는다.

즉, 기술사는 단순한 직무능력이 아니라 규제 전문직(regulated profession)의 일종인 것이다. 이러한 논의를 통해 우리는 자연스럽게 직업교육의 재(再)정의로 나아가게 된다. 전통적으로 직업교육은 기술자·기능인을 양성하는 교육으로 좁게 이해되었지만, 오늘날의 직업세계는 단순히 '손을 쓰는 일'만이 아니라, 복합적인 지식·기술·태도(Holistic Competency)를 요구한다.

따라서 직업교육은 technician만을 위한 것이 아니라, engineer, technologist, researcher, knowledge worker 모두를 위한 교육이어야 한다. Engineering Education은 고등 직업교육의 대표적 사례이며, Research Training조차도 학문을 위한 직업교육의 일환으로 볼 수 있다. 이렇게 본다면, 이과대학은 과학자(scientist)를 기르고, 공과대학은 공학인(Engineer, Technologist)을 양성하며, 모두가 어떤 방식으로든 '직업적 실천'을 위한 지식과 역량을 구성하는 체계 안에 놓여 있다고 볼 수 있다.

즉, 직업교육은 기능 중심 교육만이 아니라, 실천 지향적 지식구조와 책임역량을 갖춘 인간을 길러내는 학습 체계 전체를 포괄하는 개념으로 확장되어야 한다.

5. 산업교육과의 비교

직업교육이라는 용어는 오늘날 정책 문서나 교육법령에서 자주 등장하지만, 정작 그것이 의미하는 바가 무엇인지 명확히 정의된 바는 없다. 단지 '고등학교의 특성화 교육' 혹은 '전문대학의 기술계 교육'을 직업교육이라 간주해 왔을 뿐이며, 더 나아가 기능경기대회나 훈련기관 중심의 기술 습득도 직업교육의 일부로 인식되어 왔다. 그러나 이러한 인식은 국제적으로 통용되는 '직업교육' 개념과는 상당한 괴리가 있다. 그리고 그 괴리의 배경에는 우리 사회에서 직업교육이 제도적으로는 부재했고, 대신 산업교육이라는 포괄적이고 모호한 개념이 과잉적으로 기능해 온 구조적 문제가 존재한다.

산업교육이라는 용어는 「산학협력법」에 여전히 살아 있다. 이 법은 산업교육을 "산업에 종사하거나 창업하는 데 필요한 지식과 기술 등을 습득시키고, 기업가정신을 함양시키기 위하여 하는 교육"이라고 정의한다. 중요한 것은 이 법이 산업교육기관으로 고등학교와 고등기술학교뿐만 아니라, 대학과 외국대학, 그리고 대통령령으로 정하는 기타 고등교육기관까지 모두 포함하고 있다는 점이다. 즉, 산업교육은 고등학교부터 대학원 수준까지 수직적으로 포괄하며, 교육의 내용적 성격이나 교육방식보다는 '산업과의 관련성'이라는 외적 기준으로 범주화된 개념이었다.

이러한 정의는 산업교육을 단지 실업계 고등학교 수준의 기능 교육으로만 한정하지 않았으며, 오히려 고등교육 전반에서 이루어지는 '응용기술교육(applied technology education)'을 포함하는 매우 확장된 개념이었다. 다시 말해, 산업교육은 우리나라 고등교육 체계에서 일반대학이 수행하던 학문 중심의 교육(academic education)에 대응하여, 실용성과 산업 연계를 앞세운 적용교육(applied education)의 틀을 구성하는 장치로 작동했다. 특히 산업대학, 전문대학, 산업계특성화 대학 등은 모두 산업교육의 핵심 축으로 이해되었으며, 그 교육 목표 역시 '산업 수요에 맞는 인재 양성'이었다. 문제는 「산학협력법」의 목적에서 알 수 있듯이, '산업사회의 요구에 따르는 창의적인 산업인력 양성'에 있었고, 본질은 산업의 기능인력 요구에 부응하는 교육을 하는 것이었다. 학습자의 성장과 발달, 직업역량의 확충은 「산학협력법」의 목적에는 어울리지 않는 것이었다.

그러나 이러한 산업교육은 일반적으로 통용되는 직업교육(vocational education)의 개념과는 명백히 다르다. 직업교육은 특정 직무를 수행하기 위한 실천적 지식, 기능, 태도 등을 단계적으로 개발하고, 이를 통해 학습자의 고용가능성을 높이며, 사회적 생산 참여를 가능하게 하는 교육을 의미한다. 이는 단지 기술을 배우는 것이 아니라, 직무의 수행 역량을 구조화된 교육 체계를 통해 함양하는 것을 의미하며, 그 과정은 명확한 커리큘럼과 평가 체계를 전제로 한다. 즉, 직업교육은 '기능인 양성'이 아닌, '일을 수행할 수 있는 사람을 키우는 교육'이다.

이러한 일반적 기준에 비추어 볼 때, 한국은 제도적으로 직업교육을 가져본 적이 없었다고 볼 수도 있다. 우리가 지금까지 직업교육이라고 불러온 대부분은 실상 변형된 기술교육(technical education)에 가까웠고, 그마저도 명확한 교육목표나 체계적 설계 없이 산업기술 발전에 종속된 응용기술 중심의 교육이 주를 이루었다. 더 나아가 한국의 기술계 교육은 공학기초 교육과 기능숙련을 혼합한 형태로 발전했기 때문에, 정작 직무수행에 필요한 '일 기반의 학습(work-based learning)'이나 '모듈형 훈련 체계'는 거의 실현되지 못했다.

그 결과, 직업교육은 제도 교육 체계 밖의 사교육, 기업 내 훈련, 민간자격 시장 등 비공식 영역에 의해 대체되거나 왜곡되었다. 기능경기대회와 같은 엘리트 기능인의 선발 시스템이 직업교육의 전부처럼 여겨졌고, 취업 준비는 학교가 아닌 공단 훈련원이나 민간 학원에서 이루어졌다. 학교는 직업을 가르치지 않았고, 국가도 직업교육을 체계화하지 않았다. 그리고 그 책임은 종종 '산업의 변화 속도'나 '학생의 흥미 부족'으로 전가되었다. 이제 우리는 이러한 구조를 정면으로 마주해야 한다.

한국의 산업교육은 기술자 양성과 산업적 실용성을 강조하면서도, 교육이 갖추어야 할 교육성과와 학습자 중심성, 고용연계성, 생애학습 체계와의 통합이라는 관점에서는 오히려 직업교육의 본질과 거리가 있었다. 이는 산업교육의 과잉 속에서 직업교육이 실질적으로 부재했던 역사였다라고 요약할 수 있다.

이 책에서 우리는 바로 이 개념적 공백과 구조적 왜곡을 직시하고 있다. 직업교육은 다시 개념화되어야 한다. 더 이상 '산업에 필요한 인재'가 아니라, '삶을 살아가는 데 필요한 직무역량을 개발하는 학습과정'으로서의 직업교육을 재정의하고 제도화해야 한다. 그리고 그 출발점은, 지금까지 우리가 직업교육이라 믿어왔던 것들이 실제로는 그렇지 않았다는 사실을 정직하게 고백하는 데에서 비롯되어야 한다.

6. 진로교육과의 비교

진로교육은 자기 이해와 경력 설계를 돕는 교육이다. 그것은 직업교육의 출발점이자, 그 철학적 기반이다. 하지만 현실에서는 진로교육이 직업교육을 가볍게 대체하거나, 단순한 취업지도(career placement)로 축소되는 경우가 많다. 진정한 진로교육은 "나는 어떤 삶을 원하는가?", "어떻게 살아갈 것인가?"라는 질문에 대한 교육이어야 하며, 이는 곧 직업교육의 존재 이유이기도 하다.

CEDEFOP의 Glossary에 따르면, 진로 개발(career development)은 개인이 자신의 미래를 설계하고 성공적이며, 만족스러운 삶과 진로를 이루기 위해, 학습, 노동, 개인 생활, 직업에 대한 기대와 제약, 개인적 흥미, 전환과 의사결정 등을 평생에 걸쳐 관리하고 균형 있게 조화시키는 과정을 말한다.

이와 같은 CEDEFOP의 설명은 진로개발의 특징을 다음과 같이 정리해 볼 수 있다. 그리고 이러한 특징을 보면 우리의 진로교육이나 진로개발의 정의나 인식이 얼마나 협소한지를 이해할 수 있을 것이다.

① 생애 전 주기적 관점 (Lifelong Process): 진로 개발은 특정 시기에만 국한되지 않고 유아기 - 청소년기 - 성인기 - 노년기까지 전 생애에 걸쳐 이어지는 지속적 과정이다. 학습, 직업, 가족, 여가 등 삶의 모든 영역에서 진로가 형성되고 조정된다는 관점을 반영한다.
② 자기 주도성과 의사결정 중심 (Self-Directed and Decision-Making Oriented): 진로는 개인이 스스로 선택하고 조정해 가는 자기 주도적 과정이다. 단

지 '직업을 찾는 것'이 아니라, 다양한 전환과 갈등 속에서 선택과 결정을 반복해 가는 활동으로 이해되어야 한다.

③ 다차원적 통합성 (Integration of Life Domains): 진로 개발은 일(working)뿐 아니라, 학습(learning), 개인의 삶(personal life), 흥미(interests), 제약(constraints)까지 포함하는 복합적이고 통합된 활동이다. 이는 진로를 단지 '직업적 성공'이 아닌 삶 전체의 조화와 만족의 관점에서 접근해야 함을 뜻한다.

④ 전환기와 변화 관리 (Transition Management): 진로 개발은 학교 → 일 → 이직 → 은퇴 등 생애 전환기의 효과적 대응과 준비를 중심으로 한다. 변화하는 노동시장, 가족관계, 건강 상태에 따라 유연하게 대응할 수 있는 역량과 전략의 개발이 중요시된다.

⑤ 외부 제약 요인의 함축적 고려 (Implied Contextual Constraints): 정의에서는 진로 개발이 '기대(work expectations)'와 '제약(constraints)'을 조율하는 과정으로 설명되고 있으며, 여기서 제약은 개인 내부 요인뿐 아니라 외부 환경 요인(예: 노동시장 구조, 기회의 불균형 등)을 포괄할 수 있다. 따라서 사회경제적 조건, 성별, 계층, 지역 등의 사회문화적 요인에 대한 감수성과 대응 전략도 함축적으로 요구된다고 해석할 수 있다.

진로에서 중요한 것은 바로 path와 design이다. 특히 교육과 훈련의 경로를 찾아가고, 설계하는 것이다. 이때 교육훈련의 이행경로(education and training path)는 개인이 지식, 기능, 역량을 습득하기 위해 따라가는 학습의 일련의 흐름 또는 순서의 종합을 의미한다. 그리고 이러한 경로는 공식적(formal) 학습과 비공식적(non-formal) 학습을 혼합하여 구성할 수 있다.

유사하지만 구분해야 할 용어가 있다. 바로 pathway이다. path가 개인의 실제 경험의 경로를 의미한다면, pathway는 설계되거나 제시된 선택지로서의 경로를 의미한다. 설계경로라고 할 수 있다. 학교, 훈련기관, 고등교육기관, 기타 교육훈련 제공기관 등이 제공하는 상호 연계된 교육 또는 훈련 프로그램들의 집합을 의미하며, 개인이 하나의 활동 분야 내에서 혹은 여러 분야 간에 원활히 이동할 수 있도록 지원하는 역할을 한다. 이 개념은 앞서 번역한 education/training path가 개인의 실제 학습 흐름을 의미했다면, pathway는 제도적으로 설계된 진입 → 발전 → 전환 → 이행 경로를 뜻합니다.

예: 중등직업교육 → 전문대학 → 평생직업능력개발훈련 → 학점은행제 편입 등.

함께 검토되어야 할 용어는 education and training planning and design이다. CEDEFOP의 Glossary에 따르면, 이는 미리 설정된 목표를 달성하기 위한 교육 및 훈련체계나 실행방안을 설계하고 실행하는 데 적용되는 일련의 활동을 의미한다. 다음 활동을 포함한다.

- 훈련 수요 및 요구 분석
- 프로젝트 설계
- 훈련의 조정 및 실행(프로그램과 교육과정 포함)
- 훈련 결과에 대한 모니터링 및 평가

「진로교육법」에서의 진로교육 정의는 다음과 같다. 진로교육이란 국가 및 지방자치단체 등이 학생에게 자신의 소질과 적성을 바탕으로 직업 세계를 이해하고 자신의 진로를 탐색·설계할 수 있도록 학교와 지역사회의 협력을 통하여 진로수업, 진로심리검사, 진로상담, 진로정보 제공, 진로체험, 취업 지원 등을 제공하는 활동을 말한다. 이때 진로상담이란 학생에게 진로정보를 제공하고 진로에 관한 조언과 지도 등을 하는 활동(온라인으로 하는 활동을 포함한다)을 말한다. 진로체험이란 학생이 직업 현장을 방문하여 직업인과의 대화, 견학 및 체험을 하는 직업체험과, 진로캠프·진로특강 등 학교 내외의 진로교육 프로그램에 참여하는 활동을 말한다. 진로정보란 학생이 진로를 선택할 때 필요한 정보로 개인에 대한 정보, 직업에 대한 정보, 노동시장을 포함한 사회 환경에 대한 정보 등을 말한다.

주요 차이를 보면,

① 진로의 정의 폭: CEDEFOP은 'career'를 직업적 성공에 국한하지 않고, '학습-일-삶의 균형'이라는 총체적 삶의 설계로 본다. 반면, 「진로교육법」에서는 진로를 '직업 탐색'에 가깝게 좁게 정의하고 있다. 전이와 관리의 개념이 미약하다.
② 구조적 조건에 대한 인식: career development 개념에서는 노동시장 불균형, 성별, 지역, 계층 등 사회적 제약요소를 고려한 진로 설계가 강조된다. 반면, 진로교육법은 '소질과 적성' 등 개인의 내적 요소에 집중되어 있으며, 사회적 구조에 대한 인식은 매우 약하다.
③ 전 생애적 관점 부재: career development는 은퇴 전후까지 포함하는 생애 설계 개념이지만, 진로교육법의 '진로'는 사실상 학생기(학교기) 진로설계로 제한된다.

진로교육을 하는 이유는 무엇일까? 결국 각자의 진로관리역량(career management skills)을 키우기 위한 것이 아닐까?

CEDEFOP은 진로관리역량을 다음과 같이 정의하고 있다. 개인 또는 집단이 자기 자신에 관한 정보, 교육 및 직업에 관한 정보를 수집, 분석, 종합, 조직할 수 있도록 돕는 일련의 역량(competences)을 의미한다. 또한, 잘 숙고된 의사결정을 내리고 이를 실행함으로써 장기적인 고용가능성(long-term employability)을 높이기 위한 전환(transition) 능력까지 포함된다.

CEDEFOP에 따르면, 진로관리역량의 개발을 위해서는 다음과 같은 학습 요소가 필요하다.
① 조직적이고 구조화된 학습 활동: 자신의 진로 목표를 구상하고, 계획하고, 달성하기 위한 체계적인 학습 활동
② 자기평가 능력: 자신을 평가하고 강점을 정의하며, 형식적·비형식적·무형식적 교육을 통해 습득한 역량과 적성을 설명하는 능력
③ 학습 및 훈련 탐색 능력: 새로운 역량을 개발하기 위한 학습 기회를 탐색하고 활용하는 능력. 이는 고용가능성 유지 및 향상과 직접적으로 연결됨
④ 취업 관련 기술: 구직 정보 탐색, 이력서 및 자기소개서 작성, 온라인 채용 포털 활용, 면접 준비 등 실제 취업 과정에 필요한 실용 기술
⑤ 다양한 맥락에 대한 인식: 교육 및 자격 체계에 대한 이해, 학습 및 고용 기회에 대한 접근성, 노동시장 및 경제 환경의 구조, 학습과 노동의 연계성

이와 같은 관점에서 볼 때 「진로교육법」은 한계가 있다. 우리의 진로교육은 여전히 '체험 제공 → 탐색 유도' 중심의 교육이며, 개인의 진로관리능력 함양은 실제 교육과정에서 구체화되어 있지 않다. CMS 관점에서 본다면, 학생 스스로 진로를 관리할 수 있는 구조화된 자기 설계 능력을 중심으로 교육이 재구성되어야 한다.

7. 입직 이전(Initial)과 입직 이후(Continuing)의 관계

가. UNESCO-UNEVOC의 정의

UNESCO-UNEVOC는 직업교육과 훈련(Vocational Education and Training, VET)의 개념을 Initial(입직 이전)과 Continuing(입직 이후) 두 단계로 구분하여 정의하고 있다. 이 구분은 직업세계에 처음 진입하기 위한 준비와, 직업세계에 진입한 이후의 성장을 서로 다른 교육적 단계로 이해하려는 틀에서 출발한다.

Initial 단계는 노동시장에 첫발을 내딛기 전, 학습자가 갖추어야 할 지식, 기술, 태도 등의 기초 역량을 길러주는 교육과정이다. 이 단계에 포함되는 주요 개념은 'Initial education', 'Initial training', 'Initial education and training', 'Initial VET' 등이 있다. 이들은 일반적으로 정규 교육 시스템 내에서 운영되며, 아동과 청소년, 젊은 성인 등을 주요 대상으로 한다. 학교 기반의 전일제 교육, 도제식 학습, 일-학습 병행 등의 다양한 형식이 활용되며, 대부분 공식적인 자격 취득으로 이어진다.

'Initial education'은 직업 준비뿐만 아니라 일반적인 학업 및 소양 교육을 포함하는 보다 넓은 개념이며, 'Initial training'은 특정 직업을 위한 실질적인 기초 및 전문화된 훈련에 초점을 둔다. 특히 'Initial VET'는 직업교육훈련 체계에서 노동시장 진입 직전에 이루어지는 훈련 과정을 명확히 지칭하는 용어로, 일 기반 훈련(work-based learning)도 포함한다는 점에서 직무 적합성을 강조한다.

반면, Continuing 단계는 이미 직업세계에 진입한 성인, 즉 재직자나 실업자, 경력 전환자 등을 대상으로 한다. 이 단계의 목적은 단순히 지식을 보완하거나 기술을 유지하는 데 그치지 않고, 새로운 역량을 습득하거나 기존 전문성을 확장·심화하여, 직업 생애 전반에서 지속적으로 성장할 수 있도록 돕는 데 있다. 여기에는 'Continuing education', 'Continuing VET', 'Continuing higher education and training', 'Continuing training and professional development', 'CPD(Continuing Professional Development)'와 같은 개념이 포함된다.

Continuing 단계는 정규 교육 시스템뿐 아니라 비정규, 비공식 학습, 일-기반 학습 등 다양한 형태로 이루어진다. CEDEFOP은 이를 "초기 교육 이후 또는 노동시장 진입 이후 수행되는, 지식·기술·숙련도의 향상(upskilling), 재훈련(reskilling), 전문성 강화, 그리고 개인적·직업적 성장 전반을 포함하는 모든 학습 활동"으로 정의한다. 특히 'CPD'는 의료, 법률, 교육 등 전문직종에서 지속적 역량 관리를 위한 윤리적·법적 책무로 기능하며, 전문성의 유지뿐 아니라, 고급 역량과 리더십, 윤리적 판단 능력까지 포괄하는 총체적 발전 개념으로 자리 잡고 있다.

나. Initial 단계(Professional Education, Research Training 등 전문 인력 양성과의 관계)

또한 함께 검토되어야 할 용어는 Professional Education, Research Training, Engineering Education이다. 그 동안은 직업교육과 무관하다고 생각해 왔다. 하지만 필자는 이들 모두에 다 직업교육적 속성이 있기에, 직업교육 접근이 필수적으로 반영되어야 한다고 본다. 또 이러한 접근이 대한민국 대학교육, 고등교육의 문제를 해결하는 첩경이라고 본다.

한국의 대학 및 대학원 교육은 학문적 깊이와 이론적 탐구라는 명목 하에, 실제 졸업생이 나아갈 '직업세계'에서의 역량 함양을 등한시해 왔다. 이는 고등교육이 현실과의 괴리를 키우는 원인이 되고 있다. 이처럼 대학이나 대학원 교육에 '직업교육적 속성'을 수용하지 않고 순수한 학문 중심 교육만을 추구하는 것은, 교육의 중요한 역할 중 하나인 '직업세계 진입 준비' 또는 '직업세계에서의 성장 지원'을 간과하는 것이 된다. 몇 가지 사례를 들어 설명한다.

의대교육은 그 자체가 도제식 교육이기 때문에 가장 직업교육적 성격이 강하게 드러난다. 의학 지식은 학문적이지만, 수련의 과정은 철저히 실무 중심의 도제 교육이며, 이는 궁극적으로 '의사'라는 특정 직업을 수행하는 데 필요한 역량을 길러준다. 도제 교육은 직업교육의 원형(原形)이다. 의대 교육은 학문과 직업의 경계가 가장 희미한, 성공적인 광의의 직업교육 모델로 볼 수 있다. 이처럼 '전문가 양성 교육'은 광의의 직업교육의 한 속성으로 자리매김하게 된다.

법학전문대학원은 법조인으로서의 실무능력을 기르기 위해서 만들어진 전문대학원이다. 의사 양성 교육은 의과대학 시절에 이미 도제교육이 바탕이 되었기에 의학전문대학원으로 다시 의과대학으로 바뀌어도 도제교육이라는 본질은 변하지 않는다. 그러나 법학전문대학원은 다르다. 법조인의 실무능력을 기르기 위해 법과대학에서 법학전문대학원으로 외형은 바꿨으나, 본질은 법학대학 시절의 방법론이 지배적이고, 사법고시 공부는 개인이 학원에서 알아서 하던 방식이 법학전문대학원으로 바뀌어도 변화하지 않았다. 즉, 실무능력을 가르칠 준비가 전혀 없었던 것이다. 그러니까 법학전문대학원의 학생들에게 옛날처럼 학원 다니면서 공부하라고 말은 할 수 없고, 그렇다 보니 여러 법학전문대학원에서 변호사 시험 준비하기 위해서 학원 강사를 초빙해서 시험 대응 수업을 받는 현실이 발생한다. 즉, 실무교육은 의대 교육처럼 직업교육적 성격이 바탕이 되어야 하지만, 실제로는 학문 중심 교육의 관성이 지배하여 본래 목적을 달성하지 못하는 한국 교육의 현실을 잘 보여준다. 법학전문대학원이 '광의의 직업교육' 역할을 제대로 수행하지 못하고 있다.

Research Training(연구자 훈련)과 Engineering Education(공학교육)도 비슷하다. 연구자가 되는 길에는 그 학문의 지식과 방법론을 배우는 부분도 있지만, 결과적으로 연구자로서 성장할 수 있는 research training도 매우 중요하다. 연구주제 선정, 자료 조사, 집필, 연구윤리 등은 사실상 직업교육적 속성이 담겨 있는 것이다. engineering education도 마찬가지이다. 이론만 가르치다가 막판에 capstone design을 하는 이유도 결과적으로 applied capacity를 기르기 위한 것이고. 이는 결국 직업세계에서의 실무역량 배양과 관련이 있는 것이다. 이처럼 고도의 학문적 영역조차도 궁극적으로는 '직업세계'와 연결된다고 봐야 한다. 연구자는 '연구직'이라는 직업을 수행하는 것이고, 공학자는 '엔지니어'라는 직업을 수행하는 것이다. 이들이 학문적 지식 외에 실제로 '직업세계에서 살아갈 역량(적용 능력, 문제해결, 협업 등)'을 갖추는 것이 중요하며, 기존 교육은 이 부분을 간과했다. Capstone Design이 이론과 실무의 괴리를 해소하려는 시도이지만, 없는 것보다는 낫겠지만, 그것만으로는 부족한 것이다.

이와 같은 접근은 한국 교육의 이분법적 사고방식(학문 vs. 기술, 이론 vs. 실무)을 극복하고, 모든 교육이 궁극적으로 '개인이 직업세계에서 주체적으로 살아갈 역량'을 길러주어야 한다는 인본주의적 철학과 맥을 같이 한다. 의대 교육, 법학전문대학원, 연구 훈련, 공학교육 사례를 통해 고등교육 단계에서도 '직업교육적 속성'을 적극적으로 수용해야 하는 것이다. 이러한 방향으로 대한민국 교육 시스템 전체의 재설계가 요구된다.

다. Continuing 단계

(1) 전문성 개발(Professional Development)

CEDEFOP의 Glossary에 의하면 Professional Development는 개인이 노동시장에 진입한 이후 자신의 기술과 자격을 갱신하거나 새롭게 습득하고, 업무 수행 능력을 향상시키며 경력 발전을 도모하기 위해 수행하는 모든 교육 또는 훈련 활동을 말한다. 그렇기 때문에 직업훈련과 매우 흡사하다. 그래서 전문성 개발이라고 번역하기보다 직업능력개발로 번역해도 무방할 수 있다.

직업능력개발은 다음을 포함한다.
직무 관련 기술뿐 아니라 일반 역량(예: 팀워크, 시간 관리, 협상 능력, 갈등 조정, 의사소통 등)을 모두 포괄한다.
다음과 같은 다양한 형태로 이루어질 수 있다:
자기주도학습, 정규 교육훈련, 자격 인증, 컨설팅, 학회 참가, 코칭 또는 멘토링.
실천 공동체(community of practice) 참여, 기술적 지원 등.

(2) 인적자원개발(HRD)과의 비교[25]

기업이 수행하는 HRD는 조직의 생산성과 경쟁력을 위한 전략이다. 반면 국가 수준의 직업교육은 개인의 삶의 질과 사회의 평등을 위한 공공정책이다. 물론 기업교육도 직업교육적 성격을 가질 수 있지만, 그것이 전부는 아니다. 국가가 직업교육을 시장 논리에만 맡긴다면, 학습의 기회는 대기업·고학력자 중심으로 집중될 것이다. 따라서 직업교육은 단지 경제 정책이 아니라, 학습복지의 문제이기도 하다.

(3) 성인교육(adult education)과의 비교

UNESCO의 정의에 따르면 성인교육은 한 사회에서 성인으로 간주되는 개인을 대상으로 한 교육으로, ⅰ) 기술적(technical) 또는 전문적(professional) 자격을 향상시키거나, ⅱ) 능력을 더 개발하거나, ⅲ) 지식을 풍부히 하여 형식교육(formal education)의 한 수준을 이수하건, ⅳ) 특정 분야에서 지식, 기능, 역량을 새롭게 습득하거나, 갱신(refresh)하거나, 최신화(update)하는 것을 목적으로 하는 교육을 말한다. 이러한 성인교육에는 계속교육(continuing education)[26], 회귀교육(recurrent education)[27], 두 번째 기회 교육(second chance

---

25 관련하여 '국가인적자원개발(NHRD)'와 '지역인적자원개발(RHRD)'가 있다. 한 기관에서 국가 차원, 지역 차원의 확대한 개념이다. 이는 기관의 성장·발달이 그 기관의 인적자원에 의존하는 것처럼, 국가나 지역도 같을 거라는 기본 전제가 존재한다.

26 노동시장이나 직업세계 또는 성인이 되어서 받는 continuing education과 대응되어 주로 사용되는 용어는 initial education이다. initial education은 보통 formal, full-time, pre-employment education으로 이해하면 된다. 즉, 생애 초기의 정규학교교육을 의미한다.

27 회귀교육은 OECD가 1973년 발간한 『Recurrent Education: A Strategy for Lifelong Learning』에서 제안한 용어이다. 핵심은 '교육 → 노동 → 교육 → 노동'의 순환구조에 있다.

education)[28]으로 불리는 교육들도 포함한다.

이와 같이 UNESCO-UNEVOC는 직업교육을 '노동시장 진입 전'과 '진입 후'로 나누어 설명하면서, 교육의 단계별 기능을 구분하고자 한다. 하지만 이러한 구조는 행정적·제도적 분류에는 유용할지 몰라도, 교육의 본질적인 통합성과 학습자의 생애주기적 성장이라는 관점에서는 한계가 있다.

정리하면, 직업교육이란, 개인이 자신의 잠재력과 적성을 발견하고, 평생에 걸쳐 변화하는 직업세계에서 주체적으로 살아갈 수 있는 역량(지식, 기술, 태도, 소양 등)을 습득하고 발전시키기 위해 이루어지는 모든 교육 활동이다. 이 정의에 따르면, 직업교육은 노동시장 진입 전의 준비 교육(Initial)과 진입 후의 지속 교육(Continuing)을 모두 포괄한다. 다시 말해, Initial과 Continuing은 직업교육이라는 하나의 통합된 개념 안에서 연속적으로 존재하는 실천 단계일 뿐, 본질적으로 분리된 것이 아니다.

또한 필자의 직업교육 개념은 정규 학교 교육을 넘어, 비정규 교육, 사내 직무 훈련, 지역사회 기반 학습 등 다양한 교육 형식을 포괄하며, 유연하고 비정형적인 학습 경로를 적극 수용한다. 이는 공식성과 제도화에 초점을 두는 UNESCO-UNEVOC의 구분보다 훨씬 더 개방적이고 실제적이다. 특히 'Initial education'에 일반교육이 포함될 수 있고, 'Continuing education'

---

28 Second chance education은 다양한 이유로 인해 학교에 다니지 못했거나, 또는 재학 중이던 교육 단계(level)를 마치지 못하고 중도에 학교를 떠났거나, 해당 교육 단계를 마쳤더라도 아직 자격을 갖추지 못한 교육 프로그램이나 직업에 진입하고자 하는 개인들을 대상으로 하는 교육이다. 이러한 교육의 참가자들은 대개 해당 ISCED 수준의 전형적인 연령대보다 나이가 많으며(그러나 반드시 성인일 필요는 없다), 때때로 bridging programme이나 재통합 프로그램(re-integration programmes)으로 불린다. 이 용어는 평생학습이 제도화되기 이전, 교육 기회를 단회적(one-shot)으로 여겼던 시대의 산물이다. '첫 번째 기회'인 정규학교교육에서 이탈하거나 진입조차 하지 못한 이들에게 '두 번째 기회'라도 제공해야 한다는, 교정적이면서도 회복적(remedial and restorative) 의미를 담고 있다. 이후 평생학습 담론이 확산되면서, 이 개념은 권리 보장형 교육정책의 상징으로 자리잡게 되었다. 문해교육이나 검정고시가 second chance education의 대표 제도이다. 물론 최근 대입검정고시는 그 취지에 부합하지 않는 학습자가 너무 많아 문제이다.

이 학업적·직업적·개인적 목표를 모두 포함한다는 점에서, 필자의 직업교육 개념은 일반교육과 직업교육, 학문적 교육과 실천적 교육 사이의 경계를 허무는 확장된 틀을 제시한다.

무엇보다도 중요한 차이는 철학적 지향에서 드러난다. UNESCO-UNEVOC의 개념들이 직무수행, 고용 가능성, 전문성 개발 등 실용주의적 목적에 기초하고 있는 반면, 필자의 직업교육은 인간의 자율성과 내면적 성장, 자기 삶의 주체적 설계라는 인본주의적 가치를 핵심에 둔다. 직업교육은 단순히 기술이나 지식의 습득이 아니라, 한 인간이 자신의 잠재력을 실현하고 의미 있는 삶을 살아가기 위한 전 생애적 학습의 과정으로 이해된다.

8. 실업교육, 전문교육의 본질적 의미

우리는 실업교육을 직업교육을 의미하는 용어로 사용해 왔다. 그래서 지금의 특성화고가 초기에는 실업계고였다. 이후 그 명칭은 전문계고였다. 이름만 보면 매우 긍정적이다. 제1부에서 설명했듯이 학교 명칭은 일종의 상징조작(symbolic manipulation)이다. 그렇다고 해서 실질이 사라지는 것은 아니다. 그러나 우리는 이 시점에서 상징조작의 이름으로 '실업'과 '전문'이라는 단어를 사용했는지를 생각해 봐야 한다. 역설적으로 지금 우리 직업교육이 나아가야 할 방향이 바로 이 실업의 정신, 전문의 정신을 제대로 살리는 것일 수 있기 때문이다. 어쩌면 직업교육은 실용과 전문교육으로 완성될 수 있는 것이다.

가. 실(實): 직업교육의 기원은 현실에 있다

직업교육의 뿌리는 '실(實)'에 있다. 여기서 실이란 단지 손에 잡히는 기능이나 기술만을 의미하지 않는다. 실은 현실에 기반한 앎, 추상적 지식이 아닌 구체적 삶에 작용하는 유용한 지식과 역량, 나아가 국민의 삶을 개선하는 데 기여할 수 있는 실천적 능력을 의미한다.

이러한 실용성은 실학(實學)의 전통, 즉 경세치용(經世致用), 이용후생(利用厚生), 실사구시(實事求是) 등의 철학과 긴밀하게 연결된다. 역사적으로도 일제강점기 실업교육(實業敎育)이라는 표현이 사용되었던 이유는, 직업교육이 태초부터 실용성을 중심으로 기능해 왔기 때문이다.[29]

그래서 '실용적(practical)'이라는 표현은 단순한 손기술이나 기능에만 머물러서는 안 된다. 실용이란 지식과 기술을 사회와 인간의 삶에 연결하는 능력이며, 이를 통해 문제를 해석하고 설계하며 개선할 수 있는 복합적 실천지능(practical intelligence)을 포함하는 개념이다. 실용성은 단순한 유용함이 아니라, 학습자가 사회적·직업적 맥락에서 적용 가능한 능력을 기르는 것이며, 그것은 적용(applied)과 체화(training)라는 두 축을 모두 포함한다.

그러나 그동안 직업교육은 training 중심으로만 인식되었고, applied knowledge를 다루는 교육은 일반대학의 전유물로 간주되곤 했다. 이로 인해 직업교육은 스스로를 이류로 규정하는 잘못된 자기 제약을 경험해 왔다.

---

29   실업교육에 대해서는 안홍선의 『식민주 중등교육체제 형성과 실업교육』에서 아이디어를 구했다.

나. 전(專): 실용의 깊이, 전문성의 완성

직업교육이 실용성만으로 충분하지 않은 이유는, 실천이 사회적으로 의미 있고 지속 가능하기 위해서는 고도의 집중과 정련이 필요하기 때문이다. 여기서 등장하는 개념이 '전(專)'이다. 전문성이란 단순한 지식의 양이 아니라, 특정 분야에 몰입하고 반복과 훈련을 통해 체화된 실천 능력을 의미한다.

'전문'이라는 개념은 전문직(profession), 전문가 교육(professional education), 전문성 개발(professional development) 등에서 보이듯, 고유한 사회적 책임과 연계된 고도화된 직무수행 능력을 내포한다. 따라서 대한민국이 직업교육기관에 '전문계고'나 '전문대학'이라는 이름을 부여한 것은 단순한 상징 조작이 아니라, 직업교육의 핵심 목표가 '전문성'에 있다는 교육적 선언이었다고 해석할 수 있다.

실학의 실(實)이 현실에 근거한 유용한 지식이라면, '전(專)'은 그 지식을 구체적 실천으로 구현하는 능력이다. 실용교육(practical education)의 진정한 완성은 바로 이 전문성에 있으며, 실이 전문으로 정련될 때 비로소 실용은 실용답게 기능한다.

다. 직(職): 직업교육의 사회적 책임과 인간적 정체성

전문성을 갖춘 교육이 향해야 할 마지막 지점은 '직(職)'이다. 여기서 직이란 단순한 직무(job)를 넘어서, 사회 속에서 개인이 감당해야 할 역할과 위치, 곧 '사회적 정체성'을 의미한다. 직업은 생계 수단이자, 동시에 "나는 누구인가?"를 증명하는 사회적 공간이다.

직업을 갖는다는 것은 곧 책임 있는 존재가 된다는 것을 의미하며, 이는 직업윤리와 전문성의 실천으로 이어진다. 기술자에게는 감리 책임이, 의사와 교사에게는 윤리적 의무와 전문성 유지가 요구된다. 이는 직업이 단지 기능 수행의 수단이 아니라, 공공성과 타인에 대한 책임을 내포한 정체성 행위임을 보여준다.

직업교육은 결국, 이러한 책임을 감당할 수 있는 실천적 시민, 윤리적 전문가를 기르는 교육이어야 하며, 실용과 전문성을 넘어, 사회적 책무성(social responsibility)이라는 차원으로 확장되어야 한다.

라. 통합: 실용성과 전문성의 결합, 그리고 책무성의 철학

직업교육은 실용(practical)과 전문(professional)이 통합되어야 비로소 완성된다. 실용이란 현실을 살아가는 데 필요한 능력을 의미하며, 전문성이란 그 실용을 특정 분야에서 고도화하는 과정이다. 그리고 이 전문성은 단지 개인의 성공에 머무르지 않고, 사회적 책임과 공동체적 기여로 이어질 때 진정한 의미를 갖는다.

그렇기 때문에 직업교육은 더 이상 기능 중심, 노동 공급 중심의 훈련 체계에 머물러서는 안 되며, 지식과 기술, 윤리와 책임, 자율성과 연대가 결합된 통합적 교육 체계로 발전해야 한다. 이는 단지 technician을 위한 교육이 아니라, engineer, researcher, professional 모두에게 해당하는 인간적·사회적 교육의 철학이다.

직업교육은 결국 "실(實)에서 출발해, 전(專)을 통해 정련되고, 직(職)을 통해 사회적 책임을 실현하는 학습"이다. 실용과 전문성, 그리고 직업적 정체성을 하나로 통합하는 이 교육은, 단지 취업을 위한 교육이 아니라, 사회를 책임지는 인간을 길러내는 교육이다.

제5장

직업교육이란 무엇인가?

지금까지의 논의를 바탕으로 직업교육을 정의해 보자. 직업교육은 단순히 직무수행 능력을 키우는 교육이 아니다. 오늘날 직업교육은 변화하는 직업세계에서 주체적으로 살아갈 수 있는 역량을 기르는, 생애 전 주기에 걸친 통합적 학습 체계로 재정의되어야 한다. 이는 산업 변화, 노동시장 유연화, 기술 진보, 그리고 직업 개념의 확장 속에서, 직업교육의 철학과 구조가 함께 진화해야 한다는 요청에 응답하는 정의이다.

가. 직업교육의 본질: '직업세계에서 살아갈 역량'을 기르는 교육

직업교육은 실용(practicality)과 전문성(professionalism)의 결합으로 완성된다. '실(實)'은 현실에 기반한 유용한 지식과 기능, 삶에 작용하는 실천적 앎이며, '전(專)'은 특정 분야에 몰입해 체화된 고도의 실천능력이며, '직(職)'은 사회 속에서 나의 역할과 책임을 자각하며 수행하는 정체성의 자리이다. 직업교육은 이 실-전-직의 과정을 통해 실천지능, 전문 역량, 사회적 책임성을 통합적으로 길러야 한다.

나. 직업교육의 철학: Holistic Competency 기반의 생애 역량 교육

직업교육은 Holistic Competency를 기르는 교육이다. 이는 단지 직무수행 능력(job competency)에 그치지 않고, 기초 소양(capability)과 전이 가능한 고차적 역량(alpha competency)까지를 포괄하는 통합 개념이다.

- 지식 · 기술 · 태도(KSA)의 통합적 개발
- 문해력, 수리력, 디지털 리터러시 등 기본 역량(Basic Skills) 강화
- 문제해결력, 비판적 사고력, 창의성, 소통과 협업, 상황 적응력 등 직업 세계에서 요구되는 핵심 역량 함양

따라서 직업교육은 단지 일자리를 위한 훈련이 아니라, '일을 통해 자아를 실현하고 사회에 기여할 수 있는 사람'을 기르는 교육이다.

다. 직업교육의 범위: 광의의 직업교육 개념

직업교육은 특정 학교급이나 특정 계층만의 교육이 아니다. 직업세계에서 살아가기 위한 모든 교육은 광의의 직업교육으로 포섭되어야 한다.

- 고등학교 → 전문대학에 제한된 기존 개념을 넘어서,
- 일반대학, 공학교육(engineering education), 전문직교육(professional education), 연구자 교육(research training)까지 포함하고,
- 창업(創業), 창직(創職) 교육도 직업교육의 중요한 축으로 포함하며,
- 학교 교육 + 기업 훈련 + 사내 교육 + 지역 기반 학습 등 다양한 학습

환경을 포괄

이는 정규 교육(formal)뿐만 아니라, 비정규(non-formal), 비공식적(informal) 학습도 포함하는 lifewide 직업교육 체계로 발전해야 함을 의미한다.

라. 직업교육의 원리: 실용과 이론, 이론과 실천의 연계

직업교육은 실용성과 이론이 서로 보완하는 이중 나선 구조여야 한다.

- 실천이론(practical theory)을 중심으로, 학문과 실무의 유기적 결합을 도모
- 공학적 지식 + 기능적 숙련이 통합된 교육과정 설계
- Applied knowledge(응용지식)와 Training(실천지식)의 결합
- 직무 경험을 통해 이론을 내면화하고, 이론적 배경을 바탕으로 실무를 구조화할 수 있는 양방향성 학습 체계

마. 직업교육의 진로 기능: 직업선택을 넘어 직업인으로서의 삶 설계

직업교육은 단순히 직업을 선택하는 교육이 아니라, 직업인으로서 살아갈 삶을 설계하는 교육이다.

- 자기 탐색(흥미, 적성, 가치관 탐구)
- 직업세계와 노동시장에 대한 구조적 이해
- 생애 전환기마다의 경력 재설계 능력 함양

- 진로 교육 + 진로 전환 교육 + 경력 설계 교육까지 아우르는 다층적 기능

바. 직업교육의 진화: 평생직업교육으로의 확장

직업교육은 더 이상 특정 시기의 교육에 머물 수 없다. 이는 lifelong(생애 전 주기)과 lifewide(삶의 전 영역)를 아우르는 교육으로 진화해야 한다.

- 요람에서 무덤까지, 학령기 – 성인기 – 노년기를 관통하는 종단적 (lifelong) 직업학습
- 가정, 학교, 직장, 사회 등 삶의 다양한 영역에서의 횡단적(lifewide) 직업학습
- 직무 변경, 재교육, 전환기 재학습이 가능한 유연한 학습 경로 구축

이러한 구조는 학습자에게 "언제든 다시 배우고, 다시 도전할 수 있는 권리와 기회"를 보장해야 하며, 교육 체계는 이를 제도적으로 내재화해야 한다.

사. 직업교육의 사회적 역할: 이동성과 기회의 통로

직업교육은 단지 기술을 익히는 것이 아니라, 사회적 이동성(social mobility)과 불평등 해소, 경력 전환의 사다리 복원을 실현하는 제도적 통로이기도 하다.

- 교육을 통해 다시 일어설 수 있는 경로(modifiability) 제공
- 누구든 필요할 때, 필요한 만큼 다시 학습하여 경로를 수정하고 재설계

할 수 있도록 지원
- 이는 직업교육이 종국 교육이 아니라, 완결 교육이자 계속 교육이어야 한다는 것을 의미한다.

아. 결론

직업교육은 단순한 '기능 교육'이 아니다. 그것은 실용에서 출발해, 전문성으로 정련되며, 직업을 통해 사회적 책임과 공동체 기여로 나아가는 교육이다. 직업교육은 이제

- 학문과 실천, 기능과 지식, 개인과 사회, 현재와 미래를 잇는 통합적 교육이며,
- 기술을 넘어 사람을 기르는 교육,
- 그리고 삶을 설계하고 세계와 연결되는 인간을 기르는 교육으로 거듭나야 한다.

이는 직업교육이 더 이상 이류교육이 아니라, 가장 근본적이고도 미래지향적인 교육임을 선언하는 일이다. 그것이야말로 지금 우리가 다시 직업교육을 정의하고, 새롭게 써야 하는 이유이다. 직업이 사라지는 시대에 역설적으로 직업교육이 필요한 이유이기도 하다.

이제,
직업교육은 직업과 경력을 바탕으로 적응하고 전환하는 노력을 할 수 있는 힘을 길러주는 교육이다.

경력과 직업을 스스로 만들어갈 수 있는 힘을 길러주는 교육이다.

보편적 능력을 바탕으로 변해가는 세상에 맞추기 위해 능력개발을 할 수 있는 교육이다.

직업교육, 다시 묻고 새로 쓰다

Part 3.

새로 쓰다:

직업교육,
어떻게 이루어지는가?

제1장

역량 교육이란?

　직업교육은 역량 교육이다. 직업세계에서 살아갈 역량을 기르는 교육이다. 따라서 직업교육은 특정 기술이나 기능을 가르치는 훈련이 아니다. 직업교육은 직업세계(work, job, occupation)를 교육세계(curriculum, syllabus, learning materials)로 전환하는 것이 바탕이다. 이때 반드시 해석(interpretation)과 전환(translation)의 절차를 거쳐야 한다. 직업세계는 실재하는 노동과 생산, 일의 현장이며, 교육세계는 이를 인지적·개념적·행동적으로 재구성한 세상이다. 오늘날 교육은 단순한 지식 전달을 넘어서, 현실 세계, 특히 직업세계에서 요구하는 삶의 역량을 학습자가 실제로 갖출 수 있도록 돕는 데 중심을 두어야 한다. 이 목표를 달성하기 위한 교육의 역할은 크게 '해석'과 '전환', 그리고 '정합성 확보'라는 세 가지 기능으로 요약된다. 여기에 더해, 자격(qualification)은 교육과 직업세계 사이의 '결과적 연결 고리'로서 핵심적인 의미를 가진다.

1. 역량 교육에 대한 이해

역량 교육의 과정은 [그림 2]로 표현할 수 있다. [그림 2][30]을 보면 required learning과 realized learning이 일치될 가능성은 크지 않음을 알 수 있다. '?'로 표시한 부분에서 오류(error)의 가능성이 존재하기 때문이다. 예를 들면, 직업세계를 과정으로 전환할 때, 제대로 과정을 만들었으나, 수업으로 전환하는 과정에서, 수업까지 제대로 진행을 했으나 엉뚱한 평가를 함으로써, 평가까지 올바르게 진행을 했으나 그것을 대내외적으로 표시하는 자격 시스템에 문제가 있어서 오류가 발생할 수 있는 것이다. 따라서 역량 교육은 이 과정 전반을 체계적으로 잘 관리를 해야 한다.

---

30 이 그림은 필자가 박근혜 대통령이 취임하기 직전, 인수위원회에서 NCS 관련 논의가 있던 2013년 초에 처음 만들었다. 그리고 이후 교육부 국장으로서 역량 교육의 의미를 설명할 때 주로 사용했다. 특강에서는 자주 사용했으나, 책에서는 처음 소개한다.

[그림2] 역량 교육과정

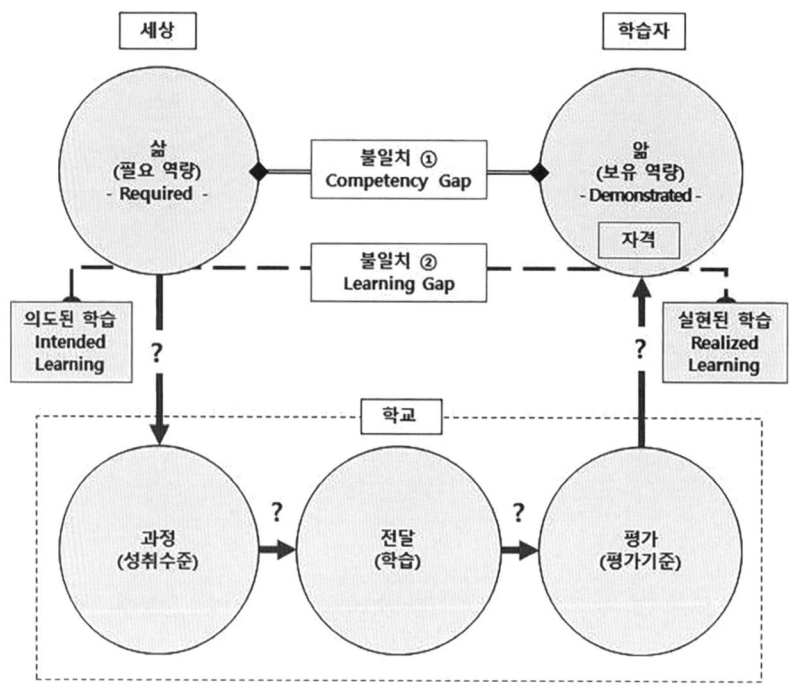

가. 사회(세상)의 요구와 학습자의 현재 사이의 불일치

현실 세계, 특히 직업세계는 끊임없이 변화하며 그에 따라 새로운 역량(필요역량)을 요구한다. 반면, 학습자가 현재 보유하고 있는 역량은 이러한 요구에 미치지 못하는 경우가 많다. 이러한 '불일치(gap or mismatch)'가 교육의 출발점이자 해결 과제가 된다(불일치 ①의 영역).

- 세상이 요구하는 것: '삶(Life)'의 필요역량
- 학생이 가진 것: '앎(Knowledge, Competency 등)'의 보유역량

이 간극(gap)을 메우기 위해 교육은 개입하며, 이 개입의 구조는 의도된 학

습(Intended Learning)과 실현된 학습(Realized Learning)이라는 두 축으로 나뉜다. 의도된 학습은 필요역량과 관련되고, 실현된 학습은 보유역량과 관련된다. 만약 의도된 학습과 실현된 학습의 차이(불일치 ②)가 발생한다면, 이는 교육의 실패일 수 있다.

나. 해석과 전환: 삶의 필요역량을 교육과정으로 바꾸는 두 단계

① 해석 (Interpretation Mechanism): 교육은 먼저 직업세계(또는 직업세계보다 더 넓은 사회)가 요구하는 '삶의 필요역량(required competencies)'을 정확히 해석할 수 있어야 한다. 이는 단순히 기술 목록을 나열하는 것이 아니라, 변화하는 사회적 맥락에서 어떤 역량이 '핵심적'인지, 어떻게 정의되고 측정될 수 있는지를 질적으로 분석하는 과정이다. 예를 들면, 직무분석 방법론인 DACUM(Developing a Curriculum)을 생각하면 쉽다.

② 전환 (Translation Mechanism): 해석된 역량은 이후, 교육과정의 구조적 요소들(성취 수준, 교과목, 학습목표 등)로 전환된다. 이 전환 과정은 정책적 의사결정과 교육전문가의 협업을 요구하며, 구체적으로는 교육과정 문서에 나타난다. 전환의 과정은 DACUM의 결과를 바탕으로 교육과정을 만들어 가는 SCID(Systematic Curriculum and Instructional Development)를 생각하면 된다.

다. 학교[31]는 이 불일치를 해소하는 매개자

학교는 사회가 요구하는 역량을 학생이 실제로 갖출 수 있도록 하는 '해석과 전환 기제'로서 기능한다. 이를 위해 학교는 세 가지 핵심 구성 요소를 가진다. 우리나라의 경우 직업고는 국가가 정한 교육과정이 있기에, 개별 학교에서 교육과정으로 전환하는 노력은 굳이 할 필요는 없다. 교과서와 학습 모듈까지 국가가 제공하기에 학교와 교사의 역할은 미미하다. 대신, 전달과 평가는 학교와 교사의 몫이다. 직업고의 교사는 또한 양성과 연수 과정을 통해 역량 형성이 가능해진다. 물론 그 양성과 연수 과정이 올바르냐는 별론(別論)이다. 반면, 전문대학이나 폴리텍대학은 결국 대학(즉, 교수)의 몫이 된다. 교육의 질이 철저히 교수 개인에게 의존하는 구조이다. 만약 전문대학 교수가 학술 활동이 주로 평가되어 채용되고, 교육학(과정-전달-평가-보고 등)에 대한 이해가 부족하며, 실무 능력도 미흡하다면 전문대학의 교육은 직업교육 성격보다는 4년제 대학처럼 이론 중심 교육이 강해질 수 있다.

① 교육과정(Curriculum): 성취 기준(performance criteria)
  - 사회가 요구하는 역량을 어떻게 학습 목표(learning goal)와 내용(learning element)으로 구체화할 것인가?
  - 어떤 수준까지 도달해야 '성취'한 것으로 볼 수 있을까?
② 전달(Instruction & delivery & learning): 교수 · 학습 활동
  - 그 목표를 어떤 방식으로 전달할 것인가? 수업, 실습, 프로젝트, 진로지도 등의 방법론은 효과적인가?
  - 학생은 어떠한 방법으로 학습하는가? 가장 효율적인 학습 방법은 무

---

31 대표적으로 학교를 언급했지만 넓게 보면 교육계(the world of education)로 이해하면 된다.

엇인가?

③ 평가(Assessment): 평가 기준(achievement criteria)
- 학생이 실제로 해당 역량을 갖췄는지 어떻게 확인할 것인가?
- 시험, 포트폴리오, 현장 실습, 인증평가 등 어떤 수단이 적절한가?
- 평가 결과의 기록, 그리고 학생에게 feedback은 어떻게 할 것인가?

그러나 현실에서는 과정 ↔ 전달 ↔ 평가 간에도 단절이나 불일치가 존재하며, 이로 인해 의도된 학습이 실현된 학습으로 온전히 전환되지 못하는 문제가 발생한다.

라. 학교 내부의 구조: 과정전달평가의 정합성

학교는 위에서 언급한 사회 요구를 해석·전환한 결과물을 실질적 학습으로 전환해야 한다. 단순한 선형 구조가 아니라, 세 가지 '정렬(Alignment)'의 과제를 내포한다.

① 사회 ↔ 학교: 사회가 요구하는 역량을 교육과정으로 적절히 전환하는가?
② 학교 내부: 과정전달평가 간 정렬이 이루어지고 있는가?
③ 학교 ↔ 학생: 학습자가 의도된 학습을 실제로 성취하고 있는가?

이러한 정렬이 이루어져야 실질적 학습 효과(Realized Learning)가 나타나며, 역량 중심 교육이 성공할 수 있다. 이를 위해 다음의 세 가지가 서로 정합적

(Aligned or Coherent)[32]으로 작동해야 한다. 정합성이란 과정-전달-평가가 동일한 목표를 지향하고, 구조적으로 유기적으로 연결되어야 함을 의미한다. 이 구조가 무너지면 '의도된 학습'은 '실현된 학습'으로 전환되지 못한다.

마. 학생이 가진 것: 보유역량(Competency), 자격(Qualification), 그리고 앎(Knowledge)

학생은 단순히 지식만 가진 존재가 아니다. 그들은 다양한 수준과 형태의 보유역량(capability, competency)을 가지고 있으며, 이는 다음의 세 가지 범주로 구성될 수 있다.

① 지식(Knowledge): 개념 지식(theoretical knowledge), 방법 지식(methodological knowledge), 맥락 지식(contextualizing knowledge), 기반 지식(underpinning knowledge), 내재적 지식(embedded knowledge) 등

② 역량(Competency/Capability): 직무/직업 역량, 기반 역량, 문제해결, 팀워크, ICT 활용 등 실제로 발현되는 복합 능력

③ 자격(Qualification): 위 두 가지가 공식적으로 평가·인정된 결과로, 일정 과정을 이수했고, 일정 수준을 갖추고 있음을 '증명'하는 사회적 장치.[33]

---

32 정합성은 alignment의 번역어이다. 필자는 이 용어를 호주 퀸즐랜드 주 정부의 교육부에 고용휴직(유학 대신)하여 근무하면서 호주 교육을 공부하는 과정에서 깨달았다. 그리고 특강 때 [그림 2] 자료와 함께 정합성에 대해서 강조를 한 바 있다. 정합성의 의미는 자동차의 wheel alignment를 생각하면 이해하기 쉽다. 그 이후 일부 교육청에서 일체화(一體化)라는 용어를 사용하기도 했다. 의미가 이해는 되나, 현실의 세계에서 달성되기는 어렵기에 필자는 일체화(integration)라는 용어를 사용하지는 않는다. 다만, alignment보다 좀 더 강한 연계를 표현할 경우에는 정합성(coherence)을 사용하기도 한다.

33 우리나라는 국가기술자격, 국가자격, 민간자격을 자격의 전부라고 생각한다. 그러나 본래적 의미의 자격은 학위나 학력(졸업장)이다. 가장 작은 단위로는 이수증(certificate)나 학점(credit)이 있으며, 이들도 광의의 자격에 포함된다. 자격의 핵심은 배웠거나, 능력을 갖췄거나 하는 것은 공적으로 평가·인정받았다는 데 있다.

바. 자격의 기능: 평가의 연장선이자 사회적 인증 메커니즘

자격은 평가 다음 단계에 위치하며, 학습 결과이자, 직업세계와 교육세계 간 연결의 최종 매듭이라 할 수 있다. 대표적으로 다음과 같은 기능을 수행한다.

① 공식적 인증: 학습자가 일정 수준의 역량을 갖췄음을 '사회적으로' 증명하며, 대외적으로 신호(signalling) 효과를 발휘한다. 신호란 제3자에게 교육을 이수했거나, 해당 분야에 대한 역량을 갖추고 있음을 알리는 것을 의미한다.

② 노동시장 연계: 고용 가능성을 높이는 기준이자 필터로 작용한다. 기업 입장에서는 여러 사람들 중에서 선별(screening)하고, 때에 따라선 선출(selection)의 도구로 활용하게 된다. 선별이란 복수의 후보자 중에서 걸러낼 때 활용된다는 의미이며, 선출이란 최적의 후보로 결정한다는 의미를 내포한다.

③ 사회적 이동성 촉진: 자격 기반으로 다양한 경력·직무로의 이행이 가능하다. 예를 들면, 상급 학교로 진학하거나, 다른 교육기관으로 이동할 수 있으며, 다른 자격을 취득할 수 있는 기회가 생겨난다. 물론 채용에 도움이 되기도 한다.

④ 국가자격 체계(NQF)와 연동: 학습성과의 이동성(transferability)·누적성(stackability)을 확보할 수 있게 한다. 학습성과를 평가·인정한 결과를 다른 학습에서 활용할 수 있으며, 또 학습성과를 누적하여 학위를 취득할 수도 있다. 학점은행제[34]가 대표적이다. 성인학습자에게 시간과 돈

---

34 우리의 학점은행제는 평생학습제도를 표방한 대학제도이다. 이에 대한 평가는 필자의 「끊어진 사다리, 각자도생하는 평생·직업교육·훈련」을 읽어보기 바란다.

을 절약할 수 있게 해준다.

- 학습성과의 이동성(transferability of learning outcomes): 학습을 통해 얻은 지식, 기술, 역량 등이 다른 맥락(다른 직무, 다른 학습 환경, 다른 산업 분야 등)으로 얼마나 쉽게 옮겨가(transferable) 적용될 수 있는지를 의미한다. 특히 직업교육에서는 한 분야에서 배운 기술이 다른 관련 분야에서도 유용하게 활용될 수 있는지를 나타낸다.
- 학습성과의 누적성(stackability of learning outcomes): 작은 단위의 학습성과나 자격(예: 마이크로 크리덴셜, 단기 교육과정 이수)이 서로 쌓여(stackable) 더 큰 단위의 자격이나 학위로 인정될 수 있는지를 의미한다. 이는 평생학습 시대에 학습자가 필요한 만큼만 학습하고, 그 성과를 축적하여 상위 단계로 나아갈 수 있는 유연한 학습 경로를 제공하는 개념이다.

사. 교육-고용 연계 흐름도 설명 가능

직업교육이 어떻게 노동시장과 유기적으로 연결되는지를 시각화해서 보여줄 수 있다.

직업세계를 해석하고, 직업세계에서의 요구를 바탕으로 학교에서는 '교육과정 → 교수 → 평가'를 하고, 그 결과를 바탕으로 자격을 수여한다. 그리고 이 자격을 취득한 자가 다시 직업세계로 진출하게 된다. 즉, 노동시장(labour market)에서 시작해서 교육시장(education market)을 거쳐 다시 노동시장으로 이어지는 일련의 흐름을 이해할 수 있다. 직업세계의 변화에 따라 다시 새로운 능력 개발이 필요할 경우, 이와 같은 일련의 과정을 다시 밟게 되면서 요구역량과 보유역량의 일치를 꾀하게 된다. 자연스럽게 initial education과

continuing education의 흐름이 설명 가능하다.

2. 교육과정 맥락에서 역량 교육의 의미

이 [그림 2]은 직업교육뿐만 아니라 일반적인 역량 교육을 설명하는 데에도 충분하다. 이때 삶을 '직업인으로서의 삶'이라고 정의하면, 주로 직업교육의 관점이 논의될 것이다. 그러나 삶을 '자연과 사회 속에서의 삶'이라고 정의하면, 자연과 사회 속에서 살아갈 역량을 기르는 일반교육, 보통교육의 관점이 논의될 것이다. 만약 '학자로서의 삶'이라고 한다면, 학자로서 갖춰야 할 역량에 대한 논의가 이뤄질 것이다. 다만, 학자도 직업인 중의 하나이기에 직업교육적 접근이 일정 부분 포함될 수 있다. 어쨌든, 이 삶을 직업세계 속에서의 직업인으로서의 삶이라고 전제를 하면 이 도식은 직업교육의 교육과정 설계와 성찰에 핵심적인 틀을 제공한다.

① 직업세계가 요구하는 '역량'을 어떻게 감지할 것인가? (→ 사회적 요구 분석)
② 그것을 교육과정에서 어떻게 '성취 기준'과 '교육 내용'으로 구체화할 것인가?
③ 교수·학습은 학습자가 이 성취 기준을 달성할 수 있도록 설계되어 있는가?
④ 평가는 역량 중심의 인증 체계와 연결되어 있는가?

이 모든 과정이 통합적으로 정렬되어야만, 학습자가 직업세계에서 실제로 작동 가능한 능력을 갖추게 된다.

가. 역량기반 교육과정 설계의 핵심 원칙

① 목표 연계성 원칙: 역량은 총론의 교육목표에서 도출되어야 하며, 교과 교육목표와 직접 연결되어야 한다. 예를 들면, 총론의 '창의적 문제해결력'은 공업 교과 목표의 '탐구 기반 사고력'으로 연결되어야 한다.

② 교수학습 통합성 원칙: 역량은 교수학습 과정 속에서 구체적으로 경험되고 표현될 수 있어야 한다. 단순 지식 전달이 아니라 토의, 프로젝트, 실험 등으로 체화(體化)될 수 있어야 한다.

③ 평가 가능성 원칙: 역량은 학습자 행동의 변화 또는 실제로 수행하는 활동을 관찰·측정 가능한 방식으로 명시되어야 한다. '의사소통 역량'은 '주장과 근거를 논리적으로 제시하는 발표'로 평가할 수 있으며, 직무역량은 해당 직무를 실제 수행하는 것을 보고 평가할 수 있다. NCS 과정의 평가 철학도 이와 상통(相通)한다.

④ 교과 적합성 원칙: 모든 역량이 모든 교과에 똑같이 적용되는 것이 아니라, 교과별 중점 역량이 구분되어야 한다. 예를 들면, 국어는 문해력, 사회는 윤리적 판단, 수학은 논리적 추론 등이다.

⑤ 수직수평 연계 원칙: 역량은 학년군(學年群) 간 발전단계가 설정되어야 하며, 교과 간에도 중복·결손 없이 배치되어야 한다. 예를 들면, '창의성'의 수준이 중1~고3까지 점진적으로 심화되도록 구성해야 한다. 직업고 과정에서 전공일반과 전공실무의 관계, 대학 교육에서 전공필수와 전공선택의 관계도 이와 같은 맥락에서 이해할 수 있다.

나. 총론·각론·수업·평가 간 정합성 확보 가이드

1) 총론(National Curriculum Framework)[35]

총론은 국가 교육과정의 헌법으로 이해하면 된다. 교육 전반의 철학, 방향, 원칙을 제시하며, 모든 교과, 학교급(學校級), 수업, 평가의 기초 프레임을 구성한다. 총론 없이 각론만 존재하면 교육 체계가 방향성을 잃고 교과목의 조합이나 기술 습득의 나열에 그칠 위험이 크다. 따라서 총론은 다음과 같은 정합성(alignment) 확보를 위해 필요성이 존재한다.

① 학교급 간 계열성 보장: 초→중→고 교육이 단절되지 않도록 유기적으로 연계한다.
② 선택 중심 교육과정 운영 시 질적(質的) 격차 방지: 개별 학교나 교사 자율에 맡기되, 교육의 공공성은 유지해야 한다.
  - 선택 교육과정이 확대될수록, '학생 선택'이라는 이름으로 교육의 격차, 상품화, 사교육 의존도 증가 등의 문제가 발생할 수 있기 때문에 공공성 기준이 중요하다. 이처럼 공공성 기준은 최소한의 공통 학습 요소와 가치 기준을 설정하는 작업이 된다.
  - 교육의 자율성과 다양성을 인정하되, 〈표 8〉과 같은 '질 관리 기준'[36]을 설정해야 한다. 이러한 기준이 존재해야 학교 간, 교사 간, 지역 간 교육격차가 심화되는 것을 막을 수 있고, 어느 정도 교육의 질이 보장(quality assurance)될 수 있다.

---

35 교육과정평가원이 공식적으로 사용하는 영어 명칭은 "The National Framework for the Elementary and Secondary Curriculum"이다. 그러나 보다 엄격하게 번역한다면, General Curriculum Guidelines 또는 General Curriculum Framework이라고 해야 한다. 그래야 총론의 의미가 살아난다.
36 질 관리 기준(quality assurance standards)이란 교육과정, 수업, 평가, 교사의 전문성, 교육 환경 등에 대한 최소 수준의 공적 기준을 의미한다.

<표9> 교육의 질 관리 기준

영역	질 관리 기준 (예시)
교과 목표	학습자 수준과 사회적 필요를 반영한 명확한 성취기준
교사 자격	해당 과목에 대해 전문성을 갖춘 교사가 수업할 수 있는 체계 구축
수업 시간	심화 선택이라고 해도 일정한 최소 학습량 확보
평가 방식	신뢰성 있고 타당성 높은 평가 설계(예: 루브릭 기반 수행평가)

③ 교과서, 수업, 평가 기준의 일관성 확보: '이 교과는 무엇을 가르치고 어떤 능력을 기르기 위한 것인가'가 명확해야 한다.

④ 역량과 교과 목표의 핵심 연결지점 명시: 국가교육과정에서 '핵심 역량(general capabilities)'을 선언적으로 제시하면서도, 실제 교과 내용과 평가에는 반영되지 않는 경우가 많다. 연결지점이란, 교과의 목표와 역량 간 관계를 교과별로 구체화하는 작업이다. 예를 들면, "교과의 이 목표는 핵심 역량인 '비판적 사고 역량'과 직접적으로 연결되기에, 수업은 단순 내용 전달이 아니라, 비판적 읽기와 분석의 훈련이 되어야 하며, 따라서 평가는 단답형이 아닌 사례 분석/논리적 반론 구성 등의 수행평가 방식이어야 한다"라고 명확히 설명을 해줘야만 정합성이 유지된다. 이런 연결지점이 각 교과별로 명확하지 않으면, '역량'은 슬로건에 머무르고, 실제 수업은 변화하지 않는다.

2) 각론(Subject-specific Curriculum)

각론은 총론의 철학과 방향을 개별 교과 차원에서 구체화한 문서이다. 즉, '철학'에서 '실행'으로 전환되는 핵심 지점이며, 수업-평가-자료 개발의 기준이 된다. 이에는 교과별 교육목표, 내용체계표, 성취 기준, 평가 기준 등을 포함한다. 역량 함양을 위한 교수학습 전략의 구체화가 필요하고, 교과별 중점 역량을 명확히 제시되어야 한다. 각론은 다음을 보장해야 한다.

① 총론과의 관계 정립: 각 교과는 총론에서 제시한 핵심 역량과 어떻게 연결되는지를 명시해야 한다. 예를 들면, 국어 → 의사소통 역량 중심, 수학 → 논리적 사고/문제해결 역량 중심, 예체능 → 심미적 감성 및 자기관리 역량 중심 등이다. 동시에 교과별 중점 역량 설정이 필요하다. 가능하다면, 각 교과의 개념·기능과 핵심 역량 연결 표(Matrix)가 제시될 수 있으면 좋다.

② 교과 고유의 교육목표 제시: 해당 교과가 지닌 고유한 가치, 기능, 교육목적을 명확히 해야 한다. 단순히 지식 전달이 아닌, '왜 이 교과가 존재하는가?'에 대한 교육적 정당성이 포함되어야 한다. 예를 들면, 과학은 세계 이해 + 탐구 능력 + 태도 함양, 기술·가정은 실생활 문제해결력 등이다.

③ 성취 기준 제시 및 목표와의 정합성 설명: 성취 기준은 행동 기반(behavioral terms)으로 서술할 수 있어야 한다. 예를 들면, "~을 안다." → "~을 비교하고 설명할 수 있다.", "~을 분석하여 제안할 수 있다."라는 식으로 표현하는 것이다. 성취 기준이 교과 목표 및 역량과 어떻게 정합성을 갖는지 논리적 근거도 제시되어야 한다.

④ 내용 요소의 구성 방식: 기존 교과서 중심 편제에서 벗어나 '핵심 개념' + '핵심 기능' 기반으로도 내용 구성이 가능해야 한다. 이는 교사의 자율성과 지역, 학교, 학생의 다양성을 고려한 유연 설계 가능성을 의미하기도 한다. 예를 들면, "주제 기반(Content themes)"일수도 있고, "기능 기반(Skills)" 구조일 수도 있다. 교사가 내용 요소를 '설계'해야 한다면, 구성의 예시도 제시할 필요가 있다.

⑤ 교수·학습 방법: 해당 교과가 지닌 고유한 수업 유형을 기술해야 한다. 때론 교육목표와 성취 기준에 따른 적절한 교수·학습 방법 제시도 필요하다. 탐구학습, 토의학습, 실험 중심 탐구학습, 프로젝트 기반 학습, 문제해결 수업 등이 그것이다. 아울러 역량을 촉진할 수 있는 수업 전략을 함께 제시할 필요가 있다.

⑥ 평가 및 평가기준 제시: 역량 평가와 성취 기준 평가가 함께 작동하도록 설계해야 한다. 수행평가, 포트폴리오, 루브릭 기반 평가 기준 제공 등이다. 특히 성취 기준별로 평가 방법 예시가 제시되면 바람직하다.

3) 수업 (Teaching and Learning Design): 역량 중심 수업 설계를 위한 가이드

수업은 단순한 지식 전달이 아니라 성취 기준 달성과 핵심 역량의 실질적 발현을 목표로 설계되어야 한다. 이를 위해 수업은 '배움의 장면(Scene of Learning)'이자 '역량이 작동하는 장면(Scene of Competency Activation)'이어야 한다. 따라서 성취 기준과 총론 역량을 학습 경험으로 변환하는 구체적 설계가 필수적이다. 수업 설계 체크포인트는 다음과 같다.

① 수업 목표와 핵심 역량의 정합성: 단원의 목표가 총론에서 제시한 핵심 역량 중 어떤 것과 연결되는가?, 교과목표와 역량 간 연결고리를 수업 설계 시점에 분명히 해야 한다. 가능한 경우, 교과역량 + 일반역량(GC)을 함께 고려할 필요가 있다. 예를 들면, "이 단원은 문제 상황을 분석하고 대안을 탐색하는 활동을 통해 비판적 사고 역량과 문제해결능력을 함양하는 것을 목표로 한다."라는 방식이다.

② 학생의 능동적 참여와 탐구 기반 활동 설계: 학생이 지식의 소비자가 아니라 생산자/해석자/재구성자로 참여해야 한다. 참여, 토의, 실험, 프로젝트, 탐구, 역할놀이, 시뮬레이션 등 학습자 주도 활동 중심이다.

다양한 인지 수준(기억-이해-적용-분석-평가-창출)을 고려한 고차 사고 유도도 포함되어야 한다. 예를 들면, "실제 사례 분석 → 대안 설계 → 모둠별 발표 → 상호 평가" 등의 방식이다.

③ 다양한 수업 자료, 질문, 활동, 과제의 통합적 구성: 수업의 질은 자료와 질문의 질로 결정된다. 좋은 질문은 학습을 촉진하며, 역량 발현의 통로가 된다. 또한, 활동과 과제는 역량 발휘의 실험실이 되어야 한다. 몇 가지 질문 유형을 예로 들면 다음과 같다.
 - 개념 명확화: "A와 B의 차이는 무엇인가?"
 - 적용 유도: "이 개념을 실생활에 적용하면 어떤 변화가 일어날까?"
 - 가치 탐색: "이 문제를 해결하는 과정에서 어떤 윤리적 갈등이 발생할 수 있는가?"

④ 수업 중 역량이 발현되는 장면의 설계: 역량은 단원의 끝에서 '나타나는 것'이 아니라 수업 중간중간에 '작동되는 것'이어야 한다. 이를 위해 교사는 수업 흐름 안에 역량 발현의 장면(Scene of Competency)을 의도적으로 삽입해야 한다. 예를 들면, "협업하여 문제를 해결하는 과정 중 역할 분담 → 갈등 해결 → 자기평가"를 하도록 하게 되면, 자연스럽게 협업 능력, 의사소통 역량, 자기관리 역량이 동시에 발현될 수 있는 것이다.

⑤ 교수전략의 다양성 및 유연성 확보: 한 단원, 한 수업 내에서도 다양한 교수학습 모형이 융합적으로 적용될 수 있다. 예를 들면, 강의 + 탐구학습 + 협동학습 + 자기주도과제 병렬 또는 순차 적용 등의 방식이다.

4) 평가 (Assessment): 역량 중심 평가로의 전환을 위한 가이드

교육과정의 목표가 '배움의 결과(learning outcomes)'에 있다면, 평가는 그 결과를 어떻게 관찰하고 판단할 것인가에 대한 답이다. 따라서 성취 기준을 바탕으로 역량이 실제로 드러나는 순간을 평가할 수 있도록 설계되어야 한다. '지식 재생산 중심 → 역량 표현 중심으로의 전환'은 '정답'보다 사고과정·문제해결 방식·협업 과정·자기성찰 등을 중시하는 평가를 의미한다. 평가 설계의 체크 포인트는 다음과 같다.

① 평가 항목이 역량을 구체적으로 반영하는가? 총론 및 교과에서 제시한 핵심 역량 또는 교과역량을 기반으로 평가 항목을 구성해야 한다. 단순 지식 이해 여부가 아니라, 지식 + 기능 + 태도 + 상황 대응 능력 등 복합적 역량의 작동 여부를 반영해야 한다.

② 수행평가 또는 포트폴리오를 포함하는가? 역량은 수행을 통해서만 드러난다. 따라서 많은 경우 수행평가(Performance Task)는 필수이다. 포트폴리오(Portfolio)는 학습의 축적, 반성, 자기조절을 동시에 평가할 수 있는 이상적 도구이기도 하다. 프로젝트 발표, 자기평가/상호 평가 등도 가능하다. 중요한 건 결과만이 아닌 과정 중심의 평가도 중시되어야 한다는 점입니다.

③ 수업의 학습 활동과 평가 간 정합성 확보: 수업에서 강조한 학습활동 (예: 토론, 시뮬레이션, 협동 과제)이 평가에서도 그대로 이어져야 학습평가의 일관성 확보가 가능하다. 단원의 목표, 활동, 평가가 하나의 삼각형 구조로 연계되어야 한다. 또한, 평가 기준(Rubrics) 개발이 핵심이다. 단순 채점표가 아닌, 역량이 얼마나 충실히 표현되었는지를 등급화한 서술형 기준이 필요하다.

다. 정합성 설계를 위한 종합 매트릭스

요소	핵심 설계 질문	역량 기반 연계 포인트
총론	우리는 어떤 역량을 길러야 하는가?	General Capabilities 정의와 학교급별 성취 수준
각론	이 교과는 어떤 역량을 중심으로 다뤄야 하는가?	교과–역량 매핑, 내용 체계와 성취기준에 내재 (Job) Competencies의 구체화
수업	수업 속 활동은 어떤 역량을 다루고 있는가?	강의식 수업, 실험/실습, 훈련, 토의, 문제해결, 창의 프로젝트, 협업 활동 등
평가	이 과제는 어떤 역량을 측정하는가?	실제 적응력, 표현 능력, 판단과 통합력 등

역량기반 교육과정이 제대로 작동하려면, 총론은 선언이 아니라 설계 원리를 제시하고, 각론은 교과의 고유성과 역량을 정합화하며, 수업은 이를 실천 가능한 활동으로 구현하고, 평가는 그 결과를 정당하게 판단할 수 있어야 한다. 즉, 총론-각론-수업-평가의 일관된 구조와 의미 연결이 확보될 때, 역량기반 교육과정은 교육의 철학이 아닌 실천이 된다. 개별 교과 차원에서의 정합성(coherence)이 중시되는 것이다.

하지만, 직업교육 중심의 역량 교육은 이를 바탕으로 하면서 추가될 부분이 있다. 직업교육은 직무 중심 설계, 현장 연계, 경력 경로 기반, 인증 평가 체계 등 고유한 설계 원리를 요구한다. 이에 따라 직업교육에서는 "내용 정합성(Curriculum Coherence)"을 넘어 "경로 정합성(Pathway Coherence)"을 중심에 둔 설계 체계가 필요하다.

(1) 내용 정합성 (Curriculum Coherence)

교육과정 내에서 교과목들(또는 모듈들) 사이의 논리적, 개념적, 기능적 연결성과 일관성을 의미한다. 주로 수직적 정합성, 수평적 정합성, 이론·실천 정합성이 논의된다.

- 수직적 정합성 (vertical coherence): 교육과정 내에서 낮은 수준에서 높은 수준으로 개념이나 기술이 점진적이고 누적적으로 발전하는지 여부
- 수평적 정합성 (horizontal coherence): 동 시기에 이루어지는 교과 간, 또는 이론과 실습 간의 연계성 및 통합성
- 이론-실천 정합성: 이론적 학습 내용이 실제 직무·현장과 어떻게 연결되는지

학습자가 단절 없이 학습 흐름을 유지할 수 있고, 교육과 훈련이 실제 현장에서 요구되는 능력과 맞물리게 설계된다. 예를 들면, 전공선택에서 배운 내용을 전공실무 또는 현장실습에서 바로 응용할 수 있는가?

(2) 경로 정합성 (Pathway Coherence)

특정 교육·훈련 프로그램을 이수한 학습자가 다음 단계로 학습이나 경력 이동을 자연스럽게 이어갈 수 있도록 설계된 구조적 연결성을 말한다. 예를 들면,

- 직업교육 → 고등교육 전환 가능성 (예: 직업고 졸업 후 전문대/대학 진학, 또는 RPL을 통한 학점 인정)
- 직업 간 전이 가능성 (직무 변화 또는 분야 전환이 가능하도록 범용성 보장)
- 학습 이력의 누적과 인정 (stackable qualifications): 모듈형 자격 체계, 누적

형 학위 등
- 역량 기반 교육(competency-based education)과의 연결

학습자가 한 경로에 '갇히지 않고', 유연하고 주체적으로 경로를 재설계할 수 있게 해준다. 예를 들면, 기능사 자격 취득 후 실무 경력을 쌓고 산업기사, 기사, 기술사로 이어지는 수직적 진로 경로 또는 실무 경험 후 경영, 교육, 연구로 넘어가는 수평적 경로 확장 등이다.

이때 수직적 정합성과 경로 정합성은 '단계 간 연계'라는 점에서 유사한 면이 있다. 차이는 수직적 정합성은 '이 과정 내에서의 내용의 단계별 심화'가 관심이고, 경로 적합성은 '이 단계를 지나 다음 단계와의 연계'가 핵심이다. 즉, 수직적 정합성이 잘 갖춰져 있더라도, 경로 정합성이 없으면 학습자의 학습성과 전이나 진학·경력 확장은 제한된다. 반면에 경로 정합성이 설계되어 있어도, 각 단계 내부에서 수직적 정합성이 없으면 학습 효과가 단절되거나 누적되지 않는다. 이 둘은 상호 보완적이며, 직업교육훈련체제에서 함께 작동되어야 할 원리이다. 학습 격자(learning lattice)를 생각해 보면 이해하기 쉽다.

직업교육을 설계할 때는 교육과정 내부의 내용 정합성(curriculum coherence)과 더불어, 학습자가 제도 간, 단계 간 이동을 원활히 할 수 있도록 하는 경로 정합성(pathway coherence)까지 함께 고려해야 한다. 특히 수직적 정합성은 '무엇을, 어떤 순서로, 얼마나 깊이 있게 가르칠 것인가'에 대한 교육적 구조를 다루는 반면, 경로 정합성은 '학습자가 어디로, 어떻게 이동할 수 있는가?'라는 관점에서 학습 경로의 유연성과 인정 체계를 설계하는 것이다.

(3) 일반교육과 경로 정합성

우리는 흔히 일반교육을 보편적이고 중립적이라고 생각하지만, 실제로는 그렇지 않다. 초등 → 중등 → 고등 → 대학교 → 대학원으로 이어지는 수직적 교육 경로에는 각 단계마다 진입장벽, 전이 실패, 선택의 제약이 존재한다. 일반교육도 일종의 경로 설계이며, 그 정합성이 무너지면 학습자의 미래는 구조적으로 제한된다. 그럼에도 경로 정합성은 주로 직업교육 관점에서 논의되어 왔다. 그러나 넓게 보면, 일반교육도 경로 정합성이 중요하다. 고교 학점제도 이러한 사고가 그 근저에 깔려 있다. 다만, 우리가 관심을 덜 가졌을 따름이다. 따라서 고교 학점제의 설계도 이 경로 정합성 기반 학습체제 구축을 염두에 두어야 한다. 참고로 일반고 학점제의 경로 정합성은 학습자의 선택권을 보장하고 진로 불확정 상태에서의 유연한 전이(transition)를 지원하는 구조여야 한다. 즉, "탐색적 정합성(exploratory coherence)", "경로 가능성의 확보"가 목표이다. 반면에, 직업고 학점제의 경로 정합성은 특정 직업 분야로의 직접 진입 혹은 전문 진학을 전제로 한 경로 설계여야 하며, "결정적 경로 정합성(determinative coherence)", "현장 적합성" 확보가 요구된다. 양자는 경로 정합성의 수준과 밀도에 있어 차이가 있다.[37]

① 일반교육도 결국 '다음 단계'를 향한 경로의 일부이다. 초등 → 중등 → 고등 → 대학 → 대학원 등 수직적 단계가 존재한다. 이때 학습자는 각 단계에서 선택과 진입의 문턱을 만나며, 교육 내용이 그 경로와 연동되어야 한다. 예를 들면, 예컨대, 고등학교 문과(인문사회탐구 중심)[38] 학생이

---

37 참고로 직업고에서의 고교학점제는 일반고와 동일한 방식으로 적용되어서는 안 되며, 경로 정합성이 더 중시되는 방향으로 재설계되어야 한다. 직업교육에서의 학점제는 "과목 선택권"이 아니라 "진로 구현 구조"로 기능해야 하기 때문이다. 총론-각론-수업-평가의 일체화라는 전통적 논리 위에 "교육과정-진로이행-고용 연계"를 하나의 체계로 통합하는 제도 혁신이 필요하다.

38 우리 교육과정에서는 문과와 이과를 구분하지 않는다. 이 글에서는 편의적으로 이해를 돕기 위해 문과라고 표시했다.

공학계열 대학 진학을 희망할 경우, 수학·과학 이수의 기회가 제한되면 진입 자체가 불가능해질 수 있다. 이것은 단지 학습자의 선택 부족 문제가 아니라, 교육과정 설계가 진학 경로와 연동되지 못한 구조적 문제일 수 있다. 교육과정은 그 자체로 진로·진학 경로를 형성하는 선별 메커니즘(selection device)이기 때문에, 모든 일반교육 단계도 다음 단계와의 연결성을 내재해야 함이 필요하다.

② 진학도 일종의 '전이'이자 경로 이동이다. 경로 정합성은 단지 취업 경로만을 뜻하지 않는다. 학습자가 다음 단계로 이동할 수 있는 제도적·내용적 설계가 핵심이다. 대입과정, 진로 선택, 선택 과목 제도, 평가 기준 등이 경로 설계와 얼마나 잘 맞아떨어지는가가 곧 pathway cohernce인 것이다. 예를 들면, 고등학교에서 수학 선택 과목을 포기한 학생은 수학 기반 대학 진학이 한동안은 구조적으로 봉쇄된다.

③ 경로 정합성 없이는 일반교육도 폐쇄적 트랙이 된다. 예를 들면, 일반고에서 직업계열 선택 시 불이익, 특성화고 출신의 일반대학 진학 장벽, 과학중점학교 출신의 인문계 진학 제약 등 결국 학습자의 선택과 미래 경로를 유연하게 하지 못하고, 폐쇄적인 제도 구조에 가두는 결과를 초래한다.

라. 정합성 구성 요소 및 설계 원리

필자의 holistic competency 관점에서의 직업교육 개념을 바탕으로 한 정합성은 다음과 같이 생각해 볼 수 있다.

① 목표 설정 (Competency Framework): Holistic Competency를 기반으로 한

직업교육 설계 필요. 직무 단위, NCS 능력단위와 정합되며 보편역량과 통합되어야 한다.

② 교육과정 구조 (Curriculum & Learning Pathway): 교과는 단위 과목 중심이 아니라 직무 중심 수행 능력을 목표로 구성된다. 과정 내에 이론적 지식 + 실무 경험 + 전이 역량이 결합되어야 한다. 전체 이수 경로는 특정 산업, 자격, 경력의 흐름과 연결되어 설계되어야 한다.

③ 학습 설계 (Training & Multi-skilling): 단일 스킬 습득을 넘어서 수평적/수직적 Multiskilling 기반 설계가 필요하다. Cross-skilling, Up-skilling, Re-skilling을 통합적으로 고려해야 한다. 모듈형 학습과 블록형 실습, 융합형 수업이 복합 구성되어야 한다.

④ 평가 체계 (Assessment & Recognition): 정규 수업 기반의 시험 외에 수행 기반 포트폴리오, 현장실습, RPL 등이 포함될 수 있다. NCS 기반 수행준거에 따라, 또는 산업계 참여를 기반으로 설계. 자격 인증과 교육과정 이수의 이중 연계체계 설계(Credit + License)가 필요할 수도 있다.

⑤ 이행 설계 (Transition & Career Pathways): 학습 경로는 고교 졸업 후의 고등교육, 직업훈련, 고용시장과의 구조적 연계가 필요하다. 진로설계(Co-design), 이행지도(Guidance), 학습자 경로(Learning Pathway Design)를 교육과정 설계에 포함시켜야 한다. 성취 기준은 진학과 취업 어느 경로에도 활용 가능한 이중 설계 구조로 설계해야 한다.

정리하면, 직업교육의 교육과정 정합성은 단순한 교육적 질 관리의 문제가 아니라, 학습자의 경력 설계, 고용 가능성, 사회 이동성을 좌우하는 핵심 구조이다. Holistic Competency와 Multiskilling을 기반으로, 경로 중심의 교육과정 설계 체계를 제도적으로 정립해야 할 시점이다.

제2장

변화의 감지:
직업세계의 변화를 읽는 일

"직업교육은 먼저, 직업의 변화를 읽는 데서 시작해야 한다."

직업교육이 유효하려면, 무엇보다 먼저 질문해야 한다. "지금 세상은 어떤 직업을 요구하고 있는가?" 이 질문은 단지 취업률 통계를 분석하거나 신기한 신직업 이름을 나열하는 차원이 아니다. 그것은 인간의 노동이 어떤 방식으로 변하고 있으며, 어떤 가치가 소멸되고 있으며, 어떤 능력이 새롭게 요청되고 있는지를 성찰하는 일이다. 직업의 본질이 바뀌고 있다면, 직업교육도 바뀌어야 하기 때문이다.

책의 처음에 이미 기술 변화가 단순히 직무 하나를 바꾸는 것이 아니라, 직업 구조 전체를 뒤흔들고 있으며, 인구 구조와 가치관의 변화에 따라 직업세계의 수요와 공급의 질서가 깨지고 있음을 설명한 바 있다. 또한 산업 생태계도 급변하고 있다. 신산업이 등장하고, 이에 따라 기존 직무가 재구성되거나, 여러 직무가 융합되거나, 직무 경계 자체가 사라지기도 한다. 직업사전이나 NCS 분류 등과 같은 기존 체계로는 설명할 수 없는 직무의 재조합, 파편화, 확장이 현실에서 빠르게 진행 중이다. 한 사람이 담당해야 할 역할이 복합적으로 변하고 있다. 교육도 통섭적일 필요가 있다.

따라서 이러한 변화 탐지 자체가 직업교육의 시작이 된다. 이 모든 변화들은 직업교육이 단지 기술 습득의 단계에 머물 수 없음을 보여준다. 먼저 직업세계의 변화 자체를 감지하고, 그 흐름에서 요구되는 '역량'을 식별하는 능력부터 길러야 한다. 즉, 직업교육은 '지금 어떤 직무가 있는가?'를 가르치는 것이 아니라, '어떤 변화가 일어나고 있으며, 어떤 역량이 필요해질 것인가?'를 읽는 훈련에서 출발해야 한다.

참고로 직업세계의 변화를 알고, 그 변화를 과정으로 전환시켜 나가기 위해서는 2차례에 걸친 해석과 변환 작업이 요구된다. 그 첫 번째는 "산업/기술 변화가 직업세계에 어떠한 영향을 주는가?"이고(산업세계 → 직업세계), 그 두 번째는 "직업세계의 변화가 교육과정과 학습 자료로 어떻게 전환되는가?"이다(직업세계 → 교육세계). 이러한 사고의 기본 전제는

① 기술이 산업을 바꾼다.
② 직업교육은 일반적으로 경제/산업 변화의 후행변수이다.
③ 따라서 선행 지표로서의 '직업세계 변화'를 탐지 · 예측하는 시스템이 필요하다.

즉, 산업세계(industry/technology)는 기술 변화, 산업구조 개편, 생산체계 혁신 등을 의미하고, 직업세계(work/job/occupation)는 산업변화에 반응하여 생겨나는 직무, 직업군, 일자리 형태로 나타난다. 그렇다면 직업세계의 변화를 어떻게 확인할 수 있는가? 이는 곧 다음과 같은 핵심 질문에 답하는 것이다.

"직업세계의 변화는 예측 가능한가?"
"교육은 그 변화를 어떻게 확인하고 반영할 수 있는가?"

[그림3] 직업세계의 변화를 아는 방법

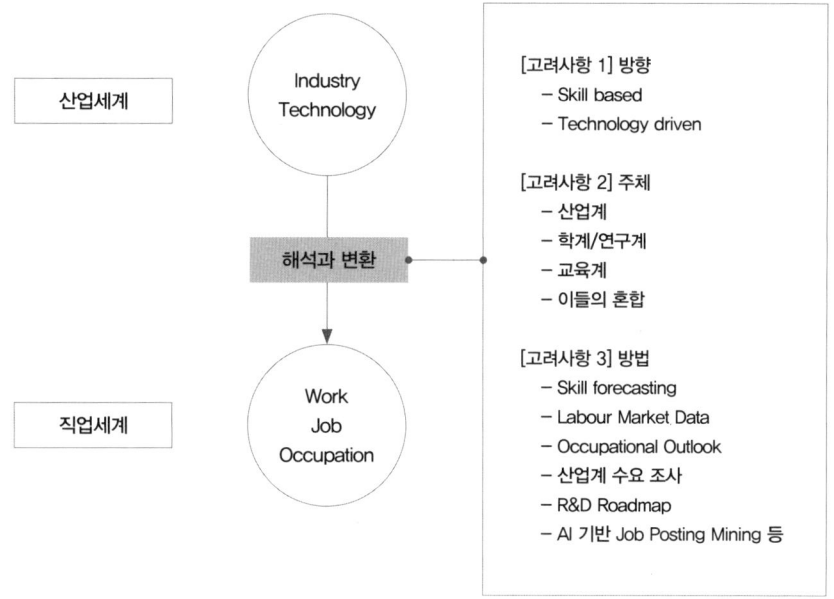

가. 직업세계 변화를 알기 위해서 고려해야 할 세 가지 차원

산업은 직업을 낳고, 기술은 일을 바꾼다. 그러나 그 연결에는 해석이 필요하다. 즉, 산업구조가 바뀐다고 해서 곧장 새로운 직업이 생겨나는 것은 아니다. 산업세계에 나타나는 기술 변화나 시스템 혁신은 노동과 직무를 바꿀 수 있는 가능성을 제공할 뿐이다. 이 가능성을 실질적인 '일'로 정의하는 것은 해석의 문제이며, 이 과정은 단순하지 않다. 우리가 흔히 말하는 "새로운 일자리 창출"이라는 말은, 사실상 산업기술의 변화가 직업세계로 번역되는 과정을 의미한다. 해석 시 고려해야 할 세 가지 차원은 다음과 같다.

(1) 방향(Direction & Philosophy)

해석에는 '어떤 방향'으로 바라보느냐, 그리고 '어떤 철학'을 전제하느냐에 따라 전혀 다른 결론에 도달한다. 어떤 직무가 새롭게 등장하거나 기존 직무가 전환되는 현상을 해석할 때, 우리는 그 원인을 기술(technology)의 진보에서 찾을 것인가, 기능(skill) 수요의 확장에서 찾을 것인가를 결정해야 한다. 이는 단순한 산업구조의 이해를 넘어, 직업 탄생의 논리와 직무 구성의 기원에 대한 철학적 입장을 반영한다.

"이 직무는 기술 변화에 의해 창출된 것인가?"
"기능 수요의 확장에 따라 요구된 것인가?"
"이 변화는 새로운 직업을 만들어 내는가, 아니면 기존 직업을 재편하는가?"

이러한 질문들은 단지 현상을 기술하는 데 그치지 않고, 직업세계의 변화를 어떻게 정의하고 대응할 것인가에 대한 철학적 방향을 설정하는 기초가 된다.

(2) 주체(Leadership & Hegemony)

'누가' 해석을 주도하는가에 따라 직무 해석의 권력이 달라진다. 이는 단순한 리더십을 넘어서 해석적 헤게모니의 문제이다. 직무 변화에 대한 해석은 산업계, 학계, 교육계 등 다양한 주체가 참여하는 해석의 장이다.

- 산업계는 "이런 인재가 필요하다."라고 주장하며 수요를 제기한다.
- 학계/연구계는 그 직무를 분석하고 분류하며 의미체계를 정립한다.
- 교육계는 그것을 교육과 훈련이 가능한 구조로 번역하고 재구성한다.

이 과정은 단순한 역할 분담이 아니라, 해석 주도권을 둘러싼 헤게모니의 형성 과정이다. 즉, 누가 직무를 정의하는가, 누구의 언어로 정의되는가, 그에 따라 누구를 위한 직업교육이 설계되는가의 문제이다. 따라서 직무의 전환은 단지 기술 변화의 결과가 아니라, 주체 간의 해석적 연합과 권력 구도에 의해 구성된 결과이다.

(3) 방법(Methodology & Model)

직업세계는 노동세계의 신호를 어떻게 해석하고 재현하느냐에 따라 다르게 구성된다. 이때 필요한 것이 방법론과 모형이다. 기술 수요와 직업 변화는 산업계 내부의 흐름일 뿐이다.

이를 직업교육과 훈련의 언어로 번역하기 위해서는 다음과 같은 중간 도구와 방법론이 필요하다.

- 노동시장 정보 시스템(LMI: Labour Market Intelligence)
- 산업계 수요조사 및 기업 패널조사
- 국가 직업전망 보고서 및 기술예측 시나리오
- NCS, ESCO와 같은 직무-역량 표준 체계

이러한 도구는 단순한 데이터가 아니라, 직업세계를 구성하고 직무를 설계하기 위한 해석의 틀, 즉 모형(model)이다. 또한 어떤 정보를 선택하고 해석할지에 대한 기준이 바로 방법론(methodology)이다. 즉, 직업교육은 해석 가능한 모델을 만드는 일이며, 이 모델은 철학(방향)과 권력(주체)의 영향을 받는 해석의 결과물이다.

정리하면, 직무와 직업의 변화를 해석하는 일은 단지 '무엇이 변화했는가?'를 기술하는 것이 아니라, 그 변화를 '어떤 방향에서 바라보며(Philosophy), 누가 주도하며(Hegemony), 어떤 방법으로 재구성하는가(Methodology & Model)?'를 결정하는 해석의 정치적이고 철학적인 행위이다. 따라서 직업세계의 전환을 다룰 때는 항상 방향(철학), 주체(권력), 방법(구조화)의 3요소가 함께 고려되어야 한다.

나. 해석의 방법

이러한 방법론의 몇 가지를 예로 들어보자.

〈표10〉 해석의 방법

방법	설명
Skill Forecasting (기술·숙련 예측)	산업 구조, 기술 변화, 노동시장 흐름을 바탕으로 미래 숙련 요구 예측
Labour Market Information System (LMIS)	고용률, 직종별 수요, 이직률, 평균근속, 고용형태 등 데이터 기반 직업군 분석
Occupational Outlook Report	10년 단위 직업 전망 및 변화 추세 보고서
산업계 참여형 Skill Survey	기업체 대상 skill gap 조사, 기술 변화 감지
AI 기반 Job Trend Mining	온라인 구인공고, 기술 트렌드 등을 빅데이터 분석하여 직업변화 추세 파악
국가 R&D 및 기술로드맵 분석	기술개발 로드맵과 연계한 미래직무 탐색

① Skill Forecasting (기술·숙련 예측): Skill Forecasting은 향후 특정 산업이나 직종에서 어떤 기술과 숙련 수준의 수요가 증가하거나 감소할

것인지를 예측하는 기법이다. 통상적으로 산업별 고용전망, 생산성 변화, 자동화 가능성, 기술도입 수준 등의 데이터를 종합적으로 분석한다. 예측은 2~3년, 5년, 10년, 15년 단위로 단기, 중장기적 시계에서 이루어지며, 교육과정 개발, 자격 설계, 직업교육훈련 정책의 기초자료로 활용된다. 예를 들면, 유럽연합(EU)의 경우 CEDEFOP에서 Skill Forecast를 한다. CEDEFOP은 유럽 이사회로부터 '새로운 일자리를 위한 새로운 기술: 미래 방향'이라는 결론에 대한 권한을 부여받아 2년마다 유럽의 skill 공급 및 수요 동향을 예측하고 있다. 가장 최신 예측은 2025년 skill forecast로 2035년까지의 기간을 포괄한다.[39]

② Labour Market Information System (LMIS): LMIS는 노동시장과 관련된 정량적·정성적 정보의 통합 플랫폼으로, 고용률, 실업률, 임금 수준, 직종별 수요·공급 격차, 채용 공고 데이터, 퇴직 및 전직률 등 다양한 정보를 포함한다. 단순한 데이터베이스를 넘어, 직업세계 변화에 관한 정보 수집, 분석, 예측, 제공의 전체 사이클을 담고 있는 시스템이다. 선진국에서는 LMIS가 교육기관, 구직자, 기업, 정부가 공동으로 활용하는 거버넌스형 정보 인프라로 진화하고 있으며, 특히 수요 측 정보(기업의 실질 수요)와 공급 측 정보(교육과 인력 현황)의 연계가 중요시된다. 대표적인 예로 세계노동기구(ILO)의 노동시장정보 시스템(LMIS)가 있다.

③ Occupational Outlook Report (직업 전망 보고서): 직업 전망 보고서는 특정 국가 또는 지역의 직업별 고용 전망, 성장률, 진입 요건, 임금 수준, 직무 내용 등을 종합적으로 기술한 공공 보고서다. 대표적으로 미국 노동부의 『Occupational Outlook Handbook』(OOH)이 있으며, 캐나다,

---

[39] https://www.cedefop.europa.eu/en/projects/skills-forecast#group-details. (25.7.14. 검색)

호주, EU 등에서도 유사한 보고서가 주기적으로 발간된다. 이러한 보고서는 학생·학부모·구직자뿐만 아니라 교육과정 설계자에게도 실질적인 경로 설계 정보를 제공한다. 직업별 세부 전망을 제시하므로, 직업세계의 구성 요소를 직관적으로 파악할 수 있는 도구로 평가받는다. 미국 노동부의『직업전망핸드북(OOH)』는 근로자가 하는 일, 작업 환경, 교육, 훈련 및 기타 자격, 급여, 직업 전망, 주 및 지역 데이터에 대한 정보 등 자세한 정보가 제공되며, 다음과 같은 상세 보고서도 존재한다.[40]

- 가장 빠르게 성장하는 직업은 무엇인가?
- 어떤 직업이 가장 많은 일자리를 창출하고 있나요?
- 가장 빠르게 성장하는 직업과 가장 많은 새로운 일자리를 창출하는 직업의 차이는 무엇인가요?
- 가장 빠르게 성장하는 산업은 무엇인가?

④ 산업계 참여 Skill Survey: Skill Survey는 산업계에 속한 기업이나 전문가를 대상으로 현장 중심의 숙련 요구와 변화 감지를 위해 실시되는 조사 방식이다. 특히 산업별 인적자원개발협의체(Sector Council), 직무분석 위원회, 산학협력체 등과 협력하여, 교육기관이 갖지 못하는 미시적 기술 변화와 인력 수요 정보를 확보할 수 있다는 점에서 중요하다. 정기적 혹은 수요 기반으로 운영되며, 교육훈련기관의 현장 적합성 점검 및 개편 근거로 활용된다. 설문 외에도 전문가 FGI, 델파이 조사, 직무별 워크숍 등이 병행되기도 한다. 유럽의 직업교육훈련연구소인 CEDEFOP도 "유럽 기술 및 일자리 조사(European Skills and Jobs Survey: ESJS)"를 실시한다. 이는 CEDEFOP가 자체적으로 실시하는 EU 전역

---

40 https://www.bls.gov/ooh/ (25.7.14일 검색)

의 주기적 조사로, EU 노동시장의 성인 근로자의 기술 요구 사항, 기술 불일치, 초기 학습 및 지속적 학습에 대한 정보를 수집하는 것을 목표로 한다. 구체적으로 사회 인구학적 특성, 직무 특성, 직무 기술 요구 사항(읽고 쓰기, 셈하기, 디지털, 분석, 수동 및 대인 관계 기술), 기술 불일치(수직적, 수평적, 특정 기술의 불일치, 기술 격차 및 결핍, 기술 불일치 전환), 초기 및 지속적인 직업 교육 및 훈련 참여, 노동시장 결과(임금, 직업 불안정성, 직업 만족도) 등의 정보가 조사된다.[41] ESJS가 주로 현재에 치중한다면, Skill Forecast는 주로 미래에 치중한다는 차이가 있다.

⑤ AI 기반 Job Trend Mining: 최근에는 구직 포털, 소셜 미디어, 온라인 이력서, 채용 공고 등 비정형 데이터를 인공지능(AI) 기술로 분석하여, 새로운 직무 출현이나 스킬 변화의 징후를 포착하는 Job Trend Mining 기법이 주목받고 있다. 이는 전통적 노동통계가 담지 못하는 실시간 흐름과 신직업·신역할의 등장을 조기에 탐지할 수 있게 해준다. 자연어 처리, 텍스트 마이닝, 딥 러닝 등을 활용하여 직무 기술서에서 필요한 기술 스택, 자격 요건, 업무 방식의 변화를 식별함으로써 미래 스킬 조기 감지 시스템으로 기능한다.

⑥ 국가 R&D 및 기술 로드맵 분석: 직업세계는 단지 현재 고용구조에만 의존하는 것이 아니라, 미래의 기술 변화 방향과 밀접하게 연결되어 있다. 따라서 각국의 R&D 전략, 산업기술 로드맵, 국가 과학기술기본계획 등은 직업세계 예측의 중요한 지표가 된다. 예컨대, 탄소중립, 반도체, 바이오헬스 등 특정 분야에 대한 국가 전략적 투자 방향은 향후 고숙련 인력 수요를 예고한다. 이를 분석하면 직무 수준의 변화뿐만 아니라, 새로운 직업군의 형성과 전환 경로까지 예측할 수 있다. 기술 로드

---

[41] https://www.cedefop.europa.eu/en/projects/european-skills-and-jobs-survey-esjs (25.7.14. 검색)

맵은 단기 고용 트렌드가 아닌, 중장기 직업생태계 변화를 이해하는 데 필수적이다.

결론적으로 이러한 예측 도구들은 상호 보완적으로 활용될 때 가장 효과적이다. 정량 데이터 기반의 시스템(LMIS), 기술 기반의 분석(Job Trend Mining), 산업계 체감 기반 조사(Skill Survey), 정책 기반의 기술 방향성(R&D 로드맵) 등은 서로 다른 차원의 정보를 제공하며, 이들을 통합하여 분석할 때 비로소 미래 직업세계의 다차원적 변화상을 보다 정교하게 이해할 수 있다. 이러한 정보는 교육과 직업훈련체제 설계, 자격제도 개편, 진로지도 및 후진학 정책 수립의 기초 자료로 활용되어야 한다.

다. CEDEFOP과 유럽의 다양한 조사 및 정보 생산 시스템

CEDEFOP(유럽직업훈련개발센터)은 유럽연합(EU) 차원에서 직업교육훈련(VET), 기술 수요, 노동시장 변화, 자격 체계 등에 관한 정보를 체계적으로 조사·분석하는 전문기관이다. CEDEFOP은 Eurofound(유럽생활여건개선재단) 등과 협력하여 다층적이고 통합적인 직업정보 생태계(skills intelligence ecosystem)를 구축하고 있다. 다음은 CEDEFOP의 주요 조사 체계와 관련 개념을 서술한 내용이다.

(1) Employer Skills Survey (고용주 기술 수요 조사)[42]

고용주를 대상으로 현재 및 미래에 필요한 기술, 자격 수준과 유형, 숙련

---

42   CEDEFOP Glossary

격차(skills gap), 숙련인력 부족(skill shortages) 등을 조사하는 체계이다. 이는 장기적이고 선제적인 교육훈련 정책과 인력 양성 전략의 근거 자료로 활용된다. 조사 항목은 다음을 포함한다.

- 직업 구조 변화(occupational structure): 인력 구성 및 그 구조의 시간에 따른 변화 분석
- 공석 및 채용 곤란 직무(vacancies): 현재 요구되는 skills을 파악하기 위한 공석
- 중요 기술 요건(skills): 고용주가 중요하게 여기거나 자주 요구하는 역량의 도출
- 사내 교육훈련 활동(training): 현재 및 미래의 skills 수요에 대응하기 위해 계획되거나 조직화된 교육훈련 활동
- 직무 과업(job tasks)에 필요한 기술 요건: 생산 과정 및 관련 과업을 효과적으로 수행하는 데 필요한 기술에 대한 분석

(2) European company survey (ECS, 유럽 기업조사)[43]

Eurofound와 CEDEFOP가 공동으로 수행하는 EU 전역의 기업 대상 조사로, 기업들이 기술 수요에 대응하기 위해 사용하는 전략에 대해 고용, 인사관리(HR), 조직 설계 등의 측면에서 정보를 수집한다. 최초 조사는 2019년에 시작되었으며, 주요 조사 항목은 다음과 같다.

- 업무 조직(work organisation)
- 인적자원관리(human resource management)

---

[43] CEDEFOP Glossary

- 기술 활용(skills use)
- 기술 전략(skills strategies)
- 디지털화(digitalisation)
- 직원 참여(direct employee participation)
- 사회적 대화(social dialogue)

조사의 주요 목적은 다음과 같다.

- 유럽 전역의 기업 정책과 관행을 조화된 기준으로 파악·평가·수치화
- 특히 사회적 대화(social dialogue)에 대한 기업 관행의 영향을 분석
- 기업 실태의 추세 변화 모니터링
- 유럽연합의 주요 아젠다에 기여. 기업 정책과 실천을 체계적으로 파악함으로써, EU의 핵심 가치(예: 사회적 대화의 기능)를 수호하고, 디지털 시대에 적합한, 시민을 위한 경제 기반 구축에 기여

(3) European skills and jobs survey (ESJS, 기술과 직업 실태 조사)[44]

ESJS는 CEDEFOP이 주기적으로 시행하는 EU 전역의 자료 수집 조사로, 유럽 노동시장에 종사하는 성인 근로자들의 기술 수요, 기술 불일치(skill mismatch), 그리고 초기(initial) 및 계속(continuing) 학습 참여 실태를 파악하는 것을 목표로 한다. ESJS는 유럽 전역의 성인 근로자를 대표하는 표본을 기반으로 다음과 같은 핵심 변수에 대한 신뢰도 높은 정보를 제공하는 것을 목표로 한다.

- 사회인구학적 특성 (예: 성별, 연령, 학력 등)

---

44 CEDEFOP Glossary

- 직무 특성 (예: 산업 분야, 직무 유형 등)
- 직무 관련 기술 요건(job-skill requirements): 문해력(literacy), 수리력(numeracy), 디지털 기술(digital), 분석적 사고력(analytical), 수작업 기술(manual), 대인 관계 기술(interpersonal)
- 디지털화 현황(digitalisation): 일터와 직무 내 신기술 도입 정도
- 기술 불일치(skill mismatches) 유형: 수직적 불일치(Vertical mismatch), 수평적 불일치(Horizontal mismatch), 특정 기술 불일치(mismatches in specific skills), 숙련 격차(skill gaps) 및 기술 부족(skill shortages), 기술 불일치 전환 과정(skill mismatch transitions)
- 초기 및 계속 직업교육훈련(IVET & CVET)에의 참여
- 노동시장 성과지표(임금, 고용불안정, 직무 만족도)

(4) European skills forecast (유럽 기술 전망)[45]

유럽 내 미래 노동시장 동향을 비교 측정하기 위한 도구로, EU 회원국을 포함하여 아이슬란드, 북마케도니아, 노르웨이, 스위스, 튀르키예 등을 대상으로 한다. 이 도구는 경제활동 부문, 직업군, 교육 수준별 고용의 미래 동향에 대한 정량적 예측 자료를 제공한다. 유럽 기술 전망은 예측된 노동시장 불균형을 사전에 감지할 수 있는 조기경보 체계 역할을 하며, 노동시장 이해관계자들이 정보에 기반을 둔 의사결정을 할 수 있도록 지원한다. 기존의 국가별 예측 체계를 대체하려는 것이 아니라 보완하는 것을 목표로 한다. 본 전망은 노동력, 고용, 직무 기회(job openings)에 대해 국가별, 성별, 연령대별로 향후 10~15년간의 추이를 예측한다.

---

[45] CEDEFOP Glossary

(5) European Skills/Competences, Qualifications and Occupations (ESCO: 유럽 기술·역량, 자격 및 직업분류체계)[46]

ESCO는 유럽 연합의 노동시장 및 교육·훈련 체계에서 활용 가능한 기술/역량, 자격, 직업을 식별하고 분류하는 다국어 분류 체계이다. 이 체계는 다양한 직업에 대한 직무 프로파일(occupational profiles)을 제공하며, 직업, 기술/역량, 자격 간의 상호 관계를 시각적으로 보여주는 구조로 구성되어 있다.

ESCO는 일종의 사전(dictionary)처럼 작동하며, EU 노동시장 및 교육·훈련 분야에서 중요한 직업(occupations)과 기술 및 역량(skills and competences)을 설명하고, 식별하며, 분류한다. 이 개념들과 이들 간의 관계는 전자 시스템이 이해할 수 있도록 설계되어 있어, 온라인 플랫폼 상에서 구직자와 일자리의 매칭, 재교육(reskilling) 또는 역량 향상(upskilling)이 필요한 사람에게 적절한 교육과정을 제안하는 서비스 등에 활용될 수 있다. 현재 ESCO는 3,039개의 직업(occupations)과 이들과 연계된 13,939개의 기술 및 역량(skills)에 대한 설명을 제공하고 있으며, 28개 언어(EU의 모든 공식 언어 + 아이슬란드어, 노르웨이어, 우크라이나어, 아랍어)로 번역되어 있다.

ESCO의 주요 목적은 유럽 전역의 노동 이동성(job mobility)을 촉진하고, 보다 통합적이고 효율적인 노동시장 구조를 형성하는 데 기여하며, 고용 및 교육·훈련 분야의 다양한 이해관계자들이 공통 언어(common language)를 활용할 수 있도록 지원하는 것에 있다.

---

46 CEDEFOP Glossary, https://esco.ec.europa.eu/en/about-esco/what-esco

(6) Education and Training Needs Analysis[47]

사회 전체의 교육·훈련 전략을 수립하기 위해 노동자들의 기술 격차와 경제의 현재 및 미래 기술 수요를 파악하는 분석 과정을 말한다. 이 전략은 기업의 경쟁력 확보, 개인의 성장과 전문성 개발 등 사회의 요구를 충족시키는 것을 목표로 한다.

교육·훈련 수요 분석은
- 개인, 조직, 산업 분야, 국가 또는 국제 수준 등 다양한 수준에서 수행될 수 있다.
- 분석은 훈련의 수준이나 유형과 같은 양적 또는 질적 측면에 초점을 맞출 수 있으며,
- 교육과 훈련이 효과적이고 비용 효율적으로 제공될 수 있도록 보장해야 한다.

(7) Skill Need Analysis (기술 수요 분석)[48]

기술 격차(gaps)와 부족(shortages)을 식별하고, 미래에 필요한 기술(skill needs)을 예측하며, 자격 체계(교육 및 훈련 제공, 재정 지원 제도 등)가 경제의 수요를 충족할 수 있는 능력(capacity)을 평가하는 과정이다.

- Skill gap: 개인이 특정 직무를 수행하는 데 필요한 기술 수준에 도달하지 못한 상태
- Skill shortage: 고용주가 요구하는 기술을 갖춘 인재가 노동시장에 부족한 현상

---

[47] CEDEFOP Glossary
[48] CEDEFOP Glossary

- Skill mismatch: 기술 수준 또는 유형이 직무와 불일치하는 경우.
  - 수직적 불일치: 과잉학력(overqualification), 저(低)자격
  - 수평적 불일치: 전공이나 자격 종류가 직무와 맞지 않음

(8) Skills Intelligence[49]

10년 이상의 skill 정보 개발 및 보급 경험을 바탕으로, 현재와 미래의 skill 및 노동시장 동향에 대한 더욱 종합적이고 종합적인 증거를 제공한다. 정책 입안자와 기타 skill 정보 사용자들이 직업, 분야, 국가 및 skill의 동향을 이해할 수 있도록 내러티브 기반 시각화를 활용한다.

Skill 인텔리전스 도구는 두 가지 주요 축을 중심으로 구축된다. 데이터 부분은 Skill 인텔리전스 시각화의 구성 요소인 지표 집합으로 구동된다. 지표는 CEDEFOP의 연구 및 분석을 통해 기술 예측, 유럽 기술 및 일자리 조사, 그리고 skill OVATE 등 여러 데이터세트를 활용한다. 또한 유럽 노동력 조사 (EU-LFS), 유럽 소득 및 생활 조건 조사 (EU-SILC), 그리고 가구 및 개인의 ICT 사용률 등 유로스타트(Eurostat)에서 제공하는 공식 통계를 통해 이러한 데이터세트를 보완한다.

이러한 모든 출처를 바탕으로 skill 정보팀은 미래 고용 증가, 실업률, 디지털 기술 수준과 같은 특정 정보를 제공하는 데이터 조각인 지표를 개발한다. 이 정보는 일반적으로 직업, 국가, 연령, 성별 또는 분야별로 더욱 세분화될 수 있다. 저희 작업의 마지막 단계는 대시보드(dashboard)를 설계하는 것이다.

---

[49] CEDEFOP 홈페이지(https://www.cedefop.europa.eu/en/tools/skills-intelligence) (25.7.14. 검색)

하지만 데이터는 skill 정보 스토리의 일부일 뿐이다. 또 다른 하나는 데이터 인사이트(insight)라고 부르는 정성적 콘텐츠이다. 데이터를 기반으로 구축하는 동시에 다양한 주제에 대한 보고서와 분석에서 증거를 수집한다. 데이터 인사이트는 보통 10~15페이지 분량의 짧은 보고서이며, 다양한 컬렉션으로 제공된다. skill 예측 컬렉션은 29개 유럽 국가를 포괄하며, 각 국가의 skill 예측 방법 및 도구, 거버넌스, 대상 그룹, 그리고 기타 기술 예측 요소에 중점을 둔다. 직업 데이터 인사이트는 33개 직종의 기술 및 고용 동향과 과제를 조사하고, VET가 학습자에게 관련성 있고 매력적인 선택지를 유지하기 위해 이러한 추세와 과제에 어떻게 대응해야 하는지에 대한 제안과 사례를 제시한다.

Skill Intelligence는 CEDEFOP의 기술 및 노동시장 분석 작업의 정점이다. 최근(25.4.24.) skill 정보 도구에 8개의 새로운 지표가 추가되었다. 이 새로운 지표들은 EU 차원에서 skill demand, skill utilisation, education mismatch, training participation, skill gap, digital skill intensity, automation risk, future training gap에 대한 정보를 제공한다. 이 지표는 CEDEFOP의 두 번째 유럽 기술 및 일자리 조사(ESJS2) 에서 수집한 데이터를 활용했으며 CEDEFOP 기술 예측 고용 예측 을 기반으로 한 미래 추정치를 통합했다.

정리하면,

CEDEFOP의 정보 체계는 단일 조사에 머물지 않고, 고용주(Employer) → 기업(Company) → 개인(Worker) → 직업 및 자격 구조(ESCO) → 미래 전망(Forecast) → 정책 대응(Foresight & Needs Analysis)이라는 수직적·수평적 통합

구조를 기반으로 설계되어 있다. 이는 단편적인 직업정보 조사나 훈련 수요 분석을 넘어서, 실시간 정보 → 구조적 진단 → 정책 설계 연계로 이어지는 역량 기반 생태계(skills-based ecosystem)를 지향하는 체계라 할 수 있다.

[보론 8]
Skill과 관련된 주요 용어 정의

[Skill과 관련된 주요 용어 정의]

용어	개념 정의	정책 대응
Skills Mismatch 역량(기술) 불일치	개인이 보유한 기술과 직무에서 요구하는 기술 간의 불일치 전반	직무 재설계, 교육 훈련, 이직 지원 등
Vertical Mismatch 수직적 불일치	개인의 자격·학력 수준이 직무 요구 수준보다 높거나 낮은 상태	고용배치 조정, 경력설계 등
Horizontal Mismatch 수평적 불일치	수준은 맞으나, 자격이나 전공의 종류(type)가 직무와 맞지 않는 상태	경로 전환 지원, 복수 전공 제도 등
Skills Gap 숙련(기술) 격차	현재 근무 중인 근로자가 직무 수행에 필요한 기술을 충분히 갖추지 못한 상태	재교육, OJT, 내부 전환 등
Skill Shortage 기술(숙련) 인재 부족	노동시장에 특정 기술을 보유한 인재가 부족해 채용 자체가 어려운 상태(고용주 입장)	직업훈련 확대, 이민, 대학 개편 등
Under-skilling 부분 숙련 부족	직무 수행에 필요한 기술 중 일부가 부족함 (skills gap과 유사)	맞춤형 보완 교육
Over-qualification 과잉 자격(학력)	개인의 자격 또는 학력 수준이 직무에 비해 과잉 상태	인재 낭비 방지, 고숙련 일자리 창출
Skill Obsolescence 기술의 노후화(퇴화)	기술이 시장의 변화 속도에 밀려 더 이상 유효하지 않게 되는 현상	재훈련, upskilling
Skill Needs 기술(역량) 수요	현재 또는 미래에 특정 산업·시장·조직이 필요로 하는 기술	수요 기반 커리큘럼 개편

Skill Needs Analysis 기술(훈련) 수요 분석	기술 격차와 부족 현황을 분석하여 수요에 맞는 교육훈련 방안을 설계하는 과정(단기)	예측, 대응, 재정 설계
Skill Forecast 기술 수요 예측/숙련 전망	미래 고용 및 기술 수요를 수치적으로 예측 (주로 3~10년 정도)	전략 수립, 공급 대비
Skill Foresight 기술 수요 전망/전망적 분석	구조적 변화, 시나리오 기반의 기술 및 일자리 미래 예견(forecast보다 장기 전망)	전략적 예측과 대비
Upskilling/ Reskilling 역량 향상/ 재숙련	새로운 기술을 익히거나, 기술을 전환하는 교육훈련	평생학습, 이직 대비

[보론 9]

국내 직업교육·인력 양성 정보생태계의 구조적 문제:
CEDEFOP의 skill intelligence와의 비교를 통해 본 비판적 진단

오늘날 산업과 직업의 세계는 디지털 전환, 자동화, 인공지능 등 기술의 빠른 진보와 노동시장 재편에 따라 급변하고 있다. 이 변화는 직무 구조를 해체하고 새로운 역할과 능력을 요구하며, 이에 따른 직업교육 및 인력 양성 체계의 재구조화를 절실히 요구한다.

그러나 대한민국의 정책 생태계는 이러한 변화를 체계적으로 감지하고, 분석하며, 교육과정과 자격 체계로 전환하는 역량 면에서 심각한 구조적 결핍을 드러내고 있다. 특히 정부출연연구기관, 공공데이터 생산기관, 대학 및 기업 부설 연구소는 변화에 대한 분석 기능은 물론, 직업세계 전환에 유의미한 정보 생산조차 수행하지 못하고 있는 실정이다. 다음은 이러한 문제점을 CEDEFOP의 Skill Intelligence 체계와 비교하여 비판적으로 정리한 것이다.[50]

■ 기관 간 단절과 정보의 분산: 총체적 분절성 (Systemic Fragmentation)

한국의 정책 생태계는 교육부, 고용노동부, 산업통상자원부, 통계청, 고용정보원, 한국직업능력연구원, 산업연구원 등 유관기관이 각자 고립된 데이터와 보고서를 생산하며, 정보구조, 목적, 해석의 기준이 서로 달라 통합적 흐름이 부재하다. 대표적으로

---

50   필자는 홈페이지 자료만을 바탕으로 평가했기에 오류의 가능성이 존재한다. 정부출연연구소에서 현지 조사를 통해 구체적이고 정확한 정보를 구할 필요가 있다. 우리나라 직업교육의 미래를 위해서 반드시 검토해야 할 자료라고 본다.

KSIC(산업분류), KSCO(직업분류), NCS(능력단위체계) 등 분류체계 간의 Mapping이 미비하거나, 단순 병렬적 형태로 나열되어 있을 뿐이다. 또한 산업기술정보(R&D 로드맵)는 기술 수준의 진보만을 다루며, 이것이 어떤 직무 변화를 야기하는지, 해당 기술이 어떤 능력구조를 요구하는지는 직업 단위로 번역되지 않는다. 결과적으로 '산업의 언어'가 '직업의 언어'로, 다시 '교육의 언어'로 전환되는 연계 구조가 작동하지 않는 채 단절 구조가 고착되고 있다.

☞ CEDEFOP은 유럽 전역의 교육·고용·산업 데이터를 상호 호환되도록 구축하고, 직업정보–산업정보–교육정보 간 일관된 데이터모델을 설계함으로써 Skill Intelligence 체계를 구동한다.

▣ 정량·정성 통합의 부재: 의견 나열식 '정책연구'의 한계

국내 다수의 정부출연연구기관(예: 산업연구원, 노동연구원, 직능연)은 여전히 정량적 정보 생산보다는 "~이 필요하다.", "~을 제안한다." 식의 정성적 언술(言述) 중심 정책보고서에 머물고 있다. 이는 개념 나열, 기존 보고서 재해석, 인터뷰 기반의 간접 추론에 의존하며, 교육과정 설계자나 훈련기관이 직무 역량을 구체화하는 데 참고할 만한 실질적 데이터나 지표는 제공하지 못한다.

☞ CEDEFOP은 직업 단위 수요 전망, 역량 변화 스펙트럼, 자동화 리스크, 디지털 기술 활용도 등을 정량화된 지표와 시각화 도구로 제공하고, 여기에 직무 변화에 대한 정성적 통찰(insight)을 연결하여 실질적 교육설계에 직결되는 정보를 생산한다.

▣ 산업계 참여 부재와 직무 해석의 공백: 해석 동맹(interpretive coalition)의 부재

한국은 정책적으로는 "산업계 수요 반영"을 강조하지만, 실제 산업계는 정보 생산의 주체가 아닌 검토자나 자문위원에 그치는 경우가 많다. 기업 연구소(예: 삼성·LG)

는 기업 전략적 이슈에 집중하며, 직무·역량 단위의 분석은 사실상 방기하고 있다. 대학 부설 연구소는 학문적 개념 분석에 치중하며, 산업현장의 변화와 교육적 전환의 연결고리를 놓치기 쉽다. 결과적으로, 한국에는 직무 수준의 변화와 그에 따른 역량 구조를 종합적으로 분석하는 기관도, 이를 교육·훈련 체계로 전환해 주는 조직도 존재하지 않는다.

☞ CEDEFOP은 산업계, 직업훈련기관, 사용자단체, 노조 등과 함께 Skill Council 및 거버넌스 구조를 운영하며, 이들이 직무 및 능력의 변화에 대한 공동 해석자이자 번역자로 참여한다.

◼ 결론: 정보 생산의 구조 전환이 시급하다.

한국의 정부출연연구기관 및 공공 데이터기관은 정책 아이디어 제안자가 아니라, 직업 단위의 구조 변화를 실증적으로 분석하고, 이를 교육훈련체계로 전환 가능한 형태로 제공하는 정보 중재자(knowledge broker)로 기능해야 한다. 지식 생산자 (예: 연구자)와 정책 수요자(예: 정책 입안자, 실무자) 간의 다리를 놓는 중재자가 되어야 한다.

단순히 정보를 전달하는 데 그치지 않고, 이해관계자 간 해석, 번역, 조율, 의미 구성까지 수행하는 메신저 또는 통합자 역할을 하고, 복잡한 정책 환경에서 다양한 데이터, 보고서, 정성적 인사이트(insight)를 실질적 결정에 유효한 형태로 정제·재구성하는 역할을 해야 한다. 따라서 우리가 CEDEFOP을 통해서 배워야 할 시사점은 다음과 같다.

- '보고서'가 아니라 '정보 플랫폼'이어야 한다. 한 번 쓰고 끝나는 정성 보고서가 아닌, 지속적 업데이트 가능한 데이터 기반 구조가 필요하다. 데이터 확보가 출연연의 핵심 역할이어야 한다. 지금과 같은 정책보고서는 연간(年間) 발간할 수

있는 그 숫자가 제한되어야 한다.
- 직업 단위 정보의 시각화 + 직업 스토리의 해석이 같이 있어야 한다. 교육과정 설계자·훈련교사·진로지도자 모두가 이해 가능한 언어로 변환된 자료여야 활용이 가능하다.
- 국가 차원의 skill 정보 생산 구조를 '조직적'으로 재설계해야 한다. 단순한 기관별 기능 분장이 아닌, 데이터 생산-지표화-인사이트 작성-정책 반영까지 연결된 생태계가 필요하다.

이를 위해 필요한 구조적 과제는 다음과 같다.

- 직업 단위 정보로 통합 가능한 데이터 구조 설계 (KSIC-KSCO-NCS 간 일체화)
- 정량적 지표 기반 직무 분석 도구의 체계화 (자동화 리스크, skill gap 등)
- 산업계-연구계-교육계 간 해석 동맹 구축과 공동 생산체계 구성
- 보고서 포맷의 구조화(기술 변화 → 직무 변화 → 역량 변화 → 교육훈련 제안)
* Technology Shift → Transformation of Work Tasks → Shift in Skills/Competencies Required → Curriculum and Training Design

이러한 전환 없이는, 지금의 출연연의 '텍스트 보고서'는 정책 소비자도, 교육 실행자도 외면하는 공허한 문서에 머무를 수밖에 없다. 구슬을 더 만드는 것은 물론이고, 그 있는 구슬이라도 꿰는 시스템이 필요하다.

[보론 10]
산업세계의 변화가 직업세계로 전환되지 못하는 구조적 병목

우리 사회는 기술 혁신과 산업구조의 재편이 빠르게 진행되고 있음에도 불구하고, 이 변화가 직업의 언어로 해석되어 교육이나 인력 양성 정책으로 전환되지 못하는 구조적 문제를 안고 있다. 특히 산업의 세계에서 직업의 세계로 이어지는 경로에서 심각한 단절과 병목 현상이 존재하며, 이는 다음의 세 가지 축에서 드러난다.

◾ 산업 · 기술 정보와 직업 분류 간의 연계 실패

한국의 산업정보(예: 산업연구원의 거시적인 산업 및 기술 환경 분석, 한국과학기술기획평가원(KISTEP)의 R&D 로드맵, 기술예측 등)는 공정 · 기술 수준에서 머무르며, 그 기술이 구체적으로 어떤 직무나 작업을 새롭게 요구하는지를 식별하지 않는다. 반면 직업 정보(예: KSCO, NCS, 직업전망)는 기술적 기원이나 산업 내 역할의 변화와 분리되어 운영되고 있다. 이로 인해 '기술이 바뀌었다.'라는 정보는 존재하지만, "어떤 일이 새로 생겼는가, 어떤 직무가 사라졌는가?"라는 직업세계의 핵심 질문에는 두루뭉술한 주장 이외에는 제대로 답하지 못할 수 있다.

◾ 직무 단위 정보의 부재와 해석자 집단의 부족

직업의 세계는 본질적으로 "작업(Task)"과 "직무(Job)"라는 중간 단위를 통해 산업과 교육을 연결한다. 그러나 이 중간 단위를 실증적으로 분석하는 체계는 현재 거의 작동하지 않는다. 전문가 기반 직무분석(예: DACUM, Functional Analysis)은 형식적으로만 존재하거나 일회성으로 진행되며, 산업계와 교육계가 공동으로 직무를 재해석하는 구조가 부재하다. 이로 인해 직업은 여전히 고정된 분류체계(KSCO 코드)에 갇혀 있으며, 실제 산업현장에서의 업무 변화와 괴리되어 간다. 우리나라 NCS가 제대로 개발되기 어려운 이유 중의 하나이기도 하다.

▣ 정보의 전환·번역을 위한 정책적 인프라 부족

산업기술 변화에 대한 각종 예측 보고서(수요 전망, 기술 로드맵 등)는 존재하지만, 그 정보가 교육과정 개발자, 자격 설계자, 훈련기관 실무자가 이해할 수 있는 언어로 재구성되지 않는다. 다시 말해, "어떤 산업 변화가 어떤 직업의 어떤 역량 구조를 어떻게 바꾸는가?"에 대한 '정보의 번역 시스템'이 부재하다. 이는 결국, 산업계와 교육훈련계 사이에 정보는 존재하되 전달되지 않고, 번역되지 않고, 사용되지 않는 비효율의 구조를 고착화시킨다.

▣ 현 실태에 대한 조사·연구 그리고 대안 마련이 시급

한국과학기술기획평가원, 산업연구원, 한국고용정보원, 한국직업능력연구원 등 주요 기관 간의 실질적 협업이 매우 중요하다. 기술의 변화는 산업의 변화를 이끌고, 이는 다시 노동시장과 직업구조의 변화로 이어진다. 이 흐름은 곧 과학기술정보통신부, 산업통상자원부, 고용노동부, 교육부 간의 긴밀한 정책 연계와 협력을 필요로 하며, 경제인문사회연구회와 같은 조정 기구의 역할 또한 중요해진다.

현재 각 부처는 각기 다른 법률과 기본계획, 정보 플랫폼을 갖고 있으나, 정작 그 안의 산업·기술·직업 관련 정보가 현장의 교육훈련 실무자에게 얼마나 잘 전달되고, 실제로 이해되고 있는지는 검토가 필요하다. 상층부의 협력 프레임(예: 국가과학기술자문회의, 각종 위원회 등)에서 협업의 필요성이 강조되고 있지만, 가장 중요한 것은 교육과정

개발자, 훈련설계자, 현장 실무자가 그 정보를 실제로 활용할 수 있느냐이다.

직업교육훈련체계의 선진화를 위해서는 지금 이 구조적 병목에 대한 실태 조사와 분석, 그리고 정보 번역과 연계 구조를 개선하기 위한 대안 마련이 시급하다.

[보론 11]

직업세계 관점에서
산업기술 보고서를 작성하는 방법 안내서

■ 왜 이러한 안내서가 필요할까? ([보론 11]에서 주장하는 대안 중의 하나)

지금 우리는 산업과 기술이 빠르게 바뀌는 시대에 살고 있다. 하지만 그 변화가 실제 일자리로 연결되지 못하고, 교육과 훈련 체계에까지 도달하지 못하는 구조적 병목이 존재한다. 예를 들어,

- "이 기술이 중요해졌다"라는 정보는 있어도,
- 그래서 어떤 일이 새로 생기고, 어떤 사람이 필요한지는 제대로 설명되지 못한다.
- 이처럼 기술의 언어에서 직업의 언어로, 직업의 언어에서 교육의 언어로 옮겨가는 과정이 단절되어 있다.

이러한 문제는 세 가지 측면에서 드러난다.

① 기술과 직업 정보의 연결 실패: 산업 변화 정보는 풍부하지만, 그것이 직무나 직업 변화로 구체화되지 못하고 있다.
② 직무 단위 정보와 해석 주체의 부재: 실제로 어떤 일을 누가, 어떻게 하는지를 분석하는 직무 수준의 정보가 부족하고, 그 정보를 공동으로 해석하는 교육자, 훈련자, 연구자, 산업 전문가 간의 협력 구조도 미비하다.

③ 정보의 '번역' 인프라 부족: 기술·산업 정보를 교육훈련 개발자가 쉽게 이해하고 활용할 수 있도록 바꾸는 시스템, 즉 정보를 해석하고 전환하는 언어의 다리가 없다.

이런 상황에서, 단순히 데이터를 더 모으는 것만으로는 충분하지 않다. 이제는 다음과 같은 대안적인 시도가 필요하다.

"기술 변화가 실제 어떤 직무를 만들어 내는가?"
"그 직무를 수행하기 위해 어떤 지식과 기술, 태도가 필요한가?"
"그리고 그것은 어떤 교육과정과 자격으로 연결되어야 하는가?"

이러한 질문에 체계적으로 답하기 위한 구조를 만드는 것. 그것이 바로 이 직업세계 관점 기반 산업기술 보고서 안내서의 목적이다. 이 안내서는 산업과 기술 변화 정보를

- 단지 기술 용어나 산업 분류로 나열하지 않고,
- 직무(Task)와 직업(Occupation)의 변화로 구조화하며,
- 그 변화가 어떤 역량을 요구하고, 어떻게 교육과 훈련으로 설계되어야 하는지를 설명하는 틀을 제공한다.

이를 통해 앞으론 산업계, 연구기관, 교육기관, 직업정보기관 간의 협업체계가 필요하며, 정보를 통합적으로 해석하고 번역할 수 있는 거버넌스 개편도 병행되어야 한다.

■ 왜 이 보고서를 쓰는가? (작성 목적)
- 산업과 기술의 변화가 실제 일터와 직업에 어떤 영향을 미치는지 살펴보기 위해.
- 그 변화에 맞춰 어떤 교육이나 훈련이 필요할지 판단할 수 있는 정보를 제공하

기 위해.

- 기존의 기술 중심 보고서를 사람과 일(직무·직업) 중심으로 다시 정리하는 틀을 만들기 위해.

◼ 어떤 내용을 담아야 하나? (보고서 구성 요소)

① 산업과 기술의 변화 요약: 산업구조가 어떻게 달라지고 있는지, 어떤 기술이 새롭게 주목받는지를 간단히 정리한다. 기술이 어디에 쓰이고 있는지, 어느 정도 확산되었는지도 함께 설명한다.

② 작업(Work)이 어떻게 바뀌는가? 제품 생산이나 서비스 제공 과정 중, 어떤 단계에서 일이 달라졌는지 확인한다. 어떤 일은 없어지고, 어떤 일은 새로 생기며, 반복되던 일이 자동화되기도 한다. 이처럼 일의 방식이 어떻게 달라졌는지를 자세히 살펴본다.

③ 직무(Task) 수준에서 변화 보기: 기술 도입이나 시장 변화로 인해 새로 생긴 직무 또는 기존 직무의 변형된 모습을 파악한다. 이전과 어떤 점이 같고 다른지를 비교하고, 직무를 수행하는 사람의 역할, 환경, 책임, 사용하는 도구 등을 함께 설명한다.

④ 직업(Occupation) 구조의 변화 보기: 직무들이 모이면 하나의 직업군이 된다. 그래서 이 변화가 기존의 직업군을 바꾸는지, 새로운 직업군을 만드는지를 살펴야 한다. 필요한 경우 직업 분류 체계(KSCO, ISCO)를 활용하여 코드를 부여하거나 새로 제안할 수도 있다.

⑤ 요구되는 역량 분석(KSA: 지식, 기술, 태도): 해당 직무를 잘 수행하기 위해 어떤 지식, 어떤 기술, 어떤 태도가 필요한지를 정리한다. 기존 자격기준이나 NCS와 비교해 부족하거나 새로운 부분이 있는지도 함께 분석한다.

⑥ 교육과 훈련 체계로 어떻게 옮길 수 있을까? 기존의 훈련과정이나 자격 체계와 이 직무가 잘 연결되는지 살펴본다. 새롭게 필요한 교육과정을 제안할 수도 있

고, 기존 경력이나 경험을 인정해 주는 제도(RPL)가 활용 가능한지도 고려한다.

◨ 해석의 기준: 세 가지 원칙

① 방향(Direction & Philosophy)
- 이 변화는 기술(Technology)이 만들어 낸 것인가?,
- 아니면 사람이 해야 할 일(Skill)의 확장으로 생긴 것인가?
- 새로운 직업을 만든 것인가, 아니면 기존 직업을 변화시킨 것인가?

② 주체(Leadership & Hegemony)
- 이 직무 변화는 누가 해석하고 있나? 산업계는 필요한 사람을 요구하고, 학계는 그것을 분석하며, 교육계는 가르칠 수 있도록 바꾼다.
- 서로 다른 주체가 함께 해석에 참여해야 균형 잡힌 보고서가 만들어진다.

③ 방법(Model & Methodology)
- 노동시장 통계, 기술 수요 예측, 산업계 조사 자료 등을 기반으로 정보를 수집하고,
- 그것을 직업 단위(사람이 하는 일)의 언어로 바꿔서 설명하는 것이 중요하다.
- 표준화된 분류체계(KSCO, KSIC, NCS)나 해외 사례도 활용 가능하다.

◨ 이 보고서는 누구를 위한 것인가?
- 교육과정이나 훈련과정을 개발하는 사람
- 자격제도를 설계하거나 운영하는 사람
- 진로 설계, 후진학 정책을 만드는 사람
- 산업과 교육을 연결하는 정책을 기획하는 사람

◨ 부록으로 포함하면 좋은 자료
- 산업 분류(KSIC), 직업 분류(KSCO), 역량 체계(NCS) 간 연계표

- 관련 자격 정보 요약
- 해외 사례와의 비교 (예: 미국 O*NET, Occupational Outlook 등)
- 기업 인터뷰 또는 실제 현장 직무 사례

◼ 결론

이 보고서 작성 가이드는 단순히 정보를 수집하는 것이 목적이 아니다. 정보에 의미를 부여하고, 그 의미를 직업과 교육의 언어로 바꾸어, 실제로 사람을 준비시키는 데 활용할 수 있도록 돕는 구조를 만드는 것이 핵심이다. 기술과 산업은 빠르게 바뀌지만, 그 변화 속에서도 사람과 일, 교육이 함께 설계되어야 직업세계의 전환에 제대로 대응할 수 있다.

제3장

지식의 전환:
변화를 교육과정으로 옮기는 일

이는 "직업세계에 존재하는 실제 업무(work, job, occupation)는 어떻게 교육의 언어로 번역되는가?"의 문제이다. 이러한 질문의 전제는

- 직업세계는 변화하는 실재이다.
- 교육과정은 직업세계에 대한 해석이며, 전환의 결과이다.
- 전환의 방식은 다양할 수 있다.

직업세계는 '일'의 현장이고, 교육과정은 '학습'의 체계이다. 직업교육은 이 둘을 연결하는 해석(interpretation)과 번역(translation)의 작업이다.

핵심은 해석과 변환에 있다. 즉, 직업세계의 Work, Job, Occupation 등을 어떻게 해석하고, 그리고 교육세계에서 활용할 수 있도록 변환할 것이냐이다. 이러한 방법론은 꼭 직업교육에서만 적용되는 것은 아니다. 일반 교육에서도 충분히 적용 가능하다.

가. 전환 시 고려해야 할 세 가지 관점

전환 시 고려해야 할 세 가지 관점이 있다.

① 방향(direction & philosophy)이다. 기술 중심(technology-drive)이냐?, 직능 중심(skill based)이냐? 대별된다. 만약 일반교육으로 본다면 지식 중심(knowledge-centered)이 포함될 수 있을 것이다.
② 누가(leadership & hegemony)이다. 즉, 해석과 변환의 주체이다. 이 역할을 누가 하느냐에 따라 직업교육의 실질적 주도권을 누가 갖게 되느냐의 문제가 된다.
③ 어떠한 방법론(methodology & model)이 적용되느냐이다. 이 방법론은 결국 현장의 교사와 학생에게 직접적으로 영향을 미친다. 즉, 교육 내용과 방법의 구체화가 이 방법론에 의해 좌우되기 때문이다.

[그림4] 직업세계의 변화를 교육세계에서 수용하는 방법

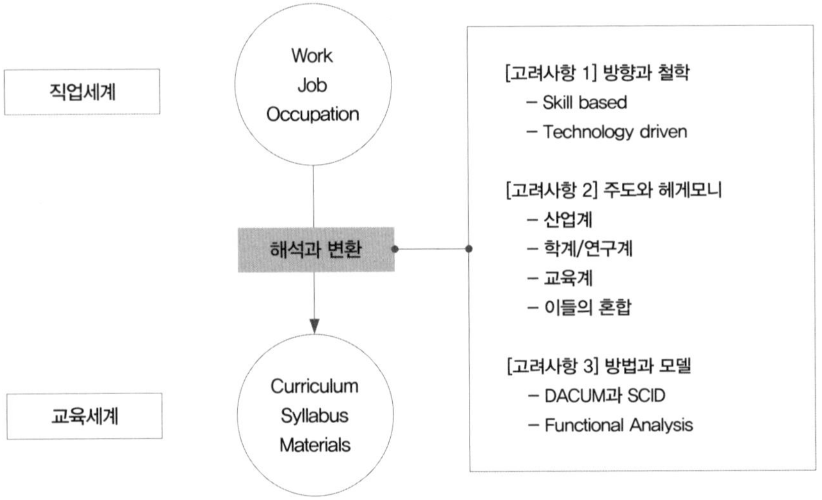

직업세계 → Work / Job / Occupation → 해석과 변환 → Curriculum / Syllabus / Materials ← 교육세계

[고려사항 1] 방향과 철학
  - Skill based
  - Technology driven

[고려사항 2] 주도와 헤게모니
  - 산업계
  - 학계/연구계
  - 교육계
  - 이들의 혼합

[고려사항 3] 방법과 모델
  - DACUM과 SCID
  - Functional Analysis

부연 설명하면 다음과 같다. 직업교육은 단지 직업세계를 기술하는 것이 아니라, 그것을 교육의 언어로 해석하고 전환하는 행위이다. 세 가지 차원이 필요하다.

(1) 방향: 무엇을 중심으로 해석할 것인가?

직업세계를 해석할 때는 그 방향성부터 설정해야 한다. 대표적으로 두 가지 관점, 즉 기능 중심(skill-based)과 기술 중심(technology-driven)이 존재한다. 이 구분은 직업교육의 목표 설정, 교육과정 개발, 교재 구성, 교사 양성, 평가 방식, 심지어는 교육기관의 설립 목적에도 깊이 영향을 미친다.

기술 중심의 접근은 변화하는 산업기술에 대한 적응력과 발전 가능성을 갖춘 인재를 양성할 수 있으며, 기능 중심 접근은 단기적인 직무 투입 가능성과 직무수행력을 강조한다. 현실의 교육과정은 이 두 방향 사이에서 균형을 잡거나, 통합적으로 구성될 필요가 있다.

'스마트 팩토리 학습' 모듈을 예를 들어보자. 만약 기술 중심 접근을 할 경우에는 IoT, 센서 네트워크, 자동제어 기술의 원리 이해와 구현이 중시될 것이고, 교육과정은 '기술 트렌드에 대한 적응력'에 초점을 둘 것이다. 그렇지 않고 기능 중심 접근을 할 경우에는 설비 운용, 유지보수, 공정 모니터링 업무의 수행이 강조될 것이고, 교육과정은 '직무를 수행하는 데 필요한 숙련'에 초점을 둘 것이다.

따라서 직업세계를 교육과정으로 전환할 때, 우리는 늘 질문해야 한다. "이 직업은 기술을 중심으로 정의되는가? 아니면 직무 기능으로 정의되는가?" 이 질문은 교육과정 설계, 교사 양성, 교육기관의 설립 목적까지 연결되는 중차대한 문제이다.

직업교육의 방향성을 정한다. 미래형 기술 인재인가?, 즉시 투입 가능한 기능 인재인가?

교육과정 개발 방식이 달라진다. NCS는 skill 중심이지만, 실제 산업 변화는 기술 중심일 수 있다.

교사 양성과 교재 구성, 평가 방식에 큰 영향을 미친다.

훈련기관과 대학의 정체성 문제로 연결된다. 전문대학은 기술교육인가? 고등학교는 기능교육인가?

〈표11〉 기술 중심 교육과 기능 중심 교육의 차이

구분	기술(technology) 중심	기능(skill) 중심
기준점	기술 체계 (기계, 공정, 시스템)	업무 행위 (Task, Duty, KSA)
목표	기술 이해 및 응용 능력	직무 수행 역량
분석출발점	공학적 원리, 시스템 구조	직무·과업 목록
도구	설계도, 회로도, 기술지도	DACUM, Task Inventory, NOS
결과	기술개념 기반 교과	실무 중심 모듈

(2) 주체: 누가 해석하고 누가 전환하는가?

직업세계를 교육적으로 전환할 때 '누가' 해석하고 설계하는가는 매우 중요한 문제다. 이는 교육의 주도권 문제이기도 하다.

· 산업계 주도: 실제 직무 요구에 근접하나, 교육의 원리와는 거리가 있음
· 학계 및 연구계 주도: 분석 틀과 해석력은 높지만, 현장감이 떨어질 수

있음
- 교육계 주도: 교수학습 설계에는 강하지만, 산업 변화 수용에는 한계
- 이들의 혼합: 최근의 다(多)학제적 접근에서는 협업 모델이 이상적

특히 우리나라의 경우, NCS가 도입되면서 산업계 주도의 훈련체계가 강조되어 왔지만(물론 실질적으로는 다양한 사람들로 구성된 연구팀을 별도로 구성해서 개발하면서 대외적으로는 산업계가 개발했다고), 교육적 해석의 부재로 인한 문제도 동시에 드러났다.

나. 해석의 방법: 어떤 방식으로 전환할 것인가?

직업세계의 변화가 교육과정으로 전환되기 위해서는 적절한 방법론이 필요하다. 이는 단순한 이론이 아니라, 교육과정 개발자뿐 아니라 교사와 학생 모두에게 직접적인 영향을 미치는 실천적 전략이다. 현재 사용되는 대표적 방법론은 다음과 같다(〈표 15〉 참조).

가장 보편적인 접근은 DACUM으로, 현장 전문가들이 직무를 작업(task) 단위로 분해하여 교육 내용을 도출한다. DACUM의 결과를 체계적인 교육과정으로 전환하는 SCID는 일부에서 활용되고 있으며, 기능 중심으로 직무를 분석하는 Functional Analysis는 영국의 국가직무표준(NOS) 개발의 기반이었다.

이외에도 산업공학, 인사관리, 심리학 등에서 사용하는 다양한 직무분석 기법들이 존재하지만, 교육과정과의 연계는 제한적이다. 또한 결정적 사건

(Critical Incident)을 분석하여 핵심 역량을 추출하는 방법은 시뮬레이션이나 현장 연수 등에서 활용된다. ADDIE 모형도 전통적으로 유명한 모형이다. 한편, 독일, 호주, 미국 등의 국외 교육과정 모델을 직접 수입하거나 번역하여 사용하는 경우도 있으나, 체계성이 부족하고 국내 상황에 맞춘 현지화가 필요하다. 반대로 학문 중심 접근은 직무보다는 이론과 개념 위주의 구성으로, 전문대와 대학, 직업고 일부 교과목에서 여전히 널리 사용되고 있다.

결국, 직업교육의 질은 어떤 방법론을 선택하느냐에 따라 크게 달라지며, 산업의 변화와 직업의 변화 사이의 연결을 어떻게 풀어갈 것인지에 대한 전략적 선택이 필요하다.

〈표12〉 교육과정으로 전환하는 방법론(예)

구분	설명	국내 적용
DACUM (Developing A Curriculum)	현장 전문가들이 직무를 task 단위로 분해	가장 보편적
SCID (Systematic Curriculum and Instructional Design)	DACUM 결과를 교육과정으로 전환하는 방법	일부 활용
Functional Analysis	기능(function)을 기준으로 수행능력을 도출해 교육목표를 구성. 영국 NOS(National Occupational Standards)의 기반	NCS 도입시 차용
직무분석 기반 접근 (Job/Work Analysis)	산업공학, 인사관리, 심리학 등에서 사용하는 직무분석 방식. Task Inventory, PAQ, FJA 등 다양한 기법	이론적 접근은 존재. 교육과정 연계는 미흡
Critical Incident Technique (CIT)	실제 직무상 '결정적 사건'을 바탕으로 성공/실패 행동 도출 → 핵심역량 추출	현장 연수, 시뮬레이션 기반 교육과정 설계
ADDIE 모형	교육훈련 프로그램을 체계적으로 설계, 개발, 실행, 평가하기 위한 대표적인 ISD(Instructional Systems Design) 모델	보편적

| 국외 교육과정 수입 | 독일 AusBildung, 호주 UoC, 미국 Perkins 등 외국 사례 수입·번역 | 체계성 부족, 현지화 필요 |
| 학문 중심 접근 | 직무보다는 해당 분야의 이론과 개념을 중심으로 교육과정 구성 | 대부분의 전문대와 대학, 직업고의 일부 교과목 |

지금까지의 내용을 정리하면 다음 〈표 13〉과 같다.

〈표13〉 직업세계를 해석하여 교육의 세계로 전환하는 방법

구분	내용	개념 설명	중심 질문
방향 (Direction & Philosophy)	방향성(기술/기능/지식) + 교육 철학 내포. 철학을 명시함으로써 이론적 기반을 강화	기술 중심인가? 기능 중심인가? 지식 중심인가?	무엇을 중심으로 해석할 것인가?
주체 (Leadership & Hegemony)	단순한 주체가 아니라 '해석과 결정의 권한'을 의미. 정책 설계의 주도권	산업계, 교육계, 학계 중 누가 설계를 주도하는가?	누가 이 전환을 이끌 것인가?
방법 (Methodology & Model)	단순한 방법이 아니라 절차적 설계 체계까지 포함	다양한 방법론 중에서 어떤 방법론을 택할 것인가?	어떤 절차와 모델을 따를 것인가?

[보론 12]

ADDIE 모형[51]

분석(Analysis), 설계(Design), 개발(Development), 실행(Implementation), 평가(Evaluation)의 5단계로 구성되며, 각 단계를 나타내는 영어단어의 첫 글자를 따서 ADDIE라고 부르게 되었다. 이 5개의 단계가 선형적으로 이루어지기도 하고, 순환적으로 이루어지기도 한다. 한 사이클을 돌아 나온 평가 결과를 기반으로 다시 다음 사이클의 분석에 넣어 개선을 하면서 나선형으로 발전시켜 나갈 수도 있다. 각 단계는 피드백과 수정의 과정들이 복잡하게 얽혀 있다.

① 분석(Analysis) 단계는 학습과 관련된 요인들을 분석하는 것으로, 학습에 들어가기 전에 반드시 선행되어야 한다. 학습자가 누구인지 현재 어느 수준인지 학습자의 특성을 파악하고(Learner Analysis), 학습자가 필요로 하는 것과 기대되는 것이 무엇인지 학습자의 요구를 분석한다(Needs Analysis). 교육 실제에 사용할 수 있는 물적 자원과 학습공간의 물리적 환경을 분석하며(Context/Delivery Analysis), 교수자가 목표 달성을 위하여 필요로 하는 지식, 기능, 태도들을 파악하고 분석한다. 직업교육적 관점이라면 직무와 과업 분석(Job/Task Analysis)도 해당된다.

② 설계(Design)는 분석 과정에서 나온 결과를 토대로 교육 제반 사항에 대해 설

51　https://ko.wikipedia.org/wiki/ADDIE_%EB%AA%A8%ED%98%95 (25.7.29. 검색)를 바탕으로 하고 있다.

계하는 것이다. 수행목표를 행동적인 용어로 명확히 하며(Learning Objectives), 그 목표가 제대로 이루어지는지 평가 도구를 선정하고 평가 계획을 수립한다(Assessment Plan). 학습자에게 효율적인 프로그램이 되도록 계열화하며(Sequencing & Structuring) 어떻게 가르칠 것인지 교수 전략을 수립한다(Instructional Strategies). 또한 학습활동을 촉진시킬 수 있는 적절한 교수 매체를 선정한다.

③ 개발(Development)은 설계명세서 또는 청사진의 수업에 사용될 교수학습자료를 실제로 개발하고 제작한다. 개발 과정에는 먼저 교수학습자료의 초안 또는 시제품을 개발하여 형성평가를 실시하고 프로그램을 수정한 뒤에 마지막으로 최종 산출물 즉, 완제품을 제작하는 일이 포함된다. 일종의 파일럿 테스트용 자료 제작이다. 때에 따라선 멀티미디어 및 e-러닝 자료 개발도 포함된다.

④ 실행(Implementation)은 설계되고 개발된 교육훈련 프로그램을 실제의 현장에 사용하고 이를 교육과정에 설치하며 계속해서 유지하고 변화 관리하는 활동이 포함된다. 요즘은 온라인이나 blended learning도 확대되고 있다.

⑤ 평가(Evaluation)는 실행 과정에서의 모든 결과를 평가하는 것이다. 설계, 개발한 교수학습자료와 프로그램, 교수 매체의 적합성과 효율성, 그 과정을 계속 이어나가도 될지에 대한 지속성 여부, 문제점이 발생했다면 어떻게 수정해서 재적용할 것인지에 대한 수정 사항 등을 평가한다. 평가의 다른 축인 형성평가 또는 파일럿테스트는 프로그램의 개발 과정에서 이미 실시되었다.

[보론 13]

DACUM과 SCID의 Process Flow Chart

미국 Ohio 대학의 P. Norton 교수가 만든 방법론으로서 우리나라에 가장 일반화된 방법론이고, 또 많은 사람들이 이 방법론을 바탕으로 직무분석과 과정개발을 진행한다. 필자도 이 2개의 자격증(facilitator)을 보유하고 있다. 직무 기반 교육과정 개발은 먼저 필요성 분석(Need Analysis)에서 시작된다. 이 단계에서는 어떤 직업이나 직무가 현재 사회나 산업에서 교육적으로 우선순위가 있는지를 파악하고, 이를 통해 교육과 훈련이 필요한 영역을 명확히 규명한다.

그다음 단계는 직무/직업 분석(Job/Occupational Analysis)이다. 이 단계에서는 DACUM(Developing A Curriculum) 워크숍이나 유사한 방식으로 해당 직업에 종사하는 전문가들과 함께 실제 직무가 어떤 책무(Duties)와 과업(Tasks)으로 구성되어 있는지를 도출한다. 이 과정을 통해 현장의 직무를 교육 가능한 단위로 분해하고 구조화한다.

이어서 과업 검증(Task Verification) 단계에서는 도출된 각 과업에 대해 전문가 또는 현장 종사자들의 의견을 수렴하여, 각 과업이 얼마나 중요한지(중요도), 얼마나 어려운지(난이도), 얼마나 자주 수행되는지(빈도) 등을 평가한다. 이렇게 얻은 데이터를 바탕으로 우선순위 과업(Task Selection)을 선정하며, 이는 실제 교육과정과 훈련 프로그램에 반영할 과업을 결정하는 핵심적인 절차이다.

선정된 우선 과업들은 과업 분석(Task Analysis) 단계를 거치게 된다. 이때 각 과업을 수행하는 데 필요한 세부 작업 단계, 요구되는 지식과 기술, 안전상의 고려사항, 성과 기준 등을 상세히 분석한다. 이 분석은 실질적인 교육 내용과 평가 기준을 정립하는 데 중요한 기초 자료로 작용한다.

이후 역량 프로파일(Competency Profile)이 구성된다. 이는 서로 연관성 있는 과업들을 하나의 역량 단위로 묶어 체계화하는 작업으로, 개별 과업이 아니라 실제 수행 가능한 직무역량 단위로 교육 목표를 재정비하는 중요한 과정이다.

다음으로 교육 자료 개발(Curriculum Materials) 단계에서는 학습 안내서, 시각 자료, 직무 보조 자료, 유인물 등 다양한 교수 학습자료가 개발된다. 이 자료들은 교수자뿐 아니라 학습자에게도 실질적인 학습 도구로 활용된다.

그 후에는 훈련 시작(Begin Training) 단계가 이어지며, 이는 교실수업, 실험실 실습, 현장 훈련(OJT), 온라인 학습 등 다양한 형태로 이루어진다. 실제 교육훈련이 본격적으로 시행되는 단계로서, 앞서 준비된 교육자료와 훈련 설계를 기반으로 이루어진다.

마지막 단계는 역량 및 프로그램 평가(Competency & Program Assessment)이다. 이 단계에서는 훈련의 성과를 측정하기 위해 다양한 평가 도구와 방법이 활용된다. 예를 들어, 학습 결과를 평가하는 시험, 자격검정, 실기평가뿐만 아니라 교육 프로그램의 전반적 질과 효과를 점검하는 형성평가 및 총괄평가가 포함된다. 이 과정을 통해 교육훈련 프로그램의 효과성과 지속적 개선 방향을 도출할 수 있다.

이와 같은 절차는 직무 중심의 교육과정 개발뿐만 아니라, 산업 수요에 기반한 능력 중심 교육체제(NCS, CBT 등)의 핵심적 방법론으로 활용되며, 실제 산업현장의 요구를 반영한 실천적 교육 설계에 매우 적합하다.

[그림5] DACUM & SCID Process Flow Chart

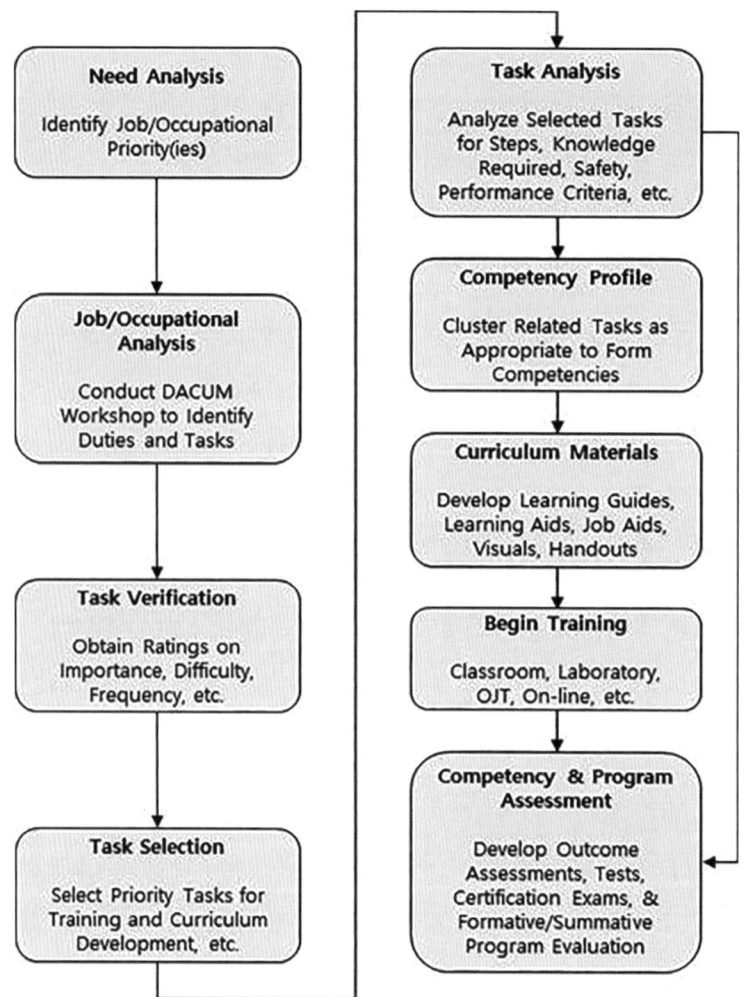

출처: https://unevoc.unesco.org/e-forum/CBE_DACUM_SCID-article.pdf (25.7.27. 검색)

제4장

산업세계→직업세계→교육세계로 이어지는 전환 과정

1. 전환 과정의 의미

직업교육은 단순한 교수-학습의 문제가 아니다. 그것은 산업세계(Industry)에서 발생한 변화가 직업세계(Work)를 통해 해석된 뒤, 교육세계(Curriculum)로 번역되는 사회적 해석의 체계이며, 이 과정은 교육의 철학, 언어, 방식, 내용 전반을 구성하는 핵심 구조다.

[그림6] 산업세계 → 직업세계 → 교육세계로의 전환의 의미

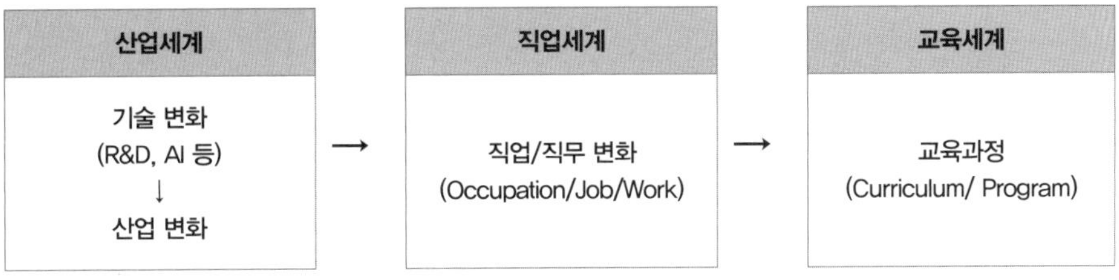

산업세계		직업세계		교육세계
기술 변화 (R&D, AI 등) ↓ 산업 변화	→	직업/직무 변화 (Occupation/Job/Work)	→	교육과정 (Curriculum/ Program)

이 삼단 전환은 다음과 같이 구성된다.
· 산업세계는 기술혁신, 자동화, 인공지능 등의 발전을 통해 새로운 변화

의 신호를 발생시킨다. 예컨대 R&D와 디지털 기술, 친환경 전환 등의 트렌드가 이에 해당한다.
- 직업세계는 이 산업적 신호를 바탕으로 새로운 직무와 업무 체계, 직업군 재편을 만들어 낸다. 이는 사람과 기술, 조직이 상호 작용하는 복합적 구조 속에서 이루어진다.
- 교육세계는 직업세계를 분석하고 해석하여, 그 결과를 교육과정으로 구성함으로써 학습자에게 필요한 지식, 기술, 태도를 전달한다.

이와 같이 산업→직업→교육으로 이어지는 구조는 단지 빠르게 변하는 산업을 따라가기 위한 도구적 반응이 아니라, 미래 사회에 대한 구조적이고 체계적인 교육적 응답을 가능케 한다. 직업교육은 산업적 변화의 단순 반영물이 아니라, 그 변화를 인간 중심의 학습 경험으로 재구성하는 창조적 작업인 것이다.

2. 산업세계에서 교육세계로 바로 연결될 때 발생하는 문제

표면적으로는 산업세계에서 발생한 기술을 바로 교육과정에 반영하면 빠르고 효율적인 대응처럼 보인다. "기업이 필요로 하는 기술을 바로 가르치면 되지 않느냐?"는 주장도 설득력 있어 보인다. 그러나 이런 접근은 중간 매개인 '직업세계'를 생략함으로써 다음과 같은 세 가지 심각한 문제를 초래한다.

(1) 기술은 시스템이고, 직무는 맥락이다

산업은 기술 그 자체에 초점을 둔다. 그러나 교육은 기술을 수행하는 인간의 맥락과 역할, 즉 직무의 의미와 조건을 중심으로 설계되어야 한다. 기술만을 교과로 번역하면 개념은 존재하되 실천력이 결여된 수업이 된다. 실제로 우리나라의 과거 기술교육 중심 직업고에서는 "이론은 있으나 현장성은 없다."라는 비판이 끊이지 않았다.

(2) 산업은 가능성의 세계, 직업은 필요성의 세계

산업은 "무엇을 만들 수 있는가?"에 초점을 두며, 잠재적 가능성의 세계다. 그러나 교육은 "무엇을 가르쳐야 하는가?"라는 필요성의 세계다. 교육은 학습자에게 실제 필요한 역량을 전달해야 하며, 이를 위해선 직업세계가 중간에서 "무엇이 실제 현장에서 사람에게 요구되는가?"를 명확히 분석하고 전달해야 한다.

(3) 속도는 산업의 언어, 지속 가능성은 교육의 언어

산업은 빠른 속도를 요구하고, 교육은 지속 가능한 학습 설계를 지향한다. 이 둘 사이의 간극을 조율하는 것이 바로 직업세계의 역할이다. 만약 이 조율이 생략되면, 교육은 산업의 뒤를 쫓기만 하며 철학도, 정체성도 없는 훈련 체계로 전락하게 된다.

직업세계는 산업과 교육을 잇는 중간 매개체이자 통역자(Interpreter)이다. 기술을 교육의 언어로 번역해 주는 해석자이며, 이 단계를 생략하면 기술 없는 직업교육은 낡고, 직업 없는 기술교육은 공허하다는 비판에 직면할 수밖에 없다.

3. 우리나라의 현실과 교육의 과제

우리나라의 직업교육 체계는 오랜 기간 동안 기술 중심의 교육 전통과 훈련 중심의 제도 도입이 뒤엉킨 채 병존해 왔다. 특히 특성화고에서는 여전히 기술 중심의 이론교과가 강하게 작동하고 있으며, 이는 고등학교 이후의 진학 체계와 수직적 확장성에 일정한 기여를 해왔다.

하지만 NCS(국가직무능력표준)의 도입 이후, 실무교과는 대부분 Task 중심의 훈련 설계 모델로 급속히 전환되었고, 이로 인해 교육과 훈련의 균형이 무너지는 결과를 낳았다. 직업세계의 의미를 교육적으로 해석하는 작업 없이 산업계의 수요만을 반영한 결과, 교육은 점점 훈련화되었고, 학습자는 문제해결력과 이해 기반이 아닌 단편적 기능 중심의 교육에 매몰되었다.

전문대학의 경우, 한때는 NCS를 적용했으나 현재는 과거의 교수 중심 모델로 회귀했다. 교육과정 개발의 방법론이 뚜렷하지 않고, 교수 개인의 경험과 관점에 의존하는 경우가 많다. 그 결과 교육과정의 설계는 체계 없이 각자도생으로 흐르며, 국가 차원의 일관성과 방향성은 실종되었다.

이와 같은 현실은 우리나라 직업교육의 구조적 문제를 여실히 드러낸다. 직업세계에 대한 해석 없이 곧바로 훈련 설계를 시도하는 현재의 시스템은, 교육을 단지 기술 이전의 도구로 간주하는 오류를 범하고 있다. 이는 교육의 자율성과 학문성을 훼손하며, 직업교육을 국가 성장의 전략적 수단이 아닌 단기 대응적 기능 공급 체계로 전락시킨다.

앞으로의 과제는 명확하다.

"직업세계가 변하면, 교육과정도 바뀌어야 한다. 변화의 감지는 교육의 재설계로 이어져야 한다." 직업세계에서 어떤 변화가 일어나고 있는지 알았다면, 이제 그 변화는 교육의 언어로 번역되어야 한다. 이것이 바로 지식의 전환이다. 단순히 산업 트렌드를 설명하는 것에서 끝나는 것이 아니라, 그로부터 요구되는 역량을 도출하고, 그것을 '의도된 학습(intended learning)'의 형태로 정교하게 설계하는 작업이다. 이 단계는 교육과정 설계의 심장이다. 변화에 대한 감지(Scanning the Change)가 학습자의 성장을 위한 설계(Designing for Learning)로 전환되지 않으면, 직업교육은 여전히 '현장을 설명만 하는 수업'에 머물 수밖에 없다.

(1) 요구역량에서 학습 목표로: 교육의 언어로 전환하라

직업세계의 변화는 결국 특정 직무에 필요한 '요구역량(Required Competencies)'을 재정의하게 만든다. 이때 중요한 것은 단지 기능 목록이 아니라, '무엇을 할 수 있어야 하는가?', 그리고 '그 이유를 이해할 수 있어야 하는가?'를 동시에 포함하는 역량 설계이다. 교육과정은 이 요구역량을 기반으로, 학습자가 어떤 개념을 이해하고, 어떤 기술을 수행하며, 어떤 태도를 갖추어야 하는지를 설계해야 한다.

이러한 전환은 곧 '직무 분석 → 역량 도출 → 학습 목표 재설정 → 교수 내용 구성'이라는 논리적 연쇄로 이어진다. 단순히 기술 단위를 나열하는 것이 아니라, 맥락 속에서 지식과 기술, 태도를 연결하는 구조가 필요하다.

(2) Knowledge, Technology, Skill을 통합적으로 설계하라

직업교육은 늘 '기술 중심 교육'이라는 오해를 받아왔다. 그러나 미래의 직업교육은 단순히 도구를 다루는 법을 가르치는 것이 아니라, 도구를 이해하고 설계하며, 그것을 통해 의미 있는 결과를 창출하는 힘을 길러야 한다. 이를 위해서는 다음과 같은 통합적 접근이 필요하다.

① 지식(Knowledge): 단지 정보가 아니라, 개념적 이해와 이론적 기반. 특히 Underpinning Knowledge, 즉 실천을 뒷받침하는 핵심 이론.
② 기술(Technology/Skill): 도구와 장비를 사용하는 능력뿐 아니라, 그 기술을 응용하고 문제를 해결하는 능력.
③ 태도(Attitude): 협업, 책임, 지속 가능성에 대한 윤리적 감수성.

교육과정은 이 세 가지 요소가 단절되지 않고 유기적으로 얽혀 있는 형태로 구성되어야 한다. 예를 들어 '드론 운용'이라는 기술을 배운다고 할 때, 그에 필요한 항공역학(지식), 조종 스킬(기술), 안전 책임감(태도)을 함께 묶어야 비로소 의미 있는 역량이 구성된다.

(3) 형식 · 비형식 · 무형식 학습을 통합적으로 고려해야 한다

변화의 속도가 빠른 시대일수록, 교육은 학교 안에만 머물 수 없다. 직업교육의 범위는 이제 형식(formal) 교육뿐 아니라, 비형식(non-formal), 무형식(informal) 학습까지 확장되어야 한다. 기업 연수, 현장 실습, 프로젝트 기반 학습, 자기 주도 학습 등 다양한 방식이 함께 결합되어야 한다.

특히 현장에서 습득된 Embedded Knowledge(체화된 지식)는 전통적 교실에서는 제공할 수 없는 고유의 학습성과이다. 교육과정 설계자는 이러한 비형식적 경험을 '인정 가능한 학습'으로 전환할 수 있도록 평가 체계와 인증 도구까지 함께 설계해야 한다.

(4) 역량 전환 흐름도: 설계의 정합성을 확보하라

직업교육의 질을 결정짓는 것은, '도입한 기술'이 아니라 '설계의 정합성(alignment)'이다. 다음과 같은 흐름이 끊어지지 않고 연결되어야 한다:

요구역량 → 의도된 학습 목표 → 교육과정 구성 요소 → 교수·학습 방식 → 평가 방법 → 실현된 학습(Realized Learning)

이 중 어느 하나라도 어긋나면, 학습자는 '현장성이 없다.', '현실에 도움이 안 된다.'라고 느끼게 된다. 그래서 직업교육은 '내용'이 중요한 것이 아니라, 내용의 흐름과 정렬이 훨씬 중요하다.

[보론 14]
"기업이 원하는 것을 가르치는 것이 직업교육이다."에 대한 비판

이러한 주장은 교육의 현장성·실용성을 중시하는 듯 보이지만, 기업의 필요는 교육의 목표가 될 수 없다. 기업의 '수요'는 일시적이고, 특정 맥락에 제한된다. 교육은 지속 가능한 역량을 개발하는 것이며, 한 기업의 작업지시서 수준에서 교육을 설계할 수는 없다. 이는 "학교에서 특정 식당 조리법만 가르쳐야 한다."라고 주장하는 것과 유사하다.

수준	설명	적용 영역	교육의 역할
Macro (국가/산업)	국가전략, 미래산업 구조, 디지털 전환 등	산업정책, 노동시장 구조	미래 대응 역량 설계
Meso (직업군/직종)	특정 직무군, 직종 표준, NOS/NCS	직무단위 훈련, VET 체계	전이 가능한 직무 능력
Micro (기업/부서)	특정 기업의 내부 직무요건, SOP 등	기업 내 연수, OJT	현장 적응 훈련, 맞춤 연수

기업은 Micro 수준의 수요를 말하고 있지만, 교육은 적어도 Meso 또는 Macro 수준의 설계를 전제로 해야 한다. 그래야 교육의 전이성, 확장성, 진로 다양성, 장기적 생존 가능성이 확보된다. 기업이 당장 필요한 기능을 익히게 하는 것은 연수(training)이

지, 교육(education)은 아니다. 교육은 기업 A에 적응할 수 있게 만드는 것이 아니라, 기업 A·B·C를 넘나들며 자기 경로를 설계할 수 있는 능력을 길러야 한다. 그렇기 때문에 교육은 기업이 필요로 하는 것을 가르치는 것이 아니라, 기업이 필요로 할 만한 것을 학습자가 스스로 구성할 수 있도록 돕는 일이다. 기업의 요구는 교육과정의 정보가 될 수는 있어도, 교육과정의 구조(structure)나 목표(objective)가 되어서는 안 된다.

주문식 교육, 계약학과, 사내대학, 기술대학 등 기업과 직접 연결된 제도는 어떠한가? 교육으로 보긴 어렵다. 다만, 주문식 교육이나 계약학과가 대학 수준의 교육으로 직무교육 이상이라면 articulation agreement를 통해 학점을 줄 수는 있다(학위가 아니다). 사내대학과 기술대학은 기업 연수원으로 운영하는 것이 바람직하다. 다만, 근로자와 기업의 입장에서는 다음 방식도 가능하다. 사후적으로 RPL을 통해 학점으로 인정받거나, 대학과 협약을 통해 Micro-credential, Nano-degree, Certificate, Credit도 가능하다. 누적하면 학위도 가능하다. 기업의 수요는 이런 방식이 올바르다.

제5장

학습의 전달:
교육과정을 평생에 걸쳐 구현하는 일

"좋은 설계만으로는 교육이 완성되지 않는다.
결국 학습은 '어떻게 전달되느냐'에 달려 있다."

교육과정이 아무리 잘 설계되어 있다 하더라도, 그 내용이 학습자에게 제대로 전달되지 않는다면 직업교육은 실패한 것이다. 지식의 전환이 설계의 언어라면, 학습의 전달은 실천의 언어다.

1. Curriculum Delivery & Learning은 어떻게 되나?

교육과정 전달 및 학습 단계는 단순히 지식을 주입하는 것을 넘어, 학생들이 교육 목표를 달성하고 필요한 역량을 개발할 수 있도록 교육 콘텐츠를 효과적으로 제공하고, 학습자들이 이를 내재화하는 모든 과정을 의미한다. 이는 크게 학습 환경과 방식, 그리고 참여 주체라는 두 축으로 이해할 수 있다.

가. 학습 환경 및 방식의 다양화

교육과정은 다양한 환경과 방식을 통해 학습자에게 전달될 수 있으며, 이는 특히 직업 교육 분야에서 더욱 중요하다.

(1) 학교 기반 학습 (School-based Learning / Institutional Learning)
교실, 실험실, 실습실 등 학교라는 제도화된 공간에서 주로 이루어지는 학습이다. 관련 제도로는 일반 학교 교육과정, 직업고의 교과 학습, 대학의 강의 및 실험 실습 등이 있다. 주요 특징은 다음과 같다.

- 이론 및 기초 학습: 직무의 기반이 되는 이론적 지식, 기초 기술, 원리 학습, 보통 교과 등의 학습에 효율적
- 체계적인 커리큘럼: 교과서, 강의, 모의실험 등 표준화되고 구조화된 교육과정을 통해 일관된 학습 경험을 제공
- 보편적 역량 함양: 비판적 사고, 문제해결능력, 의사소통능력 등 기초적이고 보편적인 역량을 함양하는 데 유리

(2) 일 기반 학습 (Work-based Learning, WBL)

실제 직업 현장에서 일을 수행하며 학습이 이루어지는 방식으로, 이론과 실무의 간극을 줄이는 데 핵심적인 역할을 한다. 주요 특징은 다음과 같다.

- 실무 역량 강화: 현장에서 필요한 실질적인 기술, 노하우, 문제해결능력, 직업윤리 등을 체득
- 현장 적응력 향상: 직업 문화, 팀워크, 커뮤니케이션 등 실제 직업 세계에 필요한 사회적 기술을 습득
- 동기 부여 및 진로 확신: 학습한 내용이 실제 직무와 어떻게 연결되는지 직접 경험하며 학습 동기를 높이고 진로를 구체화

관련 제도로는 다음과 같다.

- 현장실습 (Field Placement / Work Placement / Internship): 학생들이 특정 직무/산업을 경험하고 진로를 탐색하는 단기적, 교육/ 훈련 중심의 활동.

고용 계약이 아닌 훈련/실습 계약 기반이 많음.
- 인턴제 (Internship Program / Recruitment Internship): 채용을 전제로 하는 경우가 많으며, 일정 기간 동안 기업과 근로 계약을 맺고 실무를 경험하는 제도.
- 도제 (Apprenticeship): 장기적이고 체계적인 훈련을 통해 특정 직업 분야의 숙련 전문가로 양성되는 과정. 보편적으로는 근로 계약과 임금 지급이 전제되나, 국가별로 훈련 계약 및 수당 지급 형태도 존재함.

(3) 혼합형 학습 (Blended Learning)

학교 기반 학습과 일 기반 학습이 유기적으로 결합된 형태로서, 이론과 실무의 균형 잡힌 습득을 목표로 한다. 두 유형의 학습이 가진 장점을 극대화하고 단점을 보완하기 위함이다. 관련 제도로는 학교기반도제(SBA), Co-op(코업) 프로그램, 듀얼 시스템(Dual System) 등이 있다.

나. 교육과정 전달 및 학습의 주요 주체

다양한 학습 환경에서 교육과정의 전달과 학습은 교육기관, 기업/산업체, 정부, 학습자라는 네 가지 주요 주체의 유기적 협력을 통해 이루어진다. 각 주체는 고유한 역할과 기능을 가지고 있으며, 이들이 긴밀히 상호작용할 때 교육의 질과 효과성이 극대화된다.

(1) 교육기관 (Educational Institutions)

교육기관은 교육과정의 설계와 운영의 중심적 주체로서, 학습자에게 이론적 지식과 기초 기술을 체계적으로 제공하는 역할을 맡는다. 초·중·고등학교, 대학교, 직업훈련기관 등 다양한 형태의 교육기관은 학점 인정, 학습 과정의 관리 및 평가, 진로 상담, 학생 생활 지도 등의 기능도 수행한다. 이러한 역할을 통해 교육기관은 학습의 체계성과 이론적 기반을 제공하며, 학생의 전인적 성장과 발달을 지원한다.

(2) 기업/산업체 (Enterprises / Industry)

기업과 산업체는 실질적인 직업 현장을 제공함으로써 교육의 현장 적합성을 높이는 데 기여한다. 이들은 학습자에게 직무 중심의 실무 훈련을 제공하고, 현장 멘토링을 통해 산업의 실제 환경과 문화를 경험하게 한다. 또한, 최신 기술 및 산업 동향을 교육기관과 공유하고, 학습 성과의 평가에도 직접 참여함으로써, 학생들이 졸업 이후 바로 현장에 투입될 수 있는 실질적 역량을 갖추도록 지원한다.

(3) 정부 (Government)

정부는 교육과 훈련을 둘러싼 정책과 제도 전반을 설계하고 관리하는 역할을 수행한다. 교육부, 고용노동부 등 관련 부처는 교육 및 훈련에 관한 법과 제도를 수립하고, 예산을 지원하며, 교육과정의 표준화(NCS, 국가역량체계 등) 및 품질 관리를 통해 전체 시스템의 공정성과 효율성을 확보한다. 더불어, 교육기관과 산업체, 학습자 간의 협력 체계를 구축하고 조율하여, 지속가능한 교육 생태계가 운영되도록 하는 데 중추적 기능을 담당한다.

(4) 학습자 (Learners)

학습자는 교육 시스템의 중심에 있는 존재로, 자신의 진로와 적성에 맞는 학습 경로를 주도적으로 선택하고, 다양한 교육과정에 능동적으로 참여함으로써 학습의 주체로 자리한다. 이들은 단순한 지식의 수용자를 넘어서, 자신의 미래를 스스로 설계하고 실현해 나가는 책임 있는 참여자로서의 역할을 수행한다. 교육의 궁극적인 목적은 학습자의 성장과 역량 강화에 있으며, 이들의 적극적 참여 없이는 어떤 교육도 완성될 수 없다.

2. 산학협력교육의 포괄적 의미

산학협력교육(Industry-Academia Cooperation Education)은 위의 모든 '일 기반 학습' 형태와 '혼합형 학습'을 가능하게 하는 핵심적인 연계 메커니즘이다. 이는 단순히 특정 제도를 지칭하는 것이 아니라, 학교와 산업계가 교육 목표 달성을 위해 지식, 자원, 인력을 공유하고 협력하는 모든 형태의 교육 활동을 의미한다. 인턴십, 현장실습, 도제, 공동 교육과정 개발, 연구 협력 등이 모두 산학협력교육의 범주에 포함될 수 있다.

결론적으로, 교육과정의 전달과 학습은 학습자의 역량 함양이라는 궁극적인 목표를 달성하기 위해 '학교 기반 학습'과 '일 기반 학습'이 유기적으로 결합되고, 교육기관, 기업, 정부, 학습자 등 다양한 주체가 긴밀하게 협력하며, 재정 지원이 뒷받침되는 총체적인 시스템으로 이해해야 한다. 이 과정에서 각 제도의 장단점과 목표를 명확히 이해하고, 최적의 조합을 찾아 나가는 것이 중요할 것이다.

[그림7] 산학협력의 구조: 목적, 관계 수준, 도구, 내용에 따른 체계도

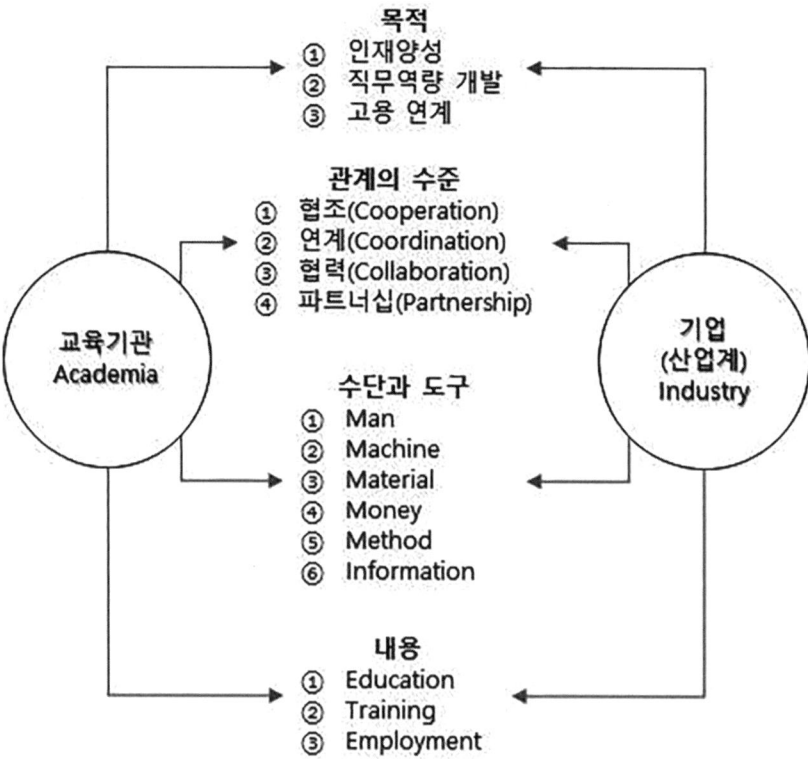

산업계와 교육계의 협력 구조를 [그림 7]은 보여준다.

(1) 산학협력의 목적

인재양성, 직무역량 개발, 고용 연계 등으로 요약된다. 이는 교육과 산업이 상호 협력함으로써 인력 수급과 노동시장 연계를 강화하려는 공동 목표를 반영한다.

① 인재 양성(Human Resource Development): 교육기관은 사회가 필요로 하는 인재를 길러야 한다. 예를 들어, IT 기업이 인공지능 개발자를 필요로 한

다면, 대학은 그런 기술을 가르치는 교육과정을 제공할 수 있어야 한다.

② 직무역량 개발(Job Competency): 단순히 이론만 아는 것이 아니라, 기업 현장에서 실제로 일할 수 있는 능력이 필요하다. 예를 들어, 항공정비학과 학생은 항공기 엔진 이론만 배우는 게 아니라 실제 비행기 정비 실습을 해야 한다.

③ 고용 연계(Employment Linkage): 졸업 후 취업까지 연결되는 것이 중요하다. 예를 들어, 호텔경영학과 학생이 졸업 전에 호텔 현장에서 인턴을 하고, 그 경험이 채용으로 이어지는 경우가 이에 해당한다.

(2) 관계의 수준

관계의 수준은 협력의 깊이에 따라 네 단계로 구분된다.

① 협조(Cooperation): 가장 낮은 수준이다. 서로 정보를 공유하거나 간단한 도움을 주는 관계이다. 예를 들면, 기업이 졸업생 채용 설명회를 위해 학교에 와서 강연을 하는 경우이다.

② 연계(Coordination): 일정한 역할 분담과 절차적 조정이 존재한다. 예를 들면, 학교가 기업과 협력해 커리큘럼 일부를 기업 실무에 맞게 개편하는 경우이다.

③ 협력(Collaboration): 공동 기획 및 실행의 관계이다. 예를 들면, 자동차과 교수가 자동차 회사 엔지니어와 함께 수업을 설계하고 실습을 공동으로 운영하는 경우이다.

④ 파트너십(Partnership): 전략적·지속적 동반자 관계를 의미한다. 예를 들면, ○○전자회사가 특정 대학에 연구소를 설립하고, 그 대학 학생들을 대상으로 채용 연계형 과정을 운영하는 경우이다.

(3) 산학 간 교류

산학 간 교류는 수단과 도구(5M+I)를 통해 이루어진다. 서로에게 도움이 될 수 있는 다양한 자원과 도구들이 오간다. 여기에는 ① 인력(Man), ② 기계(Machine), ③ 재료(Material), ④ 자금(Money), ⑤ 방법(Method), ⑥ 정보(Information)가 포함되며, 이들은 산학 간 상호 이전 및 공유되는 자원이다.

① Man (사람): 학생, 교수, 기업 전문가 등이 상호 이동한다. 예를 들면, 기업 인사가 겸임교수로 강의하거나, 학생이 기업 인턴으로 가는 경우이다.

② Machine (기계): 실습 장비나 연구 장비 공유하는 등의 방법이다. 예를 들면, 학교가 보유한 3D 프린터를 기업이 사용하거나, 기업의 로봇팔을 학교 실습에 사용하는 경우이다. 기업이 장비를 기증하기도 한다.

③ Material (재료): 실습 재료나 교육 콘텐츠 제공이다. 예를 들면, 제약회사가 약학과 학생 실습용 의약품을 지원하는 경우이다. 직업고에 용접용 봉을 지원하는 것도 포함된다.

④ Money (자금): 장학금, 프로젝트 지원금 등이다. 예를 들면, 기업이 특정 학과 학생에게 장학금을 주고 채용 우대를 해주는 경우이다.

⑤ Method (방법): 문제해결 방식, 운영 노하우 공유이다. 예를 들면, 기업이 사용하는 프로젝트 관리법(PM법)을 교육과정에 도입하는 경우이다. 중소기업 애로기술 개발 지원이 대표적이다.

⑥ Information (정보): 직무 정보, 산업 동향, 채용 트렌드 등 공유하는 것이다. 예를 들면, 기업이 최근 직무별 요구역량을 대학에 전달해 교육과정 개선에 활용하는 것이다.

(4) 협력의 실제 내용

협력의 실제 내용은 ① 교육(Education), ② 훈련(Training), ③ 고용(Employment)으로 구성되며, 이는 산학협력이 인재의 양성과 활용, 실질적 고용으로 이어지는 순환 구조를 형성함을 보여준다.

① Education (교육): 이론과 지식을 함께 설계하는 방식이다. 예를 들면, AI 전공 과목을 기업의 데이터 사이언티스트와 공동 설계하는 것이다.
② Training (훈련): 실무 중심의 훈련과 실습을 함께 진행하는 방식이다. 전기과 학생이 전력회사의 현장 설비에서 실습하는 경우이다.
③ Employment (고용): 졸업 후 일자리와의 연계를 강화하는 방식이다. 예를 들면, '채용 조건형 계약학과'처럼 졸업 시 채용이 보장된 학과를 운영하는 방식이다.

종합적으로 이 그림은 단순한 교류를 넘어 산업계와 교육계가 어떻게 구조적이고 목적 지향적으로 연계되어야 하는지를 체계적으로 시각화한 것이다. 이는 특히 산학협력 교육의 방향을 고민할 때 실천적 틀을 제공할 수 있다.

[보론 15]

산학협력교육이 잘 작동되기 어려운 구조적 이유:
계약 가능성과 이익 공유의 한계

산학협력은 교육과 산업의 연계를 통해 인재를 양성하고, 직무역량을 개발하며, 고용을 촉진하는 것을 목표로 한다. 그러나 이러한 이상적 구조에도 불구하고, 현실에서 산학협력교육은 종종 형식적 협약에 그치거나 일회성 사업으로 소모되는 경우가 많다. 이는 단순한 운영상의 미비가 아니라, 산학협력 '교육' 자체가 지닌 구조적 한계, 즉 계약 불가능성과 이익 공유의 불균형에서 비롯된다.

이와 대조적으로, 산학협력 '연구'는 상대적으로 안정적으로 작동한다. 그 이유는 명확하다. 연구협력은 구체적인 성과물—즉, 특허, 기술이전, 저작권 등의 지식재산권(IP)—으로 귀결되고, 이러한 성과물은 계약을 통해 기업의 소유로 이전할 수 있다. 기업은 연구비를 투자한 대가로 독점적 권리를 갖게 되며, 이는 경제적 회수 가능성을 보장해 준다. 다시 말해, 산학협력연구는 명확한 계약과 소유권 이전이 가능한 구조 위에서 작동한다.

그러나 산학협력교육은 다르다. 이 경우 성과물은 '사람'이다. 교육을 통해 양성된 인재는 법적으로나 윤리적으로 소유될 수 없는 존재이며, 헌법이 보장하는 직업 선택의 자유에 따라 언제든지 이직하거나 경쟁 기업으로 이동할 수 있다. 기업이 교육과정에 투자하더라도, 해당 인재가 반드시 그 기업에 남으리라는 보장은 없다. 일정 기간의 의무복무나 위약금 조항을 둘 수도 있지만, 이는 법적·제도적으로 강하게 적용되기 어려우며, 강제력도 제한적이다. 부정적 의미의 인력 poaching이 존재하는 것이다.

결국 기업 입장에서 교육에 투자하는 행위는 '내가 키운 인재가 타 기업에 이직함으로써 내 경쟁력을 약화시킬 수 있는' 위험을 동반하게 된다. 이익의 회수 가능성이 불확실한 상태에서 기업이 교육에 지속적으로 투자할 유인은 매우 낮다. 따라서 산학협력교육은 본질적으로 자발적 기여, 사회적 책임, 혹은 공공성과 같은 비경제적 동기에 의존할 수밖에 없다. 이로 인해 많은 경우 산학협력교육은 "보여주기식 협약", "교육기부", "일회성 행사" 등으로 전락하고 만다.

이러한 구조적 한계를 극복하기 위해서는, 연구 협력의 계약 모델을 그대로 교육에 이식하려는 시도를 지양해야 한다. 대신 교육은 교육 고유의 계약 불가능성을 인정한 새로운 유인 구조를 설계해야 한다. 예를 들어, 직업교육과정에 대한 투자가 산업단위의 공동 이익으로 귀결될 수 있도록 중간지원조직을 설계하거나, 실습 경험이 자격이나 학점 등으로 전환되어 학습자에게 '공식적인 자산'으로 남도록 RPL(경험인정제) 기반 제도를 도입할 필요가 있다. 또한, 개별 기업이 아닌 산업 전체가 참여하는 순환형 협력 시스템이나, 성과 기반 보조금 형태의 인센티브 정책도 고려해 볼 수 있다.

결국 산학협력교육은 "사람을 다루는 계약"이라는 점에서 본질적 한계를 지닌다. 사람은 상품이 아니기에, 소유도 통제도 불가능하다. 그렇다면 산학협력교육은 고정과 통제를 전제로 한 계약 구조가 아니라, 이동과 순환, 신뢰와 공유를 전제로 한 새로운 정책 설계가 필요하다. 이를 인식하지 못한다면, 산학협력교육은 계속해서 '형식의 반복'과 '신뢰의 소진' 속에 머무를 수밖에 없다.

3. 다양한 In-company Training

기업 내 교육훈련(In-company Training)이란, 학습자가 실제 직장 환경에서 학습할 수 있도록 하는 다양한 형태의 실습 및 훈련 방식을 말합니다. 그 형태는 짧은 기간의 직무 관찰(job shadowing)부터 자격 취득으로 이어지는 장기적이고 구조화된 도제 훈련(apprenticeship)까지 다양합니다. 주요 예시는 다음과 같다.[52]

① 직무 섀도잉(Job Shadowing): 학생이 근로자를 따라다니며(job shadowing) 직무를 관찰하는 단기 체험 활동 (일반적으로 며칠). 주로 청소년이나 학생을 대상으로 하며, 진로 탐색(career exploration)을 목적으로 함
② 인턴십(Internship): 학생이나 훈련생이 단기간(수주~수개월) 실제 직장에 배치되어 업무를 수행하는 활동. 일반적으로 무급 또는 소정의 급여가 제공되며, 계약에 의해 운영되기도 함

---

52 CEDEFOP Glossary

③ 도제 훈련(Apprenticeship): 수년간에 걸친 장기적인 현장 중심 학습으로, 자격 취득을 목표로 함. 교육기관과 기업이 공동 운영하는 이중 교육시스템(dual system) 형태가 일반적임
④ 재직자 훈련(Employee Training): 기업이 정규 직원을 대상으로 직장에서 실시하는 직무 관련 교육훈련

가. 도제와 학교기반도제

도제제도(Apprenticeship)는 공교육 시스템이 만들어지기 이전의 인력 양성 시스템으로서, 산업별 또는 업종별 협회나 단체가 주관하여 해당 산업이나 업종에서 필요로 하는 인력을 길러내는 제도이다. 공교육이 보편화되기 전, 산업현장의 기술 전수와 인력 양성은 전적으로 해당 산업 공동체(길드, 장인 집단 등)의 책임이었고, 그들은 자신들의 필요에 따라 인재를 직접 길러냈다. 핵심은 '산업계 주도 인력 양성'이라는 점이다.

공교육 시스템이 만들어진 이후에는 학교기반 직업교육훈련(School-based VET)이 일반화된다. 그럼에도 불구하고, 학교기반도제제도(School-based Apprenticeships: SBA)가 존재할 수 있다. 물론 학생이 아닌 자를 대상으로 하는 도제제도(General Apprenticeships)도 존재한다. 양자는 제도의 본질(일학습병행)은 동일하나, 제도의 틀은 다르다. 이는 학생이냐 성인이냐의 차이에서 비롯되거나 도제제도 운영의 주체가 학교이냐 기업이냐의 차이에서도 비롯된다.

학교기반도제(SBA)는 공교육 시스템이 만들어진 이후에 학교가 주도하여

인력을 양성하나, 여러 이유로 산학협력을 바탕으로 work-based learning을 통해 인력 양성을 하는 시스템 중의 하나이다. 즉, SBA는 공교육 시스템이 확립된 후, 학교 교육만으로는 현장 실무 역량을 충분히 기르기 어렵다는 인식하에 등장했다. 따라서 SBA의 주된 주체는 '학교'이다. 학교가 학생의 학업 및 훈련 경로를 총괄하고 관리한다. 하지만 학교 혼자서는 현장 실무 훈련을 제공할 수 없으므로, 산업계와의 긴밀한 협력(산학협력)을 통해 기업 현장에서 실제적인 작업 기반 학습(work-based learning)이 이루어진다. 이는 이론과 실무의 통합을 가능하게 한다. 학습과 일을 교대로 하는 교육(alternance training)이 일반적이다. 교대의 주기는 주별, 월별, 또는 연별로 이뤄질 수 있다. 그리고 도제를 하는 여러 이유에는 교육의 현장성 강화, 학생들의 조기 진로 탐색 및 구체화, 이론과 실무의 괴리 해소, 고졸 인력의 취업 경쟁력 강화 등이 포함된다.[53] 일부의 경우엔 학생이 아닌 성인을 대상으로 하는 도제제도도 존재한다.

SBA는 나라마다 제도가 다르다. 고용계약을 체결할 수도 있고, 임금을 지급할 수도 있다. 그러나 훈련계약과 수당을 주는 경우도 많다. 일률적이지 않다. 핵심은 '근로에 초점을 두느냐? 아니면 교육에 초점을 두느냐?'에 있다. 하지만 일반적으로 근로를 기대하는 기업의 입장과 배움을 희망하는 학생의 입장이 일치하기도 쉽지 않다. 결과적으로 제도에 대한 신뢰가 형성되기 어려운 면도 존재한다. 따라서 도제제도는 단순한 교육 프로그램이 아니라 사회적 협약에 가깝다. 이해당사자가 공동으로 설계하고 지속적으로 갱신해야 한다.

---

[53] CEDEFOP(2022)의 『Built to Last: Apprenticeship Vision, Purpose, and Resilience in times of Crisis』에 의하면, 도제제도의 목적을 ⅰ) 특정 직업에 완전히 준비된 학습자를 양성하는 직업훈련 수단, ⅱ) 단기 기능 습득, ⅲ) 사회통합의 일환, ⅳ) 직업교육과정(VET)에서 탈락한 학습자 및 취약계층을 위한 제2의 기회 부여 등으로 정리하고 있다.

우리나라의 도제제도는 고용노동부의 「산업현장 일학습병행 지원에 관한 법률」에 기반을 두고 있다. 법적 목적은 직업교육훈련을 통해 고용을 촉진하고 학습근로자의 사회경제적 지위를 향상시키는 데에 있다. 이러한 목적은 도제제도가 노동시장 중심의 시각에서 설계된 것으로서 도제를 훈련과 고용의 수단으로 이해하고 있다는 점에서 교육제도와는 중요한 차이를 보인다.

무엇보다 중요한 문제는 이 제도가 '학교 교육과정 체계 내에 편입되어 있지 않다.'라는 점이다. 현재의 일학습병행제도에서 학교는 사업장 외 훈련을 위탁받는 기관 중 하나에 불과하며, 훈련과정 전체를 주도하거나 연계하는 주체가 아니다. 이는 도제제도가 '학교 중심 도제(school-based apprenticeship)'로 작동하려면 반드시 필요한 요건인 정규 교육과정 내 통합(integration within formal curriculum structure)을 충족하지 못하고 있다는 것을 의미한다. 다시 말해, 교육제도 안에서 도제과정이 구조적으로 어떻게 자리 잡고 있는지, 어떤 과목이나 모듈과 연결되어 있는지가 법적·제도적으로 전혀 명시되어 있지 않다. 국가 교육과정, 학점제와의 연계도 정리되어 있지 않다. 도제과정 개발 책임은 사업주에게 있다.

또한 도제과정이 학습자의 능력개발이 아니라, 기업의 훈련 수요와 고용가능성 중심으로 제도가 설계되어 있다는 점도 문제다. 학습자는 '학생'이 아닌 '학습근로자'로 정의되며, 계약의 중심은 근로계약 또는 학습근로계약에 있다. 이로 인해 도제는 교육의 연장선이라기보다는 기업 현장의 직무적응 훈련에 가까운 형태로 운영되고 있다. 학습근로계약의 내용에 가장 중요한 도제를 통해 배워야 할 학습 내용이 포함되어 있지 않다. 평가 역시 국가직무능력표준(NCS)에 기반한 직무수행 능력 중심이며, 이는 국가 교육과정에 의하면 실무과목에만 적용된다. 결국 도제의 교육적 성격은 약화되고, 학습자의 능력 향상보다는 고용시장 적응이 주된 초점이 된다.

이러한 점들을 종합해 보면, 현재의 일학습병행제도는 '도제제도'를 국가의 정규 교육제도(학교 기반 직업교육)와는 거리가 먼 형태로 도제제도를 운영하고 있다. 도제를 진정한 의미의 교육제도, 특히 school-based apprenticeship으로 전환하려면 다음 두 가지가 반드시 전제되어야 한다.

첫째, 학교 교육과정 체계 내에서 도제과정의 구조와 역할이 명확히 자리 잡아야 한다. 도제과정은 정규 교육과정의 틀 내에서 편성되어야 하며, 교사와 현장훈련지도자가 협력하여 하나의 교육성과를 관리할 수 있어야 한다. 이원적 교육모델이 구조적으로 통합되는 설계가 필요하다.

둘째, 도제의 중심은 학습자의 능력개발이어야 하며, 이는 단기 직무적합성 이상의 전인적·이전 가능 역량을 포함해야 한다. 이를 위해 도제교육은 단순한 직무훈련이 아닌, 지식·기술·태도를 아우르는 총체적 능력 개발을 목표로 설계되어야 한다. 그렇기 때문에 국가교육과정의 전문교과와의 관계를 살피면서 도제과정이 만들어져야 한다.

요컨대, 지금의 「일학습병행법」체계는 고용정책으로서의 훈련 제도에 가깝지, 교육정책으로서의 도제제도에는 본질적으로 부합하지 않는다. 이 제도를 교육제도로 전환하기 위해서는 제도의 주체, 구조, 책임, 평가 방식 전반에 대한 근본적 재설계가 필요하다.

나. 현장실습 (work placement, internship)

학생들이 학교에서 배운 이론적 지식을 실제 직업 현장에서 적용하고, 직무능력을 함양하며, 직업 세계를 경험할 수 있도록 설계된 교육과정의 일환이다. 이는 학교 교육과 실제 직업 세계 간의 간극을 줄이고, 학생들이 졸업 후 성공적으로 사회에 진출할 수 있도록 돕는 것을 목적으로 한다. 핵심은 '경험'이다.

일반적으로 현장실습제도는 단기 체험 중심의 비교과성 프로그램에 가까우며, 학교가 설계한 실습 일정과 내용을 바탕으로 산업체는 일시적 협조자로 참여한다. 실습은 대부분 '실무 경험 제공' 또는 '진로 탐색' 수준에 그친다. 학습자의 성취에 대한 평가는 형식적 보고서 작성이나 출석 확인에 의존하고, 학습자는 임금 없이 수당만을 받는 경우가 많다. 이러한 현장실습의 대표적인 제도가 교생실습(Practicum)이다. 즉, 현장실습은 학교교육과정 내 실무통합의 대표적인 사례이긴 하지만, 그 교육적 효과나 법제적 구조는 매우 제한적이고 형식적인 경우가 대부분이다.

반면, 우리의 「직업교육훈련촉진법」에서는 현장실습을 "직업교육훈련생이 향후 진로와 관련하여 취업 및 직무수행에 필요한 지식·기술 및 태도를 습득할 수 있도록 직업현장에서 실시하는 교육훈련과정"으로 정의하고 있다. 그리고 영어로는 현장실습을 법제처는 'on-the-job training'으로 번역하고 있다. 「직업교육훈련촉진법」의 이러한 정의는 현장실습제도의 왜곡된 운영을 제도적으로 고착시키는 출발점이 된다. 도제제도가 도입되기 이전까지 우리 사회는 현장실습을 사실상 성인 도제제도와 유사하게 운영해 왔다. 즉, 현장실습을 학습 중심이 아닌 조기취업의 수단으로 활용해 온 것이다. 이는 직업교육을 산업인력 양성, 산업교육의 하위 범주로 간주해 온 정책 사고의 폐해 가운데 하나이다.

더욱이 법령에서 현장실습을 'On-the-job Training(OJT)'으로 번역한 것 역시, 교육보다는 훈련 중심, 학습자보다는 산업체 중심 프로그램이라는 인상을 더욱 강화시킨다. 이러한 시각이 제도 설계에 투영되면서, 현장실습은 학습권 기반의 교육제도라기보다 노동시장 중심 훈련제도로 작동해 왔다.

따라서 현장실습제도를 정상적인 교육제도로 전환하기 위해서는 법령의 개편이 반드시 수반되어야 한다. 특히 다음과 같은 세 가지 방향을 분명히 할 필요가 있다.

- SBA와의 관계를 명확히 하고,
- 고등학교 학점제 과목 구조 내에서 현장실습이 어떤 위치를 차지할 것인지를 설계하며,
- 창의적 체험활동 등 기존 교과 외 제도와의 연계 및 전환 방식도 구제화해야 한다.

또한, 일정 조건하에서 인턴십(Vocational Internship) 제도로 개편하는 것도 중요한 전략이 될 수 있다.

실제 운영 양태를 보면, 현장실습, 인턴십, 도제제도는 모두 '산업현장에서의 학습(work-based learning)'이라는 점에서는 공통적이다. 하지만 이들 제도는 운영기간, 법적 신분, 계약 구조, 책임과 권한 면에서 뚜렷한 차이를 보인다. 이러한 기간의 차이는 결국 법적 계약 여부, 학습자의 지위, 근로조건, 그리고 학습결과의 법적 인정 방식에까지 영향을 미친다.

- 현장실습(Work Placement)은 비교적 1개월 이내의 단기 체험 중심이며,
- Vocational Internship은 수개월에 이를 수 있는 실무 몰입형 형태,
- Apprenticeship은 비교적 장기로서 통상 1년 이상 장기 반복 훈련을 특징으로 한다.

또한 현장실습이나 도제제도는 학교가 비교적 주도적으로 계획하고 운영하는 반면, Vocational Internship은 학교가 아닌 기업이나 학습자가 주도적으로 선택하여 참여하는 형태도 가능하다. 이 경우 학점이나 학습성과와는 무관한 자율형 실무경험으로 기능할 수 있으며, 이는 곧 비형식 학습으로서의 정책적 지위와 보상 체계가 별도로 설계되어야 함을 의미한다.

일반적으로 도제나 현장실습은 고용의 의무가 있는 것은 아니다. 그러나 의무복무조건이 붙어 있는 제도도 있다. Cadetship이라는 제도이다.[54] 이는 고용주가 근로자의 공식적인 교육·훈련(자격 취득을 위한)을 지원(보조)하는 고용 형태로, 훈련이 완료된 후에는 근로자가 일정 기간 동안 해당 고용주와 계속 근무해야 하는 조건이 일반적으로 포함된다. 계약학과나 사관학교 제도가 대표적이다.

---

54 NCVER Glossary

4. 소결

(1) '일방적 전달'에서 '경험 기반 체득'으로

전통적인 직업교육은 주로 기능·기술 전달 중심이었다. 교사는 시연하고, 학생은 반복하며 익혔다. 그러나 이 방식은 더 이상 유효하지 않다. 오늘날의 직업역량은 단순한 기법의 암기가 아니라, 문제해결 과정 속에서 스스로 습득하고 적용하는 힘에서 나온다.

따라서 직업교육은 경험 기반 학습(Experiential Learning)을 중심으로 구성되어야 한다.

- 프로젝트 기반 학습(Project-based Learning)
- 문제 중심 학습(Problem-based Learning)
- 시뮬레이션 및 가상현실 기반 실습(VR/AR)
- 현장 실습(On-the-job Learning) 등

학습자가 주체적으로 참여하고, 실패를 경험하고, 피드백을 받아 다시 시도하는 순환적 체득 구조가 마련되어야 한다. 이는 직업교육이 단지 기능을 '가르치는 것'이 아니라, 경험을 '설계하는 것'임을 뜻한다. 경험할 수 있는 기회가 사라지는 시대임에도 불구하고, 경험할 수 있는 기회를 만들어 주는 것이 중요하다.

(2) 기술 활용 교육의 심화: AI와 빅데이터는 도구가 아니라 학습의 환경이다

AI와 디지털 도구는 단지 가르치는 내용을 전달하는 수단이 아니다. 이제는 그 자체가 학습 환경의 일부다. 이러한 기술은 교수자와 학습자의 관계를

'전달자-수용자'에서 '디자이너-주체'로 변화시키는 동력이 된다. 예를 들어,

- AI 코치를 통해 실습 결과에 대한 피드백을 자동화하거나,
- 디지털 도구를 통해 복잡한 산업 공정을 가상으로 체험할 수 있으며,
- 러닝 애널리틱스(Learning Analytics)를 통해 학습자의 진도, 흥미, 약점을 실시간으로 파악하고 맞춤형 학습이 가능해진다.

(3) 교수자의 역할 전환: 전달자에서 촉진자·설계자로

기존의 직업교육 교사는 기술의 주인공이었다. 그러나 이제 교사는 기술을 가르치는 사람을 넘어서, 학습이 일어나는 과정을 설계하고 촉진하는 사람으로 변모해야 한다. 이는 단순한 교수법의 변화가 아니다.

교육과정을 재해석하고, 학습자의 상황에 맞춰 시나리오를 설계하며, 현장 전문가와 협업하고, 학습 이후의 경력 설계까지 안내할 수 있는 '교육공학적 직업교육가'가 되어야 한다. 이는 특히 산업현장을 경험한 실무자와 교육 전문가의 협업 모델을 필요로 한다.

(4) 학습자의 자기 주도성: 직업교육은 더 이상 수동적 경로가 아니다

오늘날의 학습자는 '시킨 대로' 배우지 않는다. 자신이 왜 이 교육을 받는지, 어디로 갈 수 있는지를 납득해야 한다. 따라서 직업교육은 학습자의 진로 탐색, 문제해결, 개인 경력 설계 능력과 결합되어야 한다. 이를 위해선 다음이 필요하다.

- 선택 가능한 학습 경로 구성 (모듈형·자기 설계형)
- 학습 결과에 대한 피드백과 반성적 성찰(Reflective Thinking)

- 학습자가 자신의 경로를 문서화하고 관리할 수 있는 학습 포트폴리오 체계

학습자는 직업교육을 통해 '주어진 기술'을 배우는 것이 아니라, '자기 삶의 설계도'를 그리는 법을 배워야 한다.

제6장

학습성과의 측정: 평생의 학습 결과를 평가하고 검증하는 일

 평가는 학습자가 특정 교육과정을 통해 얼마나 많은 지식과 기술을 습득하고 역량을 개발했는지 측정하고 판단하는 과정이다. 그리고 후술하는 자격은 이러한 평가를 통해 학습자가 특정 직무나 학업 수준을 수행할 수 있는 능력을 갖추었음을 공식적으로 인정하는 제도적 결과이다. 평가를 위해서는 수준(level)이 중요하고, 이 수준에 따라 기대되는 능력이 정리되어야 한다. 또한 평가 준거(assessment criterion)도 중요하다. 즉, 성과를 어떤 기준으로 평가할 것인지에 대한 세부항목을 의미한다.

 이 둘은 교육 시스템의 책무성, 품질 보증, 학습자의 동기 부여, 그리고 사회적 인정에 있어 필수적인 요소이다. 특히 직업교육의 맥락에서는 학습자의 역량이 실제 직업세계에서 얼마나 유용하게 활용될 수 있는지가 중요하기 때문에, 평가와 자격은 더욱 실질적이고 현장 중심적이어야 한다.

1. 평가 (Assessment) 일반

평가는 단순히 점수를 매기는 것을 넘어, 학습을 촉진하고 교육과정의 효과를 검증하는 다양한 목적을 가진다.

가. 평가의 목적

학습에 대한 평가는 단순한 결과 확인을 넘어, 교육 전반의 질을 높이는 데 핵심적인 역할을 한다.

- 평가는 학습자의 강점과 약점을 파악하여 개별화된 학습 지도를 가능하게 하고, 이를 바탕으로 학습 과정 자체를 개선하는 데 활용된다. 이는 학습자의 이해도와 역량 수준에 맞춘 맞춤형 교육을 설계하고 실행하는 데 중요한 기초 자료가 된다.
- 평가는 학습자가 특정 학습 목표나 교육과정의 목표를 얼마나 달성했

는지를 측정함으로써, 학습 성과를 객관적으로 확인하는 수단이 된다. 이를 통해 교육의 결과를 수치화하거나 질적으로 파악할 수 있다.
- 평가는 교육과정의 효과성과 적절성을 검토하는 도구로 작용한다. 평가 결과를 바탕으로 교육과정의 구성이나 운영 방식에 대한 문제점을 분석하고, 이를 근거로 교육과정을 수정하거나 보완할 수 있다. 이 과정은 교육과정의 질을 지속적으로 관리하고 향상시키는 데 핵심적이다.
- 평가는 학습자가 특정 자격을 부여받을 수 있는지를 판단하는 기준이 되며, 자격 부여의 정당성과 신뢰성을 뒷받침하는 핵심 증거로 기능한다. 즉, 평가는 자격증이나 수료증, 학위 등 공인된 결과로 이어지는 중요한 절차의 일환이기도 하다.

이처럼 평가는 학습의 개인화, 성과 확인, 교육과정의 개선, 자격 부여 등 다방면에서 교육의 질과 공정성을 보장하는 핵심 기능을 수행한다.

나. 평가의 주체

평가의 주체는 교육과정의 전달 및 학습 방식(delivery & learning method)에 따라 달라지며, 이는 평가의 공정성과 전문성을 확보하는 데 중요하다. 평가 주체는 고정된 것이 아니라 교육과정의 설계, 전달 방식, 학습자의 특성, 자격의 성격 등에 따라 달라질 수 있으며, 다양한 주체들이 상호 보완적으로 작동할 때 교육과 평가는 더욱 정밀하고 신뢰성 있는 구조로 발전하게 된다.

(1) 학교 (School-based Assessment)

학교 기반 평가는 교사나 교수진이 학습자의 성취 수준을 직접 평가하는 방식이다. 주로 지필시험, 수행평가, 과제, 발표, 토론, 프로젝트 등 다양한 도구를 활용하며, 학습의 전 과정에 걸쳐 지속적으로 이루어진다. 이 방식은 학습자의 개별적 특성과 성장 과정을 반영할 수 있다는 점에서 유연성이 높고, 수업과 평가가 긴밀히 연계되어 있다는 특징을 가진다. 특히 정규 교육과정 안에서 학습자의 전반적인 발달을 고려한 평가가 가능하다는 점에서 교육적 의미가 크다.

(2) 기업/산업체 (Workplace/Industry Assessment)

기업이나 산업체에서는 현장 멘토나 직무 전문가가 학습자의 실제 직무수행 능력과 문제해결 역량, 현장 적응력을 평가한다. 특히 일 기반 학습(Work-Based Learning)이나 도제식 교육처럼 현장에서의 실질적 경험이 중요한 교육 방식에서 핵심적인 평가 주체가 된다. 이러한 평가 방식은 이론 중심의 학교 평가와는 달리, 실제 직업 환경에서의 역량 발휘를 직접 확인할 수 있다는 점에서, 직업적 실천 능력을 정밀하게 측정하는 데 효과적이다.

(3) 외부/독립 기관 (External/Independent Assessment)

외부 평가 기관이나 국가기관이 주도하는 평가 방식은 자격 검정, 국가시험, 전문 자격 시험 등에서 대표적으로 나타난다. 이 평가는 학습자들이 일정 수준의 전문성이나 기준을 충족했는지를 객관적으로 검증하며, 평가의 공정성과 신뢰성을 확보하는 데 유리하다. 다양한 배경을 가진 학습자들에게 동일한 기준을 적용할 수 있으며, 사회적으로도 인정되는 공식적인 인증 수단이 된다는 점에서 제도적 무게감이 크다.

(4) 혼합형 평가 (Hybrid Assessment)

혼합형 평가는 위의 다양한 주체들이 협력하여 공동으로 평가하는 방식이다. 예컨대, 도제식 교육 모델에서는 학교와 산업체가 공동으로 평가 기준을 설정하고, 학교의 교사와 기업의 현장 전문가가 함께 학습자의 성장을 평가한다. 이러한 방식은 이론과 실무, 교육과 산업을 유기적으로 연계하며, 평가의 균형성과 실제성을 동시에 확보할 수 있다는 장점을 가진다. 협업에 기반한 혼합형 평가는 미래형 교육 모델에서 점점 더 중요해지는 추세다.

다. 평가의 유형

- 형성 평가 (Formative Assessment): 학습 과정 중에 이루어지는 평가로, 학습자의 학습 진도를 확인하고 즉각적인 피드백을 제공하여 학습을 개선하는 데 목적이 있다. (예: 퀴즈, 토론, 과제 피드백)
- 총괄 평가 (Summative Assessment): 학습 과정이 끝난 시점에서 최종적인 학습성과를 종합적으로 판단하는 평가다. (예: 기말고사, 졸업 시험)
- 수행평가 (Performance Assessment): 실제 상황과 유사한 환경에서 학습자가 특정 과제나 문제를 해결하는 과정을 직접 관찰하고 평가하는 방식이다. 직업교육에서 실무 역량을 평가하는 데 매우 중요하다. (예: 실기 시험, 프로젝트 수행, 포트폴리오 평가, 시뮬레이션)
- 역량 기반 평가 (Competency-based Assessment): 특정 지식이나 기술의 습득 여부를 넘어, 학습자가 실제 직업 환경에서 요구되는 복합적인 역량(지식, 기술, 태도)을 얼마나 갖추었는지를 평가한다. NCS(국가직무능력표준)와 연계될 때 그 효과가 극대화된다.
- 지필 평가 (Written/Paper-based Exam): 지식의 이해도, 암기력, 논리적 사

고력 등을 평가하는 데 용이. 대규모 평가에 효율적이다. 그러나 실질적인 문제해결능력이나 실무 역량을 측정하기 어렵다.
- 검정 기반 평가 (Competency-based / Certification Exam): 특정 직무 또는 직업 분야에서 요구되는 역량을 얼마나 갖추었는지를 공식적으로 검증하는 시험이다. 한국의 국가기술자격 시험이 대표적이다. '과정 따로, 자격 따로'라는 문제점이 지적되곤 한다. 즉, 특정 교육과정을 이수하지 않아도 시험에 합격하면 자격이 주어지는 방식인데, 이는 현장 실무와의 괴리를 발생시킬 수 있다. (과정평가형 자격)
- 과정 이수 평가 (Course Completion Assessment): 특정 교육과정을 성공적으로 이수했음을 평가하는 방식이다. 출석률, 과제 수행, 수업 참여도 등을 종합적으로 고려한다. 과정 이수만으로는 실질적인 역량 습득 여부를 담보하기 어려울 수 있다. (과정이수형 자격)

라. 평가의 활용 (Utilization of Assessment)

평가 결과는 학습자 개인의 성장뿐만 아니라 교육 시스템 전반의 개선을 위해 다양하게 활용되어야 한다.

① 학습자 피드백: 학습자에게 구체적이고 건설적인 피드백을 제공하여 다음 학습 단계의 방향을 제시한다.
② 교육과정 개선: 평가 결과를 바탕으로 교육과정의 내용, 교수-학습 방법, 평가 방식 등을 지속적으로 개선한다.
③ 진로 및 취업 지원: 평가 결과를 통해 학습자의 강점과 적성을 파악하여 맞춤형 진로 상담 및 취업 연계를 지원한다.

④ 자격 인정 및 학점 부여: 평가 결과는 특정 자격 부여, 학위 수여, 또는 다른 교육 기관으로의 학점 이수 등에 활용된다.

2. 평가의 대상: 학습성과와 역량

"배움은 완성되어야 한다.
교육이 끝났을 때, 우리는 무엇이 달라졌는지를 물어야 한다."

직업교육이 단순한 정보 전달이나 기술 훈련을 넘어서는 교육이 되기 위해서는, 그 끝에 반드시 학습성과(Learning Outcomes)[55]에 대한 정교한 측정과 검증 시스템이 마련되어야 한다. 학습은 단지 배운 것 자체가 아니라, 무엇을 할 수 있게 되었는가(역량)를 기준으로 평가되어야 한다. 그리고 그 결과는 학습자에게 의미 있는 인정으로 이어져야 한다. 이것이 직업교육이 경로로서의 가치를 갖는 핵심 지점이다.

가. 평가의 전환: 지식 암기에서 역량 발휘로

기존의 평가 방식은 대부분 필기시험, 기능 테스트, 정답 중심 루브릭에 의

---

55 CEDEFOP Glossary에 의하면 Learning Outcomes은 formal, non-formal, informal learning process를 이수한 이후에 형성된 또는 시연할 수 있는 지식, 노하우, 정보, 가치, skills 그리고 competences를 말한다. 반면, EQF에서는 knowledge, skills 그리고 responsibility/autonomy라고 설명한다.

존해 왔다. 하지만 이는 직업세계의 실제 요구와는 거리가 멀다. 현장은 복합적인 문제 상황에서의 판단력, 응용력, 협업력을 요구하며, 정답보다 과정을 중시한다. 따라서 평가도 단순히 '결과'를 측정하는 것이 아니라, '과정'과 '맥락' 속에서 발휘된 역량을 관찰하고 해석하는 방식으로 바뀌어야 한다.

- 루브릭 기반 수행평가
- 프로젝트 결과물 평가
- 포트폴리오와 자기평가
- 산업체 피드백 등 다양한 방식이 결합되어야 한다.

나. 실현된 학습(Realized Learning): 진짜로 배우게 된 것은 무엇인가?

직업교육의 목표는 단순한 수료가 아니다. 학습자가 실제로 어떤 변화와 성장을 이루었는지를 확인하는 것이다. 이를 '실현된 학습(Realized Learning)'이라고 부른다. 이는 다음과 같은 질문에 답할 수 있어야 한다.

- 학습자는 특정 직무를 수행할 준비가 되어 있는가?
- 학습자는 변화된 환경에서도 대응할 수 있는 능력을 갖추었는가?
- 학습자는 자신의 학습 경로와 진로를 설계할 역량을 가졌는가?

이러한 실현된 학습은 단순한 시험 점수로는 포착되기 어렵다. 따라서 성과는 정량이 아니라 정성, 결과가 아니라 맥락에서 해석되어야 한다.

다. 정합성(Alignment): 설계전달성과 간의 일관성

직업교육의 질을 평가하는 핵심은 바로 정합성(alignment)이다.

- 우리가 탐지한 변화(직업세계의 요구),
- 설계한 학습 목표와 교육과정,
- 선택한 교수학습 방법,
- 최종적으로 측정하고 검증한 성과 사이에 논리적 일관성과 체계적 연결이 있어야 한다.

이 중 하나라도 어긋나면, 교육은 방향을 잃고, 학습자는 왜 이걸 배우는지 납득하지 못한다. 직업교육은 '무엇을 가르칠 것인가?'보다 '왜, 어떤 방식으로, 그리고 그것이 어떤 결과를 가져오는가?'를 설명할 수 있어야 한다.

라. 평생학습 시대의 평가: 과정 중심, 유연한 인정 시스템이 필요하다

이제 학습은 학령기만의 일이 아니며, 교육기관 안에서만 일어나는 것도 아니다. 성인은 다양한 경로를 통해, 다양한 방식으로 배운다. 따라서 직업교육은

- 학습의 결과를 적절히 평가하고,
- 이를 인정(credential)하며,
- 나아가 공식적인 교육 경로에 연결할 수 있는 시스템을 갖추어야 한다.

이는 마이크로 크리덴셜(micro-credential), 직무 기반 디지털 배지, 역량 루브릭 기반의 인증 시스템 등으로 확장될 수 있으며, 이러한 장치는 전통적 학위나 자격시험과는 다른 새로운 신뢰 구조를 형성하게 된다.

[보론 16]

선행학습경험평가인정
(RPL: Recognition of Prior Learning)[56]

Recognition of Prior Learning(RPL)은 호주의 직업교육훈련(VET) 체계와 전체 교육 시스템에서 공식적으로 인정된 절차이다. 이 제도는 개인이 이전에 다양한 방식으로 습득한 지식과 기술을 평가하여, 이를 공식적인 교육성과나 자격으로 인정받을 수 있도록 하는 제도적 장치이다. RPL이 효과적으로 운영될 경우, 개인이 직장이나 사회생활, 여가 활동 등을 통해 쌓은 경험 기반의 역량을 정당하게 평가받을 수 있으며, 이를 통해 불필요한 중복 학습을 줄이고, 자격 취득까지의 시간을 단축할 수 있다. 이 과정은 단순한 확인이 아니라, 체계적이고 신뢰할 수 있는 평가 틀에 따라 진행되며, 반드시 자격을 갖춘 평가자(qualified assessor)가 개인의 역량을 평가하게 되어 있다. 그리고 평가 결과, 특정 교육과정이나 자격 요건을 충족하지 못하는 부분이 있다면, 그 결손 영역에 대한 보완 교육이 제공되도록 설계되어 있다. RPL이 평가하는 역량은 다양한 경로를 통해 획득될 수 있으며, 크게 다음 세 가지 유형의 학습을 모두 포괄한다.

formal learning은 학교, 대학교, 직업훈련기관 등에서 이루어지는 구조화된 교육 프로그램을 통해 공식 자격(AQF)이나 수료증을 취득하는 학습을 의미한다.

non-formal learning은 일정한 교육 구조를 갖추고 있지만, 공식 자격으로 연결되

---

[56] https://www.asqa.gov.au/guidance-resources/resources-providers/faqs/recognition- prior-learning-rpl (25.8.2. 검색)

지 않는 학습 활동을 말한다. 예컨대 기업에서 자체적으로 운영하는 사내 직무 연수나 전문성 개발 프로그램이 여기에 해당한다.

informal learning은 일상생활이나 업무 경험을 통해 자연스럽게 습득한 지식과 기술을 뜻한다. 예를 들어, 수년간 영업직으로 근무하면서 익힌 고객 응대 능력, 갈등 조정 기술, 대인관계 역량 등은 모두 무형적 학습의 대표적인 예다.

결국, RPL은 이러한 다양한 학습 경험을 공정하고 체계적으로 인정함으로써, 학습자의 경력과 역량을 정당하게 평가하고, 나아가 자격 체계의 유연성과 포용성을 확대하는 데 중요한 기능을 수행한다. 이는 평생학습사회 구현과 능력 중심 사회로의 전환이라는 측면에서도 매우 전략적인 제도라 할 수 있다.

제7장

자격과 환류:
역량을 인정하고 순환하는 일

"직업교육은 배움의 종착지가 아니라, 순환의 기점이 되어야 한다."

직업교육의 성과는 학습자가 무엇을 배웠느냐에 머물지 않는다. 그것이 사회적으로 어떻게 인정되고, 개인의 진로와 어떤 방식으로 연결되며, 교육 시스템은 그것을 통해 어떻게 더 나아지는가까지 이어져야 한다. 이 장에서는 직업교육에서의 자격 부여와 평가 결과의 '환류(feedback)'가 어떻게 작동해야 하는지를 다룬다.

1. 자격 부여와 평가 결과의 환류

가. 실현된 학습의 자격화: 학습은 사회적으로 인정되어야 한다

직업교육은 실천적 목적을 가진 교육이다. 학습자는 그 배움을 통해 일할 자격, 혹은 새로운 경로로 진입할 권한을 부여받기를 기대한다. 그렇기에 '자격'은 단지 국가시험을 통과하는 행정 행위가 아니라, 학습의 결과가 사회적으로 인정되는 구조이다. 최근에는 전통적인 국가자격 외에도 다양한 인증 방식이 도입되고 있다.

- 마이크로 크리덴셜: 비교적 짧은 학습을 통해 획득할 수 있는 역량 기반 디지털 인증
- 나노디그리: 실무 중심 온라인 학습의 결과로 부여되는 일종의 '모듈형 자격'
- 현장 기반 평가(RPL): 학습이 아닌 경험을 통해 습득한 능력을 정식 인정하는 제도

- 직업교육은 이런 다양한 자격 체계를 공식 교육체제와 연결 짓는 중간 매개 구조를 함께 설계해야 한다.

나. Competency Gap과 Learning Gap: 차이를 읽는 것이 환류의 출발점

'배움'은 언제나 의도한 것과 실현된 것 사이에 간극이 존재한다. 직업교육은 이 간극을 통해 학습 시스템을 개선해야 한다([그림 2] 참조).

- Competency Gap: 산업이 요구하는 역량과 학습자가 실제로 갖춘 역량 사이의 차이
- Learning Gap: 교육과정이 의도한 학습 목표와 실현된 학습 결과 사이의 차이

이 두 차이를 체계적으로 분석하면, 교육과정 설계의 문제, 교수법의 적합성, 평가 방식의 한계 등이 드러나게 된다. 즉, 성과의 측정은 종결이 아니라 개선의 출발점이다.

다. 자격과 평가의 환류 시스템: '측정 → 개선 → 재설계'의 순환

직업교육 시스템은 폐쇄적 루틴이 아니라, 열린 순환 구조여야 한다. 그 핵심은 평가 결과와 자격 인정이 교육과정에 되돌아와 변화의 근거가 되는 것이다. 이를 위한 제도적 장치는 다음과 같아야 한다.

- 교육과정성과산업체 피드백 간 정합성 체크리스트
- NCS와 교육과정 간 Mapping 및 개정 로직
- 성과 기반 예산 배분 시스템
- 직업고, 전문대학, 평생교육기관 간 환류 공유 플랫폼

환류는 단순한 '보고'가 아니라, 미래 설계를 위한 데이터 구조로 설계되어야 한다.

라. 자격 시스템의 유연화: 생애 경로를 따라가는 인증 구조

직업은 변하지만, 배움은 남는다. 학습자의 경력은 파편화될 수 있지만, 그것을 잇는 건 결국 자격과 인증 시스템의 유연성이다. 한 번의 자격이 평생 유효한 것이 아니라, 평생 동안의 배움이 점진적으로 기록되고, 필요할 때 꺼내어 쓸 수 있는 모듈형 인증 시스템이 필요하다. 이것이 바로 직업교육이 미래의 불확실성 속에서도 작동할 수 있는 구조적 기반이 된다.

2. 자격 (Qualification)

자격은 평가를 통해 확인된 학습자의 역량을 사회적으로 공식 인정하는 제도적 장치이다. 이는 학습자의 노동시장 진입, 경력 개발, 그리고 계속 학습에 중요한 영향을 미친다.

우리나라는 자격에 대한 오해가 크다. 국가기술자격이나 국가자격만을 자격으로 생각하고 학위(degree) 등은 별개로 보는 경향이 있다. 또한 자격은 또 다른 의미가 있다. 채용 관련 서류에 나오는 자격도 자격이다. 이처럼 자격은 중의적 의미를 갖고 있다.

가. 자격의 개념과 의미

UNESCO ISCED 2011에서는 자격(qualification)을 다음과 같이 번역한다. 자격이란, 교육 프로그램 또는 그 일부를 성공적으로 이수했음을 공식적으로 확인(confirmation)하는 행위로, 일반적으로 문서 형태의 인증서로 제공된다. 자격은 다음과 같은 방식으로 취득할 수 있다: ⅰ) 하나의 교육 프로그램을 전부 이수한 경우, ⅱ) 교육 프로그램의 일정 단계를 성공적으로 이수한 경우 (중간 자격, intermediate qualifications), ⅲ) 또는 교육 프로그램 참여와 무관하게 획득한 지식, 기술, 역량을 검증·인정받은 경우. 이러한 자격은 때때로 'credential(수행증명서)'라고도 불린다. 이중 대학교육에서의 학위(degree)는 교육자격(Educational Qualification)이다. UNESCO ISCED의 자격 개념은 매우 협소하다. 이는 교육에의 투입(input)을 바탕으로 자격제도가 설계되었기 때문이다.

반면, EU의 직업교육연구소인 CEDEFOP의 Glossary에 의하면 OECD와 ILO의 정의를 바탕으로 Qualification을 두 가지로 번역하고 있다.

① 공식 자격(Formal qualification): 평가 과정을 통해 획득한 공식적인 결과물 (예: 수료증, 학위, 자격증 등)을 의미한다. 이는 권한 있는 기관이 개인이 특

정 기준에 따라 학습성과를 달성했거나, 특정 직무영역에서 일을 수행할 수 있는 역량을 갖추었다고 판단할 때 부여된다. 자격은 학습성과가 노동시장 및 교육·훈련 체계에서 갖는 가치를 공식적으로 인정해 주는 기능을 하며, 특정 직종의 종사 자격을 법적으로 부여하는 권한(legal entitlement)이 되기도 한다(OECD 정의).

② 직무 요건(Job requirements): 특정 직무에 요구되는 지식, 태도, 기술(aptitudes and skills)의 집합으로, 해당 직위에서 과업을 수행하기 위해 필요한 능력 조건을 의미합니다(ILO 정의).

CEDEFOP이 정리한 자격의 개념은 사실 매우 복합적이다. 이를 보다 명확히 이해하기 위해서는 자격의 의미를 다음과 같은 네 가지 차원으로 구분해 볼 수 있다. 즉, CEDEFOP의 자격 설명은 엄밀하게 정리하면 네 가지의 다른 자격을 의미한다.

① 학습성과의 달성(Learning outcomes achieve): 공식적인 교육과정을 통해 정해진 학습성과를 달성한 경우, 이를 자격으로 인정하는 구조. 이는 일반적으로 학위, 수료증, 이수증 등과 연결된다. UNESCO의 자격 정의와 가장 흡사하다. 졸업 자격이나 이수증을 생각하면 이해가 쉽다.

② 특정 직무영역에서의 직무수행역량 보유(job competency: 특정 직무를 충분히 수행할 수 있는 실질적 능력을 갖춘 상태를 의미한다. 주로 직업자격(vocational qualification)이 관련된다. 우리가 보통 '그는 그 일을 할 자격(능력)이 있어.'라고 말할 때의 자격을 생각하면 이해하기 쉽다. 때론 능력 인정형 자격이라고도 부르며, 직무성과 중심의 평가와 연결된다.

③ 특정 직종에 대한 법적 종사 자격 인정(legal entitlement to practise a profession): 국가에서 특정 직업(예: 간호사, 변호사 등)에 대해 법적으로 종

사할 수 있는 권한을 부여하는 경우이다. 흔히 말하는 '면허성 자격'이 여기에 해당한다. '그는 그 일을 할 수 있는 자격증을 갖고 있어.'라고 말할 때의 자격이다. 시험·교육·경력 등의 요건을 충족하기를 요구하는 경우가 많다.

④ 직무요건(job requirements): 고용주나 조직이 특정 직무에 대해 요구하는 지식, 기술, 태도 등의 요건. 즉, 채용이나 승진 과정에서 요구되는 조건(job specification)으로서의 자격 개념이다. '우리는 이런 자격을 가진 사람을 뽑고 싶습니다.'라고 쓰여진 vacancy notice의 문구를 의미한다. ILO의 정의가 여기에 해당한다.

이러한 네 가지 해석은 모두 자격의 핵심적 기능, 즉 학습성과가 노동시장 및 교육·훈련 체계 내에서 어떤 '공식적 가치'를 지니는가에 기반하고 있다. CEDEFOP은 이 기능을 통해 자격이 다음과 같은 작용을 한다고 설명한다.

① 신호 기능 (Signaling): 개인의 학습성과나 능력 수준을 외부에 알리는 정보 제공 도구
② 선별 및 분류 기능 (Screening & Selection): 기업이나 기관에서의 인력 채용, 배치, 승진 등에서의 기준
③ 호환성과 통용성 (Portability & Comparability): 국가·기관·부처 간 자격의 이동성과 연계성을 확보하는 기제

이처럼 CEDEFOP의 개념을 4개로 분류해서 볼 경우 다음과 같은 장점이 드러난다.

① 첫 번째에서 세 번째까지의 자격은 개인이 획득하는 자격이라는 의미

인데 반해, 네 번째인 직무요건으로서의 자격은 직무가 요구하는 것이라고 구분을 하여 자격에 대한 이해의 명료성을 확보할 수 있다.

② '직무수행역량'과 '법적 자격' 사이의 경계를 구분함으로써, 직무수행역량이 존재하더라도(즉, 자격을 갖췄더라도), 노동시장에서 활동하기 위해서는 별도의 법적인 뒷받침이 필요할 수 있음을 명확히 하고 있다. 즉, 능력 인정형 자격과 면허성 자격을 명확히 구분해 볼 수 있다.

③ 일상 언어와 정책 용어의 연결이 가능하다. 예를 들어:
  – "그는 그 일을 할 자격이 있다." → 직무수행역량(2번)
  – "그는 자격증을 갖고 있다." → 법적 권한(3번)
  – "우리는 이런 자격을 가진 사람을 채용하고 싶다." → 직무요건(4번)

④ CEDEFOP과 UNESCO의 자격 정의를 비교 분석할 때도 유용하다. UNESCO의 정의는 CEDEFOP 설명의 1번(학습성과의 달성)에 초점을 두고 있는 반면, OECD는 1번, 2번, 3번을 모두 강조하고, ILO는 4번(직무요건)에 주목하고 있음을 알 수 있다.

나. 자격의 목적

- 능력 증명: 학습자가 특정 직업 분야나 학업 수준에서 요구되는 지식, 기술, 역량을 갖추었음을 공식적으로 증명한다.
- 노동시장의 신호: 고용주에게 지원자의 숙련도와 전문성에 대한 신뢰할 만한 정보를 제공하여 효율적인 인력 채용을 돕는다.
- 학습 경로 제시: 학습자에게 명확한 학습 목표를 제시하고, 경력 개발을 위한 경로를 안내한다.
- 학습 이동성 및 연계성 확보: 자격 체계 내에서 다른 자격이나 학위로

의 이동 및 연계를 가능하게 하여 평생 학습을 촉진한다. (이 지점에서 NQF(국가 자격 체계)가 핵심적인 역할을 하게 된다.)

(1) 개인적 목적

- 경력 개발 촉진: 특정 분야 진입, 승진, 직무 전환 등의 기회를 제공하여 경력 발전을 돕는다.
- 학습 동기 부여: 명확한 학습 목표를 제시하고, 노력에 대한 공식적인 인정이라는 보상을 제공한다.
- 사회적 이동성 증진: 학력이나 배경과 무관하게 능력에 따라 기회를 얻을 수 있는 통로를 제공한다.

(2) 사회적 목적

- 노동시장의 효율성 증대: 고용주가 필요한 역량을 가진 인재를 신뢰성 있게 식별할 수 있도록 하여 채용 과정의 비효율성을 줄인다.
- 인력의 질 보증: 특정 직무나 산업 분야에서 요구되는 최소한의 역량 수준을 보장하여 서비스 및 생산품의 품질을 유지합니다.
- 교육 시스템의 책무성 강화: 교육기관이 제공하는 교육의 결과에 대한 사회적 책무성을 부여합니다.
- 국가 경제 발전에의 기여: 숙련된 인재를 안정적으로 공급하여 산업 경쟁력 강화와 국가 경제 발전에 기여합니다.
- 선발 (Selection): 고용주가 특정 직무나 역할을 수행할 적합한 인재를 식별하고 선택하는 데 있어 객관적이고 공정한 기준을 제공. 자격은 지원자가 특정 수준의 지식, 기술, 역량을 갖추고 있음을 증명하는 공신력 있는 신호(signal) 역할을 함으로써, 수많은 지원자 중에서 필요한 인재를 효율적으로 걸러내고 선발하는 데 결정적인 역할. 이는 특히 전문직

이나 숙련 기술직에서 중요한 기능입니다.

다. 자격의 유형 및 특징

① 학위(Academic Qualifications): 초등, 중등, 고등 교육 기관에서 특정 교육과정을 이수하고 학업적 성취를 인정받아 부여하는 자격. (예: 고등학교 졸업장, 학사 학위, 석사 학위, 박사 학위) 이와 관련하여 first degree와 second/further degree의 차이를 이해할 필요가 있다. 주로 대학교육에 관련된 학위로서 입학 조건으로 고등학교 졸업만 요구하고, 대학 수준의 자격을 요구하지 않을 경우 first degree가 된다. 그러나 입학할 때 대학 수준의 자격을 요구할 경우에는 second/further degree가 된다. 예를 들면, 학·석사 과정은 최종 학위가 석사이지만 입학 당시에 고등학교 졸업만 요구하기에 first degree가 된다. 일반적으로 석사 학위는 second/further degree가 된다. 학사 학위가 요구되기 때문이다. first degree는 정규 진입 경로이자, 기초 학습권 보장과 관련된다. 선취업-후진학 정책이 이에 해당한다. 그러나 second/further degree는 경력 기반 후학습 모델과 관련된다.[57]

② 국가기술자격(National Technical Qualifications): 국가에서 특정 직무 분야의 기술 및 기능 수준을 검증하여 부여하는 자격이다. (예: 기능사, 산업기사, 기사, 기술사) '검정형' 자격 체계의 문제점이 지적되어 왔다. ('과정 따로, 자격 따로'라는 비판)

---

[57] 선취업-후진학, 선취업-후학습은 단순한 용어 차이로 볼 수 있으나, 교육학적으로 엄청난 차이가 존재한다. 후진학 용어를 사용할 경우에는 first degree 취득을 위한 학습권 보장이라는 관점이 강조되지만, 후학습 용어를 사용할 경우에는 학위 취득과는 관련성이 줄어들 수 뿐이 없다.

③ 전문자격(Professional Qualifications): 특정 전문직(의사, 변호사, 회계사 등)에 종사하기 위해 필요한 지식, 기술, 윤리 등을 검증하여 부여하는 자격이다. 엄격한 시험과 자격 유지 요건을 가진다.

④ 직업훈련 수료증(Vocational Training Certificates): 직업훈련 기관에서 특정 훈련 과정을 이수했음을 증명하는 자격이다.

⑤ 마이크로 크리덴셜(Micro-credentials)/나노디그리(Nano-degrees): 특정 소규모 기술이나 역량 단위를 인정하는 새로운 형태의 자격으로, 빠르게 변화하는 직업 세계에 대한 즉각적인 대응과 평생 학습의 유연성을 높이는 데 주목받고 있다.

⑥ 디지털 배지(digital badge)[58]: 유행처럼 사용되는 용어이다. 핵심은 자격의 신호기능이다. 다만, 대외적으로 표시하는 형태가 달라진 것이다. 디지털 배지는 학습 경험―예: 강의, 세미나, 워크숍 참여나 지식·기술·역량의 습득 등―을 검증된 시각 자료(graphical visualisation) 형태로 표현한 것이다. 이는 공식적인 인증이 수반될 수도, 수반되지 않을 수도 있다. 디지털 배지는 SNS에 공유, 이메일 서명에 삽입, 이력서나 포트폴리오에 포함, 디지털 배지 지갑(wallet)에 저장할 수 있다. 디지털 오픈 배지(digital open badge)는 다음과 같은 내용이 검증 가능하고, 이식 가능한 디지털 배지를 말한다. 배지 소지자의 신원, 학습 내용 및 학습 성과, 발급 기관, 발급일 및 유효기간, 평가 기준 등. 디지털 배지는 공식적(formal) 또는 비공식적(non-formal) 교육 환경에서 다양하게 발급된다. 관련하여 오픈 배지(open badge)는 공인된 오픈 배지 플랫폼을 통해 발급, 취득, 관리할 수 있다.

---

58 CEDEFOP Glossary

라. 자격의 수여 주체(Qualification Awarding Body)

자격(Qualification)은 누가 수여하느냐에 따라 그 권위와 사회적 인정도가 달라지며, 자격의 종류와 목적, 제도적 성격에 따라 자격 수여 주체는 다양하게 구분된다. 아래는 자격 수여 주체를 네 가지 유형으로 나누어 설명한 내용이다. 자격 수여 주체는 공공기관, 교육기관, 산업계, 국제기구 등 다양하며, 각각의 주체는 자격의 목적, 제도적 정당성, 실효성에 따라 상이한 방식으로 자격을 설계하고 인증한다. 따라서 학습자나 노동자는 자격의 수여 주체와 그 의미를 정확히 이해하고, 자신의 진로와 목적에 맞는 자격을 전략적으로 선택할 필요가 있다.

(1) 교육기관 (Educational Institutions)

교육기관은 학습자가 정해진 교육과정을 이수한 경우에 학위, 수료증, 이수증 등의 자격을 수여하는 대표적인 주체이다. 초·중등학교부터 전문대학, 대학교, 대학원에 이르기까지 모든 정규 교육기관은 학습의 성과를 공식적으로 인정하는 문서를 발급하며, 이 문서는 사회적으로 널리 인정되는 자격으로 활용된다. 특히 학위와 같은 자격은 해당 교육기관의 평판, 교육과정의 수준, 인증 상태 등에 따라 자격의 가치가 크게 좌우된다. 다시 말해, 같은 학위라도 어떤 기관에서 받았는가에 따라 사회적 신뢰도와 경쟁력에 차이가 발생할 수 있다.

(2) 국가/정부 기관 (National/Government Bodies)

국가나 정부 기관이 수여하는 자격은 법률에 근거하여 운영되며, 가장 공적이고 공신력 있는 자격으로 간주된다. 대표적으로 국가기술자격(예: 기능사, 기사, 산업기사), 전문직 면허(예: 변호사, 의사, 약사, 교사 자격증 등)가 여기에 포함된다. 이러한 자격은 전국적으로 통용되며, 특정 직종의 종사 자격 요건으로 법적으로 요구되는 경우가 많다. 특히 이들 자격은 직업 독점권한을 수반하거나 생계와 직결되는 특수 자격이기 때문에, 평가와 인증 절차가 엄격하게 운영된다. 공공성과 통일성을 확보하는 데 중점을 두는 것이 특징이다.

(3) 산업별 협회/단체 (Industry Associations/Bodies)

산업현장의 전문성과 실무성을 반영한 자격은 주로 해당 산업 분야의 협회나 민간단체가 개발하고 수여한다. 예를 들어, IT, 디자인, 마케팅, 외식, 관광 등 실무 중심의 산업 분야에서는 산업협회나 기업이 중심이 되어 자격체계를 구성하고, 이를 통해 현장 실무 능력을 인증하는 민간 자격 또는 산업표준 자격을 부여한다. 이들 자격은 법적 강제성은 없을 수 있지만, 해당 산업 내에서의 신뢰도와 채용 시 우대 등으로 인해 실질적인 가치를 가지는 경우가 많다. 또한 일부 자격은 국제 기준에 부합하거나 다국적 기업에서도 통용될 수 있어, 산업 간, 국가 간의 인적 교류에 활용되기도 한다. 하지만 일부 민간자격은 자격 시장의 질서를 어지럽히는 작용하기도 한다.

(4) 국제기구 (International Organizations) 등

국제기구나 국제적 민간 인증기관은 국경을 초월해 통용될 수 있는 글로벌 자격을 수여한다. 대표적으로 IT 분야의 CISCO, Microsoft 자격증, 회계 분야의 ACCA, CFA, 또는 공인 번역사 자격 등 특정 전문 분야의 글로벌 스탠더드에 기반한 국제 자격증이 여기에 해당한다. 이러한 자격은 국제적인 인력 이동, 다국적 기업 채용, 국가 간 자격 상호 인정 체계 등에서 매우 유용하며, 특히 글로벌 시장에서의 경쟁력 확보를 위해 개인과 기업이 자발적으로 취득을 장려하는 경우가 많다.

마. 자격의 활용 (Utilization of Qualification)

자격(qualification)은 단순히 취득으로 끝나는 것이 아니라, 개인의 삶과 사회의 다양한 영역에서 지속적으로 활용되는 중요한 사회적 도구이다. 자격은 개인에게는 능력의 증명 수단이자 기회의 통로가 되고, 사회와 국가에게는 인적자원 관리와 정책 수립을 위한 근거 자료로 기능한다. 그 활용 영역은 크게 네 가지로 구분할 수 있다.

(1) 노동시장 진입 및 경력 개발의 수단

자격은 가장 먼저 취업 시장에서 개인의 역량을 입증하는 근거로 활용된다. 구직자는 자격을 통해 자신이 특정 직무를 수행할 수 있는 지식과 기술을 갖추었음을 증명하고, 이를 바탕으로 채용 과정에서 경쟁력을 확보하게 된다. 또한 자격은 승진이나 직무 전환과 같은 경력 개발의 기반으로도 작용한다. 예를 들어, 일정 자격을 보유해야 상위 직책으로 승진할 수 있는 내부 규정을 둔 기업들도 있으며, 새로운 업무 분야로의 이동이나 전문 분야 진입에도 자격은 신뢰받는 증표가 된다.

(2) 계속 교육 및 평생학습의 경로

자격은 상급 교육과정으로의 진학이나 재교육 참여에 필요한 학습 이력으로도 기능한다. 예컨대, 전문학사 학위 취득자가 자격을 기반으로 학점을 인정받아 학사 학위 과정에 진학하거나, 일정 자격을 가진 사람이 해당 분야의 전문과정이나 단기 직무훈련에 참여할 수 있는 참여 요건으로 작동하는 경우가 있다. 나아가 자격은 직무 전환, 생애 전환기 재설계 등 평생학습 경로 안에서 자신의 학습을 이어가고 확장하는 다리 역할을 수행한다.

(3) 국가 인력 정책 수립의 기초 자료

국가 차원에서는 자격 데이터를 기반으로 산업별·지역별 인력 수급 상황을 분석하고, 이를 바탕으로 교육·훈련 정책 및 산업 인력 정책을 수립한다. 예를 들어, 특정 자격 보유자의 수가 현저히 부족하거나 과잉될 경우, 정부는 그 수요와 공급의 불균형을 조정하기 위한 교육훈련 예산 배분, 직업훈련 과정을 조정하거나 자격 기준을 개편하는 등의 정책적 대응을 하게 된다. 또한 자격은 시대 변화에 따른 산업구조 개편, 새로운 직무 등장, 기술 변화 등에 대응하여 자격 체계 자체를 신설·폐지하거나 내용을 조정하는 기준으로도 활용된다.

(4) 국제적 통용성과 해외 진출의 자산

특정 자격은 국제적으로 통용되는 역량의 표준으로 기능하며, 해외 취업이나 이민, 유학 등 국경을 넘는 이동성을 촉진하는 데 기여한다. 예컨대, 국제 IT 자격증, 회계나 금융 분야의 글로벌 자격, 간호사나 기술자 면허 등은 다른 나라의 기업이나 정부기관에서 인정받는 경우가 많다. 이러한 자격은 글로벌 스탠더드를 충족하는 인재로서의 신뢰를 확보할 수 있게 해주며, 다국적 기업 채용, 국제 프로젝트 참여, 국가 간 자격 상호 인정 협약 등에 있어 핵심적인 경쟁 자원이 된다.

이처럼 자격은 단지 이력서에 기재되는 한 줄의 기록이 아니라, 개인의 사회적 이동성과 경력 설계, 국가의 정책 기획, 산업의 인재 수요를 연결하는 중요한 매개체로서 기능한다. 따라서 자격의 활용은 정적이고 일회적인 것이 아니라, 생애 전반에 걸쳐 역동적으로 확장되는 과정으로 이해되어야 한다.

[보론 17]

Qualification과 관련된
몇 가지 용어 설명

■ Comparability of qualifications (CEDEFOP Glossary)

자격이 발급된 부문별, 지역별, 국가별 또는 국제적 수준에서 그 자격들이 가지는 목적, 수준, 학습성과, 질 보장 체계 등의 측면에서 서로 유사한 정도를 의미한다. 자격의 비교가능성은 개인의 고용가능성(employability)과 이동성(mobility)을 높이며,

이는 유럽자격프레임워크(European Qualifications Framework, EQF)의 핵심 목표 중 하나이다. 이 용어는 자격의 등가성(equivalence of qualifications)과 유사하지만 동일한 개념은 아니다.

■ 자격의 투명성 (Transparency of Qualifications)[59]

자격의 투명성(Transparency of Qualifications)이란, 자격이 담고 있는 내용과 구성, 그리고 그 자격이 노동시장(지역, 국가, 국제, 산업 분야 차원)이나 교육·훈련 체계 내에서 어떤 의미와 가치를 가지는지를 명확하게 표현하고, 누구나 이해할 수 있도록 구조화되어 있는 정도를 말한다. 자격의 투명성은 직업교육훈련 체계에서 신뢰성과 기능성을 결정짓는 핵심 요소이며, 다음 세 가지 이유로 특히 중요하게 여겨진다.

---

59 CEDEFOP Glossary

❶ 학습자의 학습 경로 전환 및 축적 가능성을 보장하기 위해

현대의 직업교육은 학교 교육, 직업훈련기관, 기업 내 교육, 자격시험 등 다양한 학습 경로를 포함하며, 학습자들은 이들 경로를 유연하게 오가며 학습과 경력을 설계해야 한다. 그러나 자격 간의 구조나 수준, 학습성과가 명확히 드러나지 않는다면, 이들 자격은 서로 비교되거나 연계되기 어렵고, 학습자의 이동성과 누적학습도 제한된다.

자격의 투명성이 높아질수록, 즉 자격의 구조, 수준(Level), 학습성과(Learning Outcomes), 직무역량이 명확하게 기술되어 있을수록, 교육기관, 고용주, 또는 해외에서도 그 자격을 공식적으로 인정하기 쉬워진다.

이는 학습자가 수직적(진학, 고급 자격 취득 등) 또는 수평적(직무 전환, 타 기관 이수 인정 등) 경로로 자연스럽게 이동할 수 있는 기반이 된다. 예를 들어, 특정 직업자격이 국가역량체계(NQF)의 일정 수준(Level)에 명확히 등재되어 있다면, 그 자격은 대학 진학, 해외 취업, 기업 내 승진 평가 등에서도 공식적 자격으로 인정받을 수 있으며, 이는 학습자의 생애경로 설계에 실질적인 도움을 줄 수 있다.

❷ 노동시장과 교육훈련 간의 신뢰를 구축하기 위해

기업 입장에서 자격이 의미하는 바가 명확하지 않으면, 자격증 자체에 대한 신뢰가 약해질 수밖에 없다. 그 결과, 기업은 직업자격보다는 "출신 학교"나 "경력"을 중심으로 채용하거나 인사 결정을 내리게 되며, 이는 자격의 실질적 활용을 제한하는 구조로 이어진다. 반대로, 자격의 투명성이 높아 자격을 통해 어떤 역량이 확보되었고, 어떤 직무를 수행할 수 있는지가 명확하게 드러난다면, 기업은 자격 자체를 신뢰 가능한 직무 기준으로 활용할 수 있다. 이는 자격 기반 채용, 승진, 직무 배치 등 인사관리 체계로 확장될 수 있다.

유럽의 CEDEFOP은 이러한 자격의 신뢰 확보를 위해 자격을 EQF(European Qualifications Framework)에 등재할 때 학습성과 기반 구조를 요구하고 있다. 이로 인해 "EQF 4레벨 자격"이라면 유럽 어디서든 공통된 의미와 수준을 가지는 자격으로 이해되고 활용될 수 있다.

❸ 직업교육의 사회적 위상과 공공성 강화를 위해

자격이 복잡하고 불투명한 구조로 존재하게 되면, 학습자, 학부모, 교사조차도 자격의 의미와 가치를 이해하지 못하고, 이는 곧 직업교육에 대한 사회적 신뢰 저하로 이어진다. 직업교육이 일반교육에 비해 열등하거나 비주류라는 인식이 지속되는 것도 이와 무관하지 않다.

자격의 수준, 비교 가능성, 학습성과, 그리고 직무와의 연계가 명확해지면, 직업교육 역시 일반교육과 동등한 교육 경로로 인정받을 수 있다. 자격을 통해 경력과 학위가 연계되고, 사회적으로 인정되는 학습 경로가 형성되면 직업교육의 위상은 자연스럽게 회복되고 공공성도 강화된다.

예를 들어, 독일은 자격마다 명확한 직무능력, 교육시간, 학습성과, 향후 경력 경로가 함께 명시되어 있어, Berufsschule(직업학교)와 Fachhochschule(응용과학대학) 사이에 수직적 이동이 제도적으로 보장된다. 이러한 구조는 직업교육이 단순한 기능 습득이 아닌, 진로 설계와 학문적 성취를 통합하는 경로임을 보여준다.

결국 자격의 투명성은 단순한 정보 제공을 넘어, 직업교육을 하나의 '제도'로 완성시키는 근본적 요소라 할 수 있다.

■ Mutual recognition of qualifications 자격의 상호 인정[60]

자격의 상호 인정이란, 하나 또는 그 이상의 국가나 기관이 다른 국가나 기관에서 수여한 자격(증명서, 학위, 자격명칭 등)의 가치가 유사함을 공식적으로 인정하는 과정으로, 이에 수반되는 권리와 의무 또한 포함된다. 상호 인정은 다음과 같이 구분된다.

- 양자적 인정: 두 국가 또는 기관 간의 인정
- 다자적 인정: 유럽연합(EU) 회원국 간, 또는 동일 산업 부문의 여러 기업 간 인정

전문자격(professional qualifications) 인정에 관한 2005/36/EC 지침(Directive 2005/36/EC)은 다음의 세 가지 자격 인정 시스템을 제공한다. 이 지침은 또한, 국가 간 동일 직업의 활동 범위가 상이한 경우, 부분적 직업 접근(partial access)의 원칙도 도입하고 있다.

- 자동 인정(Automatic recognition): 유럽 차원에서 최소 교육 요건이 일정 수준으로 조화되어 있는 직업에 대해 자동 인정됨. → 예: 의사, 일반 간호사, 치과의사, 수의사, 조산사, 약사, 건축가 등.
- 경력 기반 자동 인정: 일정한 직업경력을 기반으로 일부 기능직이나 산업 분야의 직업에 대해 자동 인정이 가능함. → 예: professionals in crafts, trades and industry.
- 일반 시스템(General system): 자동인정 대상이 아닌 기타 전문직에 대해 적용되는 상호 인정 원칙 기반의 제도.

60　CEDEFOP Glossary

◼ Sectoral qualification / sectoral certification[61]

❶ 산업 부문별 자격 / 부문별 인증

국가 또는 국제 수준에서 특정 산업 부문의 기준(예: 입학 요건 entry requirements, 학습 내용, 학습성과, 인정 validation, 인증 certification 등)에 따라 해당 산업 부문이 발급하거나 인가한 자격증, 졸업장, 학위 또는 직함을 말한다(certificate, diploma, degree or title issued. – or accredted).

부문별 자격은 회계, 항공 및 해상운송, 건설, 은행 및 금융, 관광·숙박, ICT, 보험, 미용, 보건 및 사회복지, 어학 교육, 스포츠 및 여가, 용접 등 다양한 산업 및 직업 분야에서 발급된다. 이들 자격은 일부 직업(규제 직종 regulated professions)에 진입하기 위해 필수 요건일 수 있다. 부문별 자격은 부문별, 국가별 또는 국제적 자격 체계에 통합될 수 있다.

❷ Sectoral Qualifications Framework 산업부문별 자격 틀[62]

산업부문별 자격 틀이란, 국가 또는 국제 수준에서 특정 산업 분야에 필요한 자격을 개발하고, 이를 분류하며, 발급하기 위한 체계로서, 정해진 학습성과 수준에 적용되는 일련의 기준(예: 설명자, 레벨 지표 등)에 따라 구성된 도구를 말한다.

산업부문별 자격 틀은 국제적으로 활동하는 기업의 인력이 산업별 자격 기준을 충족하도록 보장하기 위한 목적을 지닌다. 또한, 특정 직업에 대한 법적 접근 요건(예: 규제 직종)을 설정할 때에도 활용된다. 다양한 산업 분야(예: 회계, 항공 및 해운, 건설, 금융, 환대산업, 정보통신, 보험, 미용, 보건복지, 외국어 교육, 체육 및 여가, 용접 등)에서 각각의 자격 틀이 개발되어 있다.

---

61   CEDEFOP Glossary
62   CEDEFOP Glossary

[보론 18]

Microcredential[63]

마이크로자격이란, 학습자가 소규모 학습 단위(small unit of learning)를 통해 습득한 학습성과를 공식적으로 기록한 것으로, 이는 사전에 정의된 기준에 따라 평가된 결과이다. 마이크로자격을 통해 습득한 학습은 학습자에게 사회적, 개인적, 문화적 또는 노동시장적 요구에 부응하는 특정 지식, 기술, 역량을 제공한다. 다양한 교육훈련 제공자에 의해, 공식·비공식·무형식 학습 환경을 포함한 다양한 상황에서 설계·제공될 수 있다.

마이크로자격은 학습자에게 귀속되며, 작고 맞춤화된 학습 경험의 결과를 가시화하고 가치를 부여함으로써, 인증 및 활용을 가능하게 한다.

마이크로자격은 공유 가능하며 이동성(portability)을 가지며, 독립적으로 존재할 수도 있고, 더 큰 자격 체계로 통합될 수도 있다.

해당 분야 또는 활동 영역에서 합의된 품질보증 기준에 따라 운영될 수 있다.

유럽연합(EU)이 제시한 마이크로자격의 필수 요소는 다음과 같다.

---

[63] CEDEFOP Glossary

- 학습자 식별 정보(identification of the learner)
- 마이크로자격의 명칭
- 발급 기관의 국가/지역
- 수여 기관 (awarding body)
- 발급일자
- 학습성과 (learning outcomes)
- 학습성과 달성을 위한 명목 학습량(notional workload)
- 해당될 경우, 유럽자격 체계(EQF) 수준 및 주기
- 평가 유형
- 학습 활동 참여 형태
- 마이크로자격을 뒷받침하는 품질보증(quality assurance)의 유형

3. 평가와 자격의 연계성 및 미래 방향

진정한 '직업세계에서 살아갈 역량을 기르는 교육'을 위해서는 평가와 자격이 다음과 같은 방향으로 나아가야 한다.

- 학습 결과(Learning Outcomes) 중심의 평가 및 자격: 단순히 교육과정 이수 여부나 지식 암기력을 넘어, 실제 수행 가능한 역량을 평가하고 자격으로 인정해야 한다.
- 과정 중심 평가의 강화: 최종 결과뿐만 아니라 학습자의 성장 과정과 노력을 인정하고, 학습 개선에 기여하는 평가를 확대해야 한다.
- 산업현장 연계성 강화: 실제 직업 현장에서 요구되는 역량을 측정할 수 있도록 평가 도구와 방법론을 개발하고, 산업계의 평가 참여를 확대해야 한다.
- 통합적 자격 체계 (NQF) 구축: 학위, 국가기술자격, 전문자격, 비학위 자격 등 모든 종류의 자격이 하나의 일관된 틀 안에서 연계되고, 학습 경로에 상관없이 학습 결과를 공정하게 인정받을 수 있는 시스템을 구

축해야 한다. 이는 '과정 따로, 자격 따로' 문제를 해결하고 학습자 중심의 유연한 학습 및 경력 개발을 가능하게 한다.

이러한 논의를 통해 평가와 자격이 단순한 '검증'을 넘어, 학습자의 지속적인 성장과 사회적 성공을 지원하는 핵심적인 다리 역할을 할 수 있게 된다.

[보론 19]

EQF, NQF, SQF, OQF의 개념과 차이점

자격 체계(Qualifications Framework)는 학습자의 학습성과(Learning Outcomes)를 구조화하여 교육과 노동시장에서 자격의 수준, 가치, 호환성을 확보하고자 하는 정책적 장치이다. 하지만 이 체계는 그 목적과 적용 범위에 따라 서로 다른 형태로 발전해 왔으며, 대표적으로 다음 네 가지 유형으로 구분할 수 있다.

■ EQF (European Qualifications Framework)
- 유럽연합(EU) 차원에서 국가 간 자격의 비교 가능성과 이동성을 높이기 위해 설정된 범(凡)유럽 공통 자격참조체계이다.
- 8단계 수준(Levels)으로 구성되어 있으며, 각 단계는 학습자의 지식, 기술, 책임 및 자율성 기준으로 정의된다.
- 모든 국가의 자격은 EQF의 수준과 대응되어 매핑된다.
- 주요 목적은 자격의 비교(comparability), 이동성 향상, 평생학습 촉진입니다.

■ NQF (National Qualifications Framework)
- 개별 국가가 자국의 교육 및 자격제도를 구조화한 체계이다.
- EQF와 마찬가지로 주로 학습성과(learning outcomes) 기반이며, 국가별 특성(교육제도, 자격문화, 법제도 등)을 반영한다.

- EQF와는 국내 적용 중심의 체계로, 다양한 유형의 교육(정규/비정규), 자격(국가/민간)을 통합하거나 조정하는 기능을 가진다.

참고로, https://europass.europa.eu/uk/compare-qualifications에서 EU 국가 간 NQF와 EQF의 비교를 할 수 있다. 예를 들면, France의 QF와 독일의 QF가 EQF와 어떻게 비교될 수 있는지를 알 수 있는 것이다. 그 내용은 다음 〈표 14〉에서 확인 가능하다.

〈표14〉 EQF, France, Germany의 Level 7 자격 비교

France	EQF	Germany
• Master degrees • Master degrees in engineering • Other vocational qualifications level 7 by law • Professional qualifications 7 (including sectoral qualifications CQP)	EQF Level 7	• Master's degrees and equivalent higher education qualifications (traditional German courses of higher education study such as the first degrees of "Diplom" or "Magister", State Examinations) • Master of Science M.Sc., Business Administration and Engineering, Brandenburg Technical University Cottbus • Strategic Professional (IT) (certified) • Certified IT Technical Engineer • Other advanced vocational training pursuant to the Vocational Training Act or Crafts and Trades Regulation Code (level 7) • Certified technical business management specialist

■ SQF (Sectoral Qualifications Framework)
- 산업 또는 직능 단위(예: 항공, 금융, 보건, ICT 등)에서 자체적으로 정의한 자격기준 체계이다.
- 일반적으로 산업계 주도로 개발되며, 직무기술서(Job Description), 숙련수준(Skill Level), 산업 표준(Occupational Standards) 등이 포함된다.
- 특정 분야의 국제적 통용성과 산업기반 인증에 초점이 있으며, 경우에 따라 NQF

나 EQF와 연계된다.

■ OQF (Occupational Qualifications Framework)[64]
- 특정 직업 또는 직무수행을 위한 역량과 자격을 구조화한 체계이다.
- SQF와 유사하지만, 보다 개별 직업군 또는 직무수행의 핵심 역량(Job Competency) 중심으로 구성된다.
- 주로 RPL(선행학습인정)이나 현장기반 평가, 역량 기반 교육과정 개발 등에 활용된다.

요약하면,

- EQF는 국가 간 참조 틀,
- NQF는 국가 내 자격 구조 틀,
- SQF는 산업 분야 기반 자격 구조,
- OQF는 직무 역량 기반 자격 구조라고 정리할 수 있다.

■ EQF - NQF - SQF - OQF의 연계 방식

이들 체계를 유기적으로 연계하기 위해서는 단순히 자격 간 수준(Level)을 매핑하는 기술적 정렬을 넘어, 다음과 같은 다층적 연계 전략이 필요하다.

① 정책적 연계 (Policy Alignment)
- EQF는 자국의 NQF가 일정 기준을 갖추도록 유도하며, NQF는 다시 SQF와 OQF를 포괄하는 국가 자격 생태계를 통합하도록 설계된다.

---

64 OQF는 남아프리카 공화국에서 사용된다. 지금은 The Occupational Qualifications Sub-Framework (OQSF) is a key component of South Africa's National Qualifications Framework (NQF)이라고 그 관계를 설명한다.

- 이를 위해 EQF는 국가별 자격 수준 대응표(mapping table) 작성을 요구하며, 국가 내부에서는 SQF나 OQF를 NQF와 연결시키는 규정이나 절차를 마련한다.

② 기술적 연계 (Technical Mapping)
- 모든 체계는 학습성과 중심의 자격수준 기술서(Level Descriptor)로 구성되기 때문에, Descriptor 간 비교 기준을 마련하고 교차 참조가 가능하도록 설계한다.
- 특히 SQF/OQF의 Level Descriptor가 NQF 또는 EQF의 descriptor와 정렬되도록 조율이 필요하다.

③ 운영적 연계 (Operational Interface)
- 자격등록 시스템(Qualification Register), 직무사전(Job Dictionary), 이력관리도구(e-portfolio) 등에서 상호 연동이 가능하도록 정보 시스템을 설계한다.
- 하나의 자격이 산업기반 자격(SQF)에 등록되면서 동시에 국가자격(NQF)으로도 인증받도록 하는 절차를 구축하는 것이다.

④ 사회적 연계 (Stakeholder Governance)
- 정부, 산업계, 교육기관, 자격기관 등이 다자간 협의체계(Tripartite Mechanism)를 통해 참여하여, 자격의 설계, 평가, 품질보증에 함께 개입하도록 한다.
- 특히 산업계가 SQF나 OQF의 개발 주체가 되도록 하고, 이를 국가가 공적으로 인정하는 방식이 일반적이다.

■ 결론

EQF, NQF, SQF, OQF는 각각 상이한 범위와 목표를 가진 체계지만, 이를 유기적으로 연계하면 다음과 같은 이점을 얻을 수 있다.

- 자격의 공적 신뢰성과 산업현장성과 실효성을 동시에 확보할 수 있음
- 학습자의 이동성, 전환성, 경력 설계 유연성이 강화됨
- 국가 자격 시스템의 투명성, 품질보증, 사회적 정당성이 높아짐

그러나 연계가 단순한 수준(Level)의 정렬에 그칠 경우, 현장의 실제 역량, 산업 특성, 직무 구조를 반영하지 못하는 형식적 체계로 전락할 위험이 존재한다. 따라서 기술적 정합성뿐 아니라, 정치적 합의와 산업적 수용성, 사회적 협의 기반이 수반될 때 진정한 통합이 가능해진다. 이는 직업교육을 진정으로 학습자 중심, 노동시장 중심, 생애 전환 중심의 체계로 전환하기 위한 핵심 과제이다.

[보론 20]

EQF, NQF, SQF/OQF 연계 논의의 본질적 물음:
"왜 이러한 연계가 필요한가?"

유럽의 EQF(European Qualifications Framework), 각국의 NQF(National Qualifications Framework), 그리고 산업별 또는 직무별로 설정된 SQF(Sectoral Qualifications Framework)나 OQF(Occupational Qualifications Framework)는 각각 독립적인 논리와 체계 속에서 발전해왔다. 그러나 최근에는 이들 체계를 상호 연계하려는 노력이 세계적으로 강화되고 있다. 단지 자격 체계를 기술적으로 정렬하기 위한 시도만이 아니라, 교육과 노동시장을 통합적으로 바라보려는 정책적, 산업적, 사회적 요구에 기반을 둔 움직임이다. 이러한 연계를 가능하도록 만들기 위해서는 단순한 기술적 매핑이 아니라, 정치적·산업적 합의에 기반을 둔 협력 체계가 필요하다. 이는 다음과 같은 세 가지 요소를 포함한다.

- 정부 차원에서 공통의 목표와 제도 정비를 통한 정책적 합의가 전제되어야 하며,
- 산업계가 자격의 설계, 운영, 검증 등 전 과정에 실질적으로 참여할 수 있어야 하고,
- 정부, 기업, 노조, 교육기관, 학계 등이 함께 참여하는 다자 협의 구조가 작동해야 한다.

이러한 기반 위에서 자격 체계를 연계하고 통합하는 것은 단순한 체계 정렬을 넘어

다음과 같은 실질적 장점을 지닌다.

- 학습 경로의 다양화와 유연화를 가능하게 한다. 정규 교육, 비정규 교육, 일터 학습, 현장 경험 등을 하나의 체계 안에서 연결해 중도 이탈자나 성인학습자의 재진입을 촉진할 수 있다.
- 자격의 호환성과 통용성을 보장함으로써, 국가 간 또는 산업 간의 이동성을 높이고 자격 상호 인정을 촉진한다.
- 선행학습인정(RPL) 및 모듈 기반 설계의 기초가 되어 학습의 누적과 전환이 가능하게 한다.
- 과잉 발급되는 자격의 질 관리에 기여하며, 실효성 없는 자격의 구조조정을 유도한다.
- 노동시장 중심의 수요기반 교육훈련 체계 전환을 지원하고, 고용가능성(employability)을 높인다.
- 디지털 기술과 연계하여 개인 맞춤형 역량 이력관리(e-portfolio) 및 자동 추천 시스템 구축 등에도 활용될 수 있다.

그러나 이러한 연계가 억지스러운 매칭이나 수치 중심의 정렬로 흐를 경우, 각 자격과 수준(level)의 고유한 맥락과 의미가 훼손될 수 있다. 산업마다 직무의 복잡성, 숙련의 범위, 경력 인식 구조 등이 상이하기 때문에 공통의 수준지표(level descriptor)를 일률적으로 적용하기 어렵다는 점도 고려해야 한다. 예를 들어, 농업과 공업은 동일한 수준체계 안에서도 전혀 다른 직무 구조를 갖고 있으며, 동일한 Level 4라고 하더라도 직무의 성격은 매우 이질적일 수 있다.

그럼에도 불구하고, 이러한 연계 시도는 단절된 체계 속에서 고립되었던 자격, 교육, 직무 구조를 유기적으로 연결하고, 생애학습 기반의 직업역량 체계를 정립하는 데 큰 의의가 있다. 이는 자격의 본질적 기능인 학습성과에 대한 공식적 인정과 그 사회적 통용성 확보라는 목적에 부합하며, 나아가 "사람이 학습과 노동을 통해 성장해가는 전 생애의 과정"을 제도적으로 지원하는 방향으로 나아가게 한다. 따라서 이 연계는 단지 체계 간의 매핑이 아니라, 학습자 중심의 사회로 전환하기 위한 제도적, 정책적, 실천적 혁신의 시작점이라 할 수 있다.

사실 무척 어려운 작업이다. 하지만 서로 다르다고 주장만 하는 것으로는 발전이 없다. 서로 다른 부분이 무엇인지, 그 다른 이유가 무엇인지, 서로 연계할 수 있는 방법은 없는지 등에 대해 논의와 토론이 지속되어야 한다. 그래야만, 산업의 차이, 기술의 차이, 직업의 차이, 직무의 차이를 고려할 수 있는 직업교육 연구와 실행이 가능해질 것이다.

직업교육, 다시 묻고 새로 쓰다

Part 4.

새로 그리다:

새로운 직업교육 시스템의 구현 방안

제1장

직업교육,
삶을 위한 학습으로

앞으로의 직업교육은 Holistic Competency, Multi-field education, Multiskilling 등을 통해 다음과 같은 효과를 기대해야 한다.

① 직업교육의 이류 인식 극복: 실무교육은 지식의 하위가 아니라, 지식을 실천으로 연결하는 고차원적 과정이다.
② 실무역량 + 대응역량 병행: 직무능력뿐 아니라, 변화하는 사회와 기술 환경에 대응할 수 있는 역량을 키워야 한다.
③ 교육-직업세계 간 연결 강화: 고등교육은 단순 학문전달을 넘어, 직업세계와의 실질적 연결을 설계해야 한다.
④ 산업별 협업 교육과정 설계 필요: 각 전공별로 산업계, 연구기관, 고등학교와 연계된 산학연 기반 교육과정 체계화가 필요하다.

기존의 직업교육은 산업기술 전달, 기술훈련, 생산성 중심에 머물렀지만 앞으로의 직업교육은 전 생애에 걸쳐 직업세계에서 살아갈 수 있는 역량(holistic competency)을 길러야 한다. 이는 단순한 vocational training이 아니라 모든 교육이 직업세계와 삶의 세계에 연결된다는 철학적 기반이 있는 접근이다. 즉, 일반교육/직업교육, 보통교육/기술교육이라는 구분 자체를 넘어서려는 새로운 패러다임이다.

따라서 Holistic Competency에 기반한 생애학습체제 구축이 요구된다. core competency + capability + potential로 구성된 이 개념은, 단순한 기능적 숙련이 아닌 직업세계에서의 총체적 삶의 대응력을 요구한다. 따라서 교육은 일을 위한 훈련이 아니라, 일 속에서 자아실현이 가능하도록 돕는 전인적 훈련이 되어야 한다. 이 구조에서는 학교교육, 훈련, 평생교육이 별개가 아니라, 통합된 '생애학습 경로'로 설계되어야 한다.

따라서, 지금까지의 특성화고 - 전문대 - 성인 후진학 대학의 구조는 이제 개혁되어야 한다. 학습자 중심으로 구조를 재편해야 한다. 이를 위해 NQF 도입, RPL 활성화, 시간제 및 소단위 학습 확대, 현장 경험 기반 학점 인정 제도 도입 등을 통합적으로 설계해야 한다. 대학도 성인 친화적 기관으로 재편되고, 폴리텍대학과 전문대의 기능은 역할 분담 속에서 연결되어야 한다.

정책적 핵심은 '학습권 보장'과 '학습복지'에 있다. 지금까지 직업교육은 경제정책의 하위 요소로 본 측면이 강했다. 산업인력이라는 시각이 그것이다. 그러나 앞으로는 사회정책, 더 나아가 학습복지정책의 핵심으로 자리잡아야 한다. 학습권은 단지 교육기회의 문제가 아니라, '일을 할 수 있는 삶을 위한 기본권'이며, 이를 위해 경력→진로→학습의 전환형 학습모델과 Gap Year의 국가보장 모델이 요구된다(후술). 이런 관점은 비로소 복지국가가 직업교육을 왜 책임져야 하는가에 대한 철학적·구조적 정당성을 제공한다. 필자의 이와 같은 생각은 학습자 중심의 생애 경로 설계 시스템이며, 동시에 교육·노동·복지를 아우르는 사회 시스템 개조안이다. 단기성과 중심의 '일자리 정책'이 아니라, 삶의 전환과 역량 형성을 위한 학습권 중심의 국가 전략이다.

제2장

생애 단계별 직업교육체제의 구축

앞으로의 직업교육체제는 학령기뿐만 아니라 성인과 노인에 이르기까지 생애 차원에서 설계되고 진행되어야 한다. 아래 그림은 UNESCO ISCED 2011 수준(Level)을 기준으로, 인간의 생애주기를 따라 구성된 단계별 직업교육체제를 도식화한 것이다. 이는 직업교육을 일회적 교육이 아니라 생애 전반에 걸쳐 지속적으로 이루어져야 하는 교육으로 인식하는 틀을 제시한다.

가장 기초가 되는 단계는 유아기부터 중학교까지의 학습자를 대상으로 하는 공통교육과정이다. 이 시기의 교육은 본격적인 직업능력 개발보다는 기초직업교육, 진로교육, 인성교육 등을 중심으로 구성된다. 직업세계에 대한 이해와 자기 인식, 노동의 의미에 대한 성찰 등을 통해 향후의 직업교육을 위한 기초를 마련하는 데 그 목적이 있다. ISCED 기준으로는 Level 0에서 Level 2까지에 해당한다.

그 위에는 학령기 아동·청소년 및 대학생을 대상으로 하는 1차 직업교육 단계가 자리한다. 이 단계는 중등교육과 고등교육 일부를 포함하며, 학교 기반 학습(School-based learning)과 현장 기반 학습(Work-based learning)을 병행하는 것이 특징이다. 특성화고, 마이스터고, 전문대학 등에서 이루어지는 직업 중심 교육이 여기에 포함되며, 초기 진입 진로로서의 역할을 수행한다. 이 시기의 직업교육은 단순한 기술 습득을 넘어, 직업세계에서 살아가기 위한 종합적 역량을 기르는 교육이다. ISCED Level 3에서 Level 8까지의 수준을 포함한다.

그다음은 성인과 재직자를 위한 2차 직업교육이다. 이 단계는 이미 노동시장에 진입한 사람들을 대상으로 하며, 직무능력 향상(upskilling), 직무 전환(reskilling), 경력 전환 등을 목적으로 한다. 교육은 일과 학습을 병행하거나 순조롭게 왔다 갔다 할 수 있는 등 다양한 형태로 이루어지며, 기업, 산업체, 직업훈련기관, 평생직업교육기관 등 다양한 주체들이 교육 제공자로 참여한다. 이 단계는 Level 4에서 Level 8까지의 범위에 해당하며, 성인의 삶과 업무의 변화에 대응하는 유연한 학습이 핵심이다.

이 2번째 단계가 앞으로의 세계에서는 더욱 중요해진다. 앞으로 직업교육 체제는 단순히 '학교에서 노동시장으로 나아가는 과정(School to Work)'만을 의미하지 않는다. 오히려 노동시장과 교육시장 간의 순환적 전이(transition), 즉 Work → School → Work라는 반복 가능한 경로가 점점 더 중요해지고 있다.

첫 번째 전이는 Work to School, 즉 노동시장에 있던 사람이 다시 교육시장으로 돌아오는 흐름이다. 이는 단순한 재교육이나 보충학습을 넘어서, 산업 변화, 기술 혁신, 경력 전환, 생애 전환 등 다양한 이유로 이루어지는 전환이다. 이때 필요한 것은 단지 교육의 기회만이 아니라, 성인 학습자에게 적합한 유연한 교육체제, 자격 인정, 학습 이력의 인정(RPL), 직업적 상담과 지원이다.

그 다음 전이는 School to Work, 즉 교육을 마친 후 노동시장으로 진입하는 과정이다. 이 단계는 전통적으로 직업교육의 주요 기능으로 간주되어 왔지만, 최근에는 단순한 취업이 아니라 직업세계에의 사회적 진입(social entry into the world of work)이라는 넓은 의미로 확장되고 있다. 단기 일자리나 플랫폼 노동 등 변화된 고용 형태에 적응하기 위한 탄력적 역량(flexible competencies)이 요구되며, 이에 따라 진로교육, 직무체험, 현장실습 등 STW(School to Work transition) 전략이 강조된다.

이러한 Work → School → Work 순환구조는 단선형 교육과정이나 일회성 직업훈련 체제로는 더 이상 대응할 수 없음을 보여준다. 대신 생애에 걸쳐 다양한 시점에서 교육과 노동을 오가는 역동적인 학습전환 체계가 요구된다. 여기서 직업교육은 단지 직업을 위한 교육이 아니라, 직업세계에서 살아갈 수 있는 역량을 지속적으로 갱신하고 전환할 수 있는 시스템으로 진화해야 한다.

따라서 오늘날의 직업교육체제는 교육이 노동으로 가는 '출구'가 아니라, 노동이 다시 교육으로 되돌아오는 '입구'가 될 수도 있어야 하며, 이 두 방향을 모두 포괄하는 쌍방향, 반복가능, 생애기반의 전이 체계를 설계해야 한다. 이러한 관점에서 볼 때, Work to School(WTS)과 School to Work(STW)는 단순한 기능적 용어를 넘어, 미래형 직업교육체제를 설계하는 핵심 축이라 할 수 있다.

마지막 단계는 은퇴자나 노인 등 주된 일자리에서 물러난 사람들을 대상으로 하는 3차 직업교육이다. 이 시기의 직업교육은 생계 유지를 위한 것이기보다는, 사회 참여, 제2의 일, 삶의 질 향상 등을 위한 목적이 크다. 지역

사회 기반 활동, 사회서비스, 창업 등 다양한 경로를 통해 노년기에도 자아실현과 경제적 자립을 도모할 수 있도록 지원하는 교육이다. ISCED 기준으로는 Level 4에서 Level 9까지의 폭넓은 수준을 포괄하며, 학습복지의 실현이라는 관점에서도 중요한 위치를 차지한다.

이와 같은 생애단계별 직업교육체제는 각 단계가 독립적으로 존재하는 것이 아니라 유기적으로 연계되며, 개인의 삶의 전환에 따라 언제든지 다시 진입할 수 있는 순환적 구조로 설계되어야 한다. 이는 생애전환기마다 필요한 역량을 적시에 제공하고, 교육과 노동, 복지를 연계하는 통합된 정책체계의 필요성을 시사한다. 직업교육은 단지 고용을 위한 수단을 넘어, 인간다운 삶을 위한 권리로서 자리매김해야 하며, 이를 위해서는 생애기반 학습체제로서의 전환이 필요하다.

생애단계별 직업교육체제를 온전히 이해하려면, 먼저 이를 관통하는 철학적 기반인 필자의 평생학습 3단계론을 이해할 필요가 있다. 이 이론은 인간의 삶을 세 단계의 학습기로 구분하고, 각 단계에 따라 학습의 내용과 목적, 방식이 어떻게 달라져야 하는지를 제시한다. 직업교육은 이 세 단계 전반에 걸쳐 다양한 방식으로 작동하며, 단절이 아니라 연속과 전환의 구조로 이해되어야 한다.

첫 번째 단계는 학습 1단계(first phase of learning)로, 전통적인 의미의 학교교육기가 여기에 해당한다. 유아기부터 시작해 초중등교육을 거쳐 고등교육에 이르기까지의 이 시기는 학습자에게 있어 기초적인 학습능력과 인지적 역량, 그리고 초기 진로 형성과 기술 습득이 이루어지는 매우 중요한 시기이다. 이 시기의 직업교육은 단지 기술을 가르치는 것이 아니라, 직업세계에 대한 인식을 형성하고, 자기 이해를 바탕으로 한 진로 탐색과 역량 기반의 학습 준비를 다루어야 한다. 따라서 진로교육, 기초직업교육, 일반 역량 강화 등이 모두 이 시기의 직업교육 범주에 포함된다.

두 번째 단계는 학습 2단계(second phase of learning)로, 학습자가 노동시장에 진입한 이후의 시기를 뜻한다. 이 시기는 더 이상 정형화된 학교 교육만으로는 대응할 수 없는 다양한 변화의 국면에 놓여 있다. 직무 전환, 기술 혁신에 대한 적응, 새로운 경력 개발, 혹은 고용 불안과 산업 재편에 대응하기 위해, 이 시기의 학습은 보다 유연하고 맞춤형이어야 한다. 성인 학습자나 재직 근로자에게 제공되는 직업교육은 실무 중심이되, 단기 기능훈련을 넘어서 직무 이해, 문제해결력, 전이 가능한 역량을 함양할 수 있도록 설계되어야 한다. 이때 Work to School(WTS)의 흐름이 가장 두드러지며, 개인의 삶에서 교육과 노동의 순환 구조가 본격화된다.

세 번째 단계는 학습 3단계(third phase of learning)로, 일반적으로 은퇴 이후의 시기를 말한다. 그러나 단지 은퇴라는 행정적 상태를 넘어, 일의 중심에서 벗어난 후 새롭게 삶을 재설계해야 하는 시기라고 보는 것이 더 정확하다. 이 시기의 직업교육은 고용 중심의 훈련에서 벗어나, 사회적 역할 전환, 공동체 참여, 자원봉사, 창업, 돌봄 활동 등 새로운 사회적 노동에 적응할 수 있는 역량을 중심으로 구성된다. 또한 이 단계의 학습은 단지 기술을 익히는 것이 아니라, 존재의 의미, 사회적 소속감, 건강한 노화를 위한 교육이라는 점에서 학습복지의 실현이라는 철학적 토대를 갖는다.

이와 같이 학습의 세 단계는 생애주기와 함께 직업교육의 기능과 목적도 함께 변화함을 보여준다. 중요한 것은 이 세 단계가 단절된 것이 아니라, 연속되고, 상호 순환적이며, 필요에 따라 다시 돌아올 수 있는 체계로 설계되어야 한다는 점이다. 결국 평생학습 3단계론은 직업교육을 생애 전체에 걸친 전환학습(transition learning)으로 보는 관점의 토대가 되며, 이는 생애단계별 직업교육체제를 이해하는 데 있어서 핵심적인 사유의 틀을 제공한다.

[그림8] 생애단계별 직업교육체제

```
┌─────────────────────────────┐
│       3차 직업교육            │
│   (주된 일자리 은퇴자, 노인)    │
│      (Level 4 ~ Level 9)    │
└─────────────────────────────┘
              ▲
┌─────────────────────────────┐
│       2차 직업교육            │
│        (성인, 근로자)         │
│         (WTS, WTS)          │
│      (Level 4 ~ Level 8)    │
└─────────────────────────────┘
              ▲
┌─────────────────────────────────────────┐
│            1차 직업교육                   │
│      (학령기 아동/청소년/대학생)            │
│ (School-based learning/Work-based learning)│
│         (Level 3 ~ Level 8)             │
└─────────────────────────────────────────┘
              ▲
┌─────────────────────────────────────────┐
│            공통교육과정                   │
│         (유/초/중학교 학생)               │
│    (기초직업교육, 진로교육, 인성 등)         │
│         (Level 0 ~ Level 2)             │
└─────────────────────────────────────────┘
```

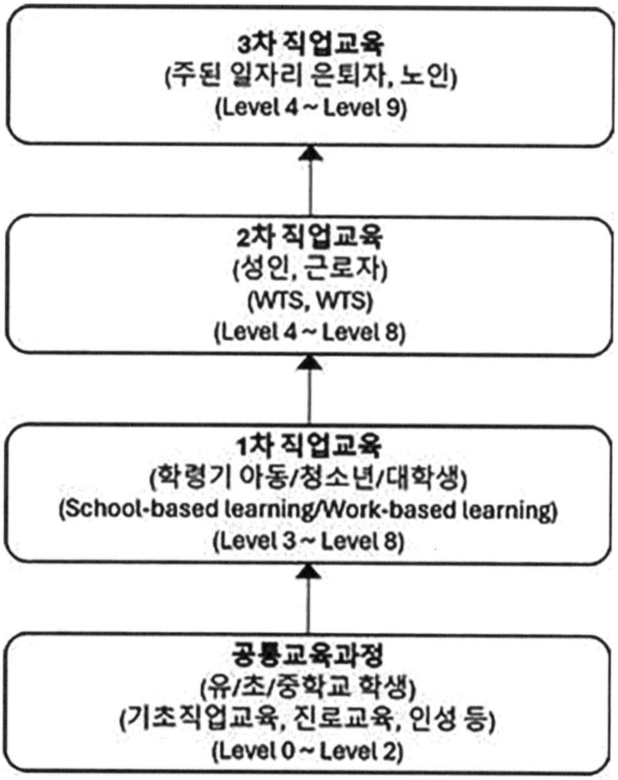

제3장

고등학교 직업교육의 재설계, 새로운 미래를 그리다.

1. 고등학교 직업교육의 기본 방향

*"고등학교 직업교육은 더 이상 종착점이 아니다.
진로의 사다리이자, 성장의 출발점이다."*

고등학교 직업교육은 다른 교육과 근본적으로 다른 측면이 존재한다. 바로 졸업과 동시에 성인이 된다는 것이다. 이는 곧 크게 보면 노동시장과 교육시장으로 진로가 구분되는 첫 번째 시점이라는 것이다. 교육의 출발은 대학이 먼저(Bologna 대학, 파리 대학, 옥스퍼드 대학 ~~~), 다음에 초등교육 그리고 점차 중등교육과 대학원 교육으로 발전해 왔다.

중등교육은 다시 lower secondary와 upper secondary로 분화되었고, 이에 따라 upper secondary(보통 '고등학교') education의 성격에 대한 혼선이 심해졌다. 왜냐하면 일반적으로 고등학교를 졸업하면 성인(成人)이 되기 때문이다. 이 과정의 성격을 어떻게 규정하느냐가 결과적으로 복선형(dual track)이냐 단선형(unitary)이냐의 핵심이다. 유럽은 복선형 학제를 택했고, 미국은 단선형 학제를 택했다. 그렇다면 일본의 제도를 (결과적으로) 받아들인 한국은? 이후 미군정의 영향을 받은 우리나라는 제도의 형식은 unitary인데 내부적으론 dual의 성격이 존재한다. 좋게 말하면 hybrid 학제이다. 필자는 이 hybrid 학제가 우리나라 직업교육을 이류교육으로 만든 근본적 원인 중의 하나라고 본다.

한때 종국교육(terminal education)이라는 말로 불렸던 고등학교 직업교육은 오랜 시간 동안 '끝나는 교육', '선택의 끝'이라는 이미지를 갖고 있었다. 한때는 직업교육의 축을 전문대학으로 이동하고, 직업고의 교육은 기본교육으로 제한한 경우도 있었다. 2010년대 초반 고졸 취업 붐이 일어난 적도 있었다. 하지만, "공부 못하면 가는 곳"이라는 낙인은 여전히 현재진행형이며, 특성화고나 마이스터고는 여전히 일반고와 구별되는 '다른 길'로 인식된다.

이제 직업고 교육은 종착지가 아니라 이행의 플랫폼으로 설계되어야 한다. 기술 변화, 진로 다양화, 경력의 불확실성이 높아지는 오늘날, 직업고는 진학과 취업, 학습과 노동, 교육과 경력 전환의 '시작점'이자 '연결점'이 되어야 한다. 따라서 직업고는 고등학교 단계에서 요구되는 직업능력을 최대한 길러내는 학교가 되어야 한다. 완결형 교육이 되어야 한다.

완결형 교육은 학습자가 특정 교육과정을 마쳤을 때, 다음 단계로 나아가기 위한 '충분한 준비(readiness)'와 '견고한 기반(foundation)'을 갖추도록 지원하는 교육을 의미한다. 여기서 '준비'와 '기반'은 단순히 학위를 취득하는 것을 넘어, 노동시장으로 즉시 진출하거나 또는 학업을 계속하여 상급 학교로 진학하는 데 필요한 실질적인 역량을 갖추고 있음을 뜻한다. 이는 과거 직업교육이 흔히 '종국교육(terminal education)'으로 여겨져 특정 단계에서 학습이 단절되는 것으로 인식되던 한계를 극복하고, 교육이 그 자체로 완전한 가치를 지니면서도 학습자의 평생학습 경로와 다양한 진로 선택을 유연하게 뒷받침하는 미래지향적인 역할을 강조한다. 완결형 교육은 학습자가 불확실한 미래 사회에 능동적으로 대응할 수 있도록 풍부한 기본 역량과 함께, 선택에 따라 지속적인 성장과 발전을 도모할 수 있는 토대를 제공한다.

(1) 직업고의 역할: '완결형 교육'에 충실한 질적 우수성 추구

직업고의 가장 중요한 역할은 '완결형 교육'의 본질에 충실하는 것이다. 학교는 교육과정에서 제시하는 교육 목적을 최대한 달성하기 위해 모든 역량을 집중해야 한다.

① 최우선적인 Holistic Competency의 함양: 직업고는 학생들에게 특정 기술 습득을 넘어선 Holistic Competency(전인적 역량)를 길러주어야 한다. 이는 단순히 직무 지식과 기술뿐만 아니라, 문제해결능력, 비판적 사고, 창의성, 적응력, 협업 능력, 디지털 리터러시, 그리고 직업에 대한 감수성 등 풍부한 기본 역량을 포함한다.

② 교육과정의 충실한 전달과 이수 지원: 학교는 학생들이 체계적이고 질 높은 교육과정을 충실하게 이수하여 '준비'와 '기반'을 갖출 수 있도록 적극적으로 도와야 한다. 교사의 전문성 강화, 최첨단 실습 환경 구축, 산업현장과의 유기적인 연계 등을 통해 교육의 질을 극대화하는 것이 학교의 가장 중요한 책임이다.

③ 교육기관 정체성 확립: "학교는 학교의 목적을 최대한 달성하기 위해 노력한다"라는 원칙은 직업고의 정체성을 확립하고 전문성을 심화하는 데 필수적이다. 이를 통해 학교는 '대학 진학의 대안'이 아닌, 그 자체로 존중받는 교육기관으로 자리매김할 수 있다.

(2) 학생의 역할: 역량 개발과 진로 선택의 주체성 확보

완결형 교육의 중심에는 학습자인 학생이 진로 선택의 주체라는 인식이 놓여야 한다. 학생들은 자신의 미래를 스스로 설계할 권리와 책임을 가진다.

① 주도적인 역량 개발: 학생들은 학교가 제공하는 교육과정을 최대한 활용하여 자신의 역량을 개발하는 데 충분히 노력해야 한다. 이는 단순히 수업을 듣는 것을 넘어, 자율적인 학습, 실습 참여, 관련 경험 축적 등을 통해 스스로 '준비'와 '기반'을 다지는 과정을 의미한다.

② 졸업 후 경로에 대한 주체적 판단 및 선택권: 직업고를 졸업한 학생이 노동시장으로 바로 진출할지, 아니면 대학으로 진학하여 학업을 이어갈지는 학교나 사회(특히 국가)가 강제할 문제가 아니라 학생 개인의 자율적인 결정에 맡겨야 한다. 학생들은 자신의 적성과 흥미, 그리고 미래 비전에 따라 최적의 경로를 선택할 수 있어야 한다. 학교는 이러한 선택을 존중하고 지원하는 역할을 수행해야 한다. 이제 국가주도의 산업인력 양성이라는 관점에서 벗어나야 한다.

(3) 국가의 역할: 공정하고 유연한 시스템 구축 및 지원

국가는 완결형 교육이 효과적으로 기능하고 학생들이 주체적인 선택을 할 수 있도록 공정하고 유연한 교육 시스템을 구축하고 지원해야 한다. 국가는 직업고 졸업생의 학업 경로 이동을 어렵게 만드는 제도를 철폐해야 한다. 직업고를 나왔다는 이유만으로 대학 진학에 불이익을 주거나, 특정 경로에만 묶어두는 것은 학생의 잠재력을 심각하게 제한하고 사회적 이동성을 저해할 수 있다. 이는 학력 중심 사회의 폐해를 고착화시키는 결과를 낳을 뿐이다.

① VET Track (Tertiary Level) 이동 시 지원: 직업고에서 이수한 학습 내용

과 취득한 자격을 상위 직업 교육 기관(전문대학, 폴리텍대학, 직업교육 중심 대학교 등)으로 진학 시 최대한 인정하여, 수학 기간 단축(credit transfer, advanced standing 등 활용)과 같은 실질적인 혜택을 제공해야 한다. 이는 직업교육의 연계성을 강화하고 학습 동기를 부여하게 된다. 이를 위해서는 대학 단계 교육기관들이 직업교육기관으로서의 성격을 강화해야 한다.

② 일반대학 이동 시 불이익 금지: 직업고 졸업생이 직업교육이 아닌 일반대학으로의 진학을 희망할 경우, 그들이 자신의 실력과 노력으로 정당한 경쟁을 통해 진학할 수 있도록 불이익 없는 입학 기회를 제공해야 한다. 이는 학생의 선택권을 보장하고 사회적 편견을 해소하는 데 필수적이다.

③ 일-학습 병행, Work-to-School 지원 강화: 노동시장에 진출했던 재직자가 다시 학습으로 돌아오거나(Work-to-School), 일과 학습을 병행할 수 있도록 유연한 교육 시스템과 지원 제도(예: 학점 인정, 학습 휴가, 재정 지원 등)를 마련해야 한다. 이는 '직업이 불안정한 시대'에 모든 세대가 평생에 걸쳐 직업능력을 개발하고 변화에 적응할 수 있도록 돕는 핵심적인 국가 역할이다.

완결형 교육은 직업고가 단순히 취업 준비 기관을 넘어, 학생 개개인의 삶을 풍요롭게 하고 불확실한 미래 사회에 적응할 수 있는 견고한 출발점이 될 수 있음을 의미한다. 학교가 교육의 질에 충실하고, 학생이 주체적으로 진로를 선택하며, 국가가 이를 뒷받침하는 공정한 시스템을 구축할 때, 비로소 한국의 직업교육은 진정한 의미의 완결형 교육으로 거듭나 우리 사회의 핵심 인프라로 자리매김할 것이다.

특히 고등학교에서는 보통교과, 전문공통, 전공일반, 전공실무 간의 관계를 위와 같은 관점에서 재설계함으로써, 각 교과가 단순 기능습득이 아닌 전인적 학습의 층위를 담당할 수 있어야 한다.

2. 직업고의 교육과정

가. 직업세계 관련 과목의 필수과목화

이런 관점에서 '진로와 직업', '성공적인 직업생활', '노동인권과 산업안전보건', '디지털과 직업생활'과 같은 과목들은 단순히 특정 직업군의 기술이 아니라, 모든 직업인에게 보편적으로 요구되는 기초 소양이기에 모든 고등학교 학생은 이들 과목을 필수로(개별 과목으로 또는 내용으로) 배울 필요가 있다. 이는 직업의 종류를 불문하고, 건강한 직업인으로서 기능하고, 변화하는 직업 세계에 적응하며, 자신의 권리를 인지하고 안전하게 일하는 데 필수적인 역량이기 때문이다. 창업하든, 전문직에 종사하든, 어떤 형태의 직업생활을 하든, 이 역량들은 개인의 성공적인 직업 활동과 삶의 질에 직접적인 영향을 미치게 되는 것이다.

이 책은 초반에 밝힌 것처럼 중등교육, 특히 upper-secondary education은 다른 교육 단계와는 매우 다른 특징이 있다. 바로 upper-secondary education을 마치면 성년(成年)이 된다는 것이다. 자유로운 시민이 되는 것이다. 따라서 노동시장으로 자연스럽게 또는 대학으로도 이동(transition)이 가능하다. 이게 lower-secondary education과 본질적으로 다른 점이다. 또한 이미 upper-secondary education 또는 대학 단계에서 광범위한 아르바이트를 한다. 따라서 이들 과목을 모든 고등학생의 필수과목이나 내용 요소로 만드는 것은 너무나 당연하다.

나. 직업고 교육과정의 교과 구분의 재개념화

현재 특성화고 교육과정의 보통교과, 전문교과(전공공통, 전공일반, 전공실무) 구분을 유지하면서, 각 영역에 'Multi-field education' 개념을 녹여내는 방식을 구상해볼 수 있다.

(1) 보통교과: 'Multi-field Education'의 핵심 구현 영역

현재의 보통교과(general subjects)는 국, 영, 수 등이다. 고등학교 단계에서의 보통교과는 중학교때까지의 공통교육과정의 교과목을 다시 반복하기보다는 선택교육과정의 취지에 맞게 다변화되어야 한다. 광의의 직업교육 관점에서, new vocationalization 관점에서 다시 구성되어야 한다. 국, 영, 수도 (functional) literacy & numeracy 관점에서부터 고등교육 공부를 위한 전 단계까지로 다양화되어야 한다. 다른 보통교과들도 핵심은 기초학력, 시민성, 의사소통능력, 문제해결능력, 비판적 사고, 창의성 등 보편적인 소양교육이다. 하지만 이는 전인적 성장의 기틀이자, 진로전환의 기반이 된다.

즉, 어떤 직업 세계에서든, 그리고 사회 구성원으로서 살아가기 위해 필수적인 공통 역량을 집중적으로 함양하는 과정으로 변화시킬 필요가 있다. 즉, 이 영역은 특정 직업 분야에 종속되지 않고, 모든 학생에게 '전인적 성장'의 기틀이자 '진로 전환의 기반'을 제공하는 역할을 해야 한다. 즉, 직업세계 진입 전 보편적으로 갖춰야 할 '직업 소양'과 '기초 역량'을 보통교과에서 'Multi-field'적으로 다루는 것이다.

(2) 전문 공통: '학문 분야별 Multi-field Education'의 시작이자 계열 기초

전문 공통의 특성을 명확히 해야 한다. 특정 계열(예: 기계) 내 모든 전공에 공통적으로 요구되는 기초 기술 및 이론을 배울 수 있어야 한다. 즉, 이 영역은 보통교과에서 다루는 '보편적 Multi-field Education' 위에, 특정 계열(Field of Study)에 특화된 'Multi-field Education'의 성격을 가진다. 예를 들어, '기계' 계열이라면, 기계공학 전반의 역사, 원리, 기본적인 재료과학, 도면 해독법 등 해당 계열의 모든 전공에 공통적으로 적용되는 핵심 개념과 기초적인 기술 원리를 다루는 것이다. 이는 단순한 기술 습득을 넘어, 그 계열의 본질적인 학문적 기초를 다지는 과정이기도 하다. 이 과정에서 해당 계열에서 주로 사용되는 전문 용어 학습, 계열 특화 문제해결 방법론, 계열 내 다양한 직업군에 대한 이해와 진로 탐색 등 해당 'Field of Study' 안에서 다방면으로 필요한 기초 소양과 역량을 함께 다룰 필요가 있다.

(3) 전공일반: '학문분야별 기술교육'의 심화

현재의 전공일반 역시 성격이 모호하다. 특정 전공 내에서 요구되는 핵심 이론과 일반적인 기술교육을 하는 과정으로 성격을 규정해야 한다. '학문분야별 기술교육'의 핵심적인 심화 과정이 되어야 한다. 예를 들면, 특정 전공(예: 로봇자동화과)의 핵심 이론(로봇 역학, 제어 시스템)과 관련 기술(로봇 프로그래밍 기초, 센서 기술)을 깊이 있게 학습할 필요가 있다. 이는 학생들이 특정 학문 분야에 대한 체계적인 지식과 기술적 이해를 갖추도록 한다. 이 과정에서 단순한 '기능 습득'을 넘어선 이론적 깊이와 원리 이해를 강조함으로써, 직업교육이 '학문적 깊이'를 가질 수 있음을 보여주고, '이류교육'이라는 인식을 벗어나는 데 기여하게 된다.

(4) 전공실무: 'NCS 기반 실무교육'의 집중

전공실무는 '학문분야별 기술교육'을 바탕으로 하여 'NCS 기반의 실무 역량'을 집중적으로 완성하는 영역이 되어야 한다. 앞선 보통교과, 전문공통, 전공일반에서 습득한 기초 소양, 계열 기초, 학문적 기술교육을 바탕으로, 특정 직무(예: 로봇 조작 및 유지보수)에 필요한 NCS 기반의 세부적인 실무 기술과 지식, 태도를 현장 실습, 도제 교육 등 실질적인 훈련 방식을 통해 익히는 것이다. NCS의 '직무 중심'이라는 강점을 최대한 살리면서도, 그 기반에 'Multi-field education'과 '학문분야별 기술교육'이라는 튼튼한 뿌리가 있어, 단순한 매뉴얼식 학습이 아니라 응용력과 문제해결능력을 갖춘 실무 인재를 양성할 수 있다. 또한, 전공실무 단계에서 'Multiskilling' 개념을 적극 도입하여, 단순한 특정 직무수행을 넘어선 다양한 과업 수행 능력을 개발할 필요가 있다. 예를 들어, 로봇 조작 및 유지보수를 넘어 생산 관리, 품질 관리 등 관련 분야의 기술까지 융합하여 가르치는 것이다.

정리하면, 전공실무과목은 NCS 기반 직무/실무 교육이다. Job-oriented education, practice-oriented education, hands-on education이다. 100% 직무 기반 교육은 긍정적이지 못하다.

이러한 조화의 핵심은 각 교육과정 영역이 서로 계층적으로 연계되면서도 상호 보완적인 역할을 수행하는 것이다.

① 보통교과 (광범위한 Multi-field): 직업세계와 삶에 필요한 가장 보편적 기초 역량

② 전공공통 (계열별 Multi-field): 특정 학문 계열에 공통적으로 요구되는 기초 지식 및 소양

③ 전공일반 (학문분야별 기술교육): 특정 전공의 핵심 이론 및 일반 기술에 대한 깊이 있는 이해

④ 전공실무 (NCS 기반 직무 중심 훈련): 앞선 모든 교육을 바탕으로 현장에서 즉시 활용 가능한 실무 능력 완성

이렇게 교육과정이 구성되면 특정 직무를 넘어선 기초 기술 역량(technical literacy), 문제해결능력(problem-solving skills), 융합적 사고(convergent thinking) 등 변화에 적응하고 새로운 직무를 학습할 수 있는 능력도 만들어진다. 따라서 전공실무교육 외에도 기술교육(technical education)과 보통교육(general education)의 역할이 중요하다.

이를 바탕으로 직업고 교육과정의 층위를 정리하면 다음과 같다. 이러한 구조를 전제로 산학연 협의체, 지식공동체, 교사 양성 및 연수의 재구조화, 질 관리체계 등이 단순한 수업 보조 장치가 아니라 Holistic Competency 구현을 위한 실천 체계로 기능하게 된다.

〈표15〉 직업고 교육과정의 교과 층위

교육과정 구성 요소	주요 역할	직업교육 내 위치	확장 가능성
보통교과	기초학력 + 시민성 + 비판적 사고 등	모든 학생의 역량 기반	진로전환, 고등교육·평생교육의 기반
전문공통	산업/학문 분야의 공통 개념과 원리	Multi-field 이론 기반	학과 간 융합 기반
전공일반	특정 전공 내 핵심 이론과 일반 기술	중간 수준의 이론과 기능 역량	학위과정의 전공 기초와 연결

| 전공실무 | 실무수행능력
(NCS 기반) | 직무 중심의 현장 학습 | 고등교육 내 실무과목,
대학원 연구실습과 연계 |

따라서 이러한 시스템의 최종 목표는 다음의 세 가지로 요약된다.

① 교과를 수단이 아닌 역량 형성의 구조로 변환
② 교사를 단순 집행자가 아닌 지식 창출자이자 사회적 실천가로 전환
③ 학교와 산업계를 연결하는 거버넌스를 통한 실행 기반 정착

다. 직업고 교육과정의 개편

하지만 이러한 관점은 현재 국가 교육과정의 틀을 벗어나야 한다. 정리하면,

(1) 형식보다 구체성이 중요하다: 교사 중심, 학생 중심의 실효적 교육과정

직업고 교육과정은 더 이상 일반계의 '차용 모델'이 되어선 안 된다. 현장 교사와 학생들이 실제로 사용할 수 있는 구체성이 담긴 교육과정이어야 한다. 이를 위해서는 다음이 필요하다.

- 교육과정 내용이 NCS 코드에 끼워 맞춰지는 형식주의를 넘어, 직무 역량 흐름에 기반한 설계로 전환
- 산업현장 전문가와 교사가 협업하여 만든 실용 중심 콘텐츠 개발
- 단순 이론+실습 이원구조를 넘어서, 과제 기반, 팀 기반, 상황 기반 학습 모델의 현장화

- 교육청, 교육부, 학교가 자율성과 책무성을 균형 있게 나누는 동적 운영 체계
- 즉, 자율성이라는 이름 아래 방치되었던 질 격차 문제를 해소하려면, 학교의 자율성 위에 올라서는 공공의 책임 구조가 필요하다.

(2) NCS 기반 교육과정의 재정의: 유연하고 살아 있는 체계

NCS는 애초 산업현장과 교육을 연결하기 위해 설계된 것이지만, 현재는 오히려 학교 현장의 창의성과 자율성을 제약하는 요소로 작동하기도 한다. 이를 바로잡기 위해서는 다음의 변화가 필요하다:

- NCS를 정답으로 여기는 '주입형 구조'가 아니라, 역량 맵의 참고서로 활용하는 교육 철학 정립
- job base와 practical base의 적절한 혼합
- 교사 중심 설계가 가능한 모듈형 학습 구성 시스템
- 학생이 자신의 진로와 흥미에 따라 학습 경로를 조합할 수 있는 선택형 교육과정 구조

즉, NCS는 '학습의 뼈대'일 수는 있지만, '내용 그 자체'가 되어서는 안 된다. 살아 있는 교육과정은 기준이 아닌 출발점에서 시작되어야 한다.

(3) 직업고 졸업생, 진짜 이점을 가져야 한다

직업고를 나온 학생이 대학 진학을 하든, 취업을 하든, 창업을 하든, 그 교육의 경험이 실질적 이점으로 작동하지 않는다면 제도는 실패한 것이다. 현재는 직업고 졸업생이 경험한 '교육'이 학위, 자격, 채용, 학점으로 전환되지 못하는 경우가 허다하다. 직업교육은 열등한 경로가 아니라, 효율적이고 전

문적인 우회 경로가 되어야 한다.

- 고졸자 채용 공공부문 의무화, 민간 인센티브 제도
- 고졸 취업자의 후진학(학습) 경로 설계(전문대 진학, 단기 학위, 마이크로 크리덴셜 등)
- 직업고 이수 내용을 자격·학점·인정 교육 경험으로 전환(RPL 연계)
- 취업·진학 선택 모두가 수직 이동의 사다리로 작동하는 제도 설계

(4) 자율성과 가이드라인의 균형

직업교육이 효과적으로 작동하기 위해선 교사의 자율성도 중요하지만, 이를 가능케 하는 교사의 역량, 엄격한 공공 가이드라인, 그리고 체계적인 지원 시스템이 뒷받침되어야 한다.

현재의 교육과정은 교사에게 과중한 책임을 묻고 있다(자율성이라는 이름하에). 교육과정은 성취 기준 위주의 기술에 머무르고, 세부 교수법, 평가법, 활동 자료 등은 제공되지 않거나 매우 부족하다. 학습모듈 역시 단편적인 지식이나 기술을 열거한 자료에 그치며, 교수 학습 전체를 포괄하기에는 미흡하다. 산업수요와 지역 맥락을 고려한 맞춤형 지도 설계도 어렵다. 국가교육위원회와 교육부(교육과정평가원 포함)나 교육청의 교육과정 지원체제도 거의 없다. 시도교육청에 장학직과 연구직 공무원이 있지만, 이들이 본연의 역할인 장학 활동과 연구 활동을 하고 있다고 보기 어렵다. 결과적으로 국가교육과정의 질은 학교에 따라, 교사에 따라 질은 천차만별이고, 이는 학생에게는 학습기회와 학습결과의 불평등으로 이어진다. 학교와 교사의 자율성이라는 미명하에 내버려진 한국 직업교육의 현실이다. 완전한 극복이 요구된다.

직업교육의 질은 교사의 역량에 결정적으로 의존한다. 따라서 고등학교 직업교육의 개선은 결국 교사의 역량에서 출발해야 한다. '교사'가 단지 국가 기준을 해석하고 실행하는 수동적 존재가 아니라, 산업 및 지역 사회와 함께 지식을 창출하고 확산하는 직업교육의 실천적 전문가(professional practitioner)로 전환되어야 한다.

(5) 학습성과에 대한 평가와 질 보장 체계

교육의 질은 결과에 의해 평가되어야 하며, 이는 평가체계와 외부 질 관리 체계의 정교화를 요구한다.

① 평가 체계 재구성
- 기존의 성취 기준 충족 여부만으로는 불충분하므로, '성취 기준+직무기반 수행역량+학습과정' 기반 성장 지표를 함께 반영하는 다차원 평가 설계가 요구된다.
- 프로젝트 기반 수업에서는 문제해결력, 의사소통, 디지털 역량, 협업 역량을 반영한 루브릭 기반 평가 도입이 필요하다.
- 교사 개인에 따라 편차가 발생하지 않도록, 표준 평가 도구와 학생 포트폴리오 예시 공유도 중요하다.
- 이런 역할은 시도교육청의 연구직 공무원의 기본 직무이다.

② 외부 질 관리 체제 구축
- 시도교육청 또는 별도 특성화고 지원 기관에서 수업 질 점검 및 진단을 수행해야 한다. 교육청의 장학직의 기본 직무에 속한다.
- 질 관리는 단속적 점검이 아니라, 교사 피드백 중심의 컨설팅 체계로 전환 (예: 수업 진단-피드백-재설계-후속검토)

- 학생 성취도, 진로 이행 결과(진학, 취업), 현장 만족도 등을 종합한 학습 성과 기반 질 관리 지표 개발이 요구된다.

③ 산업계(예: ISC)의 역할 확대

정부 대신 산업계가 중심에 설 경우, 산업별역량협의회(ISC: Industrial Skills Council)를 중심으로 다음과 같은 기능 전환이 필요하다.

- 각 ISC는 직무 분석→교육과정 해석→교수학습 자원 개발→교사 연수→성과 분석까지 전 주기를 담당한다.
- 표준 수업자료와 학습모듈의 산업 연계성 확보, 현장 기술 변화에 따른 주기적 업데이트를 수행한다.
- ISC가 중심이 되어 산학연 협의체의 허브로 기능하며, 직업고 교육과정의 실제 구현력을 높이는 실행중심 조직으로 기능한다.

이처럼 직업고 교육과정의 질은 더 이상 개별 교사의 선의나 헌신에 기대서는 안 된다. 교사들이 산업 변화에 기반한 교육을 실행할 수 있도록, 교육과정의 해석·구현·환류의 전 과정에서 산업계와 교육계, 연구계가 공동 책임을 지는 구조로의 전환이 필수적이다. 교사는 지식 생산의 주체이자 실행가로서, 지식공동체를 중심으로 성장하고, 이 지식공동체는 산학연 협의체와 유기적으로 연결되어야 한다. 이러한 생태계가 구축될 때 비로소, 직업고의 교육은 "누구에게나 질 높은 학습경험"을 제공하는 학습복지 체제로 진입할 수 있을 것이다.

(6) 국가의 지원

국가의 지원이 요구된다. 이때 국가를 정부라고 생각해서는 곤란하다. 산업별 협회나 단체도 국가 차원에서 역할을 할 수 있기 때문이다.

① 표준 수업지도안 개발: 국가 차원에서 성취 기준 기반의 표준 교수학습 지도안 세트 개발 (예: 17주차 단위 주차별 지도안, 활동자료, 평가 루브릭 등 포함)
② 수업콘텐츠 플랫폼화: 디지털 기반의 공식 수업자료 공유 플랫폼 구축하여 교사, 연구기관, 산업체가 공동 생산 및 공유하는 시스템을 구축 (이러한 시스템이 AI 교과서보다도 훨씬 더 중요하고 근본적이다.)
③ 주제별 교수법 매뉴얼: '디지털 농업', '기후위기 대응', '현장실습 연계' 등 주제별 교수법 안내서 제작과 보급

(7) 교사 역량 강화 및 공동체 학습체계 구축

우선, 교사 학습공동체를 제도적으로 공식화하여, 동일 교과를 담당하는 교사들이 정기적으로(특히 방학 때) 모여 협의하고, 실제 수업 운영 사례, 특히 NCS 기반 수업 사례를 공유할 수 있는 구조를 만들어야 한다. 이는 교사 간의 수평적 학습과 상호 지원 체계를 강화하고, 수업의 일관성과 실천력을 높이는 데 기여한다.

또한 교원양성기관(예: 교대, 사대)이 교육과정 개발 과정에 직접 참여하도록 하여, 교육과정이 단지 중앙에서 정해져 하달되는 것이 아니라, 현장과 연구가 유기적으로 연결된 구조를 형성해야 한다. 이를 통해 교육과정 해석과 수업 설계에 대한 교사의 이해도와 실행력을 함께 높일 수 있다.

아울러, 교사를 대상으로 한 연수 역시 산업현장과 연계된 체험형 직무연수로 전환되어야 하며, 교사의 실무 감각과 현장 친화성을 높이기 위한 재교육과정이 제도적으로 정착되어야 한다. 교사가 시대 변화에 부합하는 직업

세계의 흐름을 이해하고 학생 교육에 반영할 수 있도록 지속적인 전문성 개발이 보장되어야 한다.

(8) 수업의 질 관리 및 공공 책무성 강화

수업의 질을 담보하기 위해서는 단지 개별 교사의 노력에만 맡길 것이 아니라, 교육 행정 차원에서의 공적 점검과 지원 시스템이 함께 마련되어야 한다. 이를 위해 첫째, 교육과정 실행 내용과 수업 결과를 교육청(교육연구원 등)에 보고하고, 그 내용을 바탕으로 정책적 피드백과 수업 컨설팅 체계가 운영되어야 한다. 이는 단순한 평가나 감독이 아니라, 교사의 성장을 지원하는 피드백 시스템이 되어야 한다.

둘째, 표준화된 수업 품질 지표를 활용한 수업 모니터링 시스템이 도입되어야 하며, 학생의 학업 성취 데이터를 기반으로 수업 질을 분석하고 개선하는 순환 구조를 갖추는 것이 중요하다.

셋째, 학생들의 성취도를 지역 및 학교 단위로 비교·분석하고(내부적으로), 취약 지역이나 학교에 대한 집중적인 지원 체계를 구축함으로써, 교육 격차를 줄이고 수업의 질을 전국적으로 균형 있게 향상시켜야 한다.

(9) 역할 분담에 기반한 다중 주체 협력 구조

이러한 교사 역량 강화와 수업 품질 관리가 효과적으로 작동하기 위해서는 다음과 같은 주체별 역할 정립과 협력 체계가 전제되어야 한다.

- 국가(교육부)는 교육과정 기준과 실행 자료를 통합하고, 표준 수업자료 개발과 국가 학습플랫폼 운영을 통해 기반 인프라를 제공한다.

- 시도교육청은 수업 품질을 점검하고, 교사 학습공동체 운영을 지원하며, 각 학교 상황에 맞춘 교육과정의 재구조화 컨설팅을 실시한다. 장학과 연구 활동의 본질에 집중한다.
- 교원양성기관과 연구기관은 교육과정 해석, 교수법 개발, 연수 프로그램 기획 및 실행, 산업체와 연계된 콘텐츠 개발을 통해 이론과 실천의 매개자 역할을 수행한다.
- 산업체는 교육 현장의 실무성을 높이기 위해, 현장성 있는 콘텐츠를 제공하고, 교사 및 학생에게 실습 기회를 제공한다.
- 이와 함께 직업교육 장학 체계를 부활시키고, 수업과 교육과정 전반에 대한 품질 보증 체계를 정비함으로써, 직업교육이 단순한 기능 훈련이 아닌 공공성과 전문성을 동시에 갖춘 교육영역으로 확립될 수 있도록 해야 한다.

라. 직업고의 학점제

고교 학점제, 모든 고등학교에 동일하게 적용해도 되는가? 일반고와 직업고의 학점제는 철학부터 달라야 한다.

(1) 고교학점제의 기본 개념과 구조

고교학점제(High School Credit System 또는 Credit-based High School System)는 학생이 자신의 진로와 적성에 따라 과목을 선택하고, 일정한 이수 기준에 도달한 과목에 대해 학점을 취득, 누적 학점이 일정 기준에 도달하면 졸업을 인정받는 제도이다. 이 제도는 기존의 획일적 교육과정 운영 방식에서 벗어나, 학습자의 자기주도성, 다양성, 개별성을 존중한다는 철학에 기반을 두고 설계되었다.

그러나 고교학점제의 기본 전제는 "구조화된 교육과정 체계 내에서의 학점제"(a credit system within a structured curriculum)라는 점을 간과해서는 안 된다. 즉, 학생의 무한한 선택을 보장하는 자유 선택형 학점제가 아니라, 학교가 제공 가능한 자원과 공교육의 최소한의 일관성, 체계성을 유지하면서도 학생 개별성의 범위를 확보하려는 균형 지향형 제도여야 한다. 선택과 학점제를 동일시하는 것이 우리나라의 고교학점제 오해의 바탕이기도 하다.

[보론 21]

구조화된 교육과정 체계의 의미

❶ 목표 중심의 체계 (Goal-oriented Structure)

교육과정은 분명한 교육목표와 학습성과(outcomes)를 갖고 설계되어야 하며, 각 과목은 그 목표에 기여하는 방식으로 존재해야 한다. 예를 들면, 고등학교 3년 동안 어떤 시민성을 기를 것인가, 어떤 수준의 과학적 소양을 갖출 것인가 등이 명확해야 한다. 교과 목표는 수평·수직 설계가 비교적 명확해야 한다. 개별 교과의 경우, 교육목표에 따른 내용 요소의 수평적·수직적 구조화가 비교적 명확하게 가능하다. 즉, 보통 개념적 위계나 기능적 계열성이 존재하며, 수평적 확장(다른 영역과의 통합), 수직적 심화(난이도, 적용 범위의 상승)가 비교적 설계하기가 쉽다. 예를 들면, 수학의 경우 '수와 연산 → 함수 → 미분/적분'으로, 국어의 경우 '화법 → 독서 → 논리적 글쓰기'로 설계가 가능하다. 하지만 일반역량(general capabilities)은 그 자체로 '교과'가 아니다. 그럼에도 문해력, 창의성, 협업 능력과 같은 일반역량은 대체로 교과를 통해서 함양되기를 기대한다. 하지만 목표 수준이 추상적이고, 전문적인 교사 연수가 동반되지 않으면 수업 내에서 구현되기 어렵다. 또한 이들 역량은 대부분 cross-curricular(교과 간 융합형) 특성을 지녀, 특정 과목에 고정적으로 안착시키는 것이 어렵다. 그렇기에 '교수학습을 통해 길러야 한다'라는 식의 접근은 비현실적이고, 교사에게 책임을 떠넘기는 것이다. 겉으론 자율을 주는 것 같지만, 실은 무책임한 내버려둠이다. 따라서 이러한 역량이 어떻게 교수학습 과정 속에 통합되고 함양될 수 있는지에 대한 명시적인 문서화와 가

이드라인이 반드시 필요하다.

❷ 계열성과 난이도 조정 (Sequential and Leveled Curriculum)

기초 – 응용 – 심화로 이어지는 선후(先後) 학습의 흐름이 명확해야 하며, 각 과목의 이수는 다음 단계로 진입하는 기반이 되어야 한다. 개념과 기술이 '기초 → 응용 → 심화'로 발전할 수 있도록 설계되어야 한다. 예를 들면, '수학 Ⅰ → 수학 Ⅱ', '기초 코딩 → 데이터 처리 → 알고리즘 설계'와 같은 계열 구조를 말한다. 이 부분은 한국 교육과정에서 가장 취약한 지점이다. 교과가 단지 나열된 과목 묶음이 아니라, 과목 간 계열성과 단계적 난이도가 명확히 드러나는 구조로 재편되어야 한다. 이를 위해서는 교과가 과목으로 분화되고, 각 과목의 내용 요소가 확장되며, 단계별로 심화되는 세로 방향의 교육과정 구조가 반드시 구축되어야 한다. 이런 구조가 존재할 때 비로소 학생은 자기 수준과 진로에 맞는 성장 경로를 상상하고, 그에 따라 학습을 설계할 수 있다. 즉, diversified curriculum(선택의 다양성), enlarged curriculum(과목 및 내용의 확장성), enriched curriculum(질적 심화와 통합성)이 작동할 수 있는 전제가 형성되는 것이다.[65]"

❸ 범주화된 학문 또는 직무 체계 (Domain-specific Coherence)

교육과정은 무작위 나열이 아니라, 학문 · 기술 · 산업의 체계(logic of disciplines or vocations)에 따라 범주화되고, 학생은 그 구조 안에서 진로를 탐색하거나 전문화해야 한다. 예를 들면, 일반고는 인문 · 사회 · 자연 · 예체능 등의 학문 분야가 기반이 되고, 직업고는 산업분류체계, NCS, 기술 분야 등과 정합성이 확보되어야 한다. 이는 학생이 자신의 선택이 어떤 분야 또는 직업군과 연결되는지를 이해하도록 돕는 구조가 된다. 이 역시 우리나라 교육과정이 지닌 구조적 한계 중 하나이다.

---

65   참고로 분화(diversification)는 Y1~Y12 전체 curriculum 안에서 교과가 나무의 가지 뻗듯 갈라지는 구조이고, 확장(enlargement)은 공시적(共時的) 선택의 폭을 의미하며, 심화(enrichment)는 수직 상승형 난이도 구조를 의미한다. 이 구조는 단지 과목 개설의 논리가 아니라, 학습자의 설계권 보장을 위한 시스템 구성 요소이다. 학생이 "나는 어떤 주제를 얼마나 깊게 탐구하고 싶은가?", 또는 "나는 어느 정도의 범위에서 다양한 주제를 경험하고 싶은가?"라는 질문을 했을 때 그에 응답할 수 있는 교육과정 설계의 방향이 바로 이 '분화-확장-심화' 모델이다.

현재 한국 교육과정의 기본 틀은 '학교급' 중심으로 짜여 있다. 이는 학생의 삶의 연속성(Learning Continuity)이나 직업세계로의 연결(Career Continuity)을 고려하지 않는 구조이다. 따라서 교육과정의 기본 틀은 교과가 되어야 한다. 진정한 의미의 진로 중심 학습체계를 위해서는 교육과정의 단위가 '교과' 중심으로 재편되어야 한다. 교과 중심 체계가 정립되어야만 초중등 교육, 고등교육, 그리고 직업세계에 이르기까지의 경로가 일관성 있게 연결될 수 있으며, 진로 교사가 학생에게 고등학교부터 대학, 노동시장에 이르기까지 구체적이고 전략적인 진로 설계를 지도할 수 있는 기반이 된다. 그래야만 학생의 진로 계획이 구체화될 수 있다. 교과 중심 교육과정의 틀은 학교급 간 연계뿐만 아니라 교육-고등교육-직업세계 간 연계까지 가능하게 한다. 이는 필자가 강조하는 '진로설계형 교육과정(Career-aligned Curriculum)'의 핵심 조건이다. 특히, 교과가 학문/직무와 연결되는 구조라면, 직업세계에서 요구하는 역량'과 학습 내용의 정합성이 유지될 수 있다. 이게 되어야만 진로지도가 단순한 matching이나 소개가 아니라 '경로 기반 진로 코칭(pathway-based career coaching)'이 된다.

직업고의 경우, 선택교육과정의 틀 내에서 운영되어야 하기에, 이는 산업이나, 기술 또는 직업과 관련된 분류의 틀이 존재해야 하고, 이러한 분류의 틀이 같은 직업교육기관이라고 일컬어지는 전문대학 등과 어느 정도 맥을 같이 할 수 있어야 한다.

❹ 공통성과 선택성의 균형 (Balance of Common Core and Electives)

모든 학생에게 요구되는 공통 필수(common core) 교육과 진로에 따라 달라지는 선택(elective) 교육이 균형 있게 배치되며, 공통에서 선택으로 이어지는 점진적 설계 논리가 있어야 한다. 공통과 선택이 무관하게 병렬 나열되는 것이 아니라, '공통 → 설계 → 전문화'로 이어지는 흐름을 가질 필요가 있다. 고교학점제 하에서 학습자가 실질적인 선택을 할 수 있으려면, 공통을 통해 준비되고 기반을 갖춘 상태이어야만 선택이 의미있게 작동한다. 이 역시 우리 교육과정의 가장 심각한 약점 중 하나다. 우리는 초등학교부터 중학교까지의 9개 학년을 '공통교육과정', 고등학교는 '선택교육과정'이라 부르지만, 정작 공통교육과정과 선택교육과정의 개념적 정의와 철학적 기준이 명확하지 않다. 더 큰 문제는 고등학교 선택교육과정 내에서도 과목들 간의 관계가 모호하다는 점이다. 과목 간의 계열성, 난이도 차이, 학문적 연계성, 진로 기반 분화 등 핵심적인 교육과정 설계 논리 없이 단순히 선택지를 나열한 구조는 학생의 자기 설계와 학습 경로 설계를 어렵게 만들고, 교육과정의 체계성도 크게 저해하고 있다.

❺ 다층적 연계성과 학습경험 인정 체계

(Multi-level Curriculum Integration & Recognition of Extended Learning)

교육과정은 본질적으로 국가의 공적 사무이며, 국가가 정한 기준과 절차에 따라 등록(registered)되어야 하며, 그 등록된 교육과정을 학교가 운영하기 위해서는 시도교육청 또는 국가 수준에서의 인증(accreditation)을 받아야 한다. 이러한 등록과 인정 체계를 통해 교육과정의 질과 공공성을 확보할 수 있다. 반면, 시도교육청과 학교는 교육과정을 새로 창안할 권한이 있는 것이 아니라, 국가 교육과정 체계 내에서 운영 주체로서 역할을 수행하는 것이다. 단, 학교 수준에서는 contextualization(맥락화)과 customization(개별화)의 원칙을 통해 학생과 지역의 특성에 맞게 교육과정을 적용할 권한과 자율성을 보장받는다. 이 때에도 성취 기준과 교육의 질은 동일한 수준으로 유지되어야 한다.[66]

---

66 교육과정 총론에는 다음과 같은 규정이 있다. "시도교육청과 학교는 필요에 따라 이 교육과정에 제시되어 있는 과목 외에 새로운 과목을 개설할 수 있다. 이 경우 시도교육감이 정하는 지침에 따라 사전에 필요한 절차를 거쳐야 한다." 하지만 이 규정은 큰 문제가 있다. 교육받을 권리의 실질적 보장은 교육과정을 통해 이뤄지고, 교육과정은 국가의 책임과 통제를 통해 공공성을 확보하여야 한다. 따라서 국민의 권리는 지역에 따라 달라져선 안 되며, 교육과정의 질과 기준은 국가가 정하고 책임지는 것이 교육권 보장의 최소 조건이다. 따라서 교육과정의 구현체인 과목을 시도교육청이 독자적으로 구성한다는 것은 잘못된 발상이다. 교육과정의 핵심 구성 요소인 과목의 설계권을 국가가 포기한 셈이 되고, 결국 교육받을 권리 보장의 핵심 통제장치를 국가 스스로 지방에 넘긴 것이 된다. 그것도 법률도 아닌 교육과정 고시로. 그리고 실제로는 교육감의 지침으로. 이와 같은 교육과정 총론의 입장은 교육과정이 갖는 이와 같은 권리적 속성에 대한 이해가 결여된 것을 말하며, 교육과정 구성을 단순히 하나의 행정사무 수준으로 격하시키고 있는 것이다. 제대로 만들려면 "시도교육청과 학교는 국가 교육과정의 기준과 등록 절차에 따라 새로운 과목을 제안할 수 있으며, 그 경우 국가가 정한 기준에 부합하도록 시도교육감은 운영지침을 마련하고 사전 심의 및 등록·인증 절차를 거쳐야 한다."라고 말이다.

① 국가–시도–학교–학생 간 교육과정의 수직·수평적 연계성: 아래의 네 수준이 단절 없이 유기적으로 연결되어야, 진정한 학점제의 '선택권'이 작동한다.
- 국가 교육과정(National Curriculum Framework)은 기본 방향과 기준을 제시하고,
- 시도교육청 차원의 지역 교육과정(Localized Curriculum)은 그 지역의 산업, 문화, 인프라 등을 반영하여 지역화 과목을 개발하며,
- 학교 교육과정(School-based Curriculum)은 학교의 자원과 특성에 기반한 과목 편성 및 운영계획을 수립하고,
- 학생 교육과정(Student-designed Pathway)은 개인의 진로와 적성에 따라 학교 교육과정을 자기주도적으로 조합하여 설계하는 구조임.

② 자기 주도적 학습경험의 제도적 인정

(Recognition of Self-directed and Extended Learning)
- 학점제는 교실 수업 이수만을 전제로 하지 않는다. 학생이 수행한 연구활동, 창작활동, 대회 참가, 봉사활동, 포트폴리오 개발 등도 정해진 요건과 심사를 거쳐 공식 학점으로 인정받을 수 있어야 한다.
- Self-directed research (연구보고서, 프로젝트 기반 학습), 예술·체육 관련 성취 (작품, 공연, 대회 입상 등), 지역사회 참여 활동 (사회적 실천 기반 진로 탐색 등), 기업 연계 활동 (현장실습, 인턴십 등) 등도 일정 범위 내에서 학점으로 인정받아야 한다.

(2) 일반고 학점제: 진로 탐색과 학문적 경로의 구체화

일반 고등학교(통칭 '일반고')는 이름 그대로 특정 직업 세계 진입을 전제로 설립된 학교가 아니다. 일반고의 설립 목적은 진로가 명확히 결정되지 않은 학생들에게 다양한 가능성을 탐색하고 구체화할 수 있는 열린 공간을 제공하는 데 있다. 문·이과 구분조차 사라진 지금, 일반고는 과거의 '종합고' 기능까지 포괄하고 있다. 물론 앞으로는 보다 순수한 의미의 종합고(comprehensive school)로 바뀌어야 할 것이며, 그래야 단선형 학제의 성격이 강화된다. 일반고의 학점제는 다음과 같은 철학적 원리를 중심으로 설계되어야 한다.

① 진로의 다양성 (Diversity of Career Pathways): 학생들이 인문학, 사회과학, 자연과학, 예술, 기술, 직업탐색 등 다양한 분야에 걸쳐 자신의 잠재된 흥미와 재능을 탐색할 수 있어야 한다. 이는 단지 전공 선택의 폭을 넓힌다는 의미를 넘어, 경로의 발견을 위한 탐색 기회를 제도적으로 제공하는 것이다.

② 선택의 개별성 (Individualized Choice / Personalized Learning): 모든 학생이 같은 과목을 수강하는 것이 아니라, 자기 설계 학습 경로(Learning Pathway)를 중심으로 자신에게 적합한 과목을 조합하여 수강할 수 있어야 한다. 이때 '선택'은 단지 권리가 아니라 자기 설계의 책임과 성찰을 요구하는 기회이기도 하다.

③ 경로의 구체성 (Pathway Specification and Support): 진로를 아직 확정하지 못한 학생들에게 각 선택이 졸업 이후의 구체적 경로(예: 대학 진학, 전공 선택, 진로 방향 등)로 연결될 수 있음을 설계 단계에서부터 명시적으로 보여주어야 한다. 이는 고등학교 교육이 단순한 학력 취득이 아니라, 실질적인 미래 설계 능력을 키우는 기반이 되어야 함을 의미한다.

(3) 직업고 학점제: 전문성 심화와 경로 일치의 구조

반면, 직업고는 일반고와 완전히 다른 설립 목적과 교육과정 구조를 지닌다. 직업고는 특정 직업 세계로의 직접 진입 또는 해당 분야의 전문 교육 심화를 목적으로 설계된 학교이다. 따라서 직업고에서의 학점제는 단순한 선택의 확대가 아니라, 진로 경로를 정밀화하고, 그 경로를 뒷받침하는 전문성을 체계화하는 제도로 기능해야 한다.

① 경로의 구체성 (Specification of Career Paths): 직업고 학점제의 가장 핵심은 희망 직업 분야에 따라 체계적으로 학습 경로를 설계할 수 있어야 한다는 점이다. 학생들은 자신의 목표 직업군에 따라 필요한 역량과 지식을 확보할 수 있도록 과목을 이수하고, 졸업 후 즉시 직업 세계로의 이행이 가능하도록 경로를 명확히 제시받아야 한다.

② 학습의 전문성 (Specialization of Learning): 직업고 학점제는 단순한 기초 교과 선택을 넘어, NCS 기반 교육과정 등과 연계된 심화된 기술·지식·태도 학습이 가능해야 한다. 특히 산업현장에서 요구하는 전문성을 갖추도록 설계되며, 이는 곧 직업고 교육의 정체성과도 직결된다.

③ 이행의 명확성 (Clarity of Transition to Workforce): 학생이 이수한 학점과 자격이 실제 노동시장 또는 전문 교육훈련기관으로의 전환에 얼마나 효과적으로 연결되는지가 학점제의 성패를 좌우한다. 따라서 학점제는 직업자격, 현장실습, 채용기회 등과의 연계성을 제도적으로 확보해야 한다.

(4) 경로 수정 가능성: 직업고에 요구되는 유연성의 조건

우리나라 현실에서 직업고 입학은 대부분 중학교 3학년 시점에서 결정된다. 그러나 학생의 발달, 산업구조 변화, 개인 성향 변화 등으로 인해 진로 경로의 변경이 필연적으로 요구되는 경우가 존재한다. 따라서 직업고 학점제는 경로의 구체화와 함께, 경로의 수정 가능성(Flexibility for Pathway Adjustment)도 동시에 고려되어야 한다.[67] 경로 수정이 필요한 경우의 예시로는

- 개인적 변화: 입학 후 진로 흥미가 바뀌거나 적성 미스매치 발견
- 사회 구조 변화: 산업 트렌드 변화, 특정 직무의 쇠퇴 또는 신직업 출현
- 학업적 성장: 특정 직업군을 넘어 고등교육 또는 타 직종으로의 확장 희망

수정 경로의 예로는,

- 동일 학교 내 학과 이동: 예를 들어 기계과 → 전기과
- 일반고로의 전학: 직업적 진로에서 대학 공부 지향 진로로의 전환

이러한 경로 전환은 제도적으로 쉽지 않지만, 고교학점제는 이를 부분적으로 보완해줄 수 있는 핵심 기반이 된다. 선택 과목의 다양성, 학점의 유연한 이수, 과목 간 연계성 확보 등은 학생이 새로운 진로를 설계할 수 있도록 돕는 기반이 될 수 있다.

(5) 결론: 같은 제도, 다른 작동 논리

고교학점제는 하나의 이름을 공유하지만, 일반고와 직업고에서는 완전히 다른 교육적 논리와 철학 위에서 작동해야 한다.

---

[67] 물론 일반고에서도 경로의 수정이 존재한다. 제한적이지만 특성화고로 이동할 수도 있다. 하지만 현재의 우리나라의 대학 선호 사항과 직업교육의 폄하 풍조 하에서는 일반고에서 다시 직업고로 전학을 선택하는 것은 예외적이고, 대신 고등학교 3학년 때 '일반고 직업과정'이라고 하여 별도의 track을 선택한다. 만약 종합고가 일반화되면 일반고 직업과정은 종합고가 제공하는 직업과정으로 흡수될 것이다. 그게 올바른 방향이다.

- 일반고는 진로를 설계하고 탐색하는 공간이다.
- 직업고는 진로를 구체화하고 실현하는 공간이다.

일반고에서 고교학점제는 학생들이 자신의 흥미와 적성, 학문적 성향을 탐색하고

그 과정에서 다양한 진로 가능성을 발견할 수 있도록 설계되어야 한다. 일반고는 아직 명확한 진로가 결정되지 않은 학생들이 대부분인 만큼, 학점제는 과목 선택을 통해 학생 개개인의 잠재성과 가능성을 실험하고 확장해 볼 수 있는 기회를 제공하는 기능을 해야 한다. 따라서 일반고의 학점제는 폭넓은 선택권, 교과 간 연결 가능성, 기초학력 기반의 계열화된 교육과정을 전제로 하며, 학생이 점차 자신의 진로를 구체화할 수 있도록 돕는 경로 설계형 교육과정으로 작동해야 한다. 그래서 일반고에서는 고등학교 1학년 때의 진로지도가 매우 중요하다. 상대적으로 직업고는 고등학교 1학년 때도 중요하나, 중학교 3학년 때의 진로지도도 역시 중요하다.

직업고에서의 고교학점제는 특정 직업 세계 또는 기술 분야로의 진입을 목표로 한다.

따라서 학점제는 단순한 과목 선택을 넘어, 학생이 진로 분야에 맞는 전문지식과 실무능력을 체계적이고 점진적으로 축적할 수 있는 설계 구조를 갖추는 것이 핵심이다.

직업고의 학점제는 직무 중심의 교육과정, 자격 및 실습과의 연계, 산업수요 기반의 교육설계가 병행되어야 하며, 학점 이수는 곧 직업 세계로의 이행(transitions to workforce)을 준비하는 과정이자, 학습자가 자신의 전문성을 '증명'하는 경로가 되어야 한다. 따라서 직업고의 학점제는 경로의 명확화, 학습의 전문화, 이동의 실질성(취업 또는 상위직무 이행)을 보장하는 구조로 설계되

어야 하며, 학생의 선택은 진로 변경과 재설계(flexibility for pathway adjustment)를 포함한 유연한 직업역량 구축의 수단이어야 한다.

따라서 동일한 학점제 설계를 모든 고등학교 유형에 일괄 적용하려는 시도는 제도적 실패로 이어질 수 있다. '형식의 동일성'이 아니라, '철학의 정합성'이 교육제도 설계의 기준이 되어야 한다. 진정한 의미의 학점제는 선택을 주는 제도가 아니라, 선택을 가능하게 하고, 선택 이후의 삶을 설계할 수 있게 해주는 구조다. 그 구조는 학교 유형과 설립 목적에 따라 정교하게 구분되어야 한다.

제4장

대학,
'직업교육 중심 대학'으로 거듭 태어나다

한국의 고등학교 직업교육은 오랜 시간 동안 '기술교육', '기능인력 양성'이라는 협소한 틀 안에서 이해되어 왔다. 그러나 최근 들어 고등학교 직업교육은 직무수행 역량에 한정되지 않고, 학생의 전인적 성장과 직업세계에서의 지속 가능한 삶을 영위할 수 있는 방향으로 전환하고 있다(필자의 해석이자 기대이다). 이러한 현상을 필자는 Holistic Competency라고 부른다. 이와 같은 변화가 대학 단계에서도 발생해야 한다.

1. 대학교육의 방향

*"직업교육은 고등학교에만 있지 않다.
대학도 이제, 직업교육의 중심이 되어야 한다."*

직업교육이 고등학교나 전문대학에서 끝난다는 생각은, 더 이상 유효하지 않다. 지식 기반 사회, 디지털 전환 사회에서 직업세계는 점점 더 고숙련과 고차 역량을 요구한다. 이에 따라 직업교육은 초급기능자 양성을 넘어, 고급기술인력·전문직 종사자 양성까지 포괄해야 하며, 이 역할은 대학이 중심이 되어 수행해야 한다.

그러나 현실은 어떠한가? 한국의 대학 체계는 여전히 '학문 중심, 입시 중심, 일반 교양 중심'의 구조에 갇혀 있으며, 직업교육은 전문대학에 한정되거나, 4년제 대학에서는 비주류 프로그램으로 취급되고 있다. 지금 필요한 것은 단지 몇 개 학과의 개편이 아니라, 대학 전체의 정체성 전환, 곧 '직업교육 중심 대학(Vocationally Oriented University)'으로의 구조적 재설계이다.

즉, 현재 우리나라 대학교육은 학문 중심의 경향이 강하여, 졸업생이 직업세계로 진출할 때 요구되는 실질적인 역량과의 괴리가 발생한다. 이러한 문제를 해결하기 위해 대학교육에 '직업교육적 성격'을 어느 정도 가미하는 것이 개혁의 핵심 방향이 된다. 이는 단순히 특정 기술 습득을 넘어, 필자의 '광의의 직업교육' 개념, 즉 '평생에 걸쳐 직업세계에서 주체적으로 살아갈 수 있는 역량'을 대학교육에서도 함양해야 한다는 의미이다.

흔히 대학을 '연구 중심 대학'과 '교육 중심 대학'으로 구분해야 한다는 논의가 있다. 그런데 문제는 이 '교육'이 뭐냐? 라는 것이다. 여전히 추상적이고, 뜬구름 잡는 기분이다. 필자는 '실용이 전제된 직업교육적 성격이 강하게 담긴 교육 중심 대학'으로 정의한다.

소수의 연구 중심 대학을 제외한 대부분의 4년제 대학은 사실상 '교육 중심 대학'이 되며, 결국 '직업교육을 포함한 교육을 하는 교육기관'으로 자리매김하게 된다. 이는 대학이 단순히 학문 탐구의 장을 넘어, 졸업생이 실제 사회와 직업세계에서 역량을 발휘할 수 있도록 준비시키는 역할을 강화해야 한다는 의미이다.

필자는 이미 고등학교 교육에서 '직업적 성격의 과목'을 모든 고등학생의 필수 과목으로 해야 한다고 주장했다. 그렇듯이 대학에서도 교육과정 전반에 직업적 성격이 반영되어야 한다. 대학의 교양교육 역시 단순한 학문적 소양을 넘어, '직업세계에서 살아갈 보편적 역량'이 포함되도록 바뀌어야 한다. 이는 필자의 'vocationalization'이 고등교육 단계로 확장되는 것을 의미한다. 전공교육 또한 마찬가지로, 순수 학문적 이론 전달을 넘어 해당 전공 분야의 직업세계에서 요구되는 실용적 지식, 기술, 태도 및 문제해결능력을 함양하는 방향으로 변화해야 한다.

가. 교육 중심 대학은 곧 직업교육 중심 대학이어야 한다

우리 사회는 오랫동안 '교육 중심 대학'이라는 개념을 이상적으로 여겨왔다. 그러나 그 '교육'이 실제 삶과 연결되지 않는 교육, 추상적 지식만 반복하는 교육이라면 그것은 교육이 아니다. 교육 중심 대학이란 곧 직업과 삶을 연결 짓는 교육, 다시 말해 직업교육 중심 대학이어야 한다. 단, 여기에서의 직업교육은 단순히 기능교육에 국한된 협소한 개념이 아니다. 이때 직업교육은 "직업세계에서 살아갈 역량을 기르는 교육"으로서, 그 범위에는 professional education, engineering education, research training까지 포함된다. 따라서 교육 중심 대학은 '비연구 중심'이라는 소극적 정체성이 아니라, Holistic Competency를 구현하는 핵심 대학 유형으로 재정의되어야 하며, 그 교육모델은 고등학교의 구조화된 직업교육모델을 고등교육 수준으로 변환함으로써 실현될 수 있다.

이를 위해 필요한 전환은 다음과 같다.

① 교육과정에서 '직업 연계성' 명시
② 학문 단위와 역량 단위 기반이 조화되는 커리큘럼 구성
③ 진로 설계와 경력관리 서비스를 교수학습센터와 연계
④ 일반 교양과 직무 역량 간 통섭형 교과목 개발

고등학교에서 실현되고 있는 보통교과 - 전문공통 - 전공일반 - 전공실무

라는 4단계 구조는 단지 학령기의 직업교육 설계가 아니라, 대학 및 대학원 수준의 직업교육을 재구조화하는 핵심 원리로 기능할 수 있다.

(1) 보통교과 → 대학의 교양교육

고등학교에서의 보통교과는 더 이상 단순한 '국영수'의 의미가 아니라, 기초학력, 시민성, 비판적 사고력, 자기 주도성을 키우는 전인교육의 기반이다. 대학의 교양과정 역시 동일한 원리로 설계되어야 한다. 단순히 이수 학점 채우기가 아니라, 다양한 진로 가능성과 직업적 전환을 준비할 수 있는 진로 이행형 교양교육으로 진화해야 한다.

(2) 전문공통 → 계열기초교육 / Multi-field 기반 융합기초

고등학교의 전문공통은 산업 또는 학문 분야의 공통 원리를 다루는 multi-field education이다. 대학에서도 학과 간 경계를 넘나드는 계열 공통기초과목 또는 융합형 기초교육이 제도화되어야 하며, 이는 다양한 전공과 직업으로 이어지는 직업교육의 관문 역할을 수행할 수 있다.

(3) 전공일반 → 대학의 전공핵심 / 이론 + 기능 결합 교육

고등학교의 전공일반은 특정 전공 내에서 요구되는 이론적 기초와 일반 기술역량을 다룬다. 대학 교육에서도 전공기초와 전공핵심 과목을 이분화하되, 이론과 기능(실행력)이 결합된 형태로 재설계할 필요가 있다. 이는 연구 중심의 추상화된 강의 중심 수업에서 벗어나, 실제 문제를 다룰 수 있는 해석능력과 응용능력을 기르는 데 기여한다.

(4) 전공실무 → 대학의 실습과목, 캡스톤, 산학 프로젝트

고등학교의 전공실무는 NCS 기반 직무수행 중심으로 구성되며, 현장성과 실무성을 강조한다. 대학 역시 이를 단순 실습으로 환원시키지 말고, 현장 문제해결 중심의 프로젝트 기반 학습(PBL), 캡스톤 디자인, 지역/산업 협업 중심의 산학 프로젝트로 확장해야 한다. 이는 학생이 직무와 연결된 문제해결능력을 체득하고, 사회로의 이행 준비를 마칠 수 있는 결정적 단계이다.

직업고 교육과정에서 설명했던 내용은 대학에서도 동일하게 적용된다. 이런 구조적 작업이 존재해야 교육과정의 수직적/수평적 연계(articulation)가 가능해지고, 학점의 이동(credit transfer)과 학습의 인정(recognition of various learning)도 체계적이 된다. 지금은 너무 주먹구구이거나 지나친 재량이 부여되고 있다.

〈표16〉 대학교육에서의 교육과정의 층위

고교 교육과정	역할 및 성격	대학교육에서의 대응되는 층위	설명
보통교과	기초학력 + 시민성 + 비판적 사고 등	교양교육 (General Education)	교양은 모든 학문과 전공의 기초이자 전인교육의 출발점. 진로 재설계 및 역량 전환을 위한 open platform 역할
전문공통	산업/학문 분야의 공통 개념과 원리	계열 기초과목 (Intro to Field)	다양한 전공에 공통 적용되는 multi-field 기반 기술계 대학, 전문대의 핵심 공동이수과정과도 대응
전공일반	특정 전공 내 핵심 이론과 일반 기술	전공기초/전공핵심과목	학과별 졸업 요건 중 이론 기반 역량을 다지는 주요 구성. 실무전공과의 연결 교량 역할 수행
전공실무	실무수행능력 (NCS 기반)	실습과목, 캡스톤 디자인, 산학협력 프로젝트	고도화된 직무 기반 학습. 대학 및 전문대 내 실습 등

나. 전문대학과 기능대학: 초급 기술교육에서 고숙련 중심 허브로

전문대학과 기능대학은 오랫동안 '준(準)대학'이라는 오해를 받아왔다. 그러나 이들은 단순히 대학으로 진학하지 못한 학생들이 모이는 곳이 아니라, 특정 직무영역에서 고숙련 인력을 양성하는 핵심 기관으로 기능해야 한다.

전환 방향은 다음과 같다. 특히 전문대 등의 출신자에게 후속 진로(후진학과 후학습)를 제도적으로 보장하지 않는다면, 그 어떤 교육도 사회적으로 인정받을 수 없다.

① 산업별 학과 구조 재편: 전통 직종 기반 → 융합 직무 기반
② 교육 + 훈련 융합형 모듈 설계 (on-campus + on-site 연계)
③ 직업고전문대4년제 간 직무/직업/산업/기술 기반 학습연계 경로 마련
④ 실무형 교수진 확보를 위한 산업체와 공동 운영체제 구축

다. 일반 4년제 대학: 학문과 직업의 경계를 넘어서다

4년제 대학도 예외일 수 없다. 지식과 이론에 대한 교육은 중요하지만, 그것이 직업세계와의 단절로 이어져서는 안 된다. 4년제 대학은 다음과 같은 방식으로 직업교육과 결합되어야 한다. 4년제 대학은 연구 중심 혹은 직업 중심이라는 틀 내에서의 정체성을 정립해야 한다.

① 전공 내에 산업 연계 캡스톤 과목 필수화
② 전공·비전공을 넘나드는 융합 직업역량 트랙 설계

③ '이론 중심 교수법'에서 '프로젝트 기반 학습'으로 교수전략 전환
④ 지역 산업체와의 협약을 통한 인턴십-채용-재교육의 선순환 구조 구축

라. 수직적 연계, 수평적 이동이 가능한 대학 구조 만들기

현재의 고등교육 체계는 지나치게 고정되어 있다. 고등학교 → 전문대 → 4년제 → 대학원이라는 경로가 존재는 하지만, 실제로는 수직 이동이 제도적으로 차단되어 있다. 또한, 다양한 경로를 통해 진입한 학습자가 자신의 교육경험을 인정받지 못하는 구조도 문제이다. 직업교육 중심 대학을 위한 구조 개편이 필요하다.

① 전문대에서 4년제 대학으로의 편입이 아닌 전환 학위과정 개발 (articulation 협약)
② 직업고 - 전문대(대학) - 대학원까지 연계 학습 경로 구성
③ 직업계열 간 수평적 이동을 허용하는 유연한 커리큘럼 체계화
④ 학점은행제, 마이크로 크리덴셜, RPL(경험인정학습)과의 유기적 연계

이러한 유연성 없이는, 직업교육은 여전히 이류 트랙으로 취급될 위험을 안게 된다.

2. 전문대학과 폴리텍대학

대한민국 전문대학의 위기는 매우 복합적인데, 그중의 하나는 4년제 대학이 전문대학의 인기 학과를 개설하여 학사 학위를 희망하는 학생들을 흡수한 점이다. 이는 고등교육 시스템 내에서의 역할 중복과 차별성 부족이 문제의 원인이다. 문제는 필자의 교육 중심 대학 사고를 확장하게 되면 교육 중심 대학(4년제)과 전문대학의 교육과정 차별성이 논의될 수 뿐이 없다.

즉, 대부분의 4년제 대학이 '교육 중심 대학'으로서 직업교육적 성격을 강화한다면, 전문대학과의 교육과정 차별성을 어떻게 가져갈 것인지가 매우 중요한 과제가 되는 것이다. 이는 곧 현재에도 위기인 전문대학의 위기가 더욱 가속화될 우려가 있음을 의미한다. 따라서, 현재의 위기를 넘어 전문대학이 지속 가능하기 위해서는 고유한 역할과 정체성을 확립해야 한다.

필자는 위에서 우리나라 전문대학의 성격이 애매모호하다고 지적한 바 있다. 중등 이후 단계의 직업교육기관인지? 고등교육기관인지? 아니면 기술교육기관인지? 말이다. 전문대학의 성격을 '순수 직업교육기관'으로 가져갈 것인지, 아니면 '초급대학 수준의 대학교육기관'으로 가져갈 것인지에 대한 해답이 필요하다. 이러한 점은 폴리텍 대학도 마찬가지이나, 전문대학보다는 정체성의 혼란이 적다. 직업교육기관으로서의 성격이 상대적으로 강하기 때문이다.

만약 순수 직업교육기관 방향이라면, 이는 특정 직업군에 대한 고도의 실무 역량과 빠른 노동시장 진입을 목표로 하는, 전문적이고 집중적인 직업훈련 및 교육기관으로서의 역할을 강화하는 것을 의미한다. 학사학위 수여에 대한 압박에서 벗어나, 직무 숙련에 집중하는 모델이 될 수 있다. 그리고 이미 노동시장에 진출한 성인의 재교육기관, 평생교육기관으로 역할을 하는 것이다.

그렇지 않고, 초급대학 수준의 대학교육기관 방향이라면, 이는 4년제 대학보다 짧은 기간(2~3년) 내에 전문학사 학위 취득이 가능한 과정을 운영하거나, 4년제 대학으로의 편입을 위한 기반을 제공하는 등, 고등교육의 초기 단계로서의 역할을 강조하는 것을 의미한다.

이 질문은 단순히 전문대학의 존립 문제를 넘어, 대한민국 고등교육 시스템 전반의 효율성과 전문성, 그리고 계층 간 유연성을 어떻게 확보할 것인가에 대한 근본적인 질문이다. 필자는 '모든 교육은 개인적이고 인본주의적이며, 이류를 논할 필요 없는 직업교육'이라는 철학을 바탕으로, 각 고등교육기관이 상호 보완적인 역할을 수행하며 학습자에게 다양한 경로와 선택지를 제공하는 시스템을 설계하는 해답이 요구된다고 본다.

가. 전문대학과 폴리텍대학의 역사

전문대학은 우리나라의 경제 발전과 직업교육 수요에 따라 형태와 제도가 점진적으로 변화해 왔다. 그 시작은 1964년, 중학교 졸업자를 대상으로 한 5년제 실업고등전문학교로, 제1차 경제개발 5개년 계획에 따른 기술인력 양성을 목표로 설립되었다. 이후 1970년에는 고등학교 졸업자를 대상으로 한 전문학교 체제로 전환되며 2~3년제 교육으로 바뀌었고, 이는 중간 탈락을 줄이고 단기 고등교육을 강화하려는 목적에서 비롯되었다.

1979년에는 전문대학 체제로 일원화되며 본격적인 고등직업교육기관으로 자리매김하게 된다. 이 시기에는 직업교육의 전문성을 강화하고 산업기술 인력을 체계적으로 양성하려는 국가적 목표가 반영되었다. 입학 자격은 고교 졸업자 중 대학입시 예비고사 합격자로 규정되었다.

1990년대 이후에는 고등직업교육의 질과 위상을 높이기 위한 여러 제도 개선이 이어졌다. 1996년 전문학사 학위 수여제도가 도입되었고, 1998년에는 전공심화과정과 대학 교명 자율화가 이루어졌다. 2000년대에는 3년제 학과 확대, 교원 보수규정의 대학 단일화, 학사학위 전공심화과정 등이 도입되었으며, 2022년에는 실무중심의 전문기술석사과정이 추가되었다. 최근에는 일부 학과(예: 간호학과)의 4년제 확대 등으로 수업연한이 다양화되었으며, 입학전형 역시 자율화되어 입학시험이 아닌 입학전형 합격자 중심으로 선발되고 있다.

요컨대, 전문대학은 실업고 기반의 기술인력 양성 기관에서 출발하여, 현재는 전문학사—전공심화 학사—전문기술석사로 이어지는 단계적 학위체계를 갖춘 고등직업교육기관으로 발전해 왔으며, 산업 수요와 교육 수요에 유연하게 대응하는 구조로 계속 진화하고 있다.

〈표17〉 전문대학의 변천 과정

연도	개요	설립배경 및 제도변화	수업연한	입학자격
2025년	명칭: 전문대학(교) 대학수: 129개 대학 과정수 • 전문대학과정: 2,580학과 • 전공심화과정: 853학과 • 전문기술석사과정: 38개 과정 입학정원수 • 전문대학과정: 134,555명 • 전공심화과정: 18,309명 • 전문기술석사과정: 495명	• 전문학사 학위 수여제도 실시('96) • 전문대학 교명 자율화('98) • 전공심화과정 제도 설치('98) • 3년제 학과 확대(2002) • 전문대학교원 4년제 대학과 보수 규정 단일화(2006) • 학사학위 전공심화과정 실시(2008) • 전문대학"교" 명칭 사용(2011) • 간호과 수업연한 4년으로 확대(2011) • 전문기술석사과정 실시(2022)	2~4년 *전공심화 과정 (1년~2년) *전문기술 석사과정 (2년)	입학전형 합격자
1979년	명칭: 전문대학 대학수: 127개 대학 학과수: 91학과 입학정원수: 78,455명	• 단기고등교육기관 (초급대 전문학교)의 일원화 • 고등교육 인력의 합리적 배분 • 분야별 직업교육의 전문성 향상으로 산업기술 발전	2~3년	고교졸업 자로서 대입 예비고사 합격자
1970년	명칭: 전문학교 대학수: 26개교 학과수: 40학과 입학정원수: 5,887명	• 수학기간의 장기로 중간 탈락자 과다 • 고교졸업자의 직업교육을 위한 진학기회 필요성 • 단기 고등교육에 대한 국제적인 고조추세 감안	2~3년	고등학교 졸업자
1964년	명칭: 실업고등 전문학교 대학수: 9개교 학과수: 23학과 입학정원수: 953명	• 제1차 경제개발5개년 계획에 의한 기술인력 양성 • 폭넓은 다기능중심교육으로 장기 수요에 대처	5년	중학교 졸업자

출처: 한국전문대학교육협의회 홈페이지 (https://www.kcce.or.kr/web/collegeIntro/webTransitionProcess.do)

한편, 폴리텍대학(기능대학)은 1968년 국립중앙직업훈련원 출범과 함께 시작하였고, 고용노동부 산하 공공 직업교육기관이다.[68] 현재 전국 8개 대학,

---

68 한국폴리텍대학의 홈페이지(https://www.kopo.ac.kr)에 직업교육기관이라고 밝히고 있다.

35개 캠퍼스, 2개 융합기술교육원, 신기술교육원 등이 존재한다.

폴리텍대학은 직업훈련법 제정과 함께 시작되었다. 그리고 1968년 중앙직업훈련원 설치(안)이 국무회의에서 의결되고, 같은 해 9월 25일 UNDP의 도움으로 개원에 필요한 131만 달러의 자금 원조도 받았다. 여기에 정부가 8억 6,250만원을 투자. 원조기관이 장비도입 비용과 전문가 및 연수생 파견 비용을, 우리 정부가 시설 운영비를 각각 부담하는 방식. 그리고 1969년 3월 12일 중앙직업훈련원 제1회 입소식이 열렸다.(이때는 보건사회부 소속이었다.) 직업훈련의 초점은 기능공 훈련이었다. 기계공, 판금공, 전공(電工), 단조공, 배관공 등이다.[69]

나. 전문대학, 폴리텍대학에 대한 비판적 재평가

(1) 전문대학의 법상 목적 및 석사과정에 대한 비판적 평가

「고등교육법」상 전문대학의 목적[70]과 과정[71] 규정은 겉보기에는 포괄적이지만, 실제로는 직업교육적 성격이 모호하다.

① 목적 규정의 모호성 (제47조)
- "사회 각 분야": '직업'이나 '산업'이 아닌 '사회 각 분야'라는 표현은 매우 추상적이고 모호하다. 이는 직업 세계와의 구체적인 연계를 흐

---

69 한국폴리텍대학(2021), 『한국폴리텍대학 역사서(The History of Korea Polytechnics)』 http://www.kopohistory.com/book01/index.html. (25.7.6. 검색)

70 고등교육법 제47조(목적) 전문대학은 사회 각 분야에 관한 전문적인 지식과 이론을 가르치고 연구하며 재능을 연마하여 국가사회의 발전에 필요한 전문직업인을 양성함을 목적으로 한다.

71 고등교육법 제48조(수업연한), 제49조(전공심화과정), 제49조의2(전문기술석사과정)

리게 만들며, 어떤 특정한 직업적 지향점 없이 '두루뭉술한' 교육을 지향할 여지를 준다.

- "전문적인 지식과 이론을 가르치고 연구하며": 이 부분은 마치 '연구 중심 대학'의 목적처럼 보인다. 전문대학의 핵심이 '실용'과 '직업'이라면, '연구'라는 표현은 부적절하거나 적어도 그 의미가 불분명하다. 이는 전문대학이 학문적 권위를 획득하려는 욕구를 드러내는 동시에, 직업교육 본연의 실무 중심적 성격을 희석시킬 수 있다.
- "재능을 연마하여": '재능'이라는 표현은 '기술'이나 '기능'처럼 구체적인 직업 역량과는 거리가 있다. 이는 직업세계에서 필요한 측정 가능한 '직무역량(competency)'이나 '실제 발현되는 역량(competence)'보다는 추상적인 개인의 '잠재력'에 머무는 듯한 인상을 준다.
- 유일한 직업교육적 표현인 "전문직업인을 양성": 결국 전문대학의 직업교육적 성격은 이 한 단어에만 의존하게 된다. 그렇다면 '전문직업인'이 무엇을 의미하는지에 대한 법적인 또는 사회적인 명확한 정의가 없다는 점에서, 이 표현 자체도 해석의 여지가 매우 크다. 이는 전문대학이 스스로의 정체성을 명확히 하지 못한 채, 일반대학과 차별화되지 않는 교육을 제공할 빌미를 제공하게 된다.
- 전문대학의 목적을 '국가사회의 발전에 필요한'이라고 하여 교육의 인본주의적 속성을 무시하고 산업 인력적 관점만 두드러진다.

② 전문기술석사과정의 모호성 (제49조의2):

"고숙련 기술 전문가의 양성을 위하여… 전문기술석사과정을 설치·운영할 수 있다."라고 규정되어 있다. 여기에서 '기술석사'라는 표현은 직업교육적 성격의 기술(응용, 실무 지향)인지, 아니면 보다 학문 지향적인 기술(이론, 연구 지향)인지 애매모호하다. 기술이라는 단어만으로는 그 지향점을 명확히 구분하기 어렵다. 만약 전문대학이 학문 중심의 기술석사 과정을 운영한다면, 이는 4년제 대학의 공과대학원과 기능적으로 중복될 수 있으며, '광의의 직업교육'의 본질(실용과 연계된 역량)을 벗어나 학문적 권위를 추구하는 방향으로 흐를 위험이 있다. 이는 전문대학이 4년제 대학의 하위 호환 또는 모방을 통해 위기를 극복하려는 시도로도 해석될 수 있다.

전문대학의 이러한 점은 4년제 대학과의 경쟁과 모방 과정에서 발생한 결과물이다. 기능대학은 국가의 강한 통제를 받지만, 전문대학은 사립대학이기에 생존의 문제가 절실하다. 직업교육 자체가 중요한 것이 아니다. 특히, 1990년대 중반 이후 4년제 대학의 설립이 늘어났고, 그 이후에 학령인구 감소가 시작되면서, 전문대학은 학생 유치에 어려움을 겪기 시작했다.

결과적으로 학사 학위에 대한 사회적 선호가 여전히 강한 상황에서, 4년제 대학들이 전문대학의 인기 학과를 개설하는 등 직접적인 학생 유치 경쟁이 심화되었다. 이러한 위기 속에서 전문대학은 생존을 위해 4년제 대학을 '모방'하는 전략을 택했다. 전문학사 학위로는 부족하다는 인식 하에, '학사학위 전공심화과정'을 도입하고, 심지어 '전문기술석사학위과정'까지 설치하여 4년제 대학 및 대학원과 유사한 학위 체계를 갖추려 했다. 결과적으로 전문대학이 본연의 '전문직업인 양성'이라는 실무 중심의 정체성을 잃고, 학사 학위 취득을 위한 '우회로' 또는 4년제 대학의 '하위 교육 기관'으로 인식되는 경향이 강화되었다. 이는 결국 양자의 차별성을 모호하게 만들고, 한국 고등교육 시스템 전반의 비효율성을 초래했다.

(2) 기능대학(폴리텍대학)에 대한 비판[72]

기능대학은「국민 평생 직업능력 개발법」에서 '산업현장에서 필요한 인력을 양성하고', '근로자의 직업능력개발을 지원'한다고 명확히 명시하여 직업교육적 성격이 강한 교육훈련기관임을 천명하고 있다. 하지만, 여전히 검토되어야 할 사항이 존재한다.

① '기능대학은 직업능력개발훈련시설로 보며'의 의미 (제39조 제5항):

이 표현은 매우 중요하다. '대학'임에도 불구하고 법적으로 '훈련시설'로 본다는 것은, 고용노동부가 직업능력개발훈련의 범주를 넓게 보며 '훈련'이 '교육'의 한 유형임을 스스로 인정하고 있음을 시사한다. 이는 직업교육과 직업훈련을 두 부처가 나누어 관할하는 것이 인위적인 것임을 법령 스스로가 방증하는 것이라고 해석할 수 있다. 고용노동부는 자신의 핵심 기능인 훈련을 교육의 형태로 확장하려 했고, 그 결과 탄생한 것이 기능대학이라는 것을 보여준다.

② 기능대학과 전문대학의 차이 및 직업교육의 본질:

기능대학의 다기능기술자과정은 둘 이상의 직종에 관한 기능과 지식을 고르게 보유함으로써 제품의 개발로부터 제작에 이르는 전 공정에서 생산성 향상과 기술적 문제의 해결에 기여할 수 있는 인력을 양성하기 위한 교육·훈련과정(제40조 제1항 제1호)을 말한다. 여기서 "기술적 문제의 해결에 기여할 수 있는"이라는 표현은 한국 직업교육이 '기술교육 배경'에서 작동되었음을 명확히 확인시켜 준다. 즉, 기능대학의 과정은 '기술교육'의 성격이 매우 강하며, 이것이 곧 좁은 의미의 직업교육(특정

---

[72] 필자는 아주 오래전부터 우리나라에 가장 직업교육기관 다운 교육기관은 폴리텍대학이라고 한 바 있다. 지금도 이 생각은 변함이 없다.

기능 습득)을 넘어 '기술적 문제해결'이라는 Holistic Competency의 작은 부분을 지향하는 시도로 볼 수 있어 긍정적이다. 그러나 '생산성 향상' 등의 문구는 여전히 산업의 도구적 관점이 강하다.

반면, 전문대학은 위에서 본 바와 같이 불분명한 교육 목표를 가진 채 석사까지 운영하려는 경향은 학위 인플레이션과 4년제 대학 모방에 매몰되어 본연의 직업교육적 특성을 잃어갈 위험이 있다. 기능대학이 기술교육 배경 속에서 문제해결을 언급하며 실용적 확장을 모색하는 반면, 전문대학은 전문직업인 양성이라는 모호한 목표 하에 지식과 이론 연구를 강조하며 학문적 위상을 높이려다가 오히려 정체성 위기에 봉착했다는 평가가 가능하다.

③ 기능대학(폴리텍대학): 기능교육의 위기와 대학으로의 변신

기능대학은 원래 학위가 없는 기능교육 중심의 공공직업훈련기관이었다. 산업현장에서 필요한 인력을 양성하고 근로자의 직업능력개발을 지원하는 것을 목적으로 하는, 비교적 전통적인 의미의 직업교육훈련에 부합하는 기관이었다. 그러나 산업구조 변화로 단순 기능 인력에 대한 수요가 감소하고, 직무의 복합성이 증가하면서 전통적인 기능교육의 유용성이 점차 떨어졌다. 동시에 직업훈련의 민간화 확대 추세도 기능대학의 존립에 위협을 초래했다. 정부가 주도하던 직업훈련 시장에 민간 기관의 참여가 확대되면서, 공공 직업훈련기관인 기능대학의 역할과 필요성에 대한 의문이 제기되며 존폐의 위기에 빠지게 된 것이다. 이러한 위기에서 벗어나기 위한 탈출구로 기능대학이 선택한 것이 바로 대학으로의 변모였다.

「국민 평생직업능력 개발법」에서 '기능대학은 직업능력개발훈련시설로 보

며, 기능대학은 그 특성을 고려하여 다른 명칭을 사용할 수 있다'라고 규정하며, 대학의 명칭을 사용할 수 있도록 한 것이 그 변신의 핵심이었다. 직업능력개발훈련시설이자 대학이라는 표현이 그것이다. 그러다 보니 기능대학은 다기능기술자과정 외에 '학위전공심화과정'을 신설하여 학사 학위 수여가 가능해졌다. 이는 기능교육 중심의 훈련기관에서 학위를 수여하는 대학의 형태로 전환하여 학생 유치 및 기관의 위상을 높이려는 전략이다. 전문대학과의 경쟁에서 기능대학이 생존하기 위한 몸부림이다. 결과적으로 기능대학의 대학화는 고용노동부 스스로 훈련이 곧 교육의 한 유형임을 무의식적으로 인정하고 있음을 보여준다. 즉, 직업교육과 직업훈련을 두 부처가 나누어 관할하는 것이 인위적인 것임을 법령 스스로가 방증하는 사례로 해석될 수 있다. 동시에 이는 직업훈련기관의 생존을 위한 불가피한 선택이자, 기관의 역할과 정체성을 확장하려는 노력이었다.

정리하면, 전문대학이나 기능대학 모두 학령인구 감소와 사회 변화라는 거대한 파고 앞에서 자신만의 고유한 정체성(실무 중심 + 기능/기술 중심)을 지키기보다는, 학위 중심의 고등교육 시장에서 생존하기 위한 모방과 변신을 선택했다는 것이다. 이 과정에서 발생하는 역할의 중복과 목표의 모호성은 결국 한국 직업교육의 본질적 한계를 드러낸다.

이들 기관(후술하는 한국기술교육대학교도 포함)은 필자의 광의의 직업교육이 지향하는 Holistic Competency와 underpinning capability 함양에 도달하기 위해서는 더욱 명확한 정체성 확립, 학문-실무 통합의 진정한 구현, 그리고 무엇보다 인본주의적이고 학습자 중심의 철학을 교육의 전면에 내세우는 변화가 필요하다.

다. 전문대학, 폴리텍대학의 미래

(1) 전문대학: 전문직업인의 정의와 Level 체계에 기반한 시스템 설계

전문대학의 현재 시스템을 한마디로 정의하면, 직업교육 시스템의 거의 완벽한 잠재력을 가진 기관이라고 할 수 있다. 전문대학이 개설할 수 있는 과정은 실로 엄청나다. 일반적으로는 2년제 전문학사 학위 수여 대학 정도로 이해하지만, 전문대학은 이제 입학부터 평생교육, 단기 역량 강화, 학사 및 석사 학위 연계까지 거의 모든 단계의 직업교육을 제공할 수 있는 법적, 제도적 틀을 갖추고 있다. 이는 필자의 '광의의 직업교육' 개념, 즉 '평생에 걸쳐 변화하는 직업세계에서 주체적으로 살아갈 역량'을 길러주는 시스템을 구현하는 데 매우 강력한 잠재력을 가진 기관이 전문대학이다. 문제는 이 잠재력을 실제로 어떻게 '실용이 전제된 직업교육적 성격이 강하게 담긴 교육 중심 대학'으로 구현할 것인가에 있다. 다음은 전문대학이 제공할 수 있는 과정들의 목록이다.

① 시간제 등록: 고등교육법 제36조 제1항에 따라 '1과목도 가능'하며 학위 취득 목적이 아닌 과목 수강만을 위한 유연한 학습 기회를 제공한다. 이는 '다양한 학습을 포함'하는 광의의 직업교육 개념, 특히 재직자 및 성인의 유연한 학습 참여를 가능하게 하는 중요한 요소이다. WTS(Work-to-School)의 실질적인 구현을 위한 출발점이 될 수 있다.

② 소단위 전공과정 (Micro-credentials or Nano degree): 「고등교육법 시행령」 제12조의2 제1항에 따라 '적은 학점으로 다양한 전공 분야의 과정을 이수'할 수 있다. 이는 'Multiskilling'의 횡적 측면을 직접적으로 지원하며, 급변하는 직업세계에서 필요한 유연하고 비정형적인 일에 대한 역량(Holistic Competency)을 단기간에 보충하고 전환할 수 있는 기회를 제

공한다. 또한 시간제 등록 학생에게도 제공되어 평생학습의 접근성을 높인다.

③ 전문학사학위과정: 2~3년의 수업연한은 특정 직업 분야의 실무역량을 집중적으로 가르치는 데 적합하다. 전문학사학위라는 학위 수여는 단순 훈련기관과의 차별성을 부여하며, 전문직업인 양성 목적과 부합한다. 전통적인 전문대학의 핵심 과정으로 특정 직업 분야의 기초 및 초급 전문직업인 양성을 목표로 한다.

④ 학사학위 전공심화과정: 전문대학 졸업자의 계속교육을 위한 과정으로, 이는 평생에 걸쳐 직업세계에서 살아갈 역량을 기르는 교육이라는 광의의 직업교육에서 Continuing VET의 한 형태로 볼 수 있다. 노동시장 진입 후의 계속적인 역량 개발을 지원한다. 전문직업인의 Level 2(후술) 역량 함양 경로로 기능할 수 있다.

⑤ 전문기술석사학위과정: 고숙련 기술 전문가의 양성을 목적으로 하는 석사 과정의 신설은 전문대학이 단순히 초급 인력을 넘어 고도화된 기술 전문가를 양성하는 기관으로 진화하려는 의지를 보여준다. 이는 광의의 직업교육이 Professional Education, Engineering Education의 속성까지 포괄한다는 개념에 부합하며, 이류교육이라는 낙인을 해소하고 기술교육의 최고 단계까지 수용하려는 움직임으로 해석될 수 있다.

그러나 이러한 잠재력이 구체적으로 실현되기 위해서는 전문대학의 시스템에서 고려되어야 할 부분이 있다. 바로 전문직업인에 대한 명확한 정의와 그에 따른 Level 체계 구축이다. 그리고 전문대학이 4년제 대학을 모방하는 경향을 벗어나, 자신만의 고유한 전문직업인 양성 경로를 시스템적으로 설계하고 사회적 인정을 받을 수 있도록 노력해야 한다.

① 전문직업인의 정의 필요성

현재 「고등교육법」 제47조는 전문대학의 목적을 "국가사회의 발전에 필요한 전문직업인을 양성함"으로 명시하고 있다. 그러나 전문직업인이라는 개념 자체가 모호하며, '사회 각 분야', '지식과 이론을 가르치고 연구하며', '재능을 연마하여' 등의 표현은 직업교육적 성격을 흐리게 한다. 전문직업인이 단순히 4년제 대학을 나오지 않은 직업인이 아니라, '고도의 실무 능력과 특정 분야의 깊은 이해를 바탕으로 문제를 해결하고 변화에 적응하는 역량을 갖춘 사람'이라는 명확한 정의가 선행되어야 한다.

② 전문직업인 Level 체계 구축 및 교육 시스템 설계

Level 1 (전문학사 과정): 전문직업인으로서의 기초 역량 및 초급 실무 능력을 함양하는 단계로 설계되어야 한다. 단순히 2~3년의 학위 기간이 아니라, 특정 직업 분야에서 요구되는 핵심 직무역량(Job Competency)과 그에 필요한 underpinning capability의 기초를 다지는 데 집중해야 한다.

Level 2 (전공심화과정 - 학사): 전문학사 수준을 넘어선 심화된 'Competence'(실제 발현되는 역량)를 요구하는 중간 관리자, 팀 리더, 혹은 고숙련 기술 전문가 수준의 역량을 함양하도록 설계되어야 한다. 이는 단순히 학사 학위를 위한 과정이 아니라, 직업세계 내에서의 책임과 역할의 확장에 걸맞은 역량 개발에 초점을 맞춰야 한다.

Level 3 (전문기술석사과정): "고숙련 기술 전문가의 양성"이라는 목적에 부합하게, 특정 직업 분야의 최고 수준의 Competence (예: 문제

해결, 혁신, 리더십, 융복합 사고)를 요구하는 단계로 설계되어야 한다. 이는 필자의 광의의 직업교육이 포괄하는 'Professional Education' 및 'Engineering Education'의 실용적 속성을 극대화하여, 단순한 이론 연구가 아닌 직업세계의 복합적 문제를 해결하고 새로운 가치를 창출하는 역량을 길러야 한다. 이를 위해서는 과정 설계 시 '기술석사'라는 모호한 표현을 넘어 '직업기술석사', '응용기술석사' 등 그 지향점을 명확히 해야 한다.

(2) 기능대학 (폴리텍대학): 단기 직업훈련의 위상 재정립과 역할 재설계

반면, 폴리텍대학은 전문대학과 달리 기술석사과정도, 시간제등록이나 소단위 전공과정 제도는 활용할 수 없다. 이는 폴리텍대학이 여전히 '직업능력개발훈련시설'이라는 본래의 정체성을 아직은 유지하고 있기 때문이다. 훈련 과정을 통한 직접적인 인력 양성 및 개발에 초점을 맞추고 있으며, 교육과정의 유연성 측면에서는 전문대학보다 제한적이다.

① 다기능기술자과정: "둘 이상의 직종에 관한 기능과 지식을 고르게 보유"하여 생산성 향상과 문제해결에 기여할 인력 양성한다는 목적은 Multiskilling의 Horizontal(broad skilling) 개념과 연결되며, 다양한 직무를 소화할 수 있는 유연한 인력 양성이라는 점에서 광의의 직업교육의 포괄적 역량 함양과 통한다.
② 학위전공심화과정: 기능대학 또는 전문대학 졸업자의 계속교육을 촉진하고 학사학위를 수여할 수 있다. 이는 전문대학의 전공심화과정과 거의 동일한 목적을 가진다. 계속교육이자 학사학위 수여는 'CVET'이자 고등교육으로의 연계성을 보여준다.
③ 직업훈련과정 (기능장과정, 직업능력개발훈련과정 등): 기능장과정은 생산

현장 중간관리자 양성을 위한 최상급 숙련기능을 목표로 하며, 이는 Multiskilling의 Vertical(upskilling) 측면을 포함한다. 직업능력개발훈련은 NCS 기반 훈련을 포함하는 CBT 성격의 직무역량 교육이 주를 이룰 것이다.

폴리텍대학의 강화를 위해서는 다음과 같은 노력이 요구된다.

① 단기 직업훈련의 위상 재정립

'기능대학은 직업능력개발훈련시설로 보며'라는 규정은 대학의 명칭을 사용하면서도 훈련시설이라는 본래의 정체성을 버리지 않겠다는 의미이다. 이는 고용노동부 스스로 훈련이 교육의 한 유형임을 무의식적으로 인정하고 있음을 드러낸다. 이 지점을 활용하여 단기 직업훈련이 단순한 기술 습득을 넘어 Holistic Competency의 특정 요소를 함양하는 중요한 교육 활동임을 시스템적으로 인정해야 한다.

② 훈련과 교육의 유기적 연계 시스템 설계

기능대학은 학사 과정까지 운영하지만, 핵심은 직훈과정을 병행한다는 점이다. 이는 단기 훈련과 학위 과정을 분절적으로 운영하는 것이 아니라, 단기 훈련을 통해 획득한 직무역량(Job Competency)이 학위 과정으로 연결되는 유연한 시스템을 설계하는 데 중점을 둬야 한다. 예를 들어, 단기 훈련 수료 시 학점 인정, 특정 학위 과정 진학 시 우대 등 WTS(Work-to-School)가 활성화될 수 있도록 법적/제도적 기반을 강화해야 한다. 특히 이 과정을 전문대학의 시간제등록생 제도나 소단위 전공 과정처럼 활용하는 것도 모색해야 한다.

③ Trainer 시스템의 혁신적 설계

각 산업 분야의 최고 숙련자, 은퇴 전문가, 현직자들이 단기 훈련의

Trainer로 참여할 수 있도록 인센티브(재정적 지원, 사회적 인정)를 강화해야 한다. 이들 Trainer에게 Holistic Competency의 교육 철학, 교수법, 학습자 코칭, 안전 교육 등에 대한 모듈형 단기 인증 과정을 필수화한다. 이는 정규 교사 양성과는 다른, 유연하면서도 질을 담보하는 시스템이 될 것이다. 또한, 시장 변화에 맞춰 Trainer 스스로 역량을 갱신할 수 있도록 온라인 플랫폼, 네트워킹 기회, 최신 기술 연수 등을 제공한다.

라. 전문대학과 폴리텍대학의 통합/연계의 가능성과 그 의미

전통적으로 중등교육 이후의 직업교육훈련 기관은 전문대학과 폴리텍대학이다. 출발은 달랐지만 위에서 본 바와 같이 사실상 같은 기능을 수행한다. 자연스럽게 통합/연계의 논의가 생겨나게 된다. 기능과 역할의 유사성의 의미는 다음과 같다.

- 두 기관 모두 전문직업인 양성 또는 산업현장 인력 양성 및 직업능력개발 지원이라는 직업교육적 목적을 가진다.
- 학사 학위를 수여하는 전공심화과정을 모두 운영하여 고등 직업교육의 연속성을 제공한다. 즉, 중등 이후 단계에서 학사 수준까지의 직업교육을 담당한다.
- 사실상 거의 같은 기능을 수행하지만 소관 부처가 다르다 보니 학습자의 이동과 진로 선택에서 폴리텍대학은 약간의 어려움이 존재한다. 또한 중복 투자의 발생 가능성이 존재하고 정책 효율성도 저하될 수 있다.

다만, 차이는 전에 설명했듯이 석사과정 개설 여부 정도이다. 전문대학과 폴리텍대학의 교육기능을 UNESCO ISCED 2011을 바탕으로 분류해보면 이들 기관이 얼마나 직업교육과 평생교육 측면에서 중요한 기관인지를 알 수 있다.

- Level 4 (Post-secondary non-tertiary education): 기능대학의 일부 단기 직훈과정.
- Level 5 (Short-cycle tertiary education): 전문대학의 전문학사 과정.
- Level 6 (Bachelor's or equivalent level): 양 기관의 학사학위 전공심화과정.
- Level 7 (Master's or equivalent level): 전문대학의 전문기술석사과정.

이처럼 두 기관의 과정은 이미 UNESCO ISCED 2011의 다양한 고등교육 레벨을 포괄하고 있다. 통합/연계를 통해 이러한 레벨별 교육을 보다 체계적이고 유기적으로 제공하는 단일한 고등직업교육 시스템을 구축할 수 있다. 통합/연계의 의미는 다음과 같다.

- 고등직업교육은 중등 이후 단계의 연속선 위에서 통합적으로 설계되어야 하며, 따라서 정책 수립 시 전문대학과 폴리텍대학을 서로 다른 제도가 아니라 하나의 직업교육 체계 내 기관으로 인식하고 교육부 따로, 고용부 따로 사고하는 이원적 접근은 더 이상 적절하지 않다.
- 역할 분담과 기능적 연계가 핵심이다. 제조업과 공업 분야는 국가 차원의 전략과 책임이 필요한 영역으로, 사실상 국립 대학인 폴리텍대학이 주도적으로 담당하고, 비제조업 및 서비스 산업 분야는 전문대학이 보다 폭넓은 교육을 담당하는 방식으로 기능에 따른 분업 구조를 정교하게 구축할 필요가 있다.

- 제조업 분야에서는 동일 계열 전공을 가진 전문대학과 폴리텍대학 간의 유기적 협력 체계를 구축해야 한다. 공동 교육과정 운영, 후진학 연계, 장비 공동 활용 등의 방식으로 전국 단위의 네트워크 기반 직업교육훈련체계를 제도화할 필요가 있다.
- 특히 지역 내에서 경쟁력이 낮거나 교육 수요가 한계에 이른 전문대학의 경우, 인근 폴리텍대학과의 흡수·통합도 하나의 선택지로 검토할 수 있다. 이는 지역 단위 고등직업교육 자원의 중복 해소와 기능 최적화를 동시에 도모하는 실용적 접근이다.
- 폴리텍대학은 전국적 네트워크를 기반으로 운영되지만, 동시에 지역 단위 수요에 민감하게 반응하는 유연한 구조로 전환되어야 한다. 이를 위해 지자체가 지방행정 차원에서 폴리텍대학과 협력할 수 있는 제도적 기제를 마련하고, 필요한 경우 지자체가 일정 부분 재정을 분담하여 지역맞춤형 과정을 개설할 수 있도록 권한과 책임의 분산이 이뤄져야 한다. 이는 곧 직업교육의 지방화를 촉진하는 실질적 방안이며, 지산학(地産學) 협력을 작동시키는 핵심 메커니즘이 될 것이다.

통합/연계의 긍정적 효과는 다음과 같다.

① 학위 체계와 직훈 체계의 강점을 결합한 시너지 효과 창출: 전문대학이 지닌 학위 연계성과 광범위한 산업 분야 포괄 능력, 폴리텍대학의 산업현장 밀착형 직훈 과정 및 제조업/공학 분야 특화 역량을 결합함으로서 단순 병렬이 아닌 체계적 시너지를 창출할 수 있다.
② 역할 분담 및 정체성 명확화: 통합된 체제 내에서 각 캠퍼스나 교육과정이 순수 직업교육기관 역할(고숙련 기능장 양성)과 초급대학 수준(associate degree)의 전문직 양성 및 학위 연계 역할(학사/석사 연계)을 명확

히 분담함으로써, 기관 간 불필요한 경쟁을 줄이고 기능 정렬(functional alignment)과 정책 효율성을 높일 수 있다.

③ 학습자 접근성 및 교육 유연성 강화: 통합된 시스템 내에서 전문대학의 시간제 등록 및 소단위 전공과정을 기능대학의 강점 분야에도 확대 적용하고, 반대로 폴리텍대학의 직업훈련 모듈을 전문대학에서도 활용 가능하게 함으로써 비정형적 일자리와 유연한 노동시장에 대응할 수 있는 융합형 교육 기회를 모든 학습자에게 제공할 수 있다. 이 두 기관의 교육과정 articulation agreement가 활성화될 것이다.

④ 정부의 '시장 설계자' 역할 강화: 현재 교육부와 고용노동부로 이원화된 체제에서는 직업교육 관련 권한과 정책 방향을 둘러싼 관할권 충돌과 헤게모니 경쟁이 상존해 있다. 직업고등교육 체계를 통합·연계함으로써, 정부는 직업교육의 설계자이자 조정자 역할을 회복하고, 일관성 있고 효율적인 국가직업교육 시스템 구축이라는 거시적 목표에 집중할 수 있는 기반을 마련할 수 있다.

정리하면, 전문대학과 폴리텍대학의 통합/연계는 단순한 기관 합병을 넘어, 기능의 연계를 강화함으로써 대한민국 고등직업교육 시스템을 광의의 직업교육 철학에 맞춰 혁신적으로 재설계할 수 있는 기회가 될 것이다. 통합된 시스템은 UNESCO ISCED 레벨 4부터 7(나아가 한기대를 통해 8)까지의 전 과정을 유기적으로 연결하고, 각 단계에서 Holistic Competency를 함양하며 underpinning capability를 강화하는 목표를 설정할 수 있다. 이로써 이류교육이라는 낙인을 해소하고, 모든 국민이 평생에 걸쳐 직업세계에서 주체적으로 살아갈 수 있는 역량을 기르는 진정한 교육 중심 대학 시스템이 구축될 수 있을 것이다.

3. 한국기술교육대학교[73]

　한국기술교육대학교(약칭 '한기대')는 고용노동부가 폴리텍대학과 마찬가지로 「국민 평생직업능력 개발법」에 근거하여 설립한 대학이다. 한기대의 설립 목적은 직업능력개발훈련교사 등의 양성 및 직무능력향상훈련, 그 밖에 근로자에 대한 직업능력개발훈련 지원 등에 있다. 이름에서 알 수 있듯이, 기술교육에 중점을 두고 있으면서, 직업능력개발훈련교사 양성이 기본 목적이었다. 그러나 사실상 공공직업훈련기능이 대폭 약화·축소되면서 기능을 대폭 전환하여 이제는 교육부 인가 대학과 차별성이 거의 없다. 고용부가 재정지원을 하기 때문에 직업훈련정책과 사업을 지원하는 역할은 여전히 중요하나, 이제는 공학교육 쪽에 더 포커싱 되어 있다.[74] 실제 한기대의 공학교육 역량은 다른 일반 4년제 대학보다 보다 더 실무적이라고 평가된다.

　한기대의 목적과 사업 내용은 광의의 직업교육 개념에 강력하게 부합하며, 심지어 필자의 비전을 선도적으로 구현하고 있는 기관으로 평가할 수 있다.
　하지만, 한국기술교육대학교(한기대)의 원래 출발이 직업능력개발훈련교사 등의 양성이었다는 점은 매우 중요하다. 이는 교육부의 사범대학처럼, 고용노동부 산하에서 직업교육의 인프라이자 질 관리의 핵심 요소인 교관을 양성하려던 의도를 보여준다. 그러나 이 기능이 거의 작동하지 않는다는 현실

---

[73] 만약 4년제 대학도 직업교육 중심 대학으로 성격을 정립해야 한다고 할 경우에 가장 쉽게 떠올릴 수 있는 대학이 바로 한국기술교육대학교이다. 실무중심의 최고 기술교육기관 중의 하나이다.

[74] 「평생직업능력법」 제52조의2에 규정된 한기대의 사업은 ⅰ) 직업능력개발훈련교사·실천공학기술자·인력개발담당자의 양성 및 직무능력향상훈련사업, ⅱ) 직업능력개발훈련 및 공학교육에 관한 선도모형의 개발·운영 및 보급 사업, ⅲ) 근로자 등에 대한 원격훈련사업, ⅳ) 중소기업기술지도 및 창업보육센터 운영 등 산학협력사업, ⅴ) 기타 위탁 사업이다.

은, 한기대가 본래의 직업훈련 교관 양성이라는 핵심적인 시장 설계자 및 투자자 역할을 제대로 수행하지 못하고 있음을 의미한다. 이는 정책 의도와 실제 결과 간의 심각한 괴리를 보여주며, 정부의 시장 설계가 현실에서 얼마나 취약할 수 있는지를 드러낸다.

그렇기 때문에 "교사 양성이 아닌 그 다음부터 언급하는 많은 것들은 이미 만들어놓은 대학을 유지하기 위한 명분"에 가깝다. 한기대가 본래의 핵심 기능을 상실한 채 다양한 확장된 사업들을 나열하며 존재 이유를 다시 찾으려는 모습으로 해석된다. 즉, 직무능력향상훈련, 선도모형 개발, 산학협력사업 등이 분명 중요한 역할이지만, 교사 양성이라는 근본적인 목적 달성 곤란함을 덮는 보여주기식 혹은 영역 확장의 성격을 가질 수 있다는 것이다. 따라서 완전 발상의 전환이 요구된다.

한기대가 실천공학기술자 양성 등을 내세워 고도화된 직업교육을 지향함에도 불구하고, 그 기반에는 여전히 기술(Technology)이라는 특정 영역에 대한 강조가 깔려 있다. 이는 광의의 직업교육이 인본주의적이고 포괄적인 Holistic Competency를 지향하는 반면, 한기대는 그 중 기술이라는 특정 수단을 통한 직업세계 역량 함양에 기여할 수 있음을 의미한다. 공학교육이 기술교육의 범주에 포함된다는 것은, 학문적 깊이와 직업적 실용성을 동시에 추구하려는 시도이지만, 동시에 기술 중심이라는 한국 직업교육의 오랜 유산에서 완전히 벗어나지 못했음을 보여주는 장면이기도 하다.

3년의 형식 과정을 가진 고등학교 교사와 달리, 시장에 매우 민감하고 과정 변화가 잦은 단기 직업훈련에서는 과거처럼 정형화된 직업훈련교사 양성 과정을 되살리는 것은 비효율적이며 현실성이 없다. 이는 과거의 기능대학이 양성 중심의 단기 기능 훈련이라는 본래 기능을 상실한 배경과도 일치한다. 한기대는 기존의 명분적 사업 나열을 넘어, 광의의 직업교육 생태계 전반을 혁신하는 허브(Hub) 기관으로 재설계되어야 한다. 예를 들면,

① 한기대는 미래 직업교육의 교수자(Facilitator, Trainer, Teacher) 역량 개발 허브로 진화해야 한다. 고등학교 직업교육 교사, 전문대학/기능대학 교수진, 산업체 내부 트레이너, 그리고 단기 직업훈련을 담당하는 Trainer 등 다양한 직업교육 교수자들의 Holistic Competency 함양 및 underpinning capability 강화를 위한 최고 수준의 연수 및 연구 프로그램을 제공해야 한다. 직업교육교원의 전문성 강화를 의미하며, 교육의 질을 높이는 핵심적인 요소이다. 직업교육 시스템 자체의 역량을 강화하는 것으로, 필자의 광의의 직업교육이 제대로 작동하기 위한 인프라 구축 및 시장 설계자의 역할을 대행한다.

② 직업능력개발훈련 및 공학교육에 관한 선도모형 개발·운영 및 보급사업의 역량을 극대화하여, 필자의 vocationalization 철학이 담긴 교육과정 모델, 교수학습 자료, 평가 도구 등을 개발하고 전국의 직업교육 기관에 보급하는 핵심 기관이 될 필요가 있다. 선도모형 개발은 단순한 교육기관을 넘어 직업교육의 새로운 패러다임을 설계하고 확산하는 역할을 수행함을 의미한다. 이는 정부의 '시장 설계자' 역할의 일부를 위탁받아 수행하는 것으로 볼 수 있다. 그러나 직업훈련이라는 좁은 시장의 틀에 얽메이면 제대로 된 역할을 하기 어렵다. 필자가 강조하는 holistic competency라는 관점에서 재설계를 해야 할 것이다.

③ 실천공학기술자 양성 기능의 심화 및 확대: 공학기술자는 분명히 Engineering Education의 영역에 속한다. 여기에 '실천'이라는 수식어가 붙음으로써, 이론 중심의 공학교육이 아닌 현장에 적용 가능한 실용

적 지식과 기술을 겸비한 인재 양성을 명확히 한다. 공학교육의 직업교육적 속성을 더욱 강조하는 형태이다. 한기대는 현재의 실천공학기술자 양성 기능을 더욱 심화하여, Engineering Education이 직업교육적 속성을 강화하는 모델을 제시해야 한다. 단순히 Capstone Design 수준을 넘어, 프로젝트 기반 학습, 산학 공동 연구, 인턴십 등을 통해 현장의 복합적인 문제를 해결할 수 있는 Competence를 갖춘 공학자를 양성해야 한다.

④ 직업교육 연구 및 정책 자문 기능의 강화: 고용노동부 산하 기관으로서, 정부의 시장 설계자 역할에 대한 독립적이고 전문적인 연구 및 자문 기능을 강화해야 한다. 부처 간 헤게모니 싸움을 넘어서, 진정으로 한국 직업교육 전체의 발전을 위한 장기적인 비전과 전략을 제시하는 역할을 해야 한다.

⑤ 직무능력향상훈련 및 근로자 지원: 기존의 노동시장 진입 전 교육뿐 아니라, 노동시장 진입 후의 Continuing VET으로서의 역할을 명확히 한다. 이는 평생에 걸쳐 역량을 개발해야 하는 직업세계의 요구를 수용하며, 유연하고 비정형적인 일에 대한 적응력 향상에도 기여한다.

⑥ 산학협력사업, 중소기업기술지도, 창업보육센터 운영: 이는 단순한 교육을 넘어 산업 생태계 전반에 기여하고, 학습자가 '창업을 해서 사장님이 된다고 하더라도' 필요한 역량을 지원하는 광의의 직업교육의 지향점을 보여준다.

종합적으로 볼 때, 한국기술교육대학은 법률상 고용노동부 산하에 있으면서도, 그 목적과 사업 내용은 전문대학보다도 광의의 직업교육 개념, 특히 Professional Education, Research Training, Engineering Education의 직업교육적 속성을 가장 명확하게 구현하고 있는 기관으로 평가된다. 한기대는 직업교육이 더 이상 이류교육이 아님을 증명하고, 학문과 실무, 기술과 소양을 통합하며, 평생 학습을 지원하는 선도적인 모델을 제시하고 있다고 볼 수 있다. 교육부 인가 다른 4년제 대학 중에서 공학교육 중심의 대학이라면 반드시 참고할 필요가 있는 대학의 운영 모습이다.

[보론 22]

한국기술교육대학의 역할: 통합 시스템 내 최고 수준 허브[75]

한기대는 직업능력개발훈련교사 양성이라는 본래 핵심 기능이 유명무실해졌고, 그 외 사업들은 만들어놓은 대학을 유지하기 위한 명분에 가깝다는 비판을 받는다. 그런데 전문대학과 폴리텍대학이 통합/연계되어 운영되게 되면서, 광의의 직업교육 시스템이 구축된다면, 한기대는 다음과 같은 최고 수준의 허브 역할로 재설계될 수 있다.

① 교수자 역량 개발 및 혁신 허브: 과거의 직업훈련교사 양성 기능은 현실적으로 어렵다는 점을 인정하고, 대신 새로운 형태의 직업교육 교수자(Trainer, Facilitator, 전문가 등)의 역량을 Holistic Competency 관점에서 개발하고 인증하는 최고 수준의 기관으로 자리매김한다. 교수법, 교육과정 설계, 평가 방법 등에 대한 연구와 연수를 담당하며, 다른 직업고/전문대학/기능대학 교수진의 역량 강화에 기여한다. 한국교원대학교의 역할과 유사한 역할을 담당하는 것이다.

② 선도 모형 개발 및 확산: 직업능력개발훈련 및 공학교육에 관한 선도모형 개발·운영 및 보급사업의 역량을 극대화하여, Holistic Competency 및 underpinning capability를 함양하는 혁신적인 교육과정, 교수학습 방법, 평가 모델을 개발하고 전국 직업교육기관에 확산하는 주도적인 역할을 수행한다.

---

75 필자가 이 책을 마지막으로 정리할 때 내일 신문(25.8.1.)에서 '고등교육과 직업교육 모두 혁신한 융합형 플랫폼 대학'이라는 한기대 총장님의 인터뷰 기사가 나왔다. 필자의 생각을 정확히 반영하고 있다.

③ 고숙련 전문기술자/엔지니어 양성의 최종 단계: 전문대학/기능대학의 학사 과정을 넘어선, 연구자적 역량이 필요한 최고 수준의 실천공학기술자를 양성하는 역할을 담당할 수 있다. 일반대학원에서의 학술학위 박사과정 개설과 차별화되는 직업기술 박사과정을 통해 Research Training의 직업교육적 속성을 구현한다. 이는 UNESCO ISCED Level 8(Doctoral or equivalent level)에 해당하는 직업기술 박사 과정을 제공하는 것이 될 것이다. 지금처럼 일반 4년제 대학과 같은 형태의 박사 과정은 의미가 덜할 것이다.

④ 이와 같은 역할을 공업교육에 특화된 충남대, 농업교육에 특화된 순천대, 상업교육에 특화된 공주대 등에서도 동일하게 수행할 수 있도록 국가는 지원해야 한다. 그 외의 분야에 대해서는 희망하는 대학 중에서 선정하여 특성화시켜줄 필요가 있다.

제5장

노동시장과 은퇴 이후의 직업교육: 평생학습의 바다로 나아가다

*"직업교육은 학교에서 끝나지 않는다.
그것은 인생 후반부로 흐르는 평생의 강이다."*

직업교육은 더 이상 청소년기와 청년기의 전유물이 아니다. 오늘날의 직업세계는 전직, 재직 중 학습, 은퇴 이후의 재진입까지 아우르는 다층적 경로를 요구하며, 이에 따라 직업교육도 생애 전 주기적 관점에서 재설계되어야 한다.

특히 노동시장 진입 이후의 학습(the Second Phase of Learning)과 은퇴 이후의 재설계(the Third Phase of Learning)는 지금까지 교육정책의 사각지대에 머물러 있었다. 그러나 디지털 전환, 고령화, 일자리 불안정이 상시화된 오늘, 성인과 고령자야말로 직업교육의 주요 대상이 되어야 한다.

1. 학습의 세 단계의 의미

[그림 9]는 인간의 생애를 따라 전개되는 학습의 세 단계(Three Phases of Learning)를 시각화한 것이다. 교육은 결코 학령기에만 이루어지는 일회성 활동이 아니라, 탄생에서 죽음까지 이어지는 생애 기반 학습 구조로 이해되어야 하며, 특히 이 그림은 각 학습 단계가 어떻게 직업세계와 연결되는지를 보여주는 동시에, 개인 간 격차가 언제, 왜, 어떻게 심화되고, 나아가 그 격차를 어떤 방식으로 회복할 수 있는지에 대한 구조적 사유를 촉진한다.

[그림9] 학습의 3단계와 그 의미

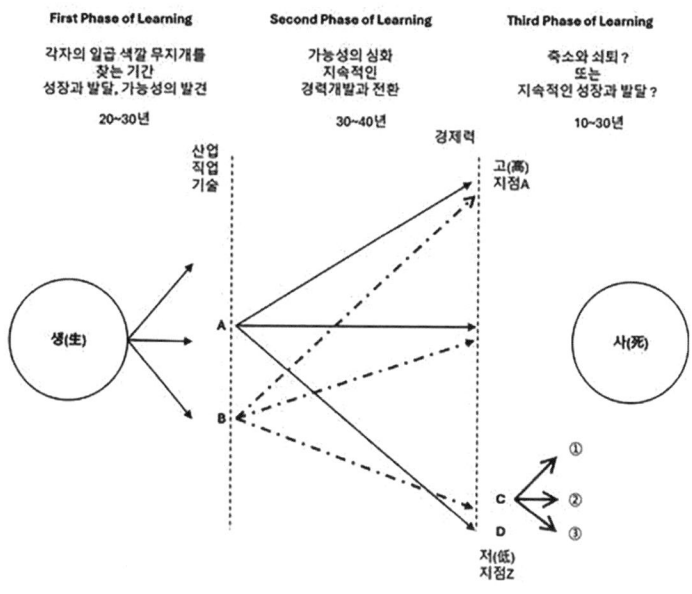

첫 번째 단계인 First Phase of Learning은 주로 학교교육 시기로, 개인이 자신의 원초적인 꿈과 가능성을 탐색하고, 성장과 발달을 경험하는 시기이다. 이 시기의 학습은 다양한 직업과 산업에 대한 탐색과 진입의 기초를 형성하며, 그림 속 화살표는 각자가 꿈꾸는 직업이나 산업을 향해 나아가는 방향을 의미한다. 이 단계에서 발생하는 격차는 상대적으로 크지 않으며, 국가도 '형평성'이라는 원칙 하에 교육받을 권리를 보장하기 위해 많은 제도적 노력을 기울이고 있다. 다시 말해, 이 시기는 가능성의 발견과 선택의 출발점이자, 비교적 공정한 학습 기회가 보장되는 시기로 볼 수 있다.

Second Phase of Learning은 노동시장에 진입한 이후의 시기로, 직업과 경력의 심화, 재구성, 전환이 이루어지는 단계이다. 이 시기의 학습은 지속적인 경력개발과 전문성 고도화를 통해 가능성을 실현하는 과정이다. 그러나 이 단계에서부터 동일한 출발선에 섰던 개인들 사이의 격차가 급격히 벌어지기 시작한다. 그림 속 A나 B에서 출발한 개인들이 각각 다른 위치에 도달하는 것을 보면, 노동시장 내 경제력 격차는 상상을 초월할 정도로 커질 수 있음을 보여준다. 예를 들어, 같은 시기에 대입에 성공한 두 사람이 하나는 전문직 대학원 진학을 통해 고소득 직업군에 진입하고, 다른 하나는 고졸 이후 중소기업 근로자로 진입했다면, 이들이 30~40년의 노동생애를 보내는 동안 만들어지는 격차는 단순한 소득의 차원이 아니라, 삶의 기회 구조 자체가 달라지는 수준이 된다.

이러한 격차는 단지 개인의 노력 부족이 아니라, 학습 기회의 불균등, 직업훈련 접근성의 차이, 기업 내 지원 시스템, 사회적 자본의 유무 등 구조적인 요인들에 의해 결정된다. 대기업과 중소기업 사이의 훈련 기회나 인적투자 격차는 이를 잘 설명해준다. 이처럼 한국 사회에서 가장 심각한 교육문제는 사실 노동시장에서 발생하는 격차이며, 그 영향은 교육 기회의 재생산 구조로 이어져 다시 다음 세대에 전가된다. 그럼에도 불구하고 국가 정책은 이러한 현실을 외면하고 있는 것이 현실이다.

Third Phase of Learning은 일반적으로 은퇴 이후 시기, 즉 생산 활동에서 물러난 이후의 학습 단계이다. 이 시기는 과거의 격차를 회복하거나 치유할 수 있는 마지막 기회일 수 있다. 따라서 이 시기를 단순히 '축소'와 '쇠퇴'의 시기로 볼 것인지, 아니면 지속적 성장과 발달의 시기로 새롭게 정의할 것인지는 중대한 교육적·정책적 선택이다. 그림 속 C라는 사람의 경로를 보면, 세 가지 선택지가 존재한다.

① 더 큰 사회적 하강으로 이어지는 경로,
② 현재 상태에 머무는 경로,

③ 새로운 의미와 성장 가능성을 향해 나아가는 경로.

국가가 운영하는 공적부조나 사회보험제도는 개인이 ①의 방향으로 추락하는 것을 막기 위한 최소한의 안전망이다. 하지만 그것만으로는 부족하다. 더 중요한 것은 어떻게 하면 개인이 ③의 방향으로 전환할 수 있도록 학습 기회와 사회적 지지를 제공할 것인가에 있다. 특히 평균수명이 연장되며 노년기도 최소 10년에서 30년 이상 지속되는 시대에, 은퇴 후 학습의 기회 제공과 직업능력 재구성은 단지 복지 차원의 문제가 아니라, 국가의 사회적 투자이자 공동체 통합의 핵심 전략이 되어야 한다.

결국 이 그림은 학습이 생애를 관통하며 개인의 삶을 구성하는 핵심 축임을 보여준다. 특히 교육과 노동, 복지의 연계 속에서 학습이 단절되지 않고 순환되고 회복될 수 있어야, 인간은 진정한 의미의 평생학습 권리와 학습복지를 실현할 수 있다. 따라서 이 생애단계별 학습 체계는 단지 연령이나 시기를 나눈 구분이 아니라, 각 단계에서 무엇을 학습해야 하고, 어떤 구조적 조건이 뒷받침되어야 하는지를 판단하는 기준틀이 되어야 한다.

2. 성인교육과 노인교육이 갖는 특징

성인의 경우엔 다양한 과정을 거쳐 선택한 직업(직장)에서 능력과 경력을 개발한다는 것이 핵심이다. 보통은 인적자원개발이라는 용어로 설명한다. 노동시장에서 직업을 갖고 생활한다는 것이 중요한 성인의 특징이다. 때에 따라선 경력을 전환하기도 한다.

 아동·청소년 시절과의 차이점은 서로 다른 특성을 찾기 위해서 노력하는 것이 아니라, 직장생활을 하는 제한된 영역에서 경력을 개발하거나 전환하는 것이다. 그 외의 공부는 취미와 여가, 교양을 위한 것이다. 또한 성인은 직업생활을 하면서 정말 다양한 인간과 접촉하고 만남을 하게 된다. 학교 때와는 많이 다른 대부분 2차적 관계로 맺어진 만남과 교류가 생겨나게 된다. 일반적으로 이러한 만남과 교류를 직장생활의 끝과 더불어 순차적으로 사라지는 특징이 있다. 어쨌든 성인은 경력개발과 전환 과정에서 특정 분야에서 심화된 역량을 키울 수 있는 장점이 있고, 이러한 과정을 거치면서 삶의 역량도 동시에 배양하게 된다. 그리고 다채로운 사람들과 만남을 통해 2차적 관계를 형성하게 된다. 또한 성인이 되면 부자(父子)의 관계를 벗어나 결혼이라는 과정을 거쳐 배우자를 만나고 또 다른 일가(一家)를 만든다는 특징이 있다.

 성인기에서는 학령기 때 여러 이유로 기회를 갖지 못한 사람에게 성인교육에 있어 제2의 기회(second chance)를 주는 것은 매우 중요하다. 그래서 성인계속교육(ACE: adult and continuing education)이 중요하고, 이를 보통은 평생교육(lifelong education)으로 부르기도 한다. ACE에서 보통 Adult education이 이 second chance와 관련이 깊다. 하지만, 반드시 성인교육으로만 제한할 필요는 없다.

 성인기에서의 학습도 학령기 때의 학습처럼 능력을 개발하지 않으면 노동시장에서 살아갈 역량을 키우기 어렵기 때문이다.

 우리가 아동·청소년 단계에서 공교육제도를 운영하는 것은 출생·신분·계급·경제력의 차이가 성장·발달의 격차를 가져오는 부분을 최소화하기 위한 목적이다. 즉, 성인이 되었을 때 출발점에 큰 차이가 없도록 만드는 데 있다. (물론 그러나 과연 그러할까? 의문을 버릴 수 없다.) 여기에 노동시장에 진입한 이후에 발생하는 차이는 어찌해 볼 도리가 없다고 하더라도 국가가 실업자를 대상으로 한 각종 직업훈련 시스템을 운영하는 것도 새로운 능력개발을 지원하여 다시 노동시장으로 복귀할 수 있도록 지원하는 데 목적이 있다. 국가의 개입을 통해 이러한 차이를 줄이기 위한 노력이 정책적으로 쉽지 않지만 어쨌든 국가의 목적 중의 하나는 이러한 노력을 해야 한다는 것이며, 공동체를 지키기 위한 활동이 되는 것이다. 성인의 경우엔 직장이라는 곳이 존재하기 때문에 능력개발의 많은 역할을 기업이 담당해야 한다.

노인의 경우엔 아동·청소년과 성인과는 너무 다른 형태의 모습이 가능하다. 일단 개개인별로 경력개발 경로가 다르며, 학력, 경력, 인성, 신심의 상태 등등이 너무 다르다. 아동·청소년에서 성인의 삶을 거치는 동안 많은 변화가 발생했기 때문이다.

60년의 시간 동안 누적된 차이가 존재하는 것이다. 그 차이는 태어났을 때 갖게 되는 차이와는 근본적으로 다르다. 극복하기 어려울 정도의 차이가 존재할 수 있다. 어떤 사람은 학문 분야에서 최고의 경지에 오른 반면에, 어떤 사람은 고등학교도 제대로 다니지 못할 수도 있다. 어떤 사람은 경제적으로 엄청난 부를 쟁취한 반면, 어떤 사람은 하루 한 끼 먹기도 어려울 수 있다. 약 60년의 시간을 거치면서 학교교육 단계에서 그렇게 강조했던 교육 기회의 균등과 평등한 출발점은 사라진 지 오래고, 대학교육, 직장생활 등을 거치면서 너무나 다른 삶이 되어버린 것이다. 이처럼 노인 단계에서 개개인 간에 갖게 되는 격차는 쉽게 표현하기 어려울 정도이다.

위에서 아동·청소년에서 성인을 거쳐 약 60년 내외의 시간 동안 누적된 것들이 존재한다고 했다. 이 누적된 것들을 어떻게 해야 하는지가 중요하다. 그러면서 성인 단계에서 second chance education이 존재하듯이 노인 단계에서 third chance education이 과연 가능할지가 관심사다. 가능하다면 그 education은 first chance education과 second chance education과는 사뭇 다른 모습이 될 것이다. 이 third chance education을 통해 지금까지 벌어져만 왔던 삶의 격차를 어떻게 조금이라고 줄여줄 수 있을까 하는 점이 중요하다.

노인교육의 단계에선 노인학습학이 필요하다. 학습이라는 용어를 사용하는 이유는 교육학은 형식교육, 특히 학교 교육이 우선시되기 때문이다. 노년 시대에는 학령기 학생들처럼 교육기관에서의 정형화된 교육과정이 전달되는 형태의 교육을 매번 상정할 수도 없고, 가능하다고 하더라도 정규 교육기관처럼 최소 3년 이상의 교육 기간을 지속하기가 쉽지 않기 때문이다. 결과적으로 그 학습의 결과를 공적인 자격이나 학력으로 인정하기도 제한적이기 때문이다. 물론 학부 수준의 (Associate) Degree 또는 Micro degree도 가능할 수 있으며, 학사 이후의 자격 과정도 설계할 수도 있을 것이다. 다만, 학령기 학생을 위한 교육 시스템처럼 어떤 표준화된 교육 시스템을 가져가긴 쉽지 않다.

초등학교부터 대학교까지 많은 시간(최소 12년, 대학까지 하면 16~20년)을 투자해서 많은 공부를 하고, 이를 바탕으로 30년 정도의 삶을 살아갈 역량이 생겨나듯이 이제 나머지 30년을 살아갈 역량을 위해서는 아동·청소년 단계 정도까지는 아니어도 최소한의 학습을 누구나 다 할 수 있는 시스템이 갖춰야 할 것이다. 또한 아동·청소년 단계에서부터 성인의 기간 동안 학습과 경력의 차이, 소득과 경험의 차이로 인해 발생한 누적된 차이를 노년의 시대에 조금이라도 격차를 완화시킬 수 있는 사회적·국가적 노력 역시 중요할 것이다.

쉽게 표현하면 통계청이 발간하는 제7차 한국표준직업분류(2017년)에 의하면 세세분류의 직업이 1,231개이다. 가장 최신판인 2019년 12월 발표된 한국직업사전에 의하면 우리나라의 직업 수는 12,823개, 직업명 수는 16,891개이다. 통계청이 발간하는 2016년 판 한국표준교육분류에 의하면 교육 수준으로는 소분류가 59개, 교육이수 기준으로는 소분류가 87개로 나온다. 노인이 되었을 때 직업이 다르고 배움의 정도가 다른 사람을 유형화한다고 해도 벌써 수천개가 넘어간다. 이러한 서로 다른 특성을 가진 상황에서 아동·청소년 때와는 많이 다른 접근이 필요하게 된다.

이런 가운데에서 아동·청소년 때처럼 소질과 적성을 찾아주면서 갈 길을 만들어 주는 교육은 적합할 수 없을 것이다. 오히려 이미 만들어진 길에서 벗어난 상황에서(즉, 노동시장에서 은퇴한 상황에서) 어떻게 살아갈 것이냐를 만드는 것이 더 중요할 것이다.

즉, 사람마다 서로 각기 다른 approach가 필요할 것이다. 각자가 처한 상황이 다르고, 각자가 살아온 경험이 다르고, 각자가 갖고 있는 지식도 다르고, 관계의 범위도 다르다.

결과적으로 교육적 Needs도 서로 다를 것이다. 그렇기에 초중등교육처럼 국가 수준의 표준화된 교육과정도, 성인교육에서처럼 특정 직업과 산업 분야에 접목된 교육훈련도 어렵다. 결과적으로 국가가 개입하여 일관된 지원체계를 갖추는 것은(정규학교 중심의 공교육 시스템과 국가 수준의 교과 중심, 지식 중심 교육과정처럼) 어려울 수 있다.

개개인의 삶은 소중하고 인권은 보장되어야 한다. 우리가 아동·청소년의 출발선을 고르게 하기 위해서 엄청난 노력을 하고, 성인이 되어서는 실업자가 되었을 경우에 또 다양한 형태의 정부가 지원책을 마련하여 지원한다. 그러한데 노인의 단계에서는? 과연 우리는 노인의 삶도 소중하다고 생각하고 있고, 노인의 인권이 존중받을 수 있도록 노력하고 있는가? 의문이다. 생물학적으로는 나이가 들었지만, 인간이라는 면에서는 존중받고(be respected), 존엄성(dignity)을 인정받아야 하지 않겠는가? 죽는 순간에 삶의 회한(悔恨)을 느끼지 않고, 그래도 천상병 시인의 시, 귀천(歸天)처럼 '아름다운 이 세상 소풍 끝내는 날, 가서, 아름다웠다고 말하리라....'라고 말을 할 수 있어야 하지 않을까? 하는 고민이 있는 것이다.

아동·청소년의 경우 미성숙한 존재이기에 공교육이 만들어진 이후에는 국가 수준의 교육과정을 통해(물론 국가 수준이 아닐 수도 있으나, 어쨌거나 형식화된 교육과정을 통해) 교육을 시키고 성숙한 존재로 만들어간다. 성인이 되었을 경우에는 다양한 학습, 경험 그리고 교육을 통해 또 다른 성장을 하게 된다. 이때는 대부분 자기주도적이거나 직장인의 경우엔 회사가 주도하는 교육훈련을 통해 성장을 할 수도 있을 것이다.

그렇다면 학교도 다니지 않고, 직장도 다니지 않은 노인의 경우엔 형식화된 교육과정도 없고, 회사 주도의 교육훈련도 없다. 결국은 자기가 주도하는 학습, 경험, 교육을 할 가능성이 높다. 그런데 여기에서 만약 학교교육을 통해 성인으로서 성숙한 존재가 되지 못했다면, 또는 성인이 되어서도 삶의 흔적이 여의치 못해 성숙할 기회를 놓쳤다면 이를 개인 주도에 내버려두는 것이 올바를까? 노인에게도 인간다운 삶을 살아갈 권리가 있다. 균형잡힌 삶을 살 권리가 있다. 경제적으로 어려움이 있다면 이러한 차이를 극복할 수 있도록 도와주어야 할 것이다.

3. 우리나라의 실태

오늘날 직업교육정책의 가장 큰 사각지대는 노동시장 진입 이후의 학습(Second Phase of Learning)과 은퇴 이후의 삶의 재설계(Third Phase of Learning)에 존재한다. 기존의 교육정책은 여전히 학령기 중심의 학교교육에 머물러 있으며, 성인과 고령자에 대한 직업교육은 부차적 또는 주변적 과제로만 다루어져 왔다. 그러나 오늘날과 같이 디지털 전환, 고령화, 일자리 불안정이 상시화 된 사회에서는 오히려 성인과 고령자가 직업교육의 핵심 대상이 되어야 한다.

현행 제도하에서 노동시장 내 직업교육은 주로 고용노동부가 담당하고 있다. 직업능력개발훈련, 국민내일배움카드, 일학습병행제 등은 대표적인 고용부 소관 제도다. 그러나 교육부 역시 후진학 제도나 평생직업교육 활성화 정책을 통해 동일한 성인 대상 시장에 참여하고 있으며, 산업통상자원부, 농림축산식품부, 문화체육관광부 등 각 부처도 자신들의 산업정책 내에서 별도의 산업인력 양성 정책을 독자적으로 운영하고 있다. 그 결과 직업교육훈련 정책은 부처 간 조정 없이 병렬적으로 추진되는 구조를 보이고 있으며, 국가 차원의 통합적 체계는 존재하지 않는다.

실제로 많은 산업 관련 법률이 산업정책과 인력정책을 동시에 규정하고 있으며, 이때의 인력정책은 단순한 양성에 그치지 않고 재교육과 전문성 강화까지 포괄하는 광의의 개념으로 사용된다. 예컨대 「가상융합산업 진흥법」, 「건설산업기본법」, 「건축서비스산업 진흥법」, 「게임산업진흥에 관한 법률」 등은 모두 해당 산업의 발전과 함께 전문인력의 체계적 양성을 국가의 책무로 규정하고 있다. 이처럼 산업인력정책은 각 산업별로 산발적으로 존재하며, 이들을 총괄하고 연계할 수 있는 통합적 기획·조정·평가 시스템의 부재가 현재 직업교육정책의 구조적 한계라 할 수 있다.

노인교육의 경우에는 보건복지부와 고용노동부가 중심적인 역할을 수행하고 있다. 보건복지부는 「노인복지법」 제36조를 통해 노인의 여가활동과 교양 프로그램을 제공하고 있으며, 「노인일자리 및 사회활동 지원에 관한 법률」에 따라 일정 수준의 사회참여와 일자리를 지원하고 있다. 고용노동부는 「고용상 연령차별금지 및 고령자고용촉진에 관한 법률」을 근거로 고령자의 노동시장 참여를 제도적으로 뒷받침하고 있다. 교육부의 경우에는 직접적인 고령자 대상 사업은 없지만, 「평생교육법」을 근거로 지자체 및 교육청 단위에서 여가성 프로그램이나 일자리 연계형 강좌를 운영하고 있다.

그러나 이러한 분절된 정책 구조로는 노년기의 삶을 회복과 재성장의 기회로 만드는 데 한계가 있다. 이제는 노인을 단순한 복지의 대상, 여가의 수혜자로 보는 관점을 넘어, 지속적인 성장과 사회 기여가 가능한 학습주체로 재정의할 필요가 있다. 고령자에게도 직업능력개발과 재교육의 기회를 제공하는 것은 선택이 아닌 필수이며, 이는 단지 복지나 고용의 문제가 아니라, 고령사회가 감당해야 할 구조적 과제이자 국가적 책무이다.
이러한 현실을 바탕으로 다음과 같은 방향 전환이 필요하다.

첫째, 정부의 교육정책은 학교교육을 넘어서 제2단계(성인 학습)와 제3단계(노년기 학습)로 확장되어야 한다. 생애기반 학습체계가 실현되기 위해서는 학령기 이후의 학습도 정책의 중심축으로 들어와야 한다.

둘째, 성인 대상 직업교육이 각 부처별로 개별 추진되는 현재의 체계는 비효율적이며, 이를 국가 차원의 기획·조정·평가 시스템 아래 통합 운영할 필요가 있다. 산업인력정책과 직업교육정책은 국가 단위의 연계체계 없이 개별 부처의 사업으로 추진되어서는 안 된다.

셋째, 고령자 교육은 단순한 여가복지 차원이 아니라 생산성과 전문성의 회복이라는 관점에서 접근해야 한다. 고령자는 여전히 사회적 역할을 수행할 수 있는 능동적 주체이며, 이에 걸맞은 재교육과 직업능력개발 프로그램이 제도적으로 마련되어야 한다.

넷째, 제2단계와 제3단계의 교육은 각 부처의 산하기관 중심으로 운영되기보다는, 대학을 중심기관으로 전환해야 한다. 대학은 단지 청년을 위한 고등교육기관이 아니라, 성인과 고령자를 위한 재교육의 허브로 기능해야 하며, 이를 위해 교육부는 대학을 평생교육의 중추기관으로 재구조화하는 전략적 전환이 필요하다.

다섯째, 대학은 인력 양성의 중심 거점으로서 산업별 지식과 정보를 개발하고, 활용하며, 현장에 전수하는 기능을 수행해야 한다. 이는 대학의 특성화 전략과 연계될 수 있으며, 고등직업교육기관으로서의 역할 정립에도 기여할 수 있다.

마지막으로, 이러한 시스템이 작동되기 위해서는 제도적 기반의 정비가 필수적이다. 국가역량체계(NQF)의 구축, 경험학습인정제도(RPL)의 정착, 교육부와 고용노동부가 독자적으로 운영하고 있는 학습계좌제와 정보망의 통합, 재정지원 시스템의 개편, 학습휴가 제도의 보장 등이 반드시 뒷받침되어야 하며, 이를 통해 교육과 고용, 복지가 통합된 생애기반 학습복지 체제가 실질적으로 구현될 수 있을 것이다.

제6장

누가 이 거대한 변화를 이끌 것인가?
정부와 주체들의 역할

지금까지 우리는 직업교육의 철학과 구조, 대상과 범위, 내용과 전달 방식까지 총체적으로 재설계해왔다. 하지만 그 모든 설계는 결국 *'누가 이 변화를 실제로 이끌 것인가?'라는 질문 앞에 멈춰 서게 된다. 좋은 구상, 훌륭한 제도도 실행할 주체가 없으면 선언에 불과하다. 이 장에서는 직업교육을 실제로 전환해낼 수 있는 핵심 주체와 그 역할을 정리한다.

1. 정부의 5대 역할: 규제자가 아니라, 시스템 설계자로

직업교육은 공공성이 강한 분야이며, 정부의 개입 없이는 제대로 설계되기 어렵다. 그러나 정부는 단지 규제자(regulator)가 아니다. 지금 정부는 시장의 설계자이자, 조정자이며, 투자자이자, 촉진자이자, 때로는 공급자이기도 하다. 직업교육이라는 시장은 정부 규제시장(regulated market)이다.[76] 이 시장에서 순수한 사적 시장은 존재하지 않는다. 설혹 존재하더라도 미미하다. 결국 정부의 규제의 틀 내에서 직업교육 활동은 발생한다. 따라서 직업교육을 이해하는 핵심은 법령을 분석하는 것이다. 직업교육이 정부 규제시장이라는 점은 다음을 의미한다.

① 진입장벽 및 주체 한정: 법령은 직업교육 및 훈련을 제공할 수 있는 기관(산업교육기관, 직업훈련기관 등)의 자격과 조건을 명시한다. 이는 시장에 누구나 자유롭게 진입할 수 있는 것이 아니라, 정부가 허용한 주체만이

---

[76] 이 지점이 필자와 많은 시장경제학자들과의 근본적 차이점이다. 시장 실패는 순수한 사적 시장에서의 실패도 있지만, 대부분은 규제된 시장에서의 실패라고 할 수 있다.

이 시장에서 활동할 수 있음을 의미한다. 법령 분석을 통해 어떤 기관들이 어떻게 이 시장에 참여하게 되는지 그 틀을 파악할 수 있다.

② 활동 범위와 내용 규정: 법령은 또한 직업교육 활동의 범위, 내용, 심지어 교육 방식까지도 규제한다. 예를 들어, 특정 자격증 취득을 위한 교육과정이나 정부 지원을 받는 훈련 프로그램은 법령에서 정한 기준을 따라야 한다. 법령 분석은 이러한 규제들이 실제 직업교육 활동에 어떤 영향을 미치는지 밝혀내는 작업이다.

③ 자원 배분과 유인 체계: 정부 규제시장이므로, 예산 지원, 세금 혜택, 인증 등 다양한 정부의 자원 배분과 유인 체계가 법령에 의해 결정된다. 특정 법률에 속하거나 특정 기준을 충족하는 활동에만 정부 지원이 이루어지기 때문에, 이 시장의 플레이어들은 규제의 틀 안에서 움직일 수밖에 없다. 법령 분석은 이러한 자원 배분과 유인 체계가 어떻게 작동하는지 이해하는 열쇠이다.

정부의 역할은 크게 다섯 가지이다. 비슷한 것 같지만 미묘한 차이가 존재한다.

① 시장 설계자(market designer): 시장의 전반적인 구조와 작동 방식을 기획하고 구축하는 역할이다. 이는 단순히 개별적인 행위를 규제하는 것을 넘어, 시장이 어떤 원리로 돌아가게 할 것인가에 대한 큰 그림을 그리는 역할이다. 시장의 진입장벽, 주요 행위자들의 역할 분담, 자원 배분의 메커니즘, 사적 자치의 원칙이 어디까지 적용될 것인지 등을 결정하여 시장의 '틀'을 만든다. 법령은 이러한 시장 설계를 구체화하는 가장 중요한 도구이다. 규제는 시장 설계를 위한 핵심적인 수단이 된다. 정부가 중장기 기본계획을 수립하는 등의 방식으로 유도정책, 기획을 하

는 것과 맥락이 같다. 거시적이고 장기적이다.

② 규제자 (Regulator): 정부는 법령을 통해 직업교육 시장의 진입과 퇴출, 활동 범위, 품질 기준 등을 설정한다. 어떤 기관이 직업교육을 제공할 수 있는지, 어떤 내용을 가르쳐야 하는지, 자격 기준은 무엇인지 등을 규율하며 시장의 질서와 건전성을 유지하려 한다. 이를 통해 시장의 참여자(actors)는 무엇을 할 수 있고, 무엇을 할 수 없는지를 알게 된다. 즉, 규제자로서의 정부는 시장 설계자가 수립한 큰 틀(설계) 내에서 개별적인 규칙과 운영원칙을 실행하는 역할을 하게 된다.

③ 촉진자 (Facilitator): 정부는 직업교육 시장의 성장을 장려하고 활성화하는 역할을 한다. 정보 제공, 표준화된 교육과정 개발 지원, 기술 이전 촉진 등을 통해 시장의 효율성을 높이고 참여를 유도한다. 주로 재정적 인센티브(돈)를 통해 시장 내 행위자들의 활동을 장려하고 활성화하는 것이다. 보조금, 훈련비 지원, 세금 감면, 인센티브 제공 등이 대표적이다. 규제자가 '해야 할 것'과 '하지 말아야 할 것'을 정한다면, 촉진자는 '하도록 유인하는 것'에 가깝다.

④ 공급자 (Provider): 특정 영역에서는 정부가 직접 직업교육 서비스를 공급하기도 한다. 국공립 직업전문학교나 공공 직업훈련기관 등이 그 예시이며, 이는 시장 실패를 보완하거나 특정 정책 목표 달성을 위해 직접 개입하는 경우이다. 이때 시장 실패의 의미를 명확히 이해해야 한다. 보통은 순수한 사적 시장에서의 실패라고 생각하나, 엄밀하게 말하면 규제된 시장에서의 시장 실패이다. 그리고 정부의 개입은 이미 전제되어 있는 시장이다. 순수한 사적 시장의 규모는 크지 않으며, 이때 실패가 발생하면 일차적으로 정부는 제3자의 입장에서 중재하고 조정하는 역할에 우선한다. 물론 그 시장 실패를 해결하기 위해 정부가 규제를 시작할 수도 있다.

⑤ 투자자 (Investor): 정부는 직업교육 시장에 재정적 자원을 투입하는 가장 큰 주체이다. 교육기관에 대한 보조금, 훈련생에 대한 수당 지급, 연구 개발 지원 등을 통해 시장에 필요한 자금을 공급하고, 궁극적으로는 인적 자원 개발이라는 국가적 목표에 투자한다. 즉, 투자자로서의 정부 활동의 핵심은 시장의 원활한 작동을 위한 장기적인 기반 시설 및 인프라 구축에 자원을 투입하는 것이다. 이는 교육 시스템의 핵심 인프라(연구 기관 설립, 교육 콘텐츠 개발 플랫폼, 직업 정보 시스템 등)를 구축하여 시장 전체의 효율성과 지속 가능성을 높이는 역할이다. 촉진자가 재정을 통해 단기적인 활동을 장려하는 데 집중한다면, 투자자는 시장의 지속적인 발전을 위한 장기적인 토대를 마련한다.

이러한 다층적이고 복합적인 정부의 역할을 이해하는 것이, 왜 한국의 직업교육이 법령의 지대한 영향을 받을 수밖에 없는지, 그리고 왜 직업교육이라는 개념이 법령 없이는 정의되기 어려운지를 이해하는 데 출발점이 된다. 법령 분석을 통해 이러한 정부의 다양한 역할이 어떻게 구체화되고, 때로는 상충하며, 궁극적으로 직업교육 시장의 모습에 어떤 영향을 미쳤는지 깊이 있게 파고드실 수 있을 것이다.

정리하면, 직업교육에서 정부의 역할은 다음과 같다. 직업교육은 순수한 사적 시장이 아닌 정부 규제시장임을 명확히 인지하며, 정부는 이 시장의 설계자(Market Designer), 규제자(Regulator), 촉진자(Facilitator), 공급자(Provider), 투자자(Investor)로서 다면적인 역할을 수행한다. 정부는 이러한 역할을 통해 학습자 개인의 선택을 강제하기보다 다음과 같이 공정하고 유인책이 있는 학습자 중심의 직업교육 생태계를 조성해야 한다.

① 공정한 시장 설계자 (Market Designer) 및 규제자 (Regulator): 정부는 직업교육이라는 시장의 큰 틀을 설계하고, 모든 행위자와 이해당사자(학습자, 교육기관, 산업체 등)의 권한과 책임을 규율하는 공정하고 투명한 규칙을 제정하는 데 집중해야 한다. 이 과정에서 사적 자치의 원칙이 최대한 존중되도록 한다.

② 활동 촉진자 (Facilitator) 및 투자자 (Investor): 정부는 재정적 지원(돈)을 통해 직업교육 활동을 촉진하고, 시장의 질서를 유지하며 지속 가능한 발전을 위한 기반 인프라를 구축하는 역할을 한다. 특히, 국가적 필요에 의해 특정 분야의 인재 양성을 추진하고자 할 경우, 개인의 선택을 강제하기보다는 상응하는 강력한 인센티브 구조를 설계해야 한다.

③ 선택의 자유 보장: 정부는 직업교육 이수 학습자가 Academic Education이나 General Education을 받는 데 있어 어떠한 불이익도 받지 않도록 제도적 장치를 마련해야 한다.

④ 경로 유연성 보장: 직업교육(VE track)을 선택한 학습자가 학습 시간 단축, 학점 인정 등에서 우대를 받을 수 있는 유연한 경로를 보장하여, 직업교육의 매력도를 높여야 한다.

⑤ 평생 학습 및 전환 가능성 지원 (WTS, STW): 노동시장에 진출한 이후에도 학습(Work-to-School, WTS)과 재교육(School-to-Work, STW)을 통해 끊임없이 자신의 역량을 발전시키고 직업 전환을 자유롭게 할 수 있는 '열린 세상'을 구축하는 데 정부가 적극적으로 기여해야 한다. MB 정부부터 강조되어 온 '후진학', '후학습'의 모습이다.

2. 교수자의 역할

아무리 제도를 바꾸더라도 결국 교육의 질은 교사나 교수, 즉 가르치는 자의 역량에서 출발한다. 대한민국 교육 시스템은 뿌리 깊은 학벌주의와 학문-실용의 이분법적 사고 속에서 직업교육을 이류로 치부하며 정체성 혼란을 겪어왔다. 특히 직업교육 개념의 모호성과 파편화된 법적 기반, 그리고 경직된 교사 양성 체계는 이러한 문제의 핵심이다. 진정한 광의의 직업교육(즉, 개인이 평생에 걸쳐 변화하는 직업세계에서 주체적으로 살아갈 역량을 기르는 교육)을 실현하고 Holistic Competency(포괄적 역량)를 함양하기 위해서는, 교육 단계별 특성을 고려한 교수자 역할 재정의와 유기적인 시스템 통합이 필수적이다.

Holistic Competency 함양이란? 직업교육은 단순히 특정 직무수행 능력(Job Competency)에 한정되지 않고, 개인의 전인적 성장과 행복 추구에 기여하는 모든 역량(비판적 사고, 문제해결, 의사소통, 시민성, 디지털 리터러시 등)을 의미하는 Holistic Competency를 길러야 한다. 이는 특정 직무에 '요구되는(required)' competency를 넘어, 실제 상황에서 효과적으로 발휘되어 성과를 창출하는 '구현된(demonstrated)'된 능력인 competence의 총체적이고 확장된 개념이다. 그 바탕에는 underpinning capability(기저 역량)과 embedded capability(체화된 역량)가 존재하여, 학습자가 변화에 적응하고 끊임없이 발전할 수 있도록 해야 한다.

가. 호주 VET Trainer나 Assessor의 자격 요건

참고로 호주 VET trainer나 Assessor의 자격 요건을 설명한다.[77] 호주 VET 시스템이 갖고 잇는 Standards를 준수하기 위해 훈련 및 평가는 다음 자격 중 하나를 가진 사람에 의해 제공되어야 한다.[78]

① TAE40122 Certificate IV in Training and Assessment 또는 그 후속 자격:
- VET 분야에서 훈련 및 평가 서비스를 제공하는 개인의 역할을 반영하는 핵심 자격이다.
- TAE40110 Certificate IV in Training and Assessment (이전 버전)의 패키징 룰을 보면, 7개의 핵심 단위(core units)와 3개의 선택 단위(elective units)로 구성된다. 핵심 단위에는 평가 활동 계획, 역량 평가, 평가 유효성 검증 참여, 그룹 기반 학습 전달, 직장 학습 촉진, 학습 프로그램 설계 등이 포함된다.
- 이 자격은 VET 트레이너/평가자에게 필요한 교육학적 역량과 평가 역량을 종합적으로 다룬다.

② TAE40116 Certificate IV in Training and Assessment 또는 TAE40110 Certificate IV in Training and Assessment + 추가 모듈:

기존 자격인 TAE40110 또는 TAE40116을 가진 사람도 다음 두 가지 필수 모듈을 추가로 이수해야 한다.

---

77 호주의 National Training Register에서 검색할 수 있다.
78 https://www.dewr.gov.au/trainer-and-assessor-requirements (25.7.6. 검색)

- TAELLN411 Address adult language, literacy and numeracy skills (또는 그 전신인 TAELLN401A): 이 유닛은 직업 훈련가 또는 평가자가 훈련 및 작업 환경의 성인 언어, 문해력 및 수리력(LLN) 기술 요구사항을 식별하고, 학습자 그룹의 요구를 충족시키는 자원과 전략을 사용하는 데 필요한 기술과 지식을 설명한다.
- TAEASS502 Design and Develop Assessment Tools (또는 그 전신인 TAEASS502A/B): 이 유닛은 품질 증거 수집을 안내하는 데 사용되는 평가 도구를 설계하고 개발하는 데 필요한 기술과 지식을 설명한다.

〈표18〉 TAE40116 Certificate Ⅳ in Training and Assessment의 Units

Core Units (필수)	Elective Units (선택) * 이중 1개 선택
• TAEASS401 Plan assessment activities and processes • TAEASS402 Assess competence • TAEASS403 Participate in assessment validation • TAEASS502 Design and develop assessment tools • TAEDEL401 Plan, organise and deliver group-based learning • TAEDEL402 Plan, organise and facilitate learning in the workplace • TAEDES401 Design and develop learning programs • TAEDES402 Use training packages and accredited courses to meet client needs • TAELLN411 Address adult language, literacy and numeracy skills	• TAEASS301 Contribute to assessment • TAEASS404 Assess competence in an online environment • TAEDEL301 Provide work skill instruction • TAEDEL403 Coordinate and facilitate distance-based learning • TAEDEL404 Mentor in the workplace • TAEDEL405 Plan, organise and facilitate online learning • TAEDEL501 Facilitate e-learning • TAELLN412 Access resources and support to address foundation skills in vocational practice • TAELLN413 Integrate foundation skills into vocational training delivery • TAETAS401 Maintain training and assessment information • BSBAUD411 Participate in quality audits • TAEXDB401 Plan and implement individual support plans for learners with disability • BSBCMM411 Make presentations • BSBHRM413 Support the learning and development of teams and individuals • BSBMKG434 Promote products and services • BSBREL402 Build client relationships and business networks • BSBRES411 Analyse and present research information

TAE40116 Certificate Ⅳ in Training and Assessment 자격은 취득에 6개월에서 2년이 소요된다.[79] 호주의 VET 시스템은 학습성과(learning outcomes)가 바탕이기에 학습자가 해당 자격의 모든 학습성과를 매우 효율적으로 달성한다면 최소 6개월 안에 이수할 수 있으며, 그렇지 못할 경우에는 2년까지도 걸릴 수 있다는 것을 의미한다.

추가 요구사항은 VET 트레이너에게 단순한 교육 기술을 넘어선 두 가지 중요한 Holistic Competency 요소를 요구한다고 평가된다.

- LLN (언어, 문해력, 수리력) 역량: 학습자들의 기초 학력 수준을 파악하고 이에 맞춰 교육을 제공할 수 있는 능력으로 '개인 중심 교육'과 '다양한 학습 포함'이라는 철학을 가능케 한다. 이는 모든 학습자가 직업 세계에 진입하기 위한 underpinning capability를 갖추도록 돕는 핵심 교수 역량이다.
- 평가 도구 설계 및 개발 역량: VET의 Competency와 Competence를 효과적으로 측정하고, 학습성과를 정확히 판단하며, RPL(Recognition of Prior Learning) 등을 지원할 수 있는 능력이다.

③ 고등교육기관 자격 (secondary school teacher, adult education diploma/higher) 보유자가 VET 시장에서 활동하는 방법

정식 교사 자격증(secondary school teacher)을 가진 사람이 특정 Skill Set(TAESS00011/TAESS00019 Assessor Skill Set, TAESS00024 VET Delivered to School

---

79 자격 설명에 'The volume of learning of a Certificate Ⅳ in Training and Assessment is typically six months to two years'라고 나와 있다.

Students Teacher Enhancement Skill Set)을 추가로 이수하거나, 성인교육 분야의 디플로마 이상 자격을 가질 경우 VET 트레이너/평가자로 활동할 수 있다.

〈표19〉 VET trainer가 되기 위한 Skill Set

TAESS00019 Assessor Skill Set (필수)	TAESS00024 VET Delivered to School Students Teacher Enhancement Skill Set (필수)
• TAEASS412 Assess competence • TAEASS413 Participate in assessment validation • TAEDES411 Use nationally recognised training products to meet vocational training needs	• TAEASS412 Assess competence • TAEASS413 Participate in assessment validation • TAEDES411 Use nationally recognised training products to meet vocational training needs • TAEDES412 Design and develop plans for vocational training • TAEPDD401 Work effectively in the VET sector

이는 정규 학문 교육(대학교육)을 받은 인재들이 직업교육 분야로 유입될 수 있는 경로를 열어주며, '학문 중심 교육'과 '직업교육'의 경계를 허물고 상호 협력하는 모델을 제시한다. 특히 'VET Delivered to School Students Teacher Enhancement Skill Set'은 기존 학교 교사가 학교 환경에서 VET을 가르치는 데 필요한 지식과 기술을 제공하여, 필자가 강조하는 '고등학교 직업교육의 필수화' 및 '교과별 직업교육의 내재화'를 위한 교수자 역량 확보 방안을 구체적으로 보여준다.

이러한 호주 VET 트레이너/평가자 자격 요건은 다음과 같은 중요한 시사점을 제공한다.

① 교수자의 Holistic Competency 요구: 호주는 VET 트레이너에게 단순한 직무 기술(Job Competency)뿐만 아니라, 교육학적 지식, 평

가 능력, 그리고 학습자의 기초 학습 능력(LLN)을 지원하는 Holistic Competency를 요구하고 있다. 이는 교사가 단순히 지식을 전달하는 것을 넘어 학습자의 underpinning capability를 발굴하고, 개인 중심의 인본주의적 교육을 실현할 수 있는 역량을 갖춰야 한다.

② Trainer의 재개념화 방향 제시: '직업훈련은 단기과정이기에 고등학교 교사와 같은 교사가 필요 없다'라는 현실을 인정하면서도, 호주 사례는 Trainer에게도 전문적인 교육학적 역량과 학습자 지원 역량을 요구한다는 점을 보여준다. 즉, 과정을 담당하는 교사(trainer)의 양성과정이 정규 교사처럼 길고 복잡할 필요는 없지만, 특정 Skill Set이나 Certificate IV와 같은 형태로 핵심 역량을 반드시 갖춰야 한다는 대안적 모델을 제시한다. 이는 현장 전문가의 교사화 전략을 구체화하는 데 중요한 참고가 된다.

③ 학문 교육과 직업교육의 접점: 대학교육(사범대학 등)을 이수한 정규 교사에게 VET-특화 Skill Set을 요구하는 것은, 학문 중심 교육과 직업교육이 대등한 가치 속에서 상호 교류하고 시너지를 낼 수 있는 실제적인 모델을 보여준다. 이는 필자가 강조하는 '이류교육' 낙인 해소의 중요한 전략이 될 수 있다.

결론적으로, 호주의 VET 트레이너 자격 요건은 단순히 특정 직무를 가르치는 것을 넘어, 학습자의 다양한 학습 요구와 기초 역량을 포괄적으로 이해하고 지원하며, 평가의 공정성과 전문성을 담보하는 Holistic Competency를 갖춘 교수자를 양성하려는 시스템적 노력을 보여준다.

나. 호주 VET trainer 자격 시스템의 벤치마킹

대한민국 직업교육은 뿌리 깊은 학벌주의와 학문-실용 이분법 속에서 정체성 위기를 겪고 있으며, 특히 교사 시스템의 한계가 광의의 직업교육으로의 전환을 가로막는 주요 걸림돌로 작용하고 있다. 현재 한국의 교사 자격은 표시과목 중심의 엄격한 기준으로 인해 융합적 직무나 변화하는 기술 분야를 가르치기 어렵고, 실기교사는 위상이 미미하거나 사실상 부재한 실정이다. NCS 기반 교육을 도입하고도 가르칠 사람이 없다는 현실은 이러한 시스템적 문제를 단적으로 보여준다. 전문대학은 NCS 교육을 거의 포기한 상태이다. 직업교육 교사는 일반교사와 달라야 한다. 우리는 이 간단한 기본부터 지키지 못했다. 이러한 상황을 타개하고 Holistic Competency(포괄적 역량)를 함양하는 광의의 직업교육 시스템을 구축하기 위해서는, 호주 VET(직업교육훈련) 트레이너 자격 시스템을 벤치마킹하여 교수자의 역할을 재개념화하고, 그 역량을 강화하는 시스템적 혁신이 필수적이다. 호주 VET 트레이너 자격 시스템은 학습성과(learning outcomes) 기반으로 교수자에게 필요한 Holistic Competency를 명확히 요구하며, 유연한 학습 경로를 제시한다는 점에서 대한민국 직업교육 시스템에 시사하는 바가 크다.

(1) 교수자(Trainer/Teacher/Facilitator) 역할의 재개념화 및 유형별 자격 체계 구축

우리나라 직업훈련의 단기 과정 특성상 과거와 같은 직업훈련교사 양성 시스템을 되살리는 것은 비현실적이다. 따라서 호주의 Skill Set 개념을 도입하여 교수자의 역할을 세분화하고, 각 역할에 맞는 유연한 자격 체계를 구축해야 한다.

① 유형 1: 현장 전문가 기반 Trainer/Facilitator (단기 직업훈련 및 실무 중심 과정 담당)

시장 변화에 민감한 단기 직업훈련 과정을 직접 담당하며, 최신 기술과 실무 노하우를 전달하는 현장 전문가이다. 이는 폴리텍대학이 직훈 과정의 강점을 극대화하는데 필수적인 요소이다. 호주의 'TAE40122 Certificate IV in Training and Assessment' 또는 'Assessor Skill Set'과 같은 핵심적인 교육학 및 평가 역량 모듈을 필수 이수하도록 한다. 예를 들면, 해당 산업 분야에서 일정 기간 이상 실무 경력(예: 5년 이상)을 가진 현장 전문가 또는 숙련 기술자가 VET 교사가 될 수 있는 기회를 만들어 준다.

필수 이수 모듈로는 다음 3개를 들 수 있다.
- 교육학적 역량: 학습 프로그램 설계 및 전달, 그룹 기반 학습 촉진, 직장 학습 촉진 등 직업교육 교수법 관련 모듈.
- 평가 역량: 역량 평가 수행, 평가 유효성 검증 참여, 평가 도구 설계 및 개발 등 평가 관련 모듈.
- 학습자 지원 역량: 학습자의 기초 학습 능력(언어, 문해력, 수리력)을 파악하고 지원하는 모듈 (호주의 TAELLN411/401A와 유사).

한기대 또는 고등직업교육기관들이 단기 집중 연수, 온라인 과정, 또는 모듈형 자격 인증 프로그램으로 제공할 수 있다.

② 유형 2: 전문 직업교육 Teacher/Professor(전문학사, 학사, 석사 학위 과정 담당)
학문(기술/산업) 분야별 기술교육과 NCS 기반 직무역량(job competency) 교육을 통합하여 제공하며, 학교 현장에서 holistic competency의 기

반을 다지는 주역이다. 해당 산업 분야의 학사/석사/박사 학위 소지자 + 일정 기간 이상 실무 경력(예: 5년 이상), 또는 중등 직업교육 교사 자격증 소지자 + 일정 기간 이상 실무 경력(예: 3년 이상)을 가진 자에게 직업교육을 가르칠 수 있는 자격을 부여한다.

· 고등 직업교육 교수법: 학위 과정 특성에 맞는 심화된 교육학적 역량 (예: 프로젝트 기반 학습 설계, 융복합 교육, 진로 지도 등).
· 평가 및 교육과정 개발: 심화된 평가 도구 개발 및 교육과정 설계 역량.
· Holistic Competency 교육 역량: 비판적 사고, 문제해결, 의사소통 등 횡단적 역량을 교육과정에 통합하고 평가하는 역량.

한기대 등에서 석사/박사 과정 또는 장기 연수 프로그램을 통해 양성 및 재교육한다.

③ 유형 3: 직업세계 소양 교육자(Vocational Literacy Educator) (고등학교의 보통 교과/대학의 교양 담당)

vocationalization 관점에서 진로와 직업, 노동인권과 산업안전보건 등 모든 고등학생의 필수 역량(Holistic Competency의 기초)을 교육하는 전문가이다. 이는 직업교육이 더 이상 특정 학생들만의 전유물이 아닌, 모든 시민의 보편적 소양임을 확립하는 역할을 수행하게 된다. 대학의 교양 교육도 보다 직업세계 친화적으로 변하게 될 경우, 교양과목 교/강사에게도 이런 역량이 요구된다.

기존 일반 교사 자격증 소지자 또는 해당 분야 전문가에게 직업세계 소양 교육 전문성 강화 및 Holistic Competency 교수 역량 인증을 요구한다. 특히 학생들의 비판적 사고와 실생활 연계를 촉진하는 교수법 역량이 강조되어야 할 것이다.

(2) Holistic Competency 함양을 위한 교수자 역량 강화

우리나라 교수자들도 'Holistic Competency'를 함양할 수 있는 역량을 요구해야 한다.

- 언어, 문해력, 수리력(LLN) 지원 역량 필수화: 모든 직업교육 교수자가 학습자의 기초 학력 수준을 진단하고, 이에 맞춰 교육 내용을 조절하며, 필요한 경우 추가적인 지원을 제공할 수 있는 역량을 갖추도록 필수화해야 한다. 이는 개인 중심 교육의 핵심이다.
- 평가 전문성 강화: 교수자가 단순히 지식 전달자가 아니라, 학습자의 Competence (실제 발현되는 역량)를 정확하고 공정하게 평가하고, 평가 결과를 학습 개선에 활용할 수 있는 전문성을 갖추도록 해야 한다. 특히 소단위 전공과정이나 Skill Set의 도입 시, 이러한 유연한 학습 단위에 대한 평가 도구 개발 역량이 중요하다.
- 산업현장 Currency 유지 의무화: 호주처럼 교수자가 자신이 가르치는 산업 분야의 최신 동향과 기술 변화를 지속적으로 파악하고 교육에 반영할 수 있도록, 주기적인 현장 연수, 산업체 파견, 또는 관련 프로젝트 참여를 의무화해야 한다.

(3) 시스템적 지원 및 제도 개선

- 교수자 역량 개발 허브 구축: 직업세계의 다양성을 고려하여 교원양성과 재교육 기관을 지정하고 특성화하여 모든 유형의 직업교육 교수자 (고등학교 직업교육 교사, 전문대학/기능대학 교수, 산업체 트레이너, 단기 직업훈련 강사

등)의 역량 개발을 위한 국가 차원의 통합 허브를 구축한다. 이곳에서 표준화된 교육 모듈 개발, 연수 프로그램 제공, 자격 인증 및 재인증 관리를 수행한다. 예를 들어, 공업 계열은 충남대와 한기대, 농업 계열은 순천대 중심으로 재편할 수 있다.

- 유연한 학습량(Volume of Learning) 개념 도입: 호주의 '6개월~2년'과 같이, 명목 시간에 얽매이지 않고 학습자의 역량 달성 여부에 따라 이수 기간을 유연하게 적용하는 '학습량' 개념을 도입하여, 교수자 양성 및 재교육과정에 적용한다.
- 부처 간 협력 및 법제도 정비: 교육부와 고용노동부가 협력하여 직업교육 교수자 자격 및 양성에 대한 통합적인 기준을 마련하고, 관련 법령을 정비해야 한다. 이는 '직업교육'과 '직업훈련'의 인위적인 경계를 허무는 중요한 단계가 될 것이다.
- 인센티브 및 경력 개발 지원: 새로운 자격 체계를 이수한 교수자들에게는 적절한 보상과 경력 개발 기회를 제공하여, 우수 인력이 직업교육 분야로 유입되고 지속적으로 역량을 발전시킬 수 있도록 유인해야 한다.

다. 학교급별 '교수자' 역할의 본질과 차이점 (교사-교수-교관)

모든 교수자는 학습자에게 Holistic Competency를 함양하도록 돕는다는 본질을 공유하지만, 학교급별 특성과 목적에 따라 역할의 강조점과 요구역량에 차이가 있어야 한다.

(1) 초·중등 단계 직업교육 교사 (고등학교 특성화고 및 일반고)
현재의 표시과목 중심 양성 시스템은 융합적 교육을 어렵게 하고, 교사의 실무 경험 부족과 직업교육 특화 교육 역량 미흡으로 NCS 기반 교육의 한계를 야기한다. 따라서, 표시과목이라는 경직된 틀을 넘어, '직업세계 소양 교육자'(모든 고등학생 대상)와 '직업기술교육자'(특성화고 전공 대상)로서의 역할을 담당한다.

- Holistic Competency의 기초 형성: 모든 학생에게 '진로와 직업', '노동인권' 등 직업세계의 보편적 소양을 가르치고, 직업기술교육에서는 해당 분야의 기초 기술과 함께 underpinning capability를 자극하는 교수법을 적용한다.
- 교육학적 전문성: 학습자의 발달 단계에 맞는 교육과정 구성, 교수법, 평가 능력, 그리고 LLN(언어, 문해력, 수리력) 등 기초 학습 능력 지원 역량이 중요하다.

(2) 고등단계 직업교육 교수 (전문대학 및 통합된 기능대학, 그리고 직업교육 중심 대학)

전문직업인을 양성하는 교육기관으로서, 학문적 깊이와 실용적 역량을 통합하여 Holistic Competency를 심화하는 역할을 한다.

- 전문직업인 Level별 역량 함양: 전문학사(초급 실무), 학사(심화된 Competence), 전문기술석사(최고 수준 Competence, 문제해결 및 혁신) 등 단계별로 요구되는 직업세계 역량을 체계적으로 지도한다.
- 산학 연계 및 프로젝트 기반 학습: 이론과 실무의 괴리를 줄이기 위해 산업체와의 긴밀한 협력을 통해 실제 직업세계의 문제를 해결하는 능력을 길러야 한다.
- 평생 학습 경로 지원: 시간제 등록 및 소단위 전공과정을 통해 재

직자 및 성인의 유연한 학습을 지원하고, WTS(Work-to-School) 및 STW(School-to-Work) 경로를 안내할 수 있어야 한다.

(3) 특정 단기/특화 과정 '직업훈련 교관/트레이너' (기능대학 직훈과정, 산업체 훈련 기관)

시장 변화에 민감한 단기 직무 훈련 및 현장 노하우를 전달하여, 학습자가 특정 직무역량(Job Competency)을 빠르게 습득하도록 돕는 역할을 한다.

- 실용성 및 현장성: 최신 기술과 실무 노하우를 직접 전달하고, 학습자가 즉시 직무에 투입될 수 있도록 demonstrated competence에 초점을 맞춘다.
- Holistic Competency의 특정 요소 강조: 단기 훈련 중에도 안전, 윤리, 기본적인 문제해결 등 직업세계에서 필수적인 소양을 놓치지 않고 강조한다.

라. 교사 시스템의 전면 개편

(1) 표시과목의 개편

표시과목은 NCS 기반 직무 중심 교육이나 Holistic Competency가 요구하는 융합적이고 변화에 민감한 교육을 제공하기 어려운 구조적 한계로 작용한다. 교사 자격 자체가 '과목'에 묶여 있기 때문에, 새로운 직무나 산업 트렌드가 생겨도 해당 '과목' 교사는 이를 가르치기 어렵고, '상치교사' 문제가 발생하게 된다.

'건축', '상업', '전자' 등 표시과목 자체를 폐지하거나, '직업기술 계열'이라는 큰 틀 내에서 융합적이고 유연한 'Teaching Area' 개념을 도입할 필요가 있다. 이를 통해 교사들이 여러 분야를 아우르며 가르칠 수 있도록 해야 한다.

(2) '실무 경력 + 교육학적 전문성 + Holistic Competency'의 통합 필수화

사범대학, 일반 학과의 교직과정, 교육대학원 등 모든 교사 양성 경로에서 의무적으로 일정 기간 이상의 현장 실무 경력을 필수화해야 한다. 또한, 이들에게 호주 TAE 자격에서 요구하는 '교육과정 구성, 교수법, 평가 능력, LLN 지원 역량' 등 직업교육 교수자에게 특화된 Holistic Competency에 대한 체계적인 이수 및 인증을 요구해야 한다.

(3) 교사 양성과 연수의 전면적 재설계

교사의 역량은 양성과 연수 과정을 통해 개발된다. 이 모든 과정에 산업계와의 협력이 내재화될 필요가 있다.

- 예비교사 단계에서부터 NCS, 산업기술 트렌드, 현장 실습 기반 수업 설계 능력을 포함한 교육과정 운영 역량을 강화해야 한다. 지금처럼 내용학 중심의 양성체계로는 곤란하다.
- 현직 연수는 단순 이수 중심이 아닌 일 기반 연수(Work-based learning for teachers)로 전환하여, 산업현장에서의 최신 기술과 교육 방법론을 결합한 교사 재교육 체계를 설계해야 한다.
- 연수는 산업계, 학교, 대학, 연구기관이 함께 참여하는 산학연 컨소시엄 기반 프로그램으로 구성해야 한다.
- 연수 이수 결과는 단순 수료가 아니라 수업 설계 및 실행 역량 중심의 포트폴리오형 평가 체계로 환류한다.
- 교사의 역량 체계를 설계해야 하고, 양성 단계, 입직 이후의 향상 단계

를 거치면서 교사의 역량이 개발되는 시스템 구축이 필요하다.[80]

(4) 과목별 교사 공동체를 '지식공동체'로 전환

전공별 교사들이 개별적으로 수업을 준비하고 해석하는 방식은 한계가 있다. 이를 해결하기 위해 과목 단위의 '지식공동체'(knowledge communities)를 구축해야 한다.

- 해당 과목을 담당하는 교사, 산업계 전문가, 연구자, 대학교 교수 등으로 구성하여, 교육과정 해석, 수업자료 개발, 실제 수업 실행 과정의 피드백까지 전 생애 수업주기 전반을 협력 구조로 운영해야 한다.
- 학교 간 교사 수준의 편차를 최소화하기 위해 지식공동체가 주기적으로 수업 모델 및 성취 기준 도달 사례를 공유할 수 있어야 한다.
- 지식공동체는 단기적 TF가 아니라 지속 가능한 분과형 네트워크로 제도화하고, 교육청이나 협의체는 이를 조정하고 지원해야 한다.
- 지식공동체는 지부(支部)와 전국 수준의 단체로 운영되어야 하고, 주로 여름방학과 겨울방학 때 활발한 활동이 진행되어야 한다. 이게 교사들에게 방학이 주어지는 이유이다.

(5) 과목별 기술교육과 직무교육을 결합한 산학연 교육모델 구축

단순한 NCS 기반 능력단위 전달이 아니라, 기술(이론 및 기초적 실습)과 직무(문제해결 중심 실제 작업)을 결합한 직무통합형 교육모델이 필요하다.

---

80 우리나라는 교사도 직업인임에도 불구하고(전문가라고 할지라도), 교사의 직무가 무엇인지도, 어떤 역량이 필요한지도 모른 채 교원 양성과 연수과정을 진행하고 있다. 또한, 양성과정에서 대부분의 핵심 역량이 길러질 수 있어야 함에도 불구하고, 우리는 여전히 내용학 중심에서 벗어나지 못하고 있다. 함께 중요한 교수학습방법, 수업모델링, 평가 역량 등은 매우 약하다. 행정과 상담 능력 부족은 말할 것도 없다. 교원 양성 체계의 100% 개편이 필요한 상황이다.

- '산업체+고등학교+대학교+연구기관'이 참여하는 산학연 협의체를 과목별로 구성하여, 교육목표부터 성취 기준, 교수학습 및 평가모형을 공동 개발한다. 이를 통해 NCS를 개발하고 관리하는 산업별 협회와 단체가 학계와 연구계와 상호 지식과 정보의 공유체계를 만들어가야 한다.
- 예를 들면, 산업체는 최신 직무와 수요 정보 제공, 고등학교는 교수학습 실현 공간, 대학교는 이론적 정당성과 학습 설계 역량, 연구기관은 현장적정성과 데이터 기반 질 관리 제공하는 역할 부담이 중시된다.
- 이를 통해 동일 과목이라도 지역 산업 수요와 학교 여건에 맞는 복수의 실행모델(best mix) 개발이 가능하다. 특히, 교육과정의 contextualization과 customization의 구현이 가능해진다.

(6) 이원화된 시스템의 통합적 연계

고용노동부 산하의 직업훈련교관 양성 시스템과 교육부 산하의 직업교육 교사 양성 시스템을 '교수자 역량 개발 허브(예: 한기대, 충남대, 순천대 등)'를 중심으로 통합적으로 연계해야 한다. 이 허브에서 모든 유형의 직업교육 교수자들에게 광의의 직업교육 철학이 담긴 Holistic Competency 연수를 제공하고, 그들의 역량 발전을 위한 표준을 제시해야 한다.

마. Holistic Competency 관점에서 직업훈련 교사(Trainer)의 역할 재정의

단기 직업훈련이라 할지라도 광의의 직업교육 철학을 담아내려면, 단순히 특정 직무 기술(Job Competency)만 가르치는 것을 넘어서야 한다. 미래의 trainer는 단순한 기술 전달자를 넘어, 학습자가 Holistic Competency를 함양하도록 돕는 학습 촉진자(Learning Facilitator)의 역할을 수행해야 한다.

(1) 직업훈련 교사의 새로운 역할
새로운 역할은 다음과 같다.

① 변화 대응 역량 전수: 변화가 잦은 시장에 민감하게 반응하여 과정이 자주 바뀐다는 점을 활용, 학습자들에게 '빠르게 변화에 적응하고 새로운 것을 학습하는 능력' 자체를 가르치는 역할을 할 수 있다. 특정 기술을 넘어, 'learn to learn'의 방법을 전수하는 것이다.

② Underpinning Capability 자극: 단기 훈련 중에도 학습자가 해당 직무의 배경 지식, 원리, 그리고 더 나아가 문제해결능력이나 비판적 사고 능력을 발휘할 수 있도록 유도해야 한다. 즉, 훈련 과정에서 underpinning capability를 자극하고 개발할 기회를 제공해야 한다.

③ 직업세계 소양 강조: '노동인권과 산업안전보건', '디지털과 직업생활' 등 모든 직업인이 갖춰야 할 기본 소양을 단기 훈련 과정 내에서도 필수적으로 강조하고 실제 직무와 연결하여 교육한다. 이는 Multi-field education의 일부를 단기 훈련 과정에 녹여내는 것이다.

④ 진로 및 성장 상담: 단기 훈련생이라 할지라도 그들이 훈련 이후 어떤 직업세계를 선택하고, 어떻게 경력을 발전시켜 나갈지 고민하도록 돕는 기본적인 진로 상담 및 성장 촉진자 역할이 필요하다.

(2) 직업훈련 교사(Trainer) 양성/확보 방안의 현실적 재설계:
① 현장 전문가의 '교사화(Teacher-fication)' 전략

해당 직무 분야의 현직 전문가나 숙련된 퇴직자를 단기 직업훈련의 교사(trainer)로 적극 활용한다. 이들은 시장 변화에 가장 민감하고 실제적

인 직무역량(Job Competency)을 보유하고 있다. 이들에게 교수법, 학습자 코칭, 직업윤리, Holistic Competency 함양을 위한 교육 설계 등에 대한 단기 집중 연수 또는 자격 인증 과정을 필수화한다. 이는 교원 역량 강화 및 양성 체제 혁신의 일환이 된다.

직업능력개발훈련교사의 개념을 장기 정규 양성 교사가 아닌, 현장 전문가 기반의 단기 역량 강화 인증 트레이너로 재정립할 필요가 있다.

② 학문분야별 기술교육과의 연계
학문분야별 기술교육을 담당하는 대학(혹은 기능대학의 다기능기술자과정 등)의 교수진이 단기 직업훈련 과정의 교육 내용을 설계하거나, 교사(trainer)들을 교육하는 역할을 담당하게 한다. 이를 통해 단기 훈련 과정도 단순한 기술 전달을 넘어선 학문적, 원리적 깊이를 가질 수 있다.

③ 디지털 플랫폼 기반의 교사 역량 관리
교사(trainer)의 역량 개발 및 관리를 위한 디지털 플랫폼을 구축한다. 이 플랫폼을 통해 최신 산업 동향, 새로운 교수법, Holistic Competency 함양을 위한 교육 콘텐츠 등을 제공하고, 교사(trainer) 간의 정보 교환 및 커뮤니티 활동을 지원한다.

결론적으로, 직업훈련교사 기능을 과거처럼 되살리려는 것이 답이 아니라, 변화하는 시장과 광의의 직업교육 철학에 맞춰 직업훈련 교사(trainer)의 역할과 양성/확보 방식을 근본적으로 재개념화하는 것이 중요하다. 이들은 단순히 job competency를 가르치는 것을 넘어, 학습자의 Holistic Competency와 underpinning capability를 자극하고 개발하도록 돕는 학습 촉진자이자 현장 전문가 멘토로서의 새로운 위상을 가져야 한다. 이를 위한 유연하고 실용적인 양성/인증 시스템을 구축하는 것이 핵심 과제가 될 것이다.

바. 대학 교수의 직업교육 역량 강화: CTL의 기능 대폭 강화

대학 교수는 대부분 석·박사를 가진 연구자 출신이다. 이러한 배경을 가진 교수들을 직업교육 친화적 교수로 바꾸는 방법은 산업계 파견을 보내는 방법이 있으나 쉽지 않다. 교수들을 미래에는 산업계 경력자로 채용할 수는 있겠으나, 그럼에도 불구하고 직업교육 친화적이 될 것이라고 말하기는 쉽지 않다.

전문대학과 4년제 대학이 직업교육 중심 대학으로 기능하기 위해서는 단순히 교육과정 일부를 직무 중심으로 개편하는 것을 넘어, 대학 전체의 교수·학습 체계를 구조적으로 전환하는 노력이 필요하다. 특히 연구자 양성을 위한 훈련을 받아온 교수들이, 현실에서는 수업을 주도하는 '교육자'로서의 역할을 수행해야 하는 구조 속에서, 이 전환은 교수 개인의 역량에만 맡겨질 수 없다. 교육의 질을 보장하면서도 직업세계와의 연계를 강화하려면, 대학 차원의 조직적 지원이 필수적이며, 이때 핵심 역할을 수행해야 할 곳이 바로 CTL(Center for Teaching and Learning)이다.

현재 많은 대학에서 CTL은 보조적, 행정적 지원 기관에 머물러 있는 경우가 많다. 그러나 직업교육 중심 대학으로서의 전환을 고려한다면, CTL은 이제 교육의 본질적 전환을 이끄는 전략적 핵심부서로 재구성되어야 한다.

CTL은 교수자의 수업 설계 역량을 지원하고, 산업 및 직무 기반의 교육과정을 개발하며, 이론과 실습이 유기적으로 결합된 수업 모델을 제안할 수 있어야 한다. 또한 수행 중심의 평가 체계를 설계하고, 직업세계에서 요구되는 실제 역량이 교육을 통해 길러지고 있는지를 확인하는 질 관리 시스템까지도 구축해야 한다.

이러한 맥락에서 CTL은 다음과 같은 네 가지 기능을 수행해야 한다.

① 역량 기반 교육과정 설계 지원(Curriculum Design for Holistic Competency)

CTL은 교수자 개인이 산업의 복잡한 요구를 분석하고 이를 교육과정으로 전환하는 어려움을 덜어주는 전략 파트너가 되어야 한다. 특히 직업교육 중심 대학에서는 '지식의 나열'이 아닌 '직무와 역량 중심의 교육 설계'가 중요하다. 이를 위해 CTL은 다음과 같은 지원을 제공해야 한다.

- 산업 및 직무 기반 교육과정 개발: 산업계 수요와 NCS 또는 NOS를 기반으로 한 역량 mapping 및 교과목 재구성
- 역량 단위별 수업계획서 템플릿 제공: 단순 강의계획서가 아니라 '학습성과수업활동평가방식'이 정합적으로 연결된 역량기반 수업계획서 양식 제공
- Cross-Curricular Integration 지원: 전공 내 수직통합뿐 아니라, 보통교과·기초교과와 전공과의 수평적 연계 설계
- 성과기반 모듈형 curriculum 구조 설계: 개별 학습자의 필요에 따라 조립 가능하도록 유연하고 모듈화된 커리큘럼을 개발

② 수업 설계 및 전달 역량 지원(Instructional Design and Pedagogical Innovation)

직업교육은 단순 강의로 전달되기 어렵다. 직무 상황을 재현하거나 문제를 해결하는 학습이 이루어져야 한다. CTL은 교수자가 효과적인 수업을 설계하고 운영할 수 있도록 다음과 같은 다층적 지원을 해야 한다.

- 직업교육에 특화된 수업모델 개발: PBL(Project-Based Learning), SBL(Simulation-Based Learning), CBL(Case-Based Learning), Flipped Learning 등을 직업군에 맞게 튜닝하여 안내
- 산업현장 시나리오 기반 교수전략 제공: 실제 기업 사례나 현장 데이터를 수업자료로 전환하는 방법 컨설팅
- Co-Teaching 및 Industry Guest Lecture 시스템 설계: 교수-산업전문가 공동 수업 운영 지원 및 제도화
- 교육기술(EdTech) 활용 교육 제공: 직업교육에서 유용한 소프트웨어, VR/AR, 디지털 시뮬레이션 도구의 활용법 제공
- 수업 촬영·분석 및 피드백 제공: 교수자의 강의 장면을 분석하여 수업 전달 기술 및 학습자 반응 분석 결과 제공

③ 성과중심 평가체계 설계 및 컨설팅(Performance-Based Assessment and Feedback Systems)

직업교육에서 평가는 단지 이론 지식의 암기가 아니라, 실제 수행 능력과 직무적용 능력을 진단하는 도구가 되어야 한다. CTL은 다음과 같은 평가 지원을 통해 학습성과를 관리하고 질 관리를 강화해야 한다.

- Holistic Competency 기반 루브릭 개발: 단편적 기능이 아닌 지식, 기

술, 태도를 통합적으로 평가하는 루브릭 개발 및 보급
- 수행평가(Performance Assessment) 시스템 구축: 실습과 프로젝트 결과를 평가할 수 있는 시나리오 및 채점기준 개발
- 자기평가(Self-Assessment) 및 동료평가(Peer Review) 도입: 학습자 중심 평가 문화를 확산
- 현장연계형 Capstone 평가 모델 도입: 졸업 직전 프로젝트를 통해 현장 과제를 해결하는 역량 평가
- 정기적 성취도 분석 및 피드백 보고서 제공: 지역·전공별 성취도 분석 데이터를 기반으로 한 교육개선 컨설팅 제공

④ 교수자 역량개발 및 학습문화 조성(Faculty Development and Teaching Culture Building)

교수자는 더 이상 '전문지식 전달자'가 아닌 '학습 촉진자'로 전환되어야 하며, CTL은 그 여정을 돕는 동반자가 되어야 한다. 이 기능은 단순한 연수 운영을 넘어, 교수자의 지속 가능한 성장 생태계를 조성하는 일이다.

- 신임교원 Teaching Bootcamp 운영: 교수법, 교육 철학, 수업디자인 등을 다루는 집중과정 운영
- 직무 전환 교육: 학자에서 교육자로: 강의 전달보다는 학습 설계에 초점을 맞춘 전환 교육과정 구성
- 산업현장 체험형 연수 프로그램: 교수자 대상 산업현장 단기 체류 프로그램 운영
- Teaching Portfolio 시스템 도입: 강의계획서, 수업사례, 평가전략, 피드백 등을 구조화한 포트폴리오 제도화

- 내부 교수법 인증제 운영: '수업설계 전문가', '직업교육 교수자' 등의 인증 트랙 운영
- 교수학습 공동체(PLC) 운영: 전공별, 계열별 교수자 간 peer learning 조직화
- 티칭 어워드(Teaching Awards) 제도 운영: 우수수업 실천 사례 발굴 및 공유

이처럼 CTL의 기능은 단지 '교수법 지원'을 넘어서, 직업교육을 실현하는 핵심 인프라로 작동해야 하며, 수업의 내용, 구조, 전달, 평가, 피드백, 그리고 교수자 문화를 포함하는 전 주기에 걸쳐 작동하는 메타조직이 되어야 한다.

이를 위해서는 CTL의 조직적 위상 또한 재정립되어야 한다. 단순한 부속 기관이 아니라 대학의 전략 중심부로 격상시켜야 하며, 고정 예산을 확보하고 전문 인력을 지속적으로 채용하는 체계가 필요하다. 특히 교육공학 전문가뿐 아니라, 산업현장의 직무 특성을 이해하고 수업으로 재구성할 수 있는 실천적 전문가의 배치가 중요하다. CTL은 산학협력단, 현장실습지원센터 등과도 유기적으로 연계되어야 하며, 필요하다면 통합적 조직 체계로 재편될 수 있어야 한다.

정책적으로는 CTL의 이러한 기능을 대학 인증 기준에 반영하거나, 후진학 선도대학 사업, 전문대학 혁신지원사업 등과 연계하여 CTL의 역할과 성과를 명확히 요구해야 한다. 교수자 개인의 강의평가만으로는 교육의 질을 담보할 수 없다. CTL을 중심으로 수업의 설계-전달-평가-환류 전반에 걸친 통합적 품질보증 체계를 마련하는 것이 직업교육 중심 대학의 미래를 좌우할 핵심 과제가 될 것이다.

3. 대교협과 전문대교협의 기능 개편:
정부사업 위탁기관에서 대학학사정책 중심기관으로

현재 대한민국의 대학교육 정책 체계는, 겉으로 보기에는 다양한 법령과 정부부처, 공공기관들이 고등교육의 운영과 정책 수립에 관여하고 있는 듯 보이지만, 실질적으로는 대학 그 자체를 연구하고 지원하는 전담기관이 부재한 상태이다. 대학을 분석하고, 운영을 개선하며, 학사 제도의 질적 정합성을 점검하고 설계하는 역할은 거의 전무하다. 대학이란 복잡한 생태계가 운영되는 현실에서, 이러한 정책적 진공 상태는 매우 위험하다.

오늘날의 대학교육협의회(이하 '대교협')와 전문대학교육협의회(이하 '전문대교협')는 명목상으로는 대학을 대표하는 기관이지만, 실제로는 정부의 재정지원사업을 위탁받아 수행하는 실무 집행기관으로 기능이 축소되어 있다. 또한 「고등교육법」 등 관련 법령에 근거한 일부 위탁 사무를 수행하고 있지만, 그 범위는 협의, 의견 제출, 행정 협조 수준에 머물러 있다. 교육 내용, 학사 제도, 교수학습, 평가체계, 학위체계와 같은 대학의 본질적 사안에 대해서는 거의 정책적 주도권을 갖고 있지 않다.

더 심각한 문제는, 고등교육 그 자체를 지속적·체계적으로 연구하는 기관이 대한민국에는 사실상 존재하지 않는다는 점이다. 한국교육개발원(KEDI)은 유아교육부터 평생교육까지 포괄하는 범교육정책연구기관이며, 대학교육에 대해서는 간헐적이고 프로젝트 중심의 연구만 수행할 뿐, 학제적·체계적 연구를 지속하지 않는다. 정부 부처나 부처 산하 연구기관들도 특정 사업 또는 정책의 효과성을 점검하거나 단기 연구과제만을 수행하는 경우가 대부분이다. 이러한 상황에서, 대교협과 전문대교협이 해야 할 진짜 역할은 다음과 같은 방향으로 새롭게 정립되어야 한다.

① 고등교육 통계 · 데이터 기반 구축 및 공개
- 대학 단위 통계 이상의 미시 데이터 수집 · 분석: 학사제도 운영 방식, 수업 유형, 교수-학습 활동, 평가 방식, 졸업 후 이행경로 등
- 전문대학 고유의 교육과정 구조 및 학생군 특성을 반영한 별도 분석 체계 마련
- 현장 수요를 반영한 '교육-고용-직무' 연계 데이터 구조 설계 (예: CEDEFOP의 Skills Intelligence 모델 유사)
- 공공적 데이터 플랫폼 운영: 대학 내부의 비교 · 참조를 위한 대시보드화 및 정책참조 가능 시스템 구축

☞ 지금의 교육통계서비스나 대학교육정보공시(대학알리미)는 행정통계, 보고통계 수준에 불과해서 질 관리와 기획이 가능한 '운영 데이터' 수준으로 격상할 필요가 있다.

② 대학 학사제도 및 교육과정에 대한 조사 · 분석 · 모델화
- 전국 대학의 학사운영 실태 조사 및 유형화: 학기제, 유연학기, 집중이수제, 학점 운영, 전공 이수 체계, 융합교육 등
- 직업교육에 적합한 모델형 교육과정 설계 및 표준 매뉴얼 개발
- 전문대학 전용 모델 개발: 예를 들어 Dual Track, 모듈형 학습, 단기 학위제 설계 등

☞ 예를 들면, RPL이나 소단위전공과정 등에 대해 대학 자율로 내버려두

기보다는 대학 스스로 질 관리를 위해서 협회 차원에서 지침과 매뉴얼을 만들어야 한다.

③ 대학 수업 및 교수학습 질 개선 지원
- 수업설계, 수업전달, 교육기술 활용, 실습 연계 교수법 등에 대한 교수자 연수 프로그램 운영
- 전공·계열별 수업 설계 안내서 및 수업모델 보급 (e.g. 서비스계열 vs 엔지니어링계열 차별화)
- 대학 CTL과 연계된 협력체계 구축: 수업자료 공유, 공동연수, 수업사례 플랫폼 운영

☞ 예를 들면, 수업컨설팅 프로그램, 현장중심 교수법 연수, PBL/CBL 모형 수업사례집 개발, 직업계열별 수업자료 플랫폼 운영 등이 이에 해당한다. 대교협은 각 대학의 CTL과 연계하여 계열별 맞춤형 수업모델을 확산하고, 교수자의 수업전문성 강화를 위한 공통 Teaching Toolkit을 제공할 수 있다.

④ 평가·학사운영·성과관리 매뉴얼 제작 및 보급
- 교육과정-학사제도-평가 체계의 정합성을 확보할 수 있는 모델 운영 매뉴얼 개발
- 학위 기준, 성적 평가, 출석 인정, 현장실습 이수 처리, 학점은행제와의 연계 지침 등
- 전문대학의 경우 산업체 인증과 연계된 졸업 요건 모델 제시

☞ 예를 들면, 현장실습 이수 기준, 비대면 수업의 성적 평가 원칙, 전공모듈 구성 지침, 복수·융합전공 운영 매뉴얼 등이 있다. 전문대의 경우, 산업

체 인증과 연계된 졸업사정 매뉴얼이나 직무별 학습성과 평가 루브릭을 개발하여 보급할 수 있다.

⑤ 대학의 학사 질 관리 체계 구축 및 자율평가모델 설계
- 학사 질 관리 지표(교육설계, 수업운영, 성과환류, 학생이행 등) 개발
- 자율적 학사 성과점검 시스템 구축을 위한 평가 프레임 제공: 내부 자율평가, 자체진단보고서 모델, 피어 리뷰 체계 등
- 공식 인증·평가와 별도로 대학 내부 질관리 시스템과의 연결 고리 설계
- 특히 직업교육 중심 대학의 경우 '학습성과-역량-고용연계'를 확인할 수 있는 질관리체계 개발

☞ 예를 들면, "자체평가 보고서 작성 양식", "내부 질관리 체크리스트", "전공별 수업성과 점검 템플릿" 등을 제시할 수 있다. 또한 공식 인증평가(예: 대학기관평가인증)와 연계하여 자율적 환류 시스템을 각 대학이 설계하도록 지원할 수 있다.

⑥ 대학 정책담당자 및 실무자 대상 전문 연수 체계 구축
- 교무처장, 학사팀장, 교육혁신센터 실무자 등 대상 직무 연수 정례화
- 직업교육 중심의 정책설계, 질관리, 평가, 제도 운영 등에 대한 실무 중심 연수
- 현장 우수 사례(벤치마킹 모델) 발굴과 공동학습체 운영

☞ 예를 들면, "대학알리미(정보공시제) 담당자 연수", "교육통계 시스템 입력 실무 교육", "학사제도 변경 대응 전략 워크숍" 등을 정례화할 수 있다.

특히 직업교육 중심 대학의 경우, 성과기반 학사관리 체계에 대한 전문대학 맞춤형 관리자 과정이 필요하다.

이처럼 대교협과 전문대교협은 단순한 '대학 대표 창구'나 '재정사업 위탁 기관'의 역할을 넘어서, 고등교육의 본질인 학사제도 운영, 교육과정 설계, 교수학습 혁신, 질 관리 체계의 설계자이자 조율자로 거듭나야 한다. 특히 직업교육 중심 대학으로의 전환이 요구되는 지금, 이 두 기관은 교육부의 하청기관이 아니라 교육혁신의 전문 플랫폼이자, 대학을 지원하고 조정할 수 있는 실질적 리더십 기관으로 재편되어야 한다.[81]

그리고 무엇보다 중요한 것은, "정부에게 지나친 간섭을 하지 말라"고 말로만 외칠 것이 아니라, 실제로 자율적 운영이 가능하도록 대안을 설계하고 실천할 수 있는 역량을 갖추는 것이다. 정부의 정책을 수동적으로 따라가는 협회가 아니라, 오히려 정부를 이끌고 고등교육의 방향성을 제시할 수 있는 전략적 파트너로서의 리더십을 보여줘야 한다. 그럴 때에만 대학의 자율성과 책무성은 함께 실현될 수 있으며, 고등교육은 정책의 대상이 아니라 사회혁신의 주체로 자리매김할 수 있다.

---

81 어설픈 석·박사 연구원보다는 학사 실무에 정통한 직원 중심으로 연구팀을 꾸리는 것이 더 실질적인 보고서 작성에 도움이 될 수 있고, 또 그런 전문가를 키우는 것이 미래를 위해서도 바람직하다.

4. 학회와 정부출연연구기관의 기능 재정립

고등교육의 자율성과 전문성은 대학 내부 조직(예: CTL), 중간 조정기구(예: 대교협, 전문대교협)만으로는 완성되지 않는다. 여기에 더해 반드시 학술 공동체와 정책 연구기관의 구조적 전환이 병행되어야 한다.

그 첫 번째는 '학회'의 재구성이다. 지금까지 학회는 '학술 활동을 위한 단체', 즉 교수 개인의 연구 발표와 논문 게재를 위한 장으로 축소되어 운영되어 왔다. 그러나 이제는 학회가 고등교육 교수자 집단의 교수학습 공동체로서 기능해야 한다. 마치 초·중등교원의 수업혁신을 뒷받침하는 교사학습공동체(Professional Learning Community)가 존재하듯, 고등교육 교수자에게도 집단적 수업역량 개발과 수업 질 향상을 위한 장이 필요하다. 각 학회는 전통적인 학술활동과 더불어, 교수학습 개선 활동을 '제2의 축'으로 명확히 설정해야 하며, 이는 대학 내 CTL 활동의 외연적 확장선상으로 이해될 수 있다.

따라서 정부는 학회에 대한 지원 기준에 교수학습 혁신 활동을 필수 항목으로 포함해야 하며, 대교협과 전문대교협도 이러한 활동을 기획하고 연계하는 플랫폼 역할을 수행해야 한다. 교수자는 더 이상 '논문 발표만 하는 전문가'가 아니라, '학습 성과를 설계하고 실행하는 교육자'이며, 학회는 그 전문성 공동체로서의 책임을 분명히 가져야 한다.

두 번째는 정부출연연구기관의 근본적인 방향 재설정이다. 현재 상당수 정부출연 연구소의 직업교육·고등교육 연구는 선언적인 보고서, 정책 권고 수준을 넘어서지 못하고, 구체성과 실용성이 부족한 경우가 많다. 형식적 성과 관리에 따른 양적 과제 집행 구조가 문제의 핵심이다.

앞으로는 1년에 10건을 넘지 않는 소수의 고위 전략과제만이 선언적 정책연구로 허용되어야 하며, 나머지 대부분의 연구 역량은 다음과 같은 실제 운영 기반에 기여하는 업무로 전환되어야 한다.

- 정책 통계 데이터의 구축 및 장기적 축적
- 질적 조사 및 심층 사례 분석 체계의 정례화
- 데이터 기반 분석보고서의 상시 발간
- 정부출연연구기관 간 협력 과제 설계 및 공동 분석체계 구축
- 외국 사례의 구조적 분석 및 매뉴얼 수준의 자료집 제작
- 외국 법령과 제도의 관계를 지침 수준까지 분석하고 자료집 제작
- 분야별 광의의 직업교육 운영모형, 제도화 프레임 설계 지원

이러한 전환 없이는 연구는 연구자 개인의 업적을 위한 도구로 전락하고, 정책 수요자(대학과 정부)의 실질적 문제해결에는 아무런 도움을 주지 못하는 구조가 반복될 수밖에 없다. 정책 연구는 이제 연구를 위한 연구가 아니라, 광의의 직업교육을 작동시키는 실천적 설계의 도구가 되어야 하며, 연구자 개인의 학술성과 대신 공공성과 사회적 효용성을 기준으로 기획되고 집행되어야 한다.

제7장

직업교육의 마지막 공백: 직업윤리와 창직·창업교육

직업교육은 오랫동안 '기술'과 '능력'을 중심으로 구성되어 왔다. 그러나 변화하는 직업세계는 이제 '윤리'와 '창의성'이라는 또 다른 두 축을 요구하고 있다. 하나는 직업을 수행하는 과정에서의 사회적 책임과 역할 의식, 다른 하나는 스스로 일과 경로를 만들어내는 창직적 상상력이다. 이제 직업교육은 단순한 기능 습득을 넘어서, 존재의 방식과 사회적 위치를 함께 설계하는 교육으로 확장되어야 한다.

1. 직업윤리

직업교육에서 가장 간과되고 있는 핵심 요소 중 하나는 직업윤리이다. 흔히 직업윤리는 전문직업인(의사, 교사, 변호사, 간호사 등)에게만 요구되는 특수한 규범이라고 생각하기 쉽다. 하지만 직업윤리는 모든 직업인에게 요구되는 공통적 윤리이며, 그 사회적 책임과 공공성의 크기에 비례하여 요구 수준이 더 높아지는 특성을 지닌다. 전문직업인이기 때문에 윤리가 필요한 것이 아니라, 전문성이라는 권한과 영향력이 크기 때문에 더 높은 윤리가 요구되는 것이다.

그러나 오늘날 한국의 직업교육은 여전히 기능 중심, 취업 중심으로 설계되어 있으며,
직업윤리를 전문직 교육의 부속물처럼 다루거나 아예 도덕교육의 연장선에서 간단히 지나쳐 버리는 경우가 많다. 이는 심각한 교육의 결손이다.

직업윤리는 단순히 '선하고 착하게 행동하라.'는 도덕적 계율이 아니라, 역

할과 책임 안에서 실천되는 '관계적 윤리'이자 '책임의 행태'이다. 직업윤리는 본질적으로 내면의 품성, 자질, 성향일 수 있지만, 그것이 진정한 윤리로 기능하기 위해서는 구체적인 타인과의 관계, 조직 내 책임, 사회적 맥락 속에서 드러나야 한다. 따라서 직업윤리는 단지 규칙을 지키는 정도의 소극적 개념이 아니라, 딜레마 상황 속에서 책임 있게 판단하고, 갈등 속에서도 공공선을 선택하며, 타인의 삶에 영향을 줄 수 있는 직무수행에 있어 신뢰를 형성해 나가는 태도와 실천의 총체이다. 예를 들어,

- 간호사가 업무상 지시를 따르는 동시에 환자의 인권을 고려해야 하는 갈등,
- 엔지니어가 설계의 경제성과 안전성을 두고 판단을 내려야 하는 상황,
- 기술자가 불완전한 검수 지시를 받았을 때 문제를 제기할 수 있는 용기.

이 모든 것이 직업윤리의 작동 조건이자, 교육되어야 할 '윤리적 판단의 실천'이다. 직업윤리는 지식이나 기능에 붙이는 장식이 아니라, 직업세계에서 사람됨(Humanness)[82]을 구현하는 핵심 구성 요소이다.

직업세계는 이윤이나 효율만을 추구하는 공간이 아니라, 타인의 삶에 깊이 개입하는 책임의 공간이기에, 모든 직업인에게는 윤리가 필요하고, 전문직업인에게는 더욱 심화된 윤리적 성찰과 교육이 요청된다.

---

82 Humanness는 필자가 인성(人性)교육을 설명하기 위해서 만든 조어(造語)이다. 「인성교육진흥법」에서 규정하는 인성은 내면적 품성과 관계적 역량으로 구분되며, 내면적 품성을 갖춘 사람을 표현하기 위해서 Humanness, 관계적 역량의 기반을 Weness라는 조어로 구분하였다. 이 책에 대해 관심있는 독자는 『당신은 어떤 사람이 되고 싶습니까: 흔들리는 사람됨, 인성에서 길을 찾다』를 읽어보기 바란다.

이러한 의미에서 직업윤리는 이제 직업교육의 중심축으로 복원되어야 한다. 학생들에게 직업의 의미를 가르치고, 직무의 기술을 전달하는 것만큼이나 그 일의 결과가 타인에게 어떤 영향을 미치는지를 성찰할 수 있는 교육이 반드시 병행되어야 한다.

직업윤리는 규범이 아니라 책임의 행태다. 모든 직업에는 윤리가 필요하면, 전문직에게는 더 큰 윤리가 요구된다. 직업교육은 기술만이 아니라, 책임 있는 실천을 가르쳐야 한다. 그것이 직업을 통한 사람됨(Humanness)의 완성이다.

직업윤리는 직업철학에서 출발해야 한다. 과학자의 윤리가 과학철학에서 출발하듯, 직업인의 윤리도 직업철학에서 논의되어야 한다. 현재까지 직업윤리는 도덕교육이나 직업기초능력의 일부로 제한적으로 다루어져 왔으나, 이는 직업을 존재론적·사회적 실천으로 다루는 관점이 부재했기 때문이다. 직업은 단지 소득의 수단이 아니라, 사회적 분업 구조 속에서 개인이 정체성을 형성하고, 책임을 수행하며, 타인의 삶과 공동체에 영향을 미치는 삶의 방식이다.

따라서 직업철학은 다음과 같은 질문을 포함해야 한다:

- 인간에게 직업이란 무엇인가?
- 직업은 단지 경제활동인가, 아니면 존재 방식인가?
- 직업은 공동체적 기여를 어떻게 매개하는가?
- 직업 수행은 왜 윤리를 요구하는가?

이러한 철학적 질문 속에서 직업윤리는 자연스럽게 실천적 윤리로서 자리 잡는다. 이는 단순히 '도덕적'이기보다는, 역할 기반의 책임 윤리(responsibility ethics)이며, 직업적 정체성 안에서 구현되는 관계적 윤리(relational ethics)라고 할 수 있다.

직업윤리와 인성교육·SEL·시민교육·글로벌시민교육의 관계는 〈표 25〉와 같다.

〈표20〉 직업윤리와 인성교육, SEL, 시민교육, 글로벌 시민교육의 관계

교육영역	핵심 가치	직업윤리와의 접점
인성교육	자율·존중·책임 등 내면의 품성	직업윤리는 역할 수행 속에서 인성을 '사회적 실천'으로 외화시키는 장이다.
SEL (사회정서학습)	자기인식, 자기조절, 관계 기술, 책임 있는 의사결정	SEL은 직업윤리의 기반이 되는 정서적 자기통제와 관계적 역량을 기른다.
시민교육	공공성, 공동체성, 권리·의무 인식	직업윤리는 사회적 분업 구조에서 '시민으로서의 역할 수행 윤리'로 기능한다.
글로벌시민교육	다양성, 지속가능성, 글로벌 책임	직업윤리는 세계적 맥락에서 '로컬 직업의 글로벌 책임'을 성찰하게 한다.

즉, 직업윤리는 위의 모든 교육들과 통합적 관계에 있으며, 이를 통해 '시민으로서의 직업인', '공동체 구성원으로서의 전문가'를 양성하는 교육이 가능하다. 직업교육은 시민교육의 하위 범주가 아니라, 적용적 구현 장(場)이 될 수 있다.

2. 창직·창업교육

오늘날 직업세계는 더 이상 고정된 직무와 경력 경로를 전제로 움직이지 않는다. 디지털 전환, 산업 융합, 가치관의 변화는 직업 자체를 변화시키고 있으며, 이제는 주어진 직업에 단순히 적응하는 것을 넘어, 새로운 직업을 스스로 만들어 내거나 기존 직업을 재구성할 수 있는 능력이 점점 더 중요해지고 있다. 이러한 시대 변화 속에서 직업교육 역시 단순한 '직무 숙련'을 넘어서는 전환이 필요하며, 그 중심에 창직과 창업교육이 있다.

특히 최근 노동시장에서는 학력보다 경력 중심의 채용 구조가 강화되고 있다. 공공기관을 포함한 다수의 기업이 블라인드 채용이나 직무경험 중심 채용으로 전환하고 있으며, 이에 따라 '나만의 경력'을 어떻게 만들 것인가는 매우 중요한 생애 전략이 되었다. 이 맥락에서 창직과 창업은 단지 경제적 성취만이 아니라 스스로 경력을 기획하고 증명하는 과정으로 해석될 수 있다. 즉, 창업은 하나의 일자리 창출이자, 경력 포트폴리오의 기점이 될 수 있다. 이는 비정형 경력(non-linear career)이 보편화되는 시대에 직업교육이 갖춰야 할 핵심 기능 중 하나로 자리잡고 있다.

그러나 창직과 창업이 무조건적으로 바람직하거나 실현 가능한 것은 아니다. 유튜브 크리에이터와 같은 창직 성공 사례들이 부각되며 일종의 '1인 직업 환상'이 형성되고 있지만, 실제로 창업은 고도의 준비와 복합적 역량을 요구한다. 특히 일반적인 기업 형태의 창업은 단순한 기술 개발만으로는 성립되지 않는다. 경영학, 회계와 세무, 법률, 인사관리, 조직 운영 등 다양한 영역의 지식과 판단이 필요하다. 창업은 '일의 시작'이자 동시에 '경영의 시작'이기 때문이다. 따라서 창업을 직업교육의 연장선에서 다룰 때는, 단순한 기술 기반 창업(tech-based start-up)으로 환원해서는 곤란하며, 실질적인 경영 역량에 대한 인식과 준비가 반드시 병행되어야 한다.

이러한 이유로, 창직·창업교육은 학습자에게 '창의적으로 뭔가 만들어 보라.'라는 식의 추상적인 과제를 던지는 데 그칠 것이 아니라, 실행 가능성과 지속 가능성, 그리고 실패 가능성까지 포함한 실천적 교육 설계가 필요하다. 학교 단계에서는 전면적인 창업 실행보다는, 직업 설계와 경영 이해, 시장분석 및 사업기획, 그리고 모의창업을 통해 실제 창업 환경의 리스크를 인식하고 준비하는 경험을 제공하는 것이 중요하다. 예를 들어, 창업 기획서 작성, 시장 조사, 재무 계획 수립, 법인 설립 시뮬레이션 등은 경영의 현실을 교육적으로 해석하는 유효한 방식이 될 수 있다.

나아가 기술 창업을 장려하는 정책 방향이 유효하려면, 그 기술의 실현을 '경영'으로 확장해줄 수 있는 보완적 시스템이 필수적이다. 많은 기술 기반 창업자들이 실제 현장에서는 세무, 회계, 법률, 마케팅, 인력 관리 등에서 어려움을 겪고 있으며, 이는 사업 지속 가능성의 가장 큰 위험 요인 중 하나이다. 따라서 교육뿐 아니라 정책적 차원에서도 기술 창업자를 위한 경영 지원 시스템, 예를 들어 전문가 멘토링, 행정 대행 서비스, 초기 재무 컨설팅 등이 창직·창업 생태계의 지속 가능성을 좌우하게 된다.

결론적으로 창직과 창업은 직업교육이 단지 '기술을 전수하는 교육'을 넘어, '직업을 설계하고 구성하는 역량'을 길러주는 교육으로 확장되어야 함을 보여준다. 하지만 이는 어디까지나 충분히 준비되고 체계적으로 설계된 교육과 정책적 지원이 뒷받침될 때에만 의미가 있다. 창직·창업은 단지 꿈을 실현하는 과정이 아니라, 경력을 기획하고 사회적 책임을 수행하는 진지한 실천이다. 직업교육은 이러한 복합성과 현실성을 인정한 가운데, 학습자가 무모한 도전이 아니라 성찰된 기획을 통해 자신의 직업 세계를 형성할 수 있도록 지원해야 한다.

참고로 창직·창업교육과 연계하여 고등학교 단계에서부터 함께 할 사업이 있다. 필자가 이명박 정부때 고졸 취업 업무를 총괄하면서 만들었던 「IP Meister 사업」이다.[83] 창직과 창업은 단순히 아이디어를 현실화하는 과정이 아니다. 그것은 기존에 없던 직업을 설계하거나, 시장의 빈틈을 채우는 가치 제안을 만들어내는 창조적 재구성의 과정이며, 이 과정에서 가장 핵심적인 기반이 되는 것은 '기술에 대한 이해', '문제해결을 위한 설계 사고', 그리고 '지식재산에 대한 감수성'이다.

이러한 점에서 IP Meister 사업은 창직·창업교육의 핵심 인프라로 기능할 수 있다. 이 사업은 특성화고 및 마이스터고 학생들이 지식재산(Intellectual Property)의 개념과 구조를 이해하고, 실질적으로 아이디어 발상, 특히 명세서 작성, 출원 실습, 기술사업화 연계까지 경험할 수 있도록 설계되었다. 학생들은 단순히 교과 지식으로서가 아니라, 실제 발명과 기술 보호의 절차를 경험하며, '내 아이디어의 권리화'를 체득하게 된다.

이 사업은 필자의 holistic competency 관점에서 기술 중심 직업교육에서 요구되는 underpinning knowledge와 transferable potential을 동시에 길러주는 희귀한 교육 모델이다.

---

83 사업 취지를 이해하고 싶으신 분은 발명진흥회의 홈페이지나 필자의 책 「끊어진 사다리: 각자도생하는 평생·직업교육·훈련」을 읽어보길 바란다.

① Underpinning knowledge: 전기, 기계, 소프트웨어 등 전공 분야별로 발명이 성립하려면 필요한 기초 이론, 법적 판단력, 시스템 이해 등이 뒷받침되어야 하며, 이는 수업에서 분리된 '지식'이 아니라 지식재산화라는 실천적 맥락 속에서 강화된다.

② Transferable potential: 특허를 기획하거나 기술을 설명하는 과정에서 학생들은 문제정의 능력, 창의적 사고, 기술 커뮤니케이션, 논리적 설명, 협업적 설계 등 다양한 전이 가능한 역량을 체득하게 되며, 이는 다른 산업 분야나 직무로 확장될 수 있다.

또한 이 사업은 단기 창업경진대회식 이벤트 중심 창업교육이 갖는 한계를 극복할 수 있는 구조를 제공한다. IP Meister 교육은 문제 발굴 → 아이디어 기획 → 기술 설계 → 권리화 → 사업화 탐색이라는 일련의 과정을 통해, 학생들이 창업 이전에 반드시 갖춰야 할 '혁신 감수성'과 '기술 윤리'를 심층적으로 경험할 수 있도록 설계되어 있다. 이 점에서 IP Meister는 단순한 지식재산 교육이 아니라, "혁신기반 창직·창업교육의 핵심 경로"로서 자리매김할 수 있다.

따라서 향후 창직·창업교육을 고도화하는 전략을 수립할 때, IP Meister형 교육과정을 제도화하거나 일반화하는 것이 필요하다. 나아가 이 프로그램은 '지식재산 기반 융합교육(Patent-based Integrated Learning)'의 한국형 모델로 발전시켜, 기술교육을 받는 학생들이 곧 지식재산 창출자로 성장하는 경로를 설계하는 데 기여해야 한다. 희망컨대 직업고 학생뿐만 아니라 일반고 학생, 나아가 대학에서도 필수과목으로 했으면 한다.

제8장

직업교육 대전환을 위한 조건들[84]

직업교육은 단순한 교육과정의 개편이나 실습환경의 개선만으로 바뀌지 않는다. 정부의 노력, 교수자의 헌신 등으로도 충분하지 못하다. 실질적인 변화는 교육을 떠받치는 제도적 기반과 인프라의 전환 없이는 가능하지 않다. 지금 우리가 마주한 또 하나의 문제는 교육의 '내용' 외에도 그 내용을 작동 가능하게 하는 구조와 질서의 결함이다.

- 학습의 결과를 자격과 학점으로 전환할 수 있는 국가역량체계(NQF)의 구축,
- 비정형적 학습을 제도권으로 포섭하는 학점은행제의 유연한 개편,
- 현장의 경력을 교육 성과로 연결짓는 RPL 체계의 제도화,
- 직업교육기관의 지속 가능성을 위한 계좌제와 재정지원 방식의 근본적 혁신,
- 생애경력설계를 가능하게 할 학습휴가의 법제화와 권리화,
- 학력주의에 갇힌 진입구조를 해체하기 위한 대입제도의 재구성,
- 그리고 교육훈련 체계를 단일 구조로 엮기 위한 직업교육 법령의 통합

---

84 지원 인프라에 관련된 많은 내용은 필자가 최근에 출간한 『대중요법으로 망가지는 대한민국 교육』, 『끊어진 사다리: 각자도생하는 평생 · 직업교육 · 훈련』을 참조했다.

정비가 필요하다.

이 모든 조건이 갖추어질 때에야 비로소, 우리는 '직업교육의 전환'을 이야기할 수 있다.

1. NQF 구축

시간제 등록생, 마이크로 디그리, RPL, 학점은행제, 시간제 등록생, 교육계좌제, 직무능력은행제 등 모든 학습 기반 정책은 이제 자격 간의 이동성, 정합성, 누적 가능성 없이는 작동할 수 없다. NQF는 바로 이 모든 정책의 제도적 기반이자 통합의 구조이다. 그것 없이 도입되는 소단위 전공 과정이나 Micro Credential은 공신력 없는 조각 증명서로 전락할 가능성이 높다. 즉, NQF는 학점이 아니라 '성취 기준(Learning Outcomes)'과 '수준(Level)'을 중심으로 설계된 자격 체계이다. 이를 통해 다음과 같은 효과를 확보할 수 있다.

① 신뢰성 보장: 이수 증명의 질(난이도, 수준, 결과)을 객관화
② 자격으로 인정: 공식 자격 등록이 가능해짐(국가 등록 자격번호 등)
③ 직무 연계: 직업능력기준과의 정합성 확보
④ 이동성과 연결: 학위 · 직업훈련 · 외부 자격 간 Credit Transfer 및 RPL이 가능

따라서 마이크로 크리덴셜이 이수증서가 아니라, 학위의 부분적 구성요소(Component), 직무 역량의 공식 인증 도구, 다양한 경로로 쌓아가는 Stackable 자격 구조로 작동하려면 NQF 기반에 편입되어야 한다.

2. 학점은행제의 개편

「평생교육법」에 의한 학점은행제는 무형식/비형식 학습을 평가 인정하여 이를 학점으로 전환하고, 그 전환된 학점이 누적되어 학위를 수여할 수 있는 기준이 되었을 때 학위를 주는 제도이어야 한다. 그러나 우리는 처음부터 학위를 주기 위한 제도로 설계했다. 평생학습제도를 표방했지만, 실은 변형된 대학학위취득제도였다. 학점은행제를 본래의 취지에 맞게 학습의 성취를 공적으로 인정하는 제도로 개편하려면, 다음과 같은 구조적 전환이 필요하다.

① 학위를 전제로 한 제도가 아닌, 학습성과(learning outcomes)를 학점으로 전환하는 방식으로 제도를 재설계: 학점은 정해진 과정을 이수했다는 이유로 부여되는 것이 아니라, 학습자가 무엇을 성취(Learning Outcomes) 했는지를 바탕으로 평가를 거쳐 인정되어야 한다.
② 사전 과정 평가 방식에서 탈피하여, 결과 중심 평가 체계로 전환: 현재의 '과정 → 평가인정 → 학점' 구조에서, '학습성취 → 평가 → 학점' 구조로 전환해야 하며, 이를 통해 교육의 유연성과 수요자 중심성을 확보할 수 있다.
③ RPL(학습성과 인정 체계)의 도입과 제도화: 비형식·무형식 학습의 포괄

적 인정이 가능하도록, 표준화된 학습성과 기준과 국가자격 체계(NQF: National Qualification Framework) 기반의 평가 방식을 마련해야 한다. 직업교육은 NCS 기반으로, 고등교육은 대학 사회의 합의된 기준을 바탕으로 학점으로 전환하는 작업을 해야 한다.

④ 교육 계좌제와 통합적 운영: 학습자가 생애 전 주기에 걸쳐 축적한 학습성취를 교육 계좌에 기록·관리하고, 필요할 때 이를 학점으로 전환하거나 자격의 취득에 활용할 수 있는 시스템으로 발전시켜야 한다.

⑤ 대학 중심으로 학위 수여 권한 재편: 학점을 활용한 학위 수여는 궁극적으로 대학의 정규 학사조직이 책임지는 것이 타당하다. Credit Transfer, Advanced Standing 등의 다양한 제도를 활용할 수 있다.

3. RPL의 체계화

「고등교육법」 제23조 제1항 제6호에 학교 밖에서 이뤄진 학습경험을 대학 학점으로 인정할 수 있는 법적 근거가 신설되어 있다. 대학의 자율이다. 바로 이 관점에서부터 RPL의 근본적 문제가 시작된다. 우리나라의 RPL 제도를 바로잡기 위해서는 먼저 RPL을 보는 관점 자체가 바뀌어야 한다. 그것은 학습자의 권리를 실현하기 위한 제도여야 하며, 대학의 선택이 아닌 국가의 책무로 설계되어야 한다.

이를 위해서는 교육부가 법령을 넘어선 표준 운영 매뉴얼을 마련하고, 대학협의체(대교협, 전대교협)와 함께 표준화된 절차, 증거자료 목록, 심의 기준,

질 관리 체계를 수립해야 한다. 학과에 따라 판단이 다르고, 교수 개인의 재량으로 결정되는 방식은 RPL 제도를 불신으로 몰아가는 가장 위험한 방식이다. 국가와 대학협의체가 정한 기준과 원칙 하에서 대학의 자율이 강조되는 것이 올바른 방식이다.

4. 계좌제의 활성화

지속 가능한 학습 이력 구축과 전환학습을 위한 제도가 요구된다. 개별 학습자 단위의 계좌 기반 제도, 즉 '평생학습계좌제'가 있다. 「평생교육법」 제23조가 근거이다. 이와 유사한 제도가 고용노동부에도 있다. 바로 「평생직업능력법」 제18조의 직업능력개발계좌이다. 외관상 하나는 평생교육제도이고, 또 하나는 직업훈련제도이기에 다른 것처럼 느낄 수 있으나, 본질적으로 성인학습자의 학습계좌라는 점에서 동일하다. 통합이 요구된다. 이 계좌는 개인의 학습기록, 역량, 자격을 축적하고, 필요할 때 국가 또는 산업으로부터 훈련비, 장려금, 대출 등의 다양한 형태로 자원이 투입될 수 있도록 설계되어야 한다.

5. 학습휴가의 권리화

「평생교육법」에 학습휴가제 조항이 있고, 고용노동부는 일정 요건을 충족한 사업주가 근로자에게 유급휴가를 주고, 훈련비와 임금 일부를 지원받을 수 있는 제도를 두고 있다. 하지만 두 제도 모두 효과가 거의 없다. 따라서, 지금의 학습휴가제는 '제공될 수도 있고, 아닐 수도 있는 복지', 즉 사업주의 선의에 달린 선택적 제도로 운영되고 있다. 이럴 때 학습은 결국 특권적 자원이 된다. 시간적 여유가 있는 이들, 조직의 배려를 받는 이들만이 배울 수 있는 구조다.

반면, 학습휴가를 근로자의 '청구권'으로 본다면 상황은 달라진다. ILO는 이미 1974년부터 유급학습휴가를 권고해왔다(Paid Educational Leave Recommendation). 학습은 이제는 선택적 자유가 아닌, 국가와 고용주가 보장해야 할 사회적 권리로 인정할 필요가 있다. 즉, 유급학습휴가는 '줘도 되고, 안 줘도 되는 혜택'이 아니라, '반드시 보장해야 하는 권리'가 된다. 여기서 학습권은 단지 교육을 받을 자유를 넘어서, 삶을 향상할 수 있는 권리, 재도약의 기회를 얻게 될 권리로 의미가 확장된다. 성인이 되어서도 배울 수 있어야 한다는 믿음, 그 믿음을 제도적으로 실현하는 것이야말로 성숙한 사회의 모습이다. 특히 앞으로 예상되는 사회에서는 더욱 더 학습휴가를 기업 차원에서 또는 국가 차원에서 권리로 인정할 필요가 생긴다.

6. 재정지원 시스템의 개편

학습의 각 단계별로 맞춤형 재정지원 시스템을 설계해야 한다. 그런데 지금 교육부는 주로 first phase에 치중을 하고 있다. 대표적인 것이 무상교육과 대학생 장학금이다. 문제는 Second Phase of Learning(노동시장 내 학습 병행)과 Third Phase of Learning(노년기 학습)으로 들어서면, 이 시스템이 급격히 허물어진다는 데 있다. 노동시장에 진입한 이후의 성인학습자는 일부 예외를 제외하면 고용보험 기반의 재정지원에 의존할 수밖에 없다. 청년 특화 지원제도나 국민내일배움카드처럼 고용보험 가입 여부와 무관하게 참여 가능한 제도도 있지만, 그 예산의 근원은 고용보험기금이다. 내일배움카드는 최대 300만~500만 원까지의 학습비를 지원하지만, 일정 부분 자기 부담이 있으며, 사용 목적과 범위가 '취업'과 밀접하게 연결되어 있다.

이는 본질적으로 '학습과 역량 개발'을 위한 제도가 아니라, 취업 및 노동시장 진입을 위한 수단으로 기능하게 만든다. 결과적으로 정책의 효과성도 실질적 성취보다는 형식적 수료율이나 취업률 중심으로 평가되며, 성인의 학습권 자체에 대한 철학은 부재한 상태이다. 지금 필요한 것은 단순한 제도 보완이 아니라, 완전히 다른 관점에서 재정 시스템을 설계하는 일이다. 노년기의 학습자들은 더 말할 것도 없다. 대부분의 공적 지원체계에서 사실상 제외된 존재다. 실질적으로는 평생학습의 3단계에서 중·후반부 전체가 시스템의 공백 상태인 셈이다

재정의 통합과 신규 재원의 발굴이다. 지금의 성인학습 지원은 고용노동부, 교육부, 복지부, 산업부 등 부처별로 조각나 있으며, 이들 부처는 각자

의 정책 목적에 따라 단편적으로 자원을 배분하고 있다. 그러나 학습자는 하나의 삶을 살아가는 개인이다. 부처의 사업이 아니라, 학습자 중심에서 통합적으로 설계된 재정체계가 필요하다. 이를 위해선 다음과 같은 재정 혁신이 필요하다.

고용보험 일부를 '학습 기금'으로 전환하고, 정부 일반회계에서도 이에 일정 비율로 매칭해야 한다. 예를 들면 평생교육이용권에 지원되는 일반회계 예산도 이 학습 기금에 통합하는 것이다.

① 복권 수익금의 일정 부분을 학습 기금으로 전환하거나, 교육세 일부를 '평생학습세'로 명시하여 별도 운용할 수 있다.
② 장기적으로는 국가 평생학습계좌제와 연계된 개인별 적립형 학습 펀드 시스템을 마련하여, 생애 주기별 필요 시점에 학습 기회를 실질적으로 사용할 수 있도록 해야 한다. 모든 국민에게 생애 단위의 학습 계좌를 부여하고, 필요에 따라 적립, 이월, 보충, 대출, 감면, 보조금 지급이 가능한 다층적 바우처 체계가 만들어져야 한다.
③ 학습과 역량 개발'에 중심을 둔 설계 전환이다. 지금까지의 많은 제도는 '자격증 취득'이나 '취업' 등 단기(短期) 성과 위주였지만, 진정한 학습복지는 역량 강화, 시민성 함양, 직업 생애의 지속 가능성 확보라는 보다 넓은 목표를 지향해야 한다. 그럴 때 비로소 성인의 학습이 단절되지 않고, 사회 전체의 역동성으로 이어질 수 있다.

7. 대학입시제도의 근본적 개편

입시경로는 얼마든지 다양화할 수 있다. 그러나 지금은 학령기 학생 모두가 대학에 바로 진학한다는 관점에서만 사고한다. 그러나 평생학습시대에 성인학습자까지 고려한다면 굉장히 다른 입시제도가 설계될 수 있다. 지금의 입시제도는 수능시험 성적이 유의미한 10~20% 정도의 학생을 위한 제도이고, 나머지 80~90% 학생에게는 고통을 안겨주는 제도이다. 왜 국가는 80~90%의 고통받는 학생들의 입시에 대해서는 관심을 두지 않는가? 다음과 같은 제도는 지금도 얼마든지 상상할 수 있다. 정부는 국민과 함께 더 나은 방안을 만들고, 그리고 또 다른 국민들에게 설득할 수 있는 지적 능력과 용기가 있어야 한다. 그렇지 않으면 직무 태만이다.

- 전문대학은 기초적인 학업 능력만 있으면 수능 없이도 입학할 수 있어야
- 일정 기간(예: 1년 이상) 노동시장 경험이 있다면 성인 입학 경로로 전환할 수 있어야
- 성인 학습자의 입학 경로가 종된 경로가 아니라 주된 경로로 인정해야
- 후진학 학습이력 기반 전형 학습경험인정 등 새로운 입학 모델도 가능하고
- 수능 한 번이 아닌 삶의 다양한 노력과 경험이 진입의 자격이 될 수 있는 체계가 만들어져야 한다.

어쨌든, 성인학습자에게도 내신과 수능을 요구하는 것은 Nonsense이다. 재수생, 삼수생에게도 수능을 요구하는 것도 Nonsense이다. 역량 평가를 만들어내지 못하는 지적인 역량과 전문가의 엄청난 부족 때문이다. 뭔가 이

상하지 않은가? 수능은 같은 응시자 집단을 바탕으로 성적을 매기는데, 내신은 전년도, 전년년도 것을 활용한다는 것이.

8. 직업교육 관련 법령의 통합 정비

직업교육을 구성하는 법적 기반은 현재 지나치게 분절적이고 중복된 구조를 가지고 있다.

「산학협력법」은 산업수요에 맞는 인재양성과 기업연계를 규정하고,

「평생교육법」은 성인학습자와 원격대학, 사내대학 등을 교육 체계 바깥에서 규정하고 있으며, 「고등교육법」은 정규 대학 체계를 정의하지만, 성인학습자와의 경로 통합에는 한계가 있다.

「학점인정 등에 관한 법률」은 학습 경로의 유연성을 지향하지만, 여전히 학위 중심 패러다임에 갇혀 있고,

「고용보험법」에 규정된 직업능력개발급여와 고용안정급여가 고용노동부의 정책목적을 위해서 무분별하게 사용되고 있으며,

「평생직업능력개발법」과 「직업교육훈련촉진법」은 유사한 목적을 지니면서도 고용부와 교육부 간 칸막이 행정 속에서 이원화되어 있다.

또한 「자격기본법」과 「국가기술자격법」은 자격 체계의 일원화나 직무역량 중심의 유연한 인정 방식으로의 전환에 충분히 대응하지 못하고 있다.

이외에도 「진로교육법」과 「직업안정법」도 생애 차원의 진로개발이라는 관점에서 함께 검토되어야 한다.

이처럼 현재의 법령 체계는 광의의 직업교육 개념 ―즉, 직업고등학교부터 대학, 기업 내 훈련, 평생학습, 자격인정까지 포괄하는 생애 기반 역량 개발 체계―를 담기에 구조적으로 불가능한 틀이다.

각 법령은 자신만의 정의와 체계를 내세우며, 결과적으로 학습자는 이동할 수 없는 제도적 섬들 사이를 표류하게 된다. 이제는 생애 단계별로 역량을 개발하고 이전할 수 있는 유연한 직업교육 체계, 즉 청소년기(First Phase) - 근로기(Second Phase) - 은퇴 이후(Third Phase)를 관통하는 일관된 능력개발 시스템을 뒷받침할 수 있도록 직업교육 관련 법령을 원점에서 재검토하고, 구조적 통합을 모색해야 할 시점이다. 특히 다기능(multiskilling), 전이가능역량(transferable skills), 융합형 학습 경로(integrated learning routes)와 같은 새로운 직업세계의 요구를 반영한 법적 패러다임 전환이 필요하다. 이는 단순한 법령 정비가 아니라, 직업교육의 철학과 체계를 새롭게 쓰는 작업이다.

즉, 직업교육을 규율하는 새로운 법률의 필요성을 의미한다.[85] 현재(25.7.5. 기준) 국회에는 「직업교육법안」이 상정되어 있다. 직업교육만을 규율하는 단독 법률안이다. 이 법률안은 독립된 법률의 필요성 인지(認知), '모든 국민'이나 '전 생애주기' 언급, 단계별 직업교육 명시하려는 점에서 긍정적인 면이

---

85 현재(25.7.5. 기준) 국회에는 ○○○의원이 대표 발의한 〈직업교육법안〉(의안번호 제2205750호)이 상정되어 있다. 여러 법령에 분산되어 있는 직업교육 체계를 정비하고, 직업교육에 대한 투자와 산업계에서 요구하는 인력 양성을 도모하는 한편, 모든 국민에게 전 생애주기에 걸친 직업교육을 제공함으로써 국민 개개인의 역량 강화와 나아가 국가경쟁력 강화를 목적으로 하고 있다. 본칙 25개조로 구성된 법률안의 주요 내용은 직업교육 5개년 기본계획, 국가직업교육센터 지정·운영, 직업교육 단계를 초·중등 단계, 고등단계, 평생단계로 구분하고 있다. 이 법률안에서는 직업교육을 "「초·중등교육법」 제2조 각호에 따른 학교, 「고등교육법」 제2조 각호에 따른 학교 및 「평생교육법」 제2조에 따른 평생교육기관에서 학생에게 직업에 대한 소양을 습득시키고 직업에 필요한 지식 및 기술을 향상시키기 위하여 실시하는 다음 각목의 교육을 말한다. 가. 기초직업교육: 학생이 자신의 적성과 소질을 발견하고 직업기초능력을 갖출 수 있도록 실시하는 기본적 수준의 직업교육. 나. 전문직업교육: 학생이 자신의 적성과 소질에 적합한 역량을 키우고 취업 또는 직무수행에 필요한 전문적인 지식, 기술 및 태도를 습득할 수 있도록 실시하는 상위 수준의 직업교육을 말한다."라고 정의한다.

있다.

　하지만 필자의 직업교육 개념 정의에서 본다면 이 법안 역시 본질적으로 큰 한계를 보여준다. 직업교육을 여전히 협의의 직업교육과 교육기관 중심으로만 사고한다. 기업 내 교육, 현장 기반 학습(OJT 등) 등을 수용할 수 없다. 직업훈련과의 관계를 애초부터 단절하고 있다. 이제 학습자의 관점에서 교육과 훈련은 통합적으로 사고할 수뿐이 없는 환경의 변화를 거부하고 있다. 나아가 직업교육과 기술교육과의 관계 역시 모호하다. 나아가 일반교육과 직업교육과의 관계 설정도 불분명하다. 일반교육과 직업교육의 관계를 '주류-비주류' 혹은 '기본-곁다리'로 보는 시각이 남아있다. 또한, 평생단계의 직업교육 적용 대상을 고용노동부와의 관계를 고려하여 '직업능력향상교육 및 성인 진로개발역량 향상교육에 한하여 이 법을 적용한다'라고 한정(안 제21조)함으로써 갈등을 모면하려는 입법 태도를 보이고 있다. 사실은 동일한 활동임에도 불구하고 애써 무시한다. 직업능력향상교육과 고용노동부의 직업능력개발훈련과 본질적으로 다른 점이 무엇이 있겠는가? 다른 점이라 함은 직업능력개발훈련이 직업능력향상교육의 범위 안에 있다는 것 정도일 것이다. 기초직업교육과 전문직업교육의 정의도 모호하다. 특히, 직업교육을 경제 발전의 수단으로 보는 시각 또한 강하다. 직업교육의 본질적 가치보다는 도구적 가치가 강조된다. 개편의 당위성이 의심스럽다.

Epilogue

나의 여정, 직업교육의 미래를 향하다

저는 긴 시간 동안 직업교육을 위해 걸어왔습니다. 공직에서 보낸 30여 년은 직업교육의 중요성과 그 복잡성을 몸소 체험하는 시간이었습니다. 때로는 행정가로서, 때로는 연구자로서, 때로는 현장의 교육자로서 저는 직업교육의 다양한 면을 마주했습니다. 이 책을 쓰는 데 있어 저의 개인적인 경험은 중요한 출발점이 되었지만, 그보다 더 큰 재료는, 필수불가결함에도 불구하고 그 중요성이 너무 자주 간과되는 직업교육이라는 영역에 대한 깊은 성찰과 숙고의 결과물입니다.

공직에서의 시간은 단순히 행정하고 정책을 집행하는 자리가 아니었습니다. 제가 몸담았던 여러 자리에서 저는 직업교육의 방향성을 설정하고, 정책을 설계하며, 때로는 현장의 목소리를 듣기 위해 발로 뛰어야 했습니다. 사무관 시절 김영삼 정부 발표 교육개혁 방안에 포함되었던 「직업교육훈련 5개년 기본계획」, 「민간자격 국가공인제도」(지금은 후회하는 부분도 꽤나 있습니다)를 현실화하기 위해 고용노동부를 설득하고, 다른 부처의 협조를 이끌어냈습니다. 과장과 국장 시절 추진했던 마이스터고, 선취업 후진학, 글로벌 현장학습, IP Meister 사업, NCS, 산학 일체형 도제학교와 같은 정책들은 단지 일련의 제도가 아니라, 당시 제가 몸담고 있던 사회의 필요와 현장의 요구를 반영한 결과물이었습니다. 그러나 정책은 언제나 복잡한 이해관계와 맞물려 있었고, 많은 경우 저는 저의 신념과 정부의 정책 방향성 사이에서 갈등을 겪어야 했습니다.

성인계속교육학 박사 과정을 통해 저는 직업교육이 단지 '기술이나 기능 습득'을 넘어서는 더 넓은 의미를 가져야 함을 깨달았습니다. 직업교육은 한편으로는 개인의 삶을 지원하고, 다른 한편으로는 경제와 사회의 변화를 이끌어가는 중요한 축이어야 한다는 것을. 이러한 관점은 이후 제가 호주 퀸즐랜드 주 정부에 파견되어 직업교육훈련 시스템을 연구할 때 더욱 강화되었습니다. 호주의 직업교육훈련 시스템은 한국의 그것과는 본질적으로 달랐고, 이는 제가 『호주의 직업교육훈련』이라는 책을 집필하는 계기가 되었습니다. 그때의 경험은 직업교육의 가능성과 한계를 이해하는 데 큰 도움이 되었습니다. 물론 당시 저는 호주의 학교교육에 더 크게 매료되어 『호주의 학교교육』이라는 책도 출간했습니다. 물론 지금은 두 책 모두 절판되었습니다.

유네스코(UNESCO) 방콕 사무소와 파리 본부에서 직업교육 전문가로 활동한 시기는 저에게 직업교육의 국제적 흐름과 다차원적 접근의 필요성을 깨닫게 한 중요한 시간이었습니다. 국제기구에서의 경험은 직업교육이 단지 한 국가의 문제가 아니라 글로벌한 도전 과제라는 점을 명확히 인식하게 했습니다. 이러한 관점은 제가 한국직업능력연구원에서 연구원으로 일하며, 그리고 다른 기관에서 근무하면서 약 50개 가까운 정책 연구를 수행하는 동안에도 계속해서 저의 사고를 지배했습니다.

전문대학인 인덕대학교에서의 부교수 재직 경험은 또 다른 전환점이었습니다. 저는 정부 출연 연구소 최초의 고용 휴직자이자, 전문대학 최초의 고용 휴직자였습니다. 현장에서 학생들을 직접 가르치고, 그들의 고민을 듣는 과정은 정책이 단지 문서나 보고서에 그치는 것이 아니라 실제로 삶에 영향을 미친다는 점을 절실히 깨닫게 해주었습니다. 일주일에 주간 수업과 야간 수업을 합해 15~17시간을 가르치며, 일과 학업을 병행하는 많은 젊은이들의 애환을 교실 현장에서 확인할 수 있었습니다. 현장 실습 나간 제자들을 지도하기 위해 기업을 방문했다가 문전박대를 당하기도 했습니다. 그 기분은 당해보지 않은 분은 모를 것입니다. 또한 한국전문대학교육협의회와도 2년 동안 여러 일을 하며, 직업교육이 단순히 기술을 가르치는 것이 아니라 개인의 역량을 확장하고 사회적 자본을 형성하는 중요한 기제라는 점을 다시 한번 깨달았습니다. 그리고 우리 사회가 직업교육을 받는 학생을 중히 여기지 않는다는 안타까운 현실도 깨달았습니다.

이 책은 이러한 경험과 성찰을 토대로 작성된 것입니다. 50여 권의 정책 연구와 20권의 단독/공동 저서 집필 경험도 모두 이 책의 밑바탕이 되었습니다. 그러나 무엇보다 중요한 것은 이 모든 경험이 단지 과거의 기억이 아니라, 앞으로 나아가야 할 방향을 제시하는 나침반이 되었다는 점입니다. 저는 직업교육이 더 이상 '이류교육'이라는 오명을 벗고, 당당히 교육의 중심에 서기를 희망합니다. 그리고 '이류교육'을 사실상 만들었거나 방조한 정부에 대해 새로운 대안을 제시합니다. 모든 고등학생은 '진로와 직업' 과목을 필수로 하고, 추가적으로 직업세계 관련 과목을 의무적으로 이수해야 한다고 봅니다. 대학도 마찬가지입니다. 이것이 진정한 교육 중심 대학의 모습이자 정상적인 국가의 모습이라고 저는 믿습니다. 그렇다고 낡은 복선형 학제를 다시금 주장하는 것은 아닙니다. 결과적으로 인간은 직업을 통해 삶을 구현해야 하기에, 좀 더 젊었을 때부터 직업에 친숙해지는 것이 결과적으로 좋을 것이기 때문입니다. 직업교육은 실용교육이며, 전문교육인 것입니다.

그리고 저는 직업교육의 개념을 새롭게 정의했습니다. Holistic competency라는 새로운 용어를 제시했습니다. 그 정의 속에 professional education, research training, engineering education도 모두 수용했습니

다. 교육 중심 대학은 결국 직업교육 중심 대학이라고 설명했습니다. 그리고 '학습이동의 격자(Learning Grid)', '학습 격자구조(Learning Lattice)'의 중요성, 각자에게 '연결된 사다리'가 만들어질 수 있는 생애학습체제에 대해서도 강조했습니다. 직업교육과 함께 이해하면 좋을 몇몇 용어들에 대해서도 개념 정의도 시도했습니다.

이렇게 바뀌어야만 학습권이 보장되고, 학습복지사회가 구현될 수 있는 교육 세상이 만들어진다고 봅니다. 하지만 직업교육이 제 가치를 인정받기 위해서는 직업교육에 대한 사회적 인식(perception)의 전환이 필요하며, 직업교육의 가치를 이해하고 지지하는 사회적 기반이 필수적입니다. 또한 변화는 언제나 저항을 수반하기에 체계적이고 지속적인 노력이 필요합니다. 꼼꼼한 전략이 요구되며, 법제화 또한 필수적입니다. 또한 부처들의 무기력함과 전투적인 '땅따먹기'식 행정을 넘어서야 합니다. 직업교육을 이류교육으로 만들어 온 정부 정책의 근본적인 변화가 절실합니다.

공직을 마감하고 이 책을 집필하는 과정은 저에게 새로운 시작이자 또 다른 도전의 출발점이 되었습니다. 아직 부족하고 논리적 흠결도 있으며, 더 상세한 설명이 필요한 부분도 있습니다. 일부는 글의 순서를 조정했어야 할 아쉬움도 있습니다. 그럼에도 불구하고 이 책을 출간하기로 한 이유는, 지금과 같은 교육으로는 더 이상 미래를 대비할 수 없다는 위기의식, 그리고 저의 생각을 좀 더 일찍 세상과 나누고 싶다는 절실함 때문입니다.

특히 직업이 사라지는 시대에 우리는 오히려 더 넓은 의미의 직업교육(vocationalization)이 필요하다고 믿습니다. 직업교육은 더 이상 특정한 기술이나 기능을 가르치는 협의의 개념이 아니라, 삶을 설계하고 사회적 존재로 자리를 잡는 과정 전반을 지원하는 통합적 교육 체계여야 합니다. 그래서 저는 남은 시간을 더 많은 사람들과 지식과 경험을 나누는 데 쏟아보고자 합니다. 이것이 저의 작은 소망이며, 직업교육의 새로운 가능성을 열어가는 길이 될 것입니다.

저의 직업교육 공부의 종착역은 아마도 대한민국 직업교육 교육과정의 틀을 정립하는 일이 되지 않을까 생각합니다. 더 나아가 일반교육의 교육과정까지 포함하여, 국가 교육과정의 그랜드 디자인(Grand Design)을 다시 쓰는 것이 제 공부의 최종 결말이 될지도 모릅니다.

저는 지금도 믿고 있습니다. 교육과정만 바꿔도, 교사 양성과정만 바꿔도, 우리가 지금 보고 있는 교육 문제 절반 이상은 사라질 것이라는 것을.

이 책에서 설명한 교육과정 전략만이라도 실현된다면, 대한민국 교육은 훨씬 더 단단하고 생명력 있는 모습으로 거듭날 수 있을 것입니다. 그래서 이 책은 단순한 이론서가 아니라, 대한민국 교육개혁의 청사진입니다. 부디 독자 여러분의 너그러운 이해와 함께, 이 책이 던지는 메시지가 직업교육의 미래를 함께 설계해가는 출발점이 되기를 소망합니다.

끝으로 긴 시간 동안 저와 함께 정부에서 일하고 연구했던 많은 분들에게 깊은 감사를 드리며, 저의 수업을 들었던 학생들의 미래에도 행운과 행복이 가득하기를 기원합니다. 물론 부족한 이 책을 선택해주신 독자들에게도 무한한 고마움을 전합니다. 그리고 진정 고마운 사람은, 당연히 그 누구보다도 저의 가족입니다. 〈끝〉

[부록 1]

국가 주도형 Gap Year 모델과 대학입시: 경력이 먼저다

우리는 지금, 교육과 경력의 고리를 다시 연결해야 하는 시대에 살고 있다. 학위의 가치는 하락했고, 초급 직무는 사라지고 있으며, 채용은 실적과 경험 중심으로 재편되고 있다. 노동시장에 새로 진입하는 청년들에게는 냉혹한 현실이다. 학력은 있지만, 경력은 없고, 스펙은 있지만 진로가 없는 청년들이 넘쳐난다. 과감한 구조 개편을 상상해야 한다.

우리의 교육제도는 '진로를 먼저 결정하고 → 필요한 교육을 받고 → 경력을 개발하는' 순서를 전제로 작동한다. 문제는, 이 전통적인 순서가 이제 현실과 맞지 않는다는 데 있다. 대부분의 청년은 진로를 결정할 준비도, 경력을 설계할 기회도 없이 대학에 진학하고, 사회에 나왔을 때 비로소 방향을 잃고 흔들리게 된다. 이 구조 자체를 바꾸지 않으면, 청년의 시간과 가능성은 계속 낭비된다.

이 부록에서 제안하는 것은 단순한 입시 구조 변경이 아니다. 파격적이지만, 가장 현실적이며, 효과적인 해법일 수 있다. 그것은 고등학교를 졸업하고 곧바로 대학에 진학하기보다는 일정 기간(예: 2년 동안) 노동시장 또는 삶의 현장에서 경력 형성을 갖도록 지원하는 방식이다. 그 2년은 단지 시간의 공백이 아니라 다양한 직업을 경험하고 자기 정체성을 탐색하며, 향후의 진학이나 진로 설계를 위한 경력 토대를 준비하는 시간이다. 남자들의 경우에는 군 입대 기간을 국가가 이들의 전문경력을 만들어주는 기회로 바꿔나가야 한다. 즉, 이 방안은 "경력을 먼저 갖게 하고, 진로를 탐색한 다음, 학습을 시작하는" 완전히 새로운 사회 설계 방식이다. 이를 위해 국가가 나서서 다음과 같은 Gap Year 제도를 설계하고 운영할 필요가 있다.

기존 모델	새로운 모델
진로 결정 → 교육 → 경력 개발	경력 체험 → 진로 탐색 → 교육 심화

이 모델의 핵심은, 경력 없는 학습이 아니라, 학습 가능한 경력을 먼저 만들어준다는 것이다. 즉, 고등학교 졸업자는 노동시장에 바로 진입하지 않고, 국가가 마련한 구조 속에서 1~2년간의 체계적인 '경력 형성기'를 반드시 거치게 된다. 이 Gap Year는 단순한 공백이 아니라, 사회적 실험의 시기이다. 청년은 다양한 산업과 직무를 경험하며, 자기 적성, 강점, 가치관을 확인하고, 그 과정에서 자신의 진로를 구체화하게 된다. 그리고 그 다음에, 자신에게 꼭 맞는 심화 학습을 대학, 직업교육기관, 온라인 플랫폼 등에서 선택하여 진행할 수 있게 된다.

◼ 국가가 '경력'을 만들어준다: 공공적 경력 플랫폼

이러한 Gap Year는 민간 노동시장에 맡겨둘 수 없다. 국가가 다음과 같은 방식으로 경력을 위한 공공적 인프라를 제공해야 한다.

- 복수 산업과 직무에서의 로테이션 경험 (예: 6개월 × 2~4개 산업)
- 공공기관, 협회, 지역 비영리조직 등을 활용한 사회적 과업형 일자리 제공
- 기초기술, 협업, 보고, 리더십 등 Holistic Competency 기반 학습 내장
- 모든 경험은 e-포트폴리오로 기록되고, 대학 또는 기업에 제출 가능

· 국가인증 경력 인증서 발급 → 대학 입학, 취업 시 공식 활용 가능

이러한 설계를 통해, 청년은 사회적 경력 자본(social career capital)을 확보한 뒤 스스로의 진로를 정의할 수 있으며, 이후의 교육은 진로 기반 학습으로 전환된다.

◩ 선(先) 경력 – 후(後) 진학이라는 새로운 흐름

이 제도 아래에서 대학은 단순히 고등학교 학업을 마친 이들의 다음 단계가 아니다. 오히려 일정한 산업·사회 경험을 가진 사람들이 심화 학습을 위해 진입하는 후속 학습 기관, 전환형(transitional) 학습 플랫폼으로 역할을 바꾸게 된다. 대학 교육은 이들에게 훨씬 더 명료한 목적과 동기를 제공할 수 있고, 교육과 학습의 질도 크게 높아질 수 있다. 고등학교는 입시 기관이 아니라 광의의 직업교육기관으로서 자기 역할을 다시 설정하게 된다. 모든 학생이 동일한 경로를 걷는 것은 아니다. 진학, 취업, 후진학, 동일계 진학 등 다양한 선택지가 공존하게 된다. 수능성적을 요구할 필요가 없기 때문에 수능에 몰리는 과도한 부담을 줄일 수 있다. 입학사정은 경력인증서가 바탕이 되기 때문이다.

그리고 이 모델이야말로 현재의 대학입시제도에 의해 고통을 겪고 있는 80~90%의 학생들에게 새로운 삶의 지평이 열릴 수 있음을 보여주는 제도이다.

◩ 마이스터고와 같은 특수한 학교의 전용 경로 설계

마이스터고와 같이 취업을 전제로 한 고등학교는 본 제도에서 중요한 역할을 하게 된다. 이들 학교의 학생은 취업을 할 수 있다면 노동시장으로 진입하고, 일정 기간의 경력을 쌓은 뒤 동일 산업계의 상급 학교나 대학으로 진학하는 구조를 갖게 된다. 또는 후진학을 선택하지 않고, 산업 내에서 계속 경력을 이어갈 수도 있다. 이때의 경력은 단순 노동이 아니라 학습과 연계된 학습 경력(learning trajectory)으로 관리되어야

한다. 일부 학생에게는 바로 대학 진학이 허용되겠지만, 이는 예외적으로 유지되며, 대부분은 경력을 갖춘 후에 진학의 기회를 갖도록 조정한다.

◼ 고등교육의 재구조화: 성인학습자 중심 대학으로

이러한 구조 전환은 필연적으로 대학 체제의 변화로 이어진다. 보다 많은 대학들이 성인학습자 중심 대학으로 전환할 수 있도록 제도적 기반을 마련해야 한다. 성인 학습자는 자신의 산업 경험, 업무 경험, 사회경험을 바탕으로 대학 교육을 재구성하고, 새로운 경력 설계와 학문적 성장을 동시에 추구할 수 있다. 이때 대학은 더 이상 입시의 관문이 아니라, 생애 이행과 전환을 위한 학문적 터전이 되는 것이다. 직업교육 중심 대학, 폴리텍대학, 성인고등교육기관 등으로의 이행도 가능하며, 기존 대학도 자율적으로 성인 중심 대학으로 전환할 수 있도록 유도할 필요가 있다.

◼ 주기적 재교육: Recurrent Education 체계, 학습휴가제, 안식년제와의 연결

이 모델은 단절 없는 생애 학습 체계를 전제로 한다. 초기 2년의 경력은 단지 입직을 위한 것이 아니라, 생애의 어느 시점에서든 '다시 배움(recurrent education)'으로 돌아올 수 있는 순환적 구조로 이어져야 한다. 경력이 곧 학습의 자원이 되고, 학습은 새로운 경력의 출발점이 되는 구조. 이것이 바로 미래 교육이 지향해야 할 핵심 경로다. 즉, 학습휴가제를 권리로 인정하고, 성인 누구나 다 안식년(安息年)을 가질 수 있도록 해야 한다.

◼ 직업능력개발훈련과 평생직업교육의 통합

지금까지 국가는 고용보험과 직업능력개발사업을 바탕으로 민간의 훈련에 상당부분 개입해왔다. 이를 바꿔야 한다. 기업이 필요로 하는 직무교육은 기업이 직접 책임지고,

중소기업은 산업별 협회나 직능단체가 훈련을 주도하고, 대기업은 자체 훈련체계를

활용하여 소속 계열사에 체계적이고 지속적인 교육을 제공한다. 이러한 훈련에 소요되는 비용은 고용보험기금에서 일부 지원함으로써 기업의 부담을 최소화한다. 훈련기관은 단순 위탁사업체가 아니라 공공적 훈련 네트워크의 일부로 위치 지워야 한다.

동시에, 이러한 Gap Year 시스템은 고용노동부의 직업능력개발 체계와 교육부의 평생직업교육체제가 완전히 통합·연계되어야만 지속 가능하다. 현행처럼 고용부는 훈련을, 교육부는 학습을, 각각 따로 담당하는 방식으로는 경력–진로–학습을 순환시키는 새로운 인력개발 구조를 구현할 수 없다. 실업자 훈련도 이 구조 속으로 흡수되어야 한다.

▣ 평생학습기금(Learning Equity Fund)의 마련이 필요하다.

이를 위해 별도의 재원 구조도 필요하다. 정부 일반회계 예산, 고용보험 일부, 복권기금 일부, 국가 장학금 등을 통합한 국가 단위 '평생학습기금(Learning Equity Fund)'을 설치하고, 이 기금은 청년 경력형성 프로그램, 성인학습 장학금, 대학 진학 시 후진학 장학금 등으로 활용한다. 이는 단지 예산의 문제가 아니라, 국가의 새로운 투자 방향을 보여주는 정책적 신호가 될 것이다. 학령기보다도 성인 단계에서 학습 격차가 더 심화될 수 있기에 Equity라는 용어를 사용한다.

▣ 마무리: 학위 사회에서 경력 사회로의 전환

이 제안은 필자가 교육부 과장과 국장 시절에 주도적으로 추진해왔던 선취업–후진학 모델과 유사하지만 본질적으로 다르다. 취업이 아니라 경력을 만들어주는 것이고, 직업고를 경력을 우선적으로 만들어주는 기관으로 바꾸는 전략이다. 그리고 이류교육으로 폄하되는, 하지만 가장 중요한, 직업교육의 인식을 바꾸고 가치를 되살리는 방안이다.

'경력이 먼저다.'는 단순한 학제 개편이나 진학 제도 개선이 아니다. 이는 노동시장과 교육제도 사이의 구조적 연결이 만들어내는 새로운 사회계약의 형식이다. 따라서 이 전환은 특정 부처의 사업으로는 불가능하며, 노사정(사용자-노동자-정부) + 교육계의 사회적 대타협을 통해 추진되어야 한다. 기업의 인력 운용, 노동자의 권리, 교육제도의 방향, 정부의 역할이 함께 재조정되는 포괄적 패러다임 전환이어야 한다. 이 새로운 Gap Year 시스템에서 핵심은 다음과 같다.

경력 형성의 책임을 사회 전체가 나누어진다는 점이다. 청년 개인이 자발적으로 일자리를 찾고 훈련을 받아야 하는 구조에서, 국가가 '첫 경력'을 만들어주고, 산업계가 훈련의 실질을 담당하며, 교육계는 그 경험을 기반으로 한 심화학습의 기회를 설계하는 것이다. 사회적 대타협이다.

또한 대학입시에 올인하는 대한민국이 바뀔 것을 기대한다. 국가가 대학입시관리에 허둥대는 상황을 벗어나 청년 세대의 미래 경력 생태계의 설계와 보장을 책임지게 될 것이다.

그렇다고 이 제안을 지금 당장 시행하자는 것은 아니다. 점진적으로, 시범적으로 제도적 토대를 마련해가며, 교육과 노동, 경력과 학습, 진로와 생애 설계가 연계되는 새로운 사회 체제를 만들어가 보자는 것이다. 지금의 사다리는 끊겨 있다. 왜냐하면, 사다리를 타는 순서가 틀렸기 때문이다. 우리는 진로를 모르면서 공부했고, 공부를 마치고 나서야 경력을 만들려 했다. 그러나 이제는 그 반대가 되어야 한다. 경력을 먼저 만들고, 경력 속에서 진로를 발견하고, 진로에 맞는 공부를 하는 것. 이것이 미래 교육과 경력 설계의 순서이며, 국가가 반드시 고민해야 할 새로운 교육 – 노동 – 복지 모델일 수 있다. 아직은 낯설고 파격적일지 모르지만, 이 모델은 어느 날 갑자기 도입되는 것이 아니라, 마이스터고 등 일부 교육과정에서 시범 적용하고, 희망하는 청년과 일반고 및 전문대 – 대학 등에서 점진적으로 확산시키며, recurrent education 체제와도 연결할 수 있는 장기적 전환의 청사진으로 작동할 수 있다. 우리는 지금, "경력 없는 학습"에서 벗어나 "학습 가능한 경력"을 위한 사회로 이동해야 한다.

[부록 2]

생애기반 직업교육체제를 위한 정부조직 재구성:
'평생직업능력부(가칭)'의 창설을 중심으로

대한민국의 직업교육과 평생학습, 직업능력개발 정책은 지금까지 서로 다른 부처에 나뉘어 배치되어 각자도생(各自圖生)의 길을 걸어왔다. 그 결과, 학습자 중심이 아닌 부처 중심의 정책이 양산되었고, 생애주기별 학습 체계는 설계도조차 없는 상태로 방치되어 왔다.

교육부는 오랜 기간 학교 중심 행정을 이어오며, 평생교육과 직업교육은 늘 주변부에 머물렀다. '고등교육정책과'와 '직업교육정책과', '평생교육정책과' 등이 존재하지만, 실질적 예산과 권한, 정책 우선순위에서는 학교교육, 그 중에서도 대학 경쟁력이나 초중등 교육 이슈에 밀려 소외되어 왔다. 반면, 고용노동부는 직업능력개발 기능을 보유하고 있음에도 불구하고, 핵심 업무는 노동시장 규율, 임금·노사관계, 고용률 제고에 집중되어 있다. 결과적으로 직업능력개발 정책은 고용정책의 보조 수단처럼 다루어지고 있다.

한편, 대학교육은 연구와 일반교양 중심의 전통적 모델에서 여전히 벗어나지 못한 채, 실용성 있는 교육, 특히 생애 직업교육으로의 전환에는 매우 더딘 행보를 보이고 있다. 지금의 대학교육은 광의의 직업교육 기관으로서 다시 설계되어야 하며, 이를 위해서는 시스템 전환과 법제적 재정비가 필수적이다.

이처럼 대한민국의 직업교육과 평생학습, 직업능력개발, 대학교육은 각각 기능적으로 분리되어 있을 뿐 아니라, 동일한 생애주기 상의 학습자로서 개인의 여정을 유기적으로 지원할 수 없는 구조에 놓여 있다. 따라서 이를 통합적으로 설계하고 집행할 수 있는 새로운 정부조직이 필요하다. 가칭 '평생직업능력부(Ministry of Lifelong Vocational Competency)'의 창설이 그 중심에 있어야 한다.

◩ 새로운 정부조직 구상: '평생직업능력부'의 필요성과 역할

'평생직업능력부'는 다음과 같은 원칙을 기반으로 설계되어야 한다.

① 생애 기반 학습체계 구축: 유아부터 노년기까지 전 생애를 관통하는 학습과 경력개발 지원
② 교육·훈련·고용의 연결: 학교교육, 직업훈련, 노동시장 참여를 잇는 경로 설계
③ 산업정책과 인력정책의 통합: 산업계와 함께 하는 인력수급 예측, 양성, 재교육 체계 운영
④ 기존 부처 기능의 재배치
   – 교육부의 직업교육, 평생교육 기능 전면 이관(교육부의 NHRD 기능 폐지)
   – 고용노동부의 직업능력개발(실업자 훈련 포함) 기능 전면 이관
   – 산업통상자원부, 중소벤처기업부 등에서 운영 중인 인력 양성 사업 통합 조정
   – 대학, 전문대학 등 고등교육 기관의 직업교육 및 재교육 기능에 대한 정책 권한 이관

◩ 기존 부처 개편 구상

① 교육부 → '아동청소년교육부'로 개편
   – 학교교육 중심의 부처로 재편

- 초·중·고 및 대학 설립·폐지 법제 담당
- 여가부, 보건복지부, 문체부에 산재한 아동·청소년 정책 기능 통합
- 교육청과의 연계는 교부금 중심 → 실질 운영은 교육청 중심
- 정책·법제 중심의 슬림한 중앙정부 부처로 변모
- 연구와 학술 정책은 연구과학기술부로 이관

② 고용노동부 → '노동부'로 기능 재편
- 노동시장 규율, 근로조건, 고용보험, 노사관계 등 본연의 노동행정 중심 기능으로 축소
- 직업훈련·능력개발 기능은 모두 이관

③ 산업부, 중기부, 복지부 등의 산재 인력정책 기능은 '평생직업능력부'로 이관 또는 공동 추진체계 구축(최소한 정책기획과 조정 기능은 평생직업능력부에서 행사할 수 있어야)

■ 정책적 의의와 전망
· 국가가 인간의 생애를 통합적으로 지원하는 'Learnfare State'로 전환
· 교육, 훈련, 고용정책의 통합을 통한 정책 낭비 방지 및 학습 경로 설계 강화
· 다양한 자격과 학습 경로의 국가 차원 설계 및 인정 시스템 마련 (e.g. NQF, RPL 등)
· 산업 인력 수요 기반 적시 대응 체계 구축 등

직업교육,
다시 묻고 새로 쓰다

초판 1쇄 발행 2025. 9. 18.

지은이 김환식
펴낸이 김병호
펴낸곳 주식회사 바른북스

편집진행 황별하
디자인 최다빈
마케팅 송송이 박수진 박하연

등록 2019년 4월 3일 제2019-000040호
주소 서울시 성동구 연무장5길 9-16, 301호 (성수동2가, 블루스톤타워)
대표전화 070-7857-9719 | **경영지원** 02-3409-9719 | **팩스** 070-7610-9820

•바른북스는 여러분의 다양한 아이디어와 원고 투고를 설레는 마음으로 기다리고 있습니다.

이메일 barunbooks21@naver.com | **원고투고** barunbooks21@naver.com
홈페이지 www.barunbooks.com | **공식 블로그** blog.naver.com/barunbooks7
공식 포스트 post.naver.com/barunbooks7 | **페이스북** facebook.com/barunbooks7

ⓒ 김환식, 2025
ISBN 979-11-7263-577-0 93330

•파본이나 잘못된 책은 구입하신 곳에서 교환해드립니다.
•이 책은 저작권법에 따라 보호를 받는 저작물이므로 무단전재 및 복제를 금지하며,
 이 책 내용의 전부 및 일부를 이용하려면 반드시 저작권자와 도서출판 바른북스의 서면동의를 받아야 합니다.